Ulrich Geilmann

Abenteuer Schachbundesliga

SF Katernberg
– Spannende Partien in der stärksten Liga der Welt –

GEWIDMET

WERNER NAUTSCH
UND
WILLY ROSEN

die nicht nur in der 1. Bundesligamannschaft der SFK gespielt,
sondern auch maßgeblich meinen Weg als Teamchef begleitet haben.

… bevor Sie sich der Lektüre widmen, noch ein Hinweis zu diesem Buch:

Viele Partien von „Abenteuer Bundesliga" wurden sehr ausführlich analysiert und hätten bei vollständigem Abdruck den Rahmen dieses Buches bei weitem gesprengt. Deswegen ist sowohl bei den Partien als auch bei den Partiefragmenten und Aufgaben immer die Partienummer angegeben, die Sie entsprechend auf der CD finden. Sie verpassen also nichts und können jede Partie mit den vollständigen Analysen nachspielen. Ein zwanzig Kilo schweres und 5000 Seiten starkes Buch wäre auch etwas unhandlich.

ULRICH GEILMANN

Abenteuer Schachbundesliga

SF Katernberg – Spannende Partien in der stärksten Schachliga der Welt

ISBN 978-3-9819849-4-1

1. Auflage 2021

© 2021 by Maya & Paul-Verlag

Fränk Stiefel & Stephanie Schulz

Maya & Paul-Verlag

eMail: info@verlag-mp.de

verlag-mp.de

Druck: wir-machen-druck.de

Layout: Fränk Stiefel

Umschlaggestaltung: Fränk Stiefel

Illustrationen: Fränk Stiefel

Bildnachweise:

Titelbild / Rückseite: Ulrich Geilmann mit freundlicher Genehmigung der Schachbundesliga e. V. und
der Schachfreunde Essen-Katernberg 04/32 e. V.

Autor (5), Falko Meyer, Heinz Schmidt & Werner Nautsch, Spielsaal Regionalverband, Impressionen
aus Au, Heidi Saller (2), Scheid & Noras, Igor Glek, Christian Zickelbein, Impressionen aus Hamburg, Holländische Liga in Katernberg, Otto Borik, Wilhelm Ris, Alexandr Fier, Benjamin Bok, Lawrence Trent, Timothe
Heinz: Ulrich Geilmann **Dr. Paul Gerhard, Willi Knebel** (2), Teamfoto 1987, Werner Nautsch, Willy Rosen,
Günter Abendroth, Claus Rupp, Andrei Volokitin (2), Vladimir Chuchelov, Igor Glek, Sergey Smagin, Alfonso
Romero Holmes, Javier Moreno Carnero, Martin Senff, Erwin L'Ami, Matthias Thesing, Christian
Scholz, Georgios Souleidis, Armin Meyer, Team 2003, Bernd Rosen, Sergey Erenburg, Alexander
Motylev, Nazar Firman, Spielsaal Orangerie, Evgeny Postny, Simultanvorstellung Chuchelov,
Impressionen vom 1. Heimkampf beim Regionalverband, Ruhr, Robert Ris, Sarah Hoolt, Viktor
Laznicka, Impressionen aus der Saison 2008/2009: Schachfreunde, Parimarjan Negi, Stefan Zell,
Friedel Dicks, Klaus Bischoff, Blick in die Vorstandsetage des Ruhrverbandes, Ilja Zaragastski,
Abendessen in Eppingen, Jens Kotainy, Robert Fontaine, Kateryna Lagno, Yuriy Kryvoruchko,
Evgeny Romanov, Fotoimpressionen aus Schwetzingen, Patrick Imcke, Prof. Dr. Bruno
Klostermann, Jan Dette, Impressionen aus der Saison 2014 / 2015: Essen-Katernberg 04/32 e. V.

Ulrich Waagener: Schwarz-Weiß Remscheid

Karl-Heinz Glenz, Josef Hülsmann, Johannes Blaskowski, Leonid Kritz: Deutscher Schachbund

Arkadij Naidisch: ChessBase

Sarah Hoolt, Phillip Schlosser: Wikipedia

Anatoli Karpov & Ulrich Geilmann, Ulrich Geilmann & eine Tasse Kaffee: Heidi Saller

INHALTSVERZEICHNIS

Kommentierte Partien aller SFK-Bundesligawettkämpfe auf CD im ChessBase-Format

VORWORT

Die Schachbundesliga wurde 1973 in Trier auf dem Kongress des Deutschen Schachbundes als höchste deutsche Spielklasse eingeführt. Zunächst fanden die Begegnungen in vier regionalen Gruppen statt. Am Ende der Saison spielten die Erstplatzierten dann ein Playoff um die Deutsche Mannschaftsmeisterschaft aus.

Im Jahr 1980 schuf der DSB dann die eingleisige Bundesliga, die sich in der ersten Saison aus den erstplatzierten Vereinen der Regionalgruppen zusammensetzte. Die Saison war insoweit nicht nur eine Standortbestimmung für die Teams, sondern auch eine Initialzündung für das professionelle Schach in Deutschland.

Qualifiziert waren folgende Vereine:

- SF Marktheidenfeld, SC 1868 Bamberg, FC Bayern München, TB Erlangen,
- SG Favorite Hammonia, Hamburger SK, Delmenhorster SK, SV Wilmersdorf,
- Königsspringer Frankfurt, TSV Schott Mainz, SK Zähringen 1921, SV 1920 Hofheim,
- Solinger SG 1868, SG Bochum 31, SG Porz und auch die SF Katernberg.

Für die SF Katernberg verlief das erste Spieljahr allerdings unglücklich. Sie stiegen ab und wurden in den darauffolgenden Jahren zunächst weiter durchgereicht. Ein schmerzhafter Weg. Doch dann starteten einige Vereinskollegen um Willi Knebel einen neuen Anlauf.

Die Initiative war erfolgreich, denn 2003 gelang schließlich der Wiederaufstieg in die Schachbundesliga, die sich inzwischen weitestgehend selbständig gemacht hatte. Die Mannschaft wurde in den kommenden Jahren so umstrukturiert und verstärkt, dass sie es schlussendlich schaffte, in der vermutlich stärksten Liga der Welt ganze zwölf Jahre lang mithalten zu können.

Das vorliegende Buch zeichnet die Geschichte dieser Erfolgsstory nach. Ich wünsche viel Vergnügen beim Lesen und Nachspielen der Partien auf dem Brett oder in der beigefügten Datenbank!

Ihr

(Ulrich Gellmann)

Kleine Vereinsgeschichte

Im Jahr 1945 schlossen sich die 1932 gegründeten **Schachfreunde Katernberg** mit dem seit 1913 bestehenden Verein **Sportfreunde Katernberg 1913 e.V.** zusammen.

Dadurch wurden die Schachfreunde zu Sportfreunden! In Katernberg wurde damit schon frühzeitig entschieden, was in den 1980er Jahren noch eine Streitfrage war: Schach ist Sport und gehört damit nicht in die Rätselecke und ist schon gar nicht mit Skat oder Brieftaubenzucht gleichzusetzen.

Dr. Paul Gerhard (3. v. l.)

Graue Eminenzen der Aufbauphase waren Dr. Paul Gerhard und Karl-Heinz Glenz, der zudem Pionier auf dem Gebiet der Wertungszahlen war. Als dann schließlich 1967 die Essener Spitzenspieler Werner Nautsch und Willy Rosen nach Katernberg wechselten, erlebte der Verein seine erste Blüte.

Später kam noch Prof. Dr. Jürgen Henningsen zu den Sportfreunden, der eine besondere Schachleidenschaft einbrachte. Noch heute wird in Katernberg ‚seine' Eröffnung 1.e4 e5 2.♘f3 ♘c6 3.♗e2!? praktiziert. Henningsen war zutiefst davon überzeugt, dass der ♗e2 optimal platziert sei – ein ‚bescheidener Superläufer'!

Ein weiterer Motor der Vereinsentwicklung war zweifellos Willi Knebel, der nicht nur ein herausragender Schachorganisator war, sondern auch ein großer Motivationskünstler. Ohne seine Impulse wären die Aufstiege der Katernberger in die Schachbundesliga schlichtweg nicht denkbar!

Man kann mit Fug und Recht behaupten, dass die SF Katernberg das Essener Schach ab den 1970er Jahren unangefochten dominierten. Diese Überlegenheit vergrößerte sich noch, als dann 1996 die Spieler der ehrwürdigen Essener Schachgesellschaft 1904 ihren Verein auflösten und fortan die Katernberger Spielabende bereicherten.

2017 gründete sich dann der Verein als **Schachfreunde Essen-Katernberg 04/32 e.V.** neu.

Karl-Heinz Glenz

Heute gehören die Katernberger mit über 100 Mitgliedern und einem hohen Jugendanteil deutschlandweit zu den großen Schachvereinen und sind zweifellos immer noch der spielstärkste Verein in Essen.

Willi Knebel

KATERNBERGER PRÄLUDIUM

Als 1980 die eingleisige Bundesliga mit 16 Mannschaften eingeführt wurde, konnte sich das Katernberger Team mit einem vierten Tabellenplatz in der 2. Bundesliga qualifizieren. Die Mannschaft musste dennoch einen äußerst herben Rückschlag verkraften, als Willi Knebel, Teamchef, Motor und Seele der Mannschaft, infolge einer persönlichen Krise seine Ämter niederlegte. Hinzu kam, dass der extrem spielstarke Karl-Heinz Podzielny zur Konkurrenz nach Bamberg wechselte.

Seinerzeit erlaubte es die Turnierordnung, dass die 16 teilnehmenden Vereine jeweils acht Stammspieler und bis zu zwölf Ersatzspieler melden konnten. Die SF Katernberg gingen dabei mit einer reinen Amateurmannschaft ins Rennen, die ausschließlich aus regionalen Spielern bestand:

Mit **Werner Nautsch** stellte sich der seinerzeit stärkste Essener Schachspieler nach dem Weggang von Karl-Heinz Podzielnys der deutschen und internationalen Schachelite. Der leitende Angestellte galt auch als ausgewiesener Blitzexperte.

Ihm folgte **Willy Rosen**, mehrfacher Verbands- und Stadtmeister. Rosen konnte bereits als Jugendspieler bemerkenswerte Erfolge feiern. Der Angestellte war damals u. a. Fernschachnationalspieler.

Durch **Josef Hülsmann** stieß ein Münsterländer zur Mannschaft. Der Jurist war einer der damals stärksten Spieler in Nordrhein-Westfalen.

Der Student **Johannes Blaskowski** war das jüngste Mitglied der Truppe. Gleichwohl gehörte er bereits eindeutig zur Essener Schachelite.

Günter Abendroth wies im Team seinerzeit vermutlich die größte internationale Turniererfahrung auf. Der technische Angestellte war zudem ein profunder Blitzspieler.

Der Siegerländer **Claus Rupp** hatte sich u. a. auf NRW-Ebene profiliert, bevor der zum Team kam. Rupp führte ein Unternehmen und unterstützte die Mannschaft auch abseits der Bretter.

Ulrich Waagener spielte ursprünglich in Oberhausen. Der Rechtsreferendar war sowohl auf Verbands- wie auch auf NRW-Ebene bekannt.

Für den Studenten **Werner Rottstädt** war es als Eigengewächs des Vereins die erste Saison in der 1. Mannschaft. Der erfolgreiche Nachwuchsspieler erspielte sich seinerzeit erste Meriten.

Der Studienrat **Dr. Heinz-Dieter Gierse** kam ursprünglich aus Freiburg. Der ehemalige badische Pokalmeister hatte bereits an vielen internationalen Turnieren teilgenommen.

Prof. Dr. Jürgen Henningsen war mehrfacher Kieler Stadtmeister und ehemaliger Meister des Schach-

verbandes Industriegebiets. Der Hochschullehrer hatte ein hohes Schachverständnis und konnte dieses Wissen zudem auf charmante Weise vermitteln.

Das Team wurde schließlich durch **Bernd Rosen** komplettiert. Der Student war ebenfalls ein talentierter Nachwuchsspieler aus den eigenen Reihen.

Helmut Westenberger setzte die Tradition des ,non playing captains' fort, die mit Willi Knebel eingeführt wurde. Der Kaufmann konnte allerdings auf eigene schachliche Erfolge verweisen und war damit ein vollwertiges Teammitglied. Er verstarb 2020.

Im Vergleich zu den Konkurrenzvereinen, die zum Teil mit bekannten Titelträgern antraten, hatten es die Katernberger von Beginn an schwer. Dies galt vor allem an den Spitzenbrettern. Da halfen auch die stilvollen Heimspiele auf dem

Platz	Verein	G	U	V	Brettpunkte	Mannschaftspunkte
1.	Solinger SG 1868	13	1	1	78,5:41,5	27:3
2.	SG Porz	13	1	1	75,5:44,5	27:3
3.	SG Bochum 31	10	2	3	67,5:52,5	22:8
4.	Bayern München	9	3	3	71,0:49,0	21:9
5.	KS Frankfurt	8	2	5	71,0:49,0	18:12
6.	TB Erlangen	7	3	5	57,0:63,0	17:13
7.	Hamburger SK	6	4	5	63,0:57,0	16:14
8.	SK Zähringen 1921	6	3	6	63,5:56,5	15:15
9.	SC 1868 Bamberg	6	3	6	61,0:59,0	15:15
10.	SG Favorite Hammonia	5	2	8	58,5:61,5	12:18
11.	Delmenhorster SK	5	1	9	52,0:68,0	11:19
12.	SF Marktheidenfeld	3	3	9	49,0:71,0	9:21
13.	SV Wilmersdorf	3	2	10	49,5:70,5	8:22
14.	SV 1920 Hofheim	4	0	11	45,0:75,0	8:22
15.	TSV Schott Mainz	3	1	11	51,5:68,5	7:23
16.	*SF Katernberg*	3	1	11	46,5:73,5	7:23

Ein Teil des Teams ist auf einem Mannschaftsfoto aus dem Jahre 1987 zu sehen:
Westenberger, Rosen W., Rosen B., Blaskowski, Rottstädt, Bachmann, Wiescholek, Nautsch.

Messegelände der Stadt Essen nichts. Die Saison wurde insoweit klar von Solingen und Porz dominiert, die als einzige Mannschaften namhafte ausländische Großmeister bezahlten und schließlich einen Stichkampf um die Meisterschaft austrugen.

Am Ende konnte man jedenfalls die Klasse nicht halten und landete punktgleich mit dem TSV Schott Mainz auf dem letzten Platz.

Die Sportfreunde Katernberg kamen in der Saison 1980/81 mit nur neun Spielern aus. Während die beiden Spitzenbretter dabei regelmäßig eine volle Ladung abbekamen, spielte eigentlich nur Claus Rupp eine akzeptable Saison. Ein ausgeglichenes Ergebnis erzielte auch Heinz-Dieter Gierse; auf seinem Brett ergaben sich jedoch auch Zitterpartien. Vergleichsweise achtbare Ergebnisse erreichten noch Josef Hülsmann, Johannes Blaskowski und Werner Rottstädt. Doch es wurde deutlich, dass die Mannschaft dem scharfen Wind, der in der Bundesliga wehte, insgesamt nur wenig entgegensetzen konnte.

Die Partien der Katernberger spielt man am besten im wohlig-warmen Kaminzimmer seines Zweitwohnschlosses auf einem Edelholzschachtisch nach. Man genießt dazu ein gutes Stück Käse und ein gehaltvolles Glas Rotwein. Die nachfolgende Partieauswahl beschränkt sich nämlich auf die Saisonhighlights.

Name	Elo	G	R	V	Ergebnis
Werner Nautsch	-	4	3	8	5,5 / 15
Willy Rosen	2350	2	5	8	4,5 / 15
Josef Hülsmann	-	4	6	5	7 / 15
Johannes Blaskowski	-	2	8	5	6 / 15
Günter Abendroth	-	3	5	7	5,5 / 15
Claus Rupp	2265	7	1	7	7,5 / 15
Ulrich Waagener	2300	2	3	8	3,5 / 13
Werner Rottstädt	-	2	4	3	4 / 9
Heinz-Dieter Gierse	-	2	4	2	4 / 8

Werner Nautsch ist ein wahrer Gentleman. Er gehört zu den Menschen, die für mich Vorbild sind. Ich kenne Werner schon lange Jahre. Er war es, der mich in seiner unnachahmlichen Art dazu überredete, ab 2005 bis 2016 als Teamchef der Schachbundesligamannschaft der Sportfreunde Katernberg zu fungieren. Werner selbst war an vielen Erfolgen unseres Vereins beteiligt.

Beginnen wir also mit dem Knaller der Auftaktrunde. Werner Nautsch erwischte dabei wohl die härteste aller denkbaren Aufgaben. Ihm saß ein leibhaftiger Exweltmeister gegenüber und Werner war dabei keinesfalls chancenlos!

Werner Nautsch

WERNER NAUTSCH - BORIS SPASSKI

Solingen, 12.10.1980

E36: Nimzoindisch (4.Dc2)

(Ulrich Geilmann) *(CD Nr. 1544)*

1.d4 ♘f6 2.c4 e6 3.♘c3 ♗b4 4.♕c2 d5 5.a3 ♗e7 6.cxd5 exd5 7.♗g5 h6 8.♗h4 c5 9.e3 cxd4 10.exd4 ♘c6 11.♗b5 0–0 12.♘ge2 ♗e6 13.0–0

Um eine frühe Aktivität des Exweltmeisters möglichst schon im Keim zu ersticken, war vielleicht 13.♗d3 ♗g4 14.f3 ♗e6 15.♗f2 ♗d6 16.0–0 a6 17.♖ac1 ♖c8 18.♖fe1 ♖e8= richtig. Aber, wer Werner kennt, der weiß, dass er eine solche Strategie niemals goutieren würde!

13...♖c8 14.♖fd1 ♘e4 15.♗xe7 ♕xe7 16.f3

16.♘xe4?! beantwortet Spasski mit dem Schlag 16...♘xd4 17.♕d3 ♘xb5 18.♘4c3 ♘xc3 19.♘xc3 ♖fd8 und hätte einen Bauern mehr!

16...♘d6 17.♗xc6 bxc6 18.♘f4 ♗f5 19.♕f2 ♘c4 20.b4 ♖fe8 21.♖e1 ♕d6

Der 10. Weltmeister übernimmt jetzt Schritt für Schritt die Initiative.

22.g3 ♖xe1+ 23.♕xe1 ♔f8 24.♕f2 ♖e8 25.♘g2 g5 26.g4 ♗h7 27.h4?!

Bislang konnte Werner nur reagieren. Jetzt versucht er, selbst irgendwie aktives Gegenspiel zu kreieren. Möglich war aber auch 27.♘a4 ♕f6 28.♘c5 ♔g7

27...g6 28.b5?

Typisch Werner! Abteilung Attacke! Vermutlich war immer noch das bessere 28.♘a4 angezeigt. 28...♕d3 29.♘c5 ♕c3

28...♕d3–+ 29.♖c1 ♘d2 30.bxc6 ♘b3?

Nach 30...♘xf3+! 31.♔h1 ♘xd4 bricht die weiße Stellung auseinander. Allerdings sind die Komplikationen am Brett kaum berechenbar! Nachfolgend ein Auszug aus den vielfältigen Optionen:

a) 32.♖f1 f5 33.♘xd5 (33.♖c1 ♕h3+ 34.♔g1 ♘f3+–+) 33...♕h3+ 34.♔g1 ♘e2+–+;

b) 32.♕f6 ♕h3+ 33.♔g1 ♘e2+ 34.♘xe2 ♖xe2 35.♕f1 ♖xg2+ 36.♕xg2 ♕e3+ 37.♔h2 ♕xc1 38.♕xd5 ♕f4+ 39.♔g1 ♕e3+ 40.♔h2 ♗e4–+;

c) 32.♕g1 gxh4 33.c7 h3 34.♘h4 ♘b3 35.♖e1 ♕xc3 36.♖xe8+ ♔xe8 37.♕xa7 ♗e4+ 38.♔h2 ♔d7 39.♕f2 f6–+;

d) 32.♔h2 ♘f3+ 33.♔h1 ♘e5 34.♕c5+ ♔g8 35.c7 ♕h3+ 36.♔g1 ♘f3+ 37.♔f2 gxh4 38.c8♕ ♕g3+ 39.♔f1 ♗d3+ 40.♘e2 ♗xe2#

31.♘xd5?

Der Turm hängt und das ist doppelt tragisch, denn nach 31.♖e1 ♖xe1 32.♕xe1 ♘xd4 33.♕e3 ♕xe3+ 34.♘xe3 ♘xc6 35.♘cxd5 hätte Werner sogar wieder ausgeglichen!

31...♘xc1–+ 32.♘f6 ♘e2+ 0–1

Werner Nautsch wurde am Spitzenbrett wahrlich nichts geschenkt. Seine Gegnerschaft gehörte schließlich zur Creme de la Creme der deutschen und internationalen Schachszene. So duellierte er sich u. a. mit Dr. Robert Hübner, Eric Lobron sowie Raimund Chandler, und seine Partien waren stets großes Kino. Dazu zwei instruktive Beispiele:

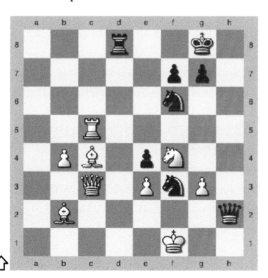

WERNER NAUTSCH – HARALD LIEB
Delmenhorst, 09.05.1981 (CD Nr. 1440)

36.♗xf7+ ♔xf7?

Lieb kann dem Danaergeschenk nicht widerstehen. Nach 36...♔h7= wäre erst einmal kein Sieger auszumachen gewesen.

37.♖c7+ ♖d7

37...♔e8 hilft nicht. 38.♕c6+ ♔f8 39.♘g6+ ♔g8 40.♖xg7+ ♔xg7 41.♕xf6+ ♔h6 42.♘f4+ ♔h7 43.♕g7#

38.♕c4+ ♔f8 39.♖c8+ ♘e8

39...♖d8 ändert nichts mehr. 40.♘g6+ ♔e8 41.♕e6#

40.♘g6#

und die Messe war gelesen!

RAINER FRANKE – WERNER NAUTSCH
Delmenhorst, 10.05.1981 (CD Nr. 1432)

Werner gelingt eine nette Mattkombination:

42...♖xg3+! 43.fxg3 ♕xg3+ 44.♖g2 d3+ 0-1

Über Willy Rosen gäbe es viel zu berichten. Nachfolgend liefert er sich eine fast epische Schlacht gegen Rudolf Teschner. Teschner (1922–2006) gewann sieben Mal die Berliner Stadtmeisterschaft und erspielte sich einige gute Turnierresultate. Die besondere Leistung des Ehrengroßmeisters lag in seiner Publikationsarbeit. Er war auch Herausgeber der Deutschen Schachzeitung. Außerdem betreute er die Schachspalten des Berliner Tagesspiegel und der Morgenpost. Er gab zudem eine Vielzahl von Schachbüchern heraus.

Willy Rosen

RUDOLF TESCHNER – WILLY ROSEN
Delmenhorst, 09.05.1981
E99: Königsindisch (Klassisches System)
(Ulrich Geilmann) *(CD NR. 1439)*

1.d4 ♞f6 2.♞f3 g6 3.c4 ♝g7 4.♞c3 d6 5.e4 0–0 6.♝e2 e5 7.0–0 ♞c6 8.d5 ♞e7 9.♞e1 ♞d7 10.♝e3 f5 11.f3 f4 12.♝f2 g5 13.♞d3

Das steht so oder so ähnlich in den Theoriebüchern. 13.a4 ♞g6 14.a5 ♜f7 kommt heute häufiger aufs Brett.

13...♞f6 14.c5 h5

Oft gespielt wird auch 14...♞g6 15.♜c1 ♜f7 16.♔h1

15.♜c1 g4?!

Willy spielt konsequent aber gewagt. Schwarz hat an dieser Stelle aber verschiedene Optionen, beispielsweise 15...♜f7+= oder 15...♞g6+=

16.♔h1?!

16.♞b5± wäre die bessere Option gewesen.

16...♞g6 17.cxd6 cxd6 18.♞b5 g3

Bislang bewegen wir uns in weitgehend erforschtem Gelände, wobei es in den Datenbanken ein paar Partiebeispiele mit 18...♜f7!? gibt, der relativ gute Kritiken bekommt.

19.♞c7 ♜b8 20.hxg3

Die Stellung bedarf kaltblütiger Kalkulation. Tatsächlich konnte sich Weiß wohl auf 20.♝xa7!? ♞h7 21.♝g1 (natürlich nicht 21.♝xb8? ♛h4 22.h3 ♝xh3–+) 21...♞g5± einlassen.

20...fxg3 21.♝xg3 h4 22.♝f2 ♞h5 23.♔h2

23.♝xa7 war wiederum eine wichtige Option. Es kann z. B. 23...♞g3+ 24.♔h2 h3! 25.gxh3 (25.♔xg3? ♛h4+ 26.♔h2 hxg2+–+) 25...♛h4 26.♞e6 ♝xe6 27.dxe6 ♞xf1+ 28.♝xf1∞ folgen.

23...♞g3

Ein schönes Feld für den Springer. Gleichwohl war auch 23...♝h6 24.♜c2 ♞gf4 25.♜h1 ♜f7 26.♞e6 ♞xe6 27.dxe6 ♝xe6+= eine Idee.

24.♜e1

24.♝xa7+= war immer noch möglich! Die Partie scheint hier irgendwie fast unmerklich zu kippen. Willy kommt immer mehr ins Spiel, wobei wir zwanglos davon ausgehen können, dass beiden Spielern inzwischen die Zeit knapp wurde.

24...♗h6 25.♖c2 ♘f4 26.♗f1?!

Der Blechtrottel bietet 26.♗e3∓ an.

26...♖f7∓ 27.♗xa7 ♘xd3

27...h3! 28.gxh3 ♘xf1+ 29.♖xf1 ♕h4−+

28.♗xd3

28.♘e6 ♗xe6 29.dxe6 ♖g7! (29...♘xe1? 30.exf7+ ♔f8 31.♕xe1 ♖a8 32.♗f2 ♘xf1+ 33.♕xf1 ♖xa2±) 30.♕xd3 h3 31.e7 ♕xe7 32.gxh3 ♕h4−+

28...♗f4

Auch dieser Zug ist gut nachvollziehbar. Gleichwohl empfiehlt der emotionslose Silikonsekundant 28...♖xc7 29.♗b6 (29.♗xb8 ♖g7−+) 29...h3 30.♖xc7 ♕h4∓

29.♔g1

Klar! Der König will aus dem Abzug! Gleichwohl sieht der verdrahtete Schachfreund Schwarz auch nach 29.♘e6 ♗xe6 30.dxe6 ♖g7 klar im Vorteil. Die Stellung ist allerdings höchst schwierig zu berechnen.

29...♖xc7−+ 30.♗xb8 ♖xc2?

Großmeister Shredder ist wieder nicht zufrieden. Er möchte 30..♖h7−+ spielen und sieht Schwarz danach auf der Siegerstraße.

31.♕xc2= h3 32.♕c7 h2+ 33.♔xh2?

Jetzt entscheidet ein typischer Blitzfehler die Partie. 33.♔f2= hätte die Niederlage wohl vermieden. Ist genug Zeit vorhanden, lässt sich das in aller Ruhe analysieren. Doch die Uhr tickt und die Muße dürfte schlichtweg gefehlt haben.

33...♘e2+ 34.g3 ♕h4+ 35.♔g2 ♕xg3+ 36.♔f1

Auf 36.♔h1 folgt 36...♕xf3#

36...♕g1+

Puh... In der Hitze des Gefechts übersieht Willy sogar 36...♕xf3# Gott sei Dank geht's aber auch so noch matt!

37.♔xe2 ♕g2+ 0−1

Aufgabe. Das Matt nach 37...♕g2+ 38.♔d1 ♕d2# wollte sich der Berliner Altmeister nicht mehr zeigen lassen.

Josef Hülsmann

Josef Hülsmann spielte am 3. Brett und bekam regelmäßig starke Gegner vorgesetzt. Er schlug sich recht achtbar. Ein gutes Beispiel dafür bietet die nachfolgende Partie.

JOSEF HÜLSMANN – GERD TREPPNER
Bamberg, 11.01.1981
B07: Pirc
(Ulrich Geilmann) *(CD Nr. 1494)*

1.d4 d6 2.♘f3 g6 3.g3 ♗g7 4.♗g2 ♘f6 5.0–0 0–0 6.♘c3 ♘bd7 7.e4 e5 8.dxe5 dxe5 9.b3 ♖e8 10.a4 c6 11.♗a3 ♗f8 12.♗xf8 ♔xf8 13.♕d2 ♔g7 14.♖ad1 ♕a5 15.h3 ♘f8 16.♕e3 ♗e6 17.♖d2 ♖ad8

Oder 17...♖ed8 18.♖xd8 ♖xd8 19.♖b1=

18.♖fd1

18.b4 ♕xb4 19.♖b1 ♕a5 20.♖xb7 ♖a8= ging auch.

18...♖xd2 19.♖xd2 ♖e7 20.♗f1 ♖d7 21.♔g2 ♖xd2 22.♘xd2 ♘6d7 23.♘c4 ♗xc4 24.♗xc4 ♘b6 25.♗e2 ♘e6 26.♗g4 ♘d4 27.♕d3 ♕c5 28.♗d1 a5 29.♘e2 ♘c8 30.♘xd4 exd4 31.f4 ♘e7 32.♗e2 f5 33.g4 ♕d6 34.♕f3 h6

Vielleicht war 34...♕e6 35.e5= etwas genauer.

35.♗c4 ♔h7?

Kurz vor der Zeitkontrolle der erste Fehlgriff! 35...fxe4 sieht spielbar aus 36.♕xe4 g5=

36.exf5± gxf5 37.♗d3?!

Auch Hülsmann muss sich offenbar beeilen. 37.gxf5 war möglich. Weiß sollte danach gewinnen. 37...♕f6 (37...♘xf5? 38.♗d3+–) 38.♕e2 ♔g7 (38...♘xf5? 39.♗d3 ♔g8 40.♗xf5 ♕xf5 41.♕g4+ ♕xg4+ 42.hxg4+–) 39.♗d3 b6 (39...♘xf5? 40.♕g4++–) 40.♕e5+–]

37...♔h8?

Nach 37...♔g7!? wäre Schwarz vermutlich wieder aus dem Allergröbsten heraus gewesen! 38.gxf5 ♔f6=

38.gxf5

Ein Bauer ist ein Bauer, aber nach 38.♗xf5!? ♘xf5 39.gxf5 steht Weiß deutlich besser.

38...♘d5+= 39.♔g3 ♕e7 40.♗c4 ♕e1+

Auf 40...♘e3 folgt 41.♗e6±

41.♕f2 ♕xf2+ 42.♔xf2 ♘c3 43.f6 b5 44.♗e6?!

44.♗f7! bxa4 45.bxa4 ♘e4+ 46.♔e2 ♘xf6 47.♔d3 ♔g7 48.♗e6 und Weiß hat Oberwasser!

44...bxa4= 45.bxa4 ♘xa4 46.♔f3 ♘c3?

So nicht! Nötig war 46...♘c5. Nach 47.f5 a4= gibt es keinen Sieger!

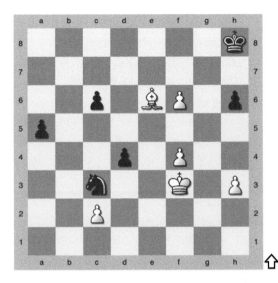

47.♔g4+– a4 48.♔f5 ♔h7 49.♗c4 ♘d5?

Ein weiterer Missgriff, doch es war nicht mehr viel zu retten. 49...d3 50.cxd3 ♘e2 51.♔e6 ♘xf4+ 52.♔e7+–

50.♗xd5+– cxd5 51.♔e6 a3 52.f7 a2 53.f8♕ a1♕ 54.♔f7 ♕g1 55.f5 h5

55...♕g5+– war vielleicht noch einen Versuch wert.

56.f6 ♕g6+ 57.♔e6 ♕e4+ 58.♔d6 ♕f4+

58...♕g6 holt die Kuh nicht vom Eis: 59.♕e7+ ♔h6 60.♔d7 ♕f5+ 61.♔d8+–

59.♔e6 ♕g3

Verkürzt das Leiden. 59...♕e4+ verlängert es. 60.♔d7 ♕f5+ 61.♔d8 ♕g6 62.♕e7++–

60.♕g7+! 1–0

Glänzend gespielt. Nach 60.♕g7+ ♕xg7 61.fxg7 ♔xg7 62.♔xd5 ♔f6 63.♔xd4+– ist das Bauernendspiel leicht gewonnen!

Johannes Blaskowski

Wer einmal mit Johannes Blaskowski die Klinge gekreuzt hat, wird drei Feststellungen treffen:

Johannes spielt ideenreich, ist ein kompromissloser Angriffsspieler und hat zudem ein tiefes Positionsverständnis. Wie stark er ist, zeigt die nachfolgende Partie recht instruktiv! Darüber hinaus ist er einfach ein netter Kerl! Leider verlief seine Bundesligasaison nicht so erfolgreich, wie er es verdient gehabt hätte.

WOLFRAM HARTMANN – JOHANNES BLASKOWSKI

Bamberg, 11.01.1981

B33: Sizilianisch

(Ulrich Geilmann) *(CD Nr. 1493)*

1.e4 c5 2.♘f3 ♘c6 3. d4 cxd4 4.♘xd4 ♘f6 5.♘c3 e5

Eine Spezialität des Katernbergers!

6.♘db5 d6 7.a4 a6 8.♘a3 ♗e6

9.♗g5 ♕a5 10.♗xf6 gxf6 11.♗d3

Respektive 11.♗c4 ♕b4 12.♕d3 ♕c5 13.0-0 ♘b4 14.♕e2+=

11...♖g8

Konsequent. Die offene g-Linie birgt Angriffschancen, die sich Johannes nicht entgehen lassen möchte.

12.0-0

Wahrscheinlich wäre es besser gewesen, wenn sich Weiß auf 12.♘c4 ♕c5 13.♘e3 ♗h6 eingelassen hätte.

12...♕c5 13.♕h5

Strategisch gesehen war vermutlich 13.♔h1 angezeigt.

13...♖g5 14.♕xh7?!

Nicht ohne Risiko, denn zu viele offene Linien sind des Königs Tod! Andererseits ist es verständlich, dass sich Hartmann schwer damit getan hat, reuevoll 14.♕d1 zu spielen.

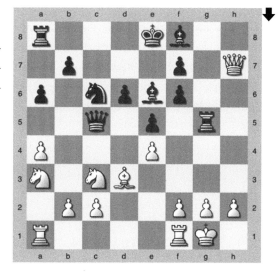

14...0-0-0∓ 15.h4

Weiß möchte möglichst aggressiv spielen und wird das eher verhaltene 15.♗e2 ♘d4 16.♗d1 f5∓ schnell verworfen haben.

15...♖g6

15...♖g7 16.♕h5 ♗g4 war auch nicht von-
schlechten Eltern!

16.h5?

Weiß scheint das Gewitter, das sich über ihm zusammenbraut, nicht zu bemerken. Vorzuziehen
war 16.♘d5 mit der Folge 16...♖h6 17.♕g8 f5

16...♖g5

16...♖h6! hätte die Gewinnführung deutlich er-
leichtert. 17.♕g8 ♗e7 18.♕g3 ♖xh5 19.♖fe1
♖dh8–+ und Schwarz stünde auf Gewinn.

17.h6?

Ein weiterer Fehler in schlechter Stellung. Erforderlich war 17.♘d5 ♖g7 18.♕h8 ♗xd5 19.exd5
♕xd5 20.♗f5+ ♔b8 21.♗h3–+.

**17...♖g6 18.♘d5 ♖xh6 19.♕g8
♗e7 20.♕g7 ♖dh8 21.♘xe7+ ♘xe7
22.g3 ♘f5!! 0–1**

23.exf5 ♗d5 nebst matt. Eine starke Partie!

In der nachfolgenden Partie bestraft Günter
Abendroth kleine Ungenauigkeiten und baut seinen
zunächst kleinen Vorteil nach einer Fehleinschätzung seines Gegners systematisch aus. Trotz kleiner
Umwege gewinnt er schließlich hochverdient.

GÜNTER ABENDROTH – JOACHIM STOLL
Erlangen, 07.02.1981
B40: Sizilianisch
(Ulrich Geilmann) *(CD NR.1484)*

**1.e4 c5 2.♘f3 e6 3.d4 cxd4 4.♘xd4
♘f6 5.♗d3 d6 6.0-0 ♗e7 7.b3**

Weiß bewegt sich auf bekannten Pfaden.

**7...♗d7 8.♗b2 ♘c6 9.♘d2 a6
10.♘xc6 ♗xc6 11.f4 h5 12.♕e2
h4 13.♗d4 d5 14.e5 ♘e4 15.♗xe4
dxe4 16.♕e3 f5**

Günter Abendroth

17.exf6± ♗xf6?!

Nicht präzise genug. Besser wäre 16...gxf6 gewesen, um sich das Läuferpaar zu erhalten. Jetzt verliert Stoll den Bauern ohne Kompensation.

**18.♗xf6 gxf6 19.♘xe4 ♕e7 20.♖ad1
♖d8 21.♖de1**

Es sprach nichts gegen den weiteren Bauerngewinn durch 21.♖xd8+ ♔xd8 (21...♕xd8 22.♘c5
♕d5 23.♕xe6+ ♕xe6 24.♘xe6 ♖g8 25.♖f2+–)
22.♕d4+ ♔c7 23.♘xf6 ♖d8 24.♕c3±.

21...♔f7 22.c4

22.♘c5 ♖he8 23.♘d3± war nicht viel besser.

22...♖hg8?

Besser 22...h3 23.g3 ♗xe4 24.♕xe4 f5+=

23.♖f2 ♔f8?

Vielleicht hätte sich Schwarz auf 23...♗xe4
24.♕xe4 f5 25.♕f3± einlassen sollen; zumindest
empfiehlt das die Engine. Allerdings käme ein
normalsterblicher Humanoid wohl kaum auf die
Idee, mit einem Minusbauern abzutauschen und
sich gleichzeitig selbst einen rückständigen Bauern auf e6 zu verpassen.

24.h3 ♔f7 25.c5 ♗xe4 26.♕xe4

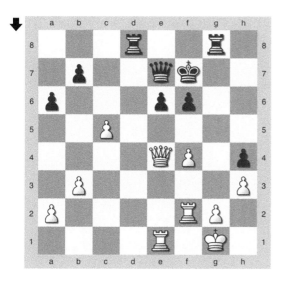

Claus Rupp

26... ♖d5?

Wiederum scheint 26...f5 notwendig zu sein.

27.b4

27.f5 und Weiß hätte es viel leichter. 27…
♖e5 28.fxe6+ ♔g7 (28...♔e8 29.♕a4+ ♔d8
30.♖xe5 fxe5 31.♕c4+−; 28...♖xe6 29.♕c4
♖e8 30.♖fe2 +−) 29.♕xe5!+− fxe5 30.♖f7+
♕xf7 31.exf7 ♔xf7 32.♖xe5+−

27...♕d7 28.♖fe2 ♖d4 ♕h7+ ♖g7

Auf 29...♕f8 folgt 30.♕xh4 ♕g7 31.♕f2+−

30.♕h5+ 1-0

Claus Rupp wird mit seiner Bundesligasaison
nicht unzufrieden gewesen sein. In der Begegnung gegen Köln-Porz bekam er es mit einem
Altmeister zu tun und zeigte seine Klasse. Gleichwohl gab er den Schachsport kurz nach der Saison
gänzlich auf und widmete sich stattdessen dem
elterlichen Unternehmen, einem Automobilzulie-
ferungsbetrieb. Er verstarb leider im Jahre 2011.

CLAUS RUPP – PAUL TRÖGER
Solingen, 08.11.1980
A29: Englische Eröffnung
(Ulrich Geilmann) *(CD Nr. 1531)*

Paul Tröger gehörte zweifelsohne zu den Urgesteinen des Kölner Traditionsvereins und war entsprechend turniererfahren. Claus Rupp wird sich
mental entsprechend vorbereitet haben.

**1.c4 e5 2.g3 ♘c6 3.♗g2 ♘ge7
4.♘f3 d5 5.cxd5 ♘xd5 6.0–0**

Der Katernberger bringt seine übliche Figurenaufstellung auf das Brett.

**6...♗e7 7.♘c3 ♘f6 8.d3 0–0 9.a3
♗e6 10.b4 ♘d5 11.♘e4 f6 12.♗b2
♕d7 13.♖c1 ♗h3?!**

Tröger möchte den Fianchettoläufer abtauschen,
der auf der langen Diagonale h1–a8 lästig werden
kann. Gleichwohl verliert er dadurch ein Tempo.
13...♖fd8 14.♖d2 hätte die Position weiter in
der Balance gehalten.

**14.♗xh3± ♕xh3 15.♕b3 ♕e6
16.♘ed2 ♘d8 17.e4 ♘b6 18.♖xc7**

♕xb3 19.♘xb3 ♗d6 20.♖c2 ♘a4
21.♗a1 ♘e6 22.♖fc1 ♖fe8 23.♘a5
♖e7 24.♘h4

Trotz zweier Randspringer hat Rupp seinen Vorteil bislang geschickt materialisiert. Gleichwohl war hier 24.d4!? exd4 25.♗xd4 (25.♘xd4 ♘xd4 26.♗xd4 ♖xe4 27.♖c8+ ♖xc8 28.♖xc8+ ♔f7 29.♗xa7+−) 25...a6+− in Erwägung zu ziehen.

24...♖d7 25.♔f1 ♗f8 26.♔e2 ♖ad8 27.♖d1

Oder 27.♖c8 ♖xc8 (27...♖xd3 28.♖xd8 ♖xd8 29.♘xb7±) 28.♖xc8 ♘b6 29.♖c2+−

27...♔f7 28.♘f5 ♖a8?!

Der Kölner möchte offenbar Gegenspiel auf dem Damenflügel initiieren, was allerdings noch ein wenig Zeit kostet. Der Textzug ist trotzdem nicht ganz nachzuvollziehen. Wieso nicht 28...g6 29.♘e3 ♗h6±?

29.♘e3

29.d4 exd4 30.♘xd4 ♘xd4+ 31.♖xd4 ♖e7 32.f3 f5 33.♔f2 fxe4 34.♖xe4 ♖d7 35.♖d4 ♖e7 36.♖dd2± wäre stringenter gewesen.

29...b6

Schwarz ‚zwingt' den weißen Springer auf ein besseres Feld. Von daher war es klüger, mit 29...g6± zunächst kleine Brötchen zu backen.

30.♘ac4 a5

30...♖e8± war vermutlich besser.

31.♘d5 (Diagramm rechts oben) **axb4**

Es ist fürchterlich schwierig, einen einmal gefassten Plan wieder zu verwerfen. Von daher ist davon auszugehen, dass Tröger 31...♖b8± nicht mehr wirklich in Erwägung gezogen hat.

32.♘dxb6

Noch stärker war wahrscheinlich 32.♘cxb6!? ♘xb6 33.♘xb6 b3 34.♖c4 ♖b7 35.♘xa8 b2 36.♗xb2 ♖xb2+ 37.♖d2 ♗xa3 38.♖xb2 ♗xb2 39.♘c7+−

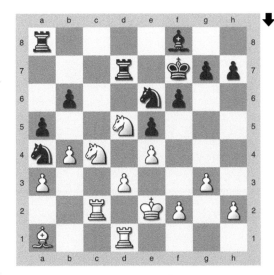

Stellung nach 31.♘d5

32...b3± 33.♖cd2 ♘xb6

33...♖dd8 war einen Versuch wert. Es kann zum Beispiel 34.♘xa8 ♖xa8 35.♖b1 ♖b8± folgen.

**34.♘xb6+− ♖da7 35.♘xa8 ♖xa8
36.♗b2**

Claus möchte natürlich alles unter Kontrolle halten. Gleichwohl hätte er eventuell auch 36.d4!? exd4 37.♗xd4 ♗xa3+− probieren können.

36...♗c5

36...♗xa3?! war möglich, aber vermutlich nicht gut. Es folgt 37.♖a1 ♗xb2 38.♖xa8 ♘d4+ 39.♔d1 ♗c3 40.♖a7+ ♔g6 41.♖b7+− und Schwarz dürfte auf lange Sicht seinen Freibauern einbüßen.

37.♖b1 ♖b8

37...h6!? war ebenfalls eine Überlegung wert. Eine mögliche Folge wäre 38.♗c3 ♖xa3 39.♖db2 ♘d4+ 40.♔f1+−.

**38.♖dd1 ♗d4 39.♖dc1 ♗xb2
40.♖xb2 ♘d4+ 41.♔d2 ♖a8**

41...♘f3+ 42.♔e3 ♘xh2? geht wegen 43.f3+− nicht. Weiß wird den vorwitzigen Rappen in wenigen Zügen einfangen.

42.♖a1 ♔e6 43.a4 ♔d6 44.♖a3 ♖a5

44...♔c5 wäre zu optimistisch. Nach 45.♖axb3 ♘xb3+ 46.♖xb3 ♖xa4 47.♖b7+− verliert Schwarz seine Truppen auf dem Königsflügel. 47...♔d4 48.♖d7+ ♔c5 49.♖xg7+−

45.♖bxb3 ♘xb3+ 46.♖xb3 ♖xa4 47.♖b7 g5 48.♖xh7 ♖a1 49.h4 gxh4 50.♖xh4 ♔e6 51.♖h8

Tröger gibt auf. Das Turmendspiel ist nicht zu halten. **1–0**

Ulrich Waagener

Für Ulrich Waagener ist Angst am Brett ein Fremdwort. Auch die nachfolgende Partie wird mit offenem Visier gespielt. Das taktische Stelldichein endet schließlich standesgemäß mit einem Damenopfer. Viel Vergnügen beim Nachspielen!

ULRICH WAAGENER – PAUL RADIC
Bamberg, 11.01.1981
C45: Schottische Partie
(Ulrich Geilmann) *(CD Nr.1490)*

1.e4 e5 2.♘f3 ♘c6 3.d4 exd4 4.♘xd4 ♗c5 5.♗e3 ♕f6 6.c3 ♘ge7 7.g3 0–0 8.♗g2 d5?!

Ein Bauernopfer von etwas zweifelhaftem Wert. 8...♘e5!? muss beachtet werden. (Siehe CD)

9.♘xc6± ♕xc6 10.exd5 ♕b6 11.♗xc5 ♕xc5 12.0–0 ♖d8 13.♖e1 ♗e6 14.b4

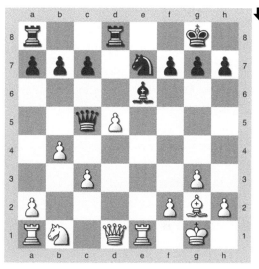

14...♕c4?!

Vorzuziehen war 14...♕b6 15.c4 c6 (15...♕xb4? 16.♕e2+−) 16.♘c3 ♕xb4 17.♕b1 ♕xb1 (17...♕xc3 18.dxe6 fxe6 19.♕xb7±) 18.♖axb1 cxd5 19.♖xb7 ♔f8±

15.♘d2+− ♕xc3 16.dxe6

16.♖c1 hätte Schwarz bereits vor schwierige Aufgaben gestellt. Nach 16...♕xb4 17.♖c4 ♕a5 18.dxe6 ♖xd2 19.exf7+ ♔f8 (19...♔xf7? 20.♕f3++−) 20.♕f3 ♖d7 21.♖ce4 ♖ad8 22.♕e3+− steht Weiß deutlich überlegen.

16...♖xd2± 17.exf7+ ♔xf7 18.♕h5+ ♔g8 19.♖ac1

19.♗xb7 mit der Folge 19...♖f8 20.♕c5 ♕xc5 21.bxc5 ♘g6 22.f4 ♖b8 23.♖ab1± war auch nicht schlecht.

19...♕xb4 20.♖xc7 ♘g6?!

Auf den ersten Blick scheint dieser Zug die schwarzen Probleme fast zu lösen. Gleichwohl hätte sich Radic wohl auf 20...♕b6!? 21.♕c5 ♕xc5 22.♖xc5 ♘c6 23.♖b1 ♖d7 24.♖cb5± einlassen sollen.

21.♖ec1

21.♖xb7!? war ebenfalls problemlos möglich.

21...♖f8 22.♗d5+ ♔h8 23.♖f7 ♕d6?!

Das geht letztlich ins Auge. Nötig war 23...♖xf7 24.♗xf7 ♘e7±

24.♖f5+− ♖d8

24...♖xd5 spielt man nur, wenn man eine maso-chistische Ader hat. 25.♖xd5+−

25.♕xh7+!

…und das Matt in seinem Lauf hält weder Ochs noch Esel auf! **1–0**

Werner Rottstaedt

EDGAR ANBUHL – WERNER ROTTSTAEDT
Hamburg, 05.04.1981
B00: Owen-Eröffnung
(Ulrich Geilmann) *(CD NR. 1441)*

Wieso Werner Rottstädt heute kaum noch Schach spielt, weiß ich nicht. Dass das aber ein sportlicher und menschlicher Verlust ist, steht für mich fest. Gut, dem Vernehmen nach ist er ein ganz passabler Tänzer! Aber macht das den Nervenkitzel wett, den ein Spieler am Brett erleben kann? Ich bezweifle das, zumal Werner in der nachfolgenden Partie zeigt, dass er auch so die Puppen tanzen lassen kann!

1.e4 b6 2.d4 e6 3.♘f3 ♗b7 4.♗d3 c5 5.c3 ♘f6 6.♕e2 ♗e7 7.0–0 cxd4

7...♘c6 8.a3 ♘a5 9.♘bd2 c4 10.♗c2 ♕c7= ist so etwas wie eine Hauptvariante.

8.cxd4 0–0 9.a3

9.♘c3 oder 9.♘bd2 funktionieren auch.

9...d6 10.♘bd2 ♖e8 11.b4 ♘bd7 12.♗b2 ♖c8 13.g3 ♖c7 14.♖ae1

Aggressiver wäre 14.e5 ♘d5 15.♘e4 ♘f8+= gewesen.

14...♕a8 15.♘h4 d5 16.e5 ♘e4 17.♘g2 ♖ec8

Nachvollziehbar, aber 17...♘c3!? 18.♕e3 ♖ec8± war vielleicht einen Hauch stärker.

18.♘b1 h6 19.h4

Mit 19.f3!? ♘g5 20.h4 ♘h7± wäre Schwarz in die Defensive gedrängt worden.

19...f6

19...b5!? war eventuell auch erwägenswert. Zumindest sieht 20.♗xb5 ♘xe5 21.dxe5 ♖c2 22.♕e3 ♖xb2 sehr gut aus! Besser 20.♔h2.

20.♕g4 f5 21.♕e2 a5

Besser wieder 21...b5! 22.♗xb5 ♖c2. Jetzt empfiehlt der allwissende Schachwaran allerdings das eher unmenschliche 23.♗xd7 ♖xe2 24.♗xe6+ ♔h8 25.♖xe2 ♖c7 26.♖c1 ♖xc1+ 27.♗xc1 ♗c8+=

22.b5 ♘f8 23.♔h2 g5 24.♕h5 ♗d8!?

Eine kritische Stellung, die Werner eigentlich recht trickreich spielt, da der Bauer h6 vergiftet ist. Doch gleichzeitig hängt jetzt der Springer e4 strukturell in der Luft. Von daher war vermutlich 24...♖c2 eine probate Idee, um nach 25.♗xc2 ♖xc2 26.♖e2 ♕c8+– wenigstens ein bisschen Initiative zu bekommen.

25.♖c1?!

Weiß verpasst 25.f3+– mit Materialgewinn!

25...♘xf2?!

Manchmal ist die Drohung stärker als die Ausführung! Werner hat vermutlich gesehen, dass der Springer nach ...26.f3 operativ vom Brett entfernt wird und will dem zuvor kommen. Tatsächlich wäre er aber mit 25...♖g7= adäquat im Spiel geblieben. 26.f3 gxh4 27.fxe4 hxg3+ 28.♔g1 dxe4 29.♗e2∓ sieht recht gut für Schwarz aus.

26.♖xf2+– ♖xc1 27.♗xc1 ♖xc1 28.♕xh6?

28.♘e3+– hätte den Vorteil aufrecht erhalten. Schwarz hat nicht nur eine völlig undynamische

Figurenaufstellung, sondern zudem einen schwachen Königsflügel. So hätte Anbuhl beispielsweise nach 28...♗c8 mit 29.♘g4!+– bereits empfindliche Drohungen aufstellen können. Dabei scheitert 29...fxg4? an 30.♕f7+ ♔h8 31.♕xf8#

28...♖c7=

Der Turm kommt jetzt gerade noch rechtzeitig zurück, um die weiße Dame in Bedrängnis zu bringen!

29.♗xf5

Eine recht rabiate Lösung. Möglich war gegebenenfalls auch 29.♕h5 gxh4 30.g4 ♖h7 31.♕e8 ♖e7 32.♕h5 ♖h7= nebst Zugwiederholung und Friedensvertrag.

29...exf5 30.♖xf5 ♖g7 31.♘e3 ♕c8 32.e6?

Unser leider viel zu früh verstorbener Vereinskamerad Martin Hugger hätte hier sicher seinen berühmten Kommentar „Die Kuh gibt Milch" vom Stapel gelassen. Der launige Spruch trifft den Kern. Notwendig war 32.♖xf8+ ♔xf8 33.♕h8+ ♖g8 34.♕h6+ ♔e8 35.♕h7, wobei viele die Stellung lieber mit den schwarzen Steinen spielen würden.

32...♘xe6 33.♖e5?!

33.♕h5 ♗e7 34.♘g4–+ war eventuell noch eine Idee.

33...♘f8 34.♘d2 gxh4 35.♘f5 hxg3+ 36.♔g2 ♖g6 37.♕f4 ♗g5

37...♘e6 war sogar noch besser. Weiß bliebe nach 38.♕e3 ♗g5–+ auf der Verliererstraße.

38.♘e7+ ♗xe7 39.♖xe7 ♖g7 40.♖e3

40.♖xg7+ ♔xg7 41.♕e5+ ♔f7–+

40...♕g4

Respektive 40...♘g6 41.♕g5 ♕c7–+ und Werner hat alles im Griff.

41.♕d6 41...♕xd4 42.♘f1 ♕b2+ 43.♔g1

43.♔h3 holt die Kuh nach 43...♗c8+ auch nicht mehr vom Eis.

43...♛f2+ 0–1

43...♛f2+ 44.♔h1 ♛xf1# mochte sich Weiß nicht mehr zeigen lassen!

Der sympathische Dr. Heinz-Dieter Gierse erspielte sich in der Bundesligasaison 1980/81 respektable 50 %. Vielleicht hätte er noch mehr Punkte erzielen können. War der Druck zu groß? Hatte er zu viel Respekt? Spielte ihm seine Nervosität einen Streich? Wer weiß! Psychologie spielt beim Schach manchmal eben doch eine tragende Rolle. Nachfolgend eine seiner Gewinnpartien.

Dr. Heinz-Dieter Gierse

Heinz-D. Ueter – Dr. Heinz-Dieter Gierse
Köln 09.11.1980
B06: Moderne Verteidigung.
(Ulrich Geilmann) *(CD Nr.1521)*

1.e4 g6 2.d4 ♗g7 3.f3?!

Weiß geht der üblichen Theorie aus dem Weg, stellt dem Schwarzen damit nachfolgend aber auch keine sonderlichen Probleme.

3...d6 4.♗e3 c5 5.♘e2 ♘c6 6.♘bc3 b6 7.♛d2 ♗a6 8.d5 ♘e5 9.b3 b5 10.♖d1 b4 11.♘b1 ♛a5 12.a3 ♘f6 13.axb4 cxb4 14.♘d4 ♗xf1 15.♔xf1 0–0 16.g4?!

Sieht gefährlicher aus, als es wahrscheinlich ist. Vielleicht war es klüger, den Bauernangriff zunächst mit 16.♛e2= vorzubereiten.

16...♖ac8

16...♘exg4 bringt Schwarz nicht weiter. 17.fxg4 ♘xe4 18.♛g2 ♛xd5 19.♘d2 ♘c3 20.♛xd5 ♘xd5 21.♘c4=

17.g5 ♘xd5?!

Objektiv war 17...♘h5!?= besser.

18.exd5 ♛xd5 19.♔e2

Nach 19.♔g2 f6 20.gxf6 ♖xf6 21.♖hf1± läuft Schwarz ins Leere.

19...f6= 20.c4

Sprach etwas gegen 20.♛xb4 fxg5 21.c4 ♛a8 22.♖hf1?

20...bxc3 21.♘xc3 ♛b7 22.♖hf1

Ueter wird sicher auch über 22.gxf6 ♖xf6 23.♘e4 ♖ff8= nachgedacht haben.

22...fxg5 23.♘e4?

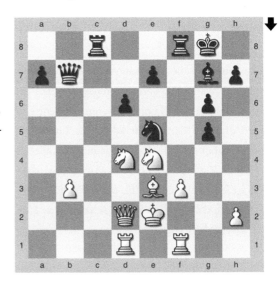

Weiß bereitet sich in bereits heraufziehender Zeitnot selbst Probleme. Interessant war 23.♗xg5 ♕a6+ 24.♔f2 ♖xc3 25.♕xc3 ♘xf3 26.♔g2 ♘xg5 27.♖xf8+ ♔xf8 28.h4 ♗xd4 29.♕xd4 ♘f7=

23...g4–+ 24.♘g5

24.♔e1 ♘xf3+ 25.♘xf3 ♕xe4 26.♘d4 ♗h6 27.♖xf8+ ♖xf8 28.♘c2 ♗xe3 29.♘xe3 ♕h1+ 30.♔e2 ♕xh2+ 31.♔d3 ♕xd2+ 32.♖xd2 h5–+ war keine wirkliche Alternative.

24...gxf3+ 25.♘gxf3 ♕a6+?!

Gibt den klaren Gewinn wieder aus der Hand. Richtig war 25...♕e4 und Schwarz gewinnt 26.♘xe5 dxe5 27.♖xf8+ (27.♘f3 ♖c2–+) 27... ♖xf8 28.♘e6 ♕f3+ 29.♔d3 ♖c8 30.♘xg7 e4+ 31.♔d4 ♖d8+–+

26.♔e1?

Weiß greift wiederum daneben. 26.♔f2 war noch möglich. 26...Db7 (26...♘xf3 27.♘xf3 ♖c3 28.♕d5+ ♔h8 29.♕e4 ♖xb3=) 27.♔g2 ♕e4 28.♕e1 ♖c2+ 29.♗d2 ♕d5∓∞

26...♖xf3!

Ueter gibt auf. Nach 27.♘xf3 ♘xf3+ 28.♖xf3 ♗c3–+ erhält Schwarz Spiel entscheidenden Materialvorteil. **0–1**

WIR SIND WIEDER DA!
2003-2004

Nachdem die SF Katernberg also gleich im Gründungsjahr der einteiligen Bundesliga den Abstieg hinzunehmen hatten, machte der Schachzirkus ganze 22 Jahre nur noch in den Nachbarstädten halt.

Um weiter Bundesligaschach zu erleben, mussten die Fans deshalb wehmütig nach Bochum, Castrop-Rauxel, Duisburg oder Wattenscheid fahren.

2003 war es dann aber wieder soweit. Nach einer langen Aufbauphase, die vor allem durch Mannschaftsführer **Willi Knebel** und seine Mitstreiter vorangetrieben worden war, erspielte sich Katernberg als Tabellenführer der 2. Bundesliga das Aufstiegsrecht.

Mancher mochte es seinerzeit bedauert haben, aber schon damals war es kaum mehr möglich, mit einer Mannschaft den deutschen Schacholymp zu erreichen, die ausschließlich aus regionalen Amateurspielern bestand. Auch die SF Katernberg verdankten den erneuten Aufstieg in die nationale Spitzenliga dem Einsatz von namhaften ausländischen Spielern.

Als absoluten Glücksgriff erwies sich die im Jahre 2001 erfolgte Verpflichtung des ukrainischen Supertalents **Andrei Volokitin**, der unter der Flagge des Klubs bis zu diesem Zeitpunkt noch keine Partie verloren hatte. Auf das Abschneiden des 17 jährigen Großmeisters am Spitzenbrett waren alle besonders gespannt.

Für das 2. Brett war der spielstarke russische Großmeister **Vladimir Chuchelov** vorgesehen. Vladimir stammt aus Moskau und lebte seinerzeit unweit der deutschen Grenze im belgischen Eupen. Er besaß seit kurzem auch die belgische Staatsangehörigkeit. Mit einer ELO-Zahl von 2603 führte er die Katernberger Rangliste an.

Dann folgte die renommierten Großmeister **Igor Glek** und **Sergey Smagin**, die bislang mit konstant hervorragenden Resultaten geglänzt hatten. Dabei lebte Igor Glek bereits seit so vielen Jahren mit seiner Familie in Essen, dass er kaum noch zu den auswärtigen Kräften zu zählen war.

Ein weiterer Neuzugang war der spanische Großmeister **Alfonso Romero-Holmes**. Dieser spielte furchtloses Angriffsschach und war auch als Schachjournalist eine Größe.

Ebenfalls aus Spanien stammte **Javier More-no Carnero**. Der Internationale Meister machte durch seinen Sieg bei der Internationalen Hamburger Einzelmeisterschaft auf sich aufmerksam.

Mit konstant guten Leistungen wusste auch der Internationale Meister **Martin Senff** zu überzeugen, der die Katernberger Farben ebenfalls bereits seit 2001 trug.

Seit zwei Jahren war auch der designierte Internationale Meister **Erwin L'Ami** dabei. Der 18 Jahre junge Niederländer kam in der Aufstiegssaison auf drei volle Punkte aus drei Partien.

Sensationell war sein Resultat bei der Deutschen Blitzmannschaftsmeisterschaft im Juni 2003, als er mit 23 Punkten aus 25 Partien das beste Ergebnis am 2. Brett erzielte und damit den SF Katernberg zum 2. Platz verhalf.

Ein weiteres hoffnungsvolles Talent war der bereits europaweit bekannte und beliebte Internationale Meister **Sebastian Siebrecht**, der bei der Essener Schachgesellschaft seine ersten schachlichen Gehversuche unternahm und somit als ein echtes Eigengewächs betrachtet wurde.

Der internationale Meister **Matthias Thesing**, der seit einem Jahr dabei war, brachte seine langjährigen Erfahrungen aus zahlreichen Bundesligaeinsätzen in die Mannschaft ein.

Besondere Aufmerksamkeit verdiente auch **Christian Scholz**, der nach einem etwas misslungenen Einstand als Mannschaftsbester einen maßgeblichen Anteil am Aufstieg hatte.

Eine feste Größe war darüber hinaus der im Ruhrgebiet aufgewachsene **Georgios Souleidis**.

Der internationale Meister hatte seinerzeit einen studiumsbedingten Auslandsaufenthalt beendet und verstärkte nun wieder das Team.

Kampfschach und trockener hanseatischer Humor waren die Markenzeichen von **Falko Meyer**. Die Verpflichtung des norddeutschen FIDE-meisters erwies sich insoweit als ein doppelter Vorteil.

Auf die Reservebank rückte nach einer starken Oberliga-Saison schließlich **Armin Meyer**, der das

Platz	Verein	G	U	V	BrettPunkte	Mannschaftspunkte
1.	SG Porz	12	2	0	80,5:31,5	26:2
2.	SC Baden-Oos	12	2	0	78,5:33,5	26:2
3.	TV Tegernsee	9	3	2	67,0:45,0	21:7
4.	Werder Bremen	9	2	3	63,0:49,0	20:8
5.	Hamburger SK	9	1	4	67,5:44,5	19:9
6.	HB Schachgesellschaft	7	4	3	62,5:49,5	18:10
7.	SG Solingen	7	1	6	61,5:50,5	15:13
8.	SC Kreuzberg	7	1	6	58,5:53,5	15:13
9.	SV Wattenscheid	5	2	7	57,0:55,0	12:16
10.	*SF Katernberg*	*5*	*0*	*9*	*52,0:60,0*	*10:18*
11.	SF Neukölln	3	4	7	52,0:60,0	10:18
12.	SCA St. Ingbert	2	3	9	41,0:71,0	7:21
13.	SV 1920 Hofheim	2	2	10	40,0:72,0	6:22
14.	SK König Plauen	2	1	11	31,0:81,0	5:23
15.	Stuttgarter SF 1879	0	0	14	28,0:84,0	0:28
16.	Lübecker SV 1873	0	0	0	0,0:0,0	0:0

Schachspiel ebenfalls in Essen erlernt hatte und seinerzeit in Bochum lebte.

Zunächst trug der Verein seine überregionalen Heimwettkämpfe über lange Jahre hinweg im Revierpark Nienhausen aus. Dann wechselte man in die attraktiven Räumlichkeiten der Orangerie im Essener GRUGA-Park, die einen idealen Rahmen für Spieler und Zuschauer boten. Die familienfreundliche Spielstätte war dabei eingebettet in

eine wunderschöne Parklandschaft.
Dort fanden sich mit Tropenhaus,
Alpengarten, Freiflugvoliere, Greif-
vögel und Abenteuerspielplätzen
besonders für die Familienmitglieder,
denen die 64 Felder des Schachbretts
nicht die Welt bedeuteten, attraktive
Ausflugsziele. Insoweit nahm Katernberg den Leitspruch der FIDE gens
una sumus (wir sind eine Familie)
durchaus wörtlich. Außerdem ver-
fasste der Verein wieder eine wunderschöne Saisonbroschüre.

Meister 2003/2004 wurde die SG
Porz, die im Stichkampf um den Titel
mit 4½:3½ gegen den SC Baden-
Oos gewann. Der Titelverteidiger
Lübecker SV 1873 hatte sich bereits
vor der Saison aus der Bundesliga
zurückgezogen, nachdem der Haupt-
sponsor abgesprungen war. Neben

Name	Elo	G	R	V	Ergebnis
GM Andrei Volokitin	2594	6	4	2	8,0/12
GM Vladimir Chuchelov	2603	3	4	3	5,0/10
GM Igor Glek	2555	4	5	3	6,5/12
GM Sergei Smagin	2570	0	1	1	0,5/2
GM Alfonso Romero Holmes	2544	1	0	3	1,0/4
IM Javier Moreno Carnero	2516	1	3	2	2,5/6
IM Martin Senff	2446	3	8	2	7,0/13
Erwin l'Ami	2470	3	2	0	4,0/5
IM Sebastian Siebrecht	2435	2	2	8	3,0/12
IM Matthias Thesing	2437	0	5	3	2,5/8
Christian Scholz	2392	4	2	4	5,0/10
IM Georgios Souleidis	2401	2	6	3	5,0/11
FM Falko Meyer	2348	2	0	4	2,0/6
Armin Meyer	2289	0	0	1	0,0/1

den SF Katernberg, die sich mit einem 10. Platz
recht gut verkauften, waren die Bremer Schachgesellschaft von 1877, der SCA St. Ingbert und
der SV 1920 Hofheim aufgestiegen. Die Bremer
Schachgesellschaft von 1877 zog sich nach der Saison allerdings ebenso zurück wie die Mannschaft
aus St. Ingbert und der SK König Plauen. Dadurch
konnten der SV 1920 Hofheim und die Stuttgarter
Schachfreunde 1879 in der Liga verbleiben.

Die zugelassenen Vereine durften jeweils acht
Stammspieler und maximal sechs Ersatzspieler
melden.

Zusätzlich konnten mit den Ranglistennummern 15 und 16 zwei einheimische Jugendspieler (Jahrgang 1984 oder jünger) gemeldet werden.
Katernberg machte hiervon keinen Gebrauch,
setzte aber dafür alle Spieler ein.

Andrei Volokitin erspielte sich in der Saison 2003/2004 am ersten Brett ein herausragendes Ergebnis. Gleich in der ersten Runde saß ihm Rustam Kasimdzhanov gegenüber. Der überaus freundliche Usbeke, der heute in Deutschland lebt, erlernte das Schachspiel mit fünf Jahren. Er entwickelte sich zu einem außergewöhnlich starken Großmeister. Gleichwohl war sein Sieg bei der Weltmeisterschaft der FIDE 2004 in Tripolis überraschend. Ein für das Jahr 2005 von der FIDE geplanter WM-Wettkampf gegen Garri Kasparow kam gleichwohl nicht zustande. Bei der Schachweltmeisterschaft 2008 trug er dann als Sekundant von Anand maßgeblich zu dessen Titelgewinn bei. Dies war sein erstes Engagement als Sekundant, das er bis heute erfolgreich fortsetzt.

Andrei Volokitin

RUSTAM KASIMDZHANOV – ANDREI VOLOKITIN

Solingen, 01.11.2003

A65: Benoni

(Ulrich Geilmann) *(CD Nr. 1424)*

1.d4 ♞f6 2.c4 g6 3.♞c3 ♝g7 4.e4 d6 5.f3 0–0 6.♝e3 c5 7.♞ge2 ♞c6 8.d5 ♞e5 9.♞g3 e6 10.♝e2 exd5 11.cxd5 h5 12.0–0 ♞h7 13.♛d2 h4 14.♞h1 g5 15.♞f2 ♚h8

Etwas schwächer ist 15...♛f6 16.♚h1 ♝d7

16.♚h1

Zwei Jahre später versucht es Iwantschuk mit 16.b4 Ivanchuk, V – Efimenko, Z Saint Vincent 2005 1–0 (47) (Siehe CD)

16...♝d7 17.♖ae1

Vermutlich eine Neuerung. Gespielt wurde auch war auch 17.f4 gxf4 18.♝xf4 Lautier, J – Nataf, I Val d'Isere 2004 1–0 (37) (Siehe CD)

17...♖g8 18.a3 ♛f6 19.b4 b6

19...c4= war erwägenswert.

20.♖c1 ♛g6 21.bxc5

Ein anderer Zugvorschlag ist 21.♝a6

21...bxc5 22.♖b1 ♖ab8 23.h3 f5

23...♞f6= bleibt in der Remisbreite.

24.exf5 ♝xf5 25.♞ce4

25.♖xb8 sieht aktiver aus. Es folgt 25...♖xb8 26.♞ce4 ♖b3 27.a4 ♞f7 28.♝d3=

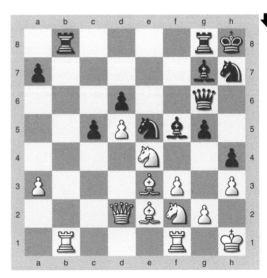

25...☖xb1 26.☖xb1 ♗xe4 27.♘xe4

Andrei muss nun immer ☖b7 beachten.

27...g4! 28.hxg4 ♘xg4 29.♗d3 ♘xe3 30.♕xe3 ♗e5! 31.g4?

Vermutlich ein Zeitnotfehler. 31.♕d2= und Weiß steht sicher.

31...hxg3–+ 32.♔g2 ♕h5! 33.☖h1

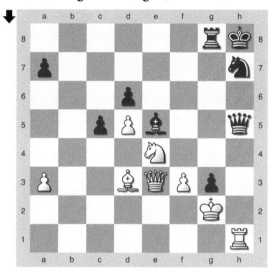

33...♕xh1+!

Ein genialer Zug!

34.♔xh1 g2+ 35.♔g1 ♗d4 36.♕xd4+ cxd4 37.♘xd6

37.f4 war vielleicht noch eine Option.

37...♘g5 0–1

Die Katernberger Fans feierten diesen Sieg des 17 jährigen Ukrainers den Berichten zufolge mit einem für schachliche Verhältnisse ungewohnt stürmischen Beifall. Willi Knebel formulierte die Euphorie in seinem Report wohl am treffendsten: „...Eine Galavorstellung des jüngsten Spitzenspielers der Bundesliga…" Dem ist nichts hinzuzufügen!

Vladimir Chuchelov

Vladimir Chuchelov spielte eine durchwachsene Saison. Der arrivierte Schachtrainer, zu dessen Schülern zum Beispiel Giri, Caruana, Hou Yifan, Negi, van Kampen und Meyer gehörten, bekam allerdings am 2. Brett regelmäßig schwere Kost vorgesetzt.

VLADIMIR CHUCHELOV – DORIAN ROGOZENCO
Essen, 22.11.2003
A14: Reti-Eröffnung
(Ulrich Geilmann) *(CD Nr. 1407)*

1.♘f3 ♘f6 2.c4 e6 3.g3 d5 4.b3 ♗e7 5.♗g2 0–0 6.0–0 b6 7.♗b2 ♗b7 8.e3 ♘bd7 9.♕e2 a5 10.♘c3 a4 11.♘xa4 dxc4 12.☖fc1

Auf 12.♕xc4 kann 12...♗a6 13.♕c6 ♗xf1 14.♔xf1 =+ folgen. Durch seine aktive Figuren-

Stellung hat Weiß gewisse Kompensation für die geopferte Qualität.

12...cxb3

12...b5 Mgeladze, T – Dzagnidze, Tbilisi 2002 0–1 (33) (Siehe CD)

13.axb3 ♘c5 14.♘xc5 ♗xc5 15.d3 ♕e7 16.♘e5 ♗xg2 17.♔xg2 ♗a3?

Besser ist 17...♖xa1+= 18.♖xa1 ♘d7. Jetzt nutzt Vladimir die Gunst der Stunde!

18.♘c6! ♕d6 19.♗e5 ♕d7 20.♖xa3!+– ♖xa3 21.♗xf6! gxf6 22.♕b2! ♖fa8 23.♕xf6

Weiß hat jetzt einen starken Angriff.

23...♕d5+?

Nach 23...♖e8± hätte es vielleicht noch gewisse Rettungschancen gegeben.

24.e4! ♕xd3 25.♘e7+ ♔f8 26.♖xc7 1-0

Das Matt ist unabwendbar.

Igor Glek

IGOR GLEK – ALEXANDER RUSTEMOV

Solingen, 02.11.2003

C07:Französisch

(Igor Glek) *(CD Nr. 1414)*

Igor Glek gewann zu seinen Hochzeiten über 100 internationale Turniere. Mit seiner bisher höchsten Elozahl von 2670 im Juli 1996 gelangte er auf Platz 12 der FIDE-Weltrangliste. Inzwischen lebt er in Deutschland und hat sich als Trainer, Schiedsrichter und Schachfunktionär etabliert. Seit einiger Zeit ist er überdies Mitglied der Duma der Stadt Moskau.

Igor war maßgeblich am Aufstieg der Katernberger in die Bundesliga beteiligt und zeigt in der nachfolgenden Partie seine hochkarätigen Theoriekenntnisse. Dabei hat er sich stets akribisch auf seine Gegner vorbereitet. Die Partieanalyse und Anmerkungen stammen von ihm. Sie werden an dieser Stelle nur gekürzt angegeben, da sie teilweise sehr ausführlich sind und den Rahmen des Buches sprengen würden. Diese Ausführungen finden sich aber komplett auf der CD.

1.e4 e6 2.d4 d5 3.♘d2 c5 4.♘gf3 cxd4 5.exd5 ♕xd5 6.♗c4 ♕d6 7.♕e2 ♘f6 8.♘b3 ♘c6 9.♗g5 a6 10.0–0–0 b5 11.♗d3 ♗e7 12.♔b1 ♗b7 13.♘bxd4 ♘xd4 14.♘xd4 ♗d5

14...0–0 oder 14...♕c5 (Siehe CD)

15.♘f3

15.♖he1 oder 15.h4 (Siehe CD)

15...0–0

15...♕c6 siehe (Siehe CD)

16.♘e5

16.0-0 siehe (Siehe CD)

16...b4 17.♖he1 ♖fd8?!

Besser 17...♕c7 18.f4 (18.♗c4 ♖ad8) 18...a5 19.f5+=

18.♗xf6! ♗xf6 19.♗xh7+ ♔f8

19...♔xh7 20.♕h5+ ♔g8 21.♕xf7+ ♔h7 22.♖d3+–

20.f4!

20.♗d3 ♕xe5 21.♕xe5 ♗xe5 22.♖xe5 ♗xg2=+; 20.♘g4 ♗c3! 21.♖xd5? exd5 22.bxc3 bxc3–+

20...g6

20...♗xe5 21.fxe5 ♕c6 22.♗d3 (22.♖f1 ♗xg2 23.♖f4 ♗xd1+ 24.♕xd1 ♕d5∞) 22...♗xg2 23.♕h5+–

21.♗xg6!

Mit Angriffschancen.

21...fxg6 22.♘xg6+ ♔g8

22...♔f7 23.♕h5 (Siehe CD)

23.♕g4 ♗g7

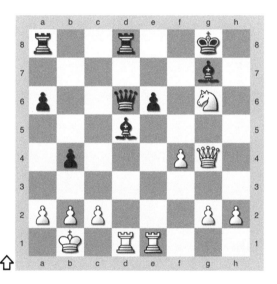

24.♖xd5!+– exd5 25.♘e7+ ♔f7

25...♔h8 26.♖e6+–; 25...♔f8 26.♖e6+–

26.♕h5+

26.♘f5 ♕f6 27.♘xg7 (27.♖e7+ ♔f8 28.♖xg7 ♖e8 29.♔c1 ♕e6±) 27...♕xg7 28.♖e7+

26...♔f8 27.♕h7! ♕xe7

27...♔f7 28.♘f5 ♕f6 (28...♕g6 29.♖e7+; 28...♕f8 29.♘h6+ ♔f6 30.♕f5#) 29.♖e7+ ♔f8 30.♖xg7+–

28.♖xe7 ♔xe7 29.♕xg7+ ♔d6

30.♕d4 ♖ab8

30...a5 31.♕b6+ ♔e7 32.f5 ♖e8 33.♔c1 ♔d7 34.f6+–

31.♕f6+ ♔c5 32.♕xa6 b3 33.♕a5+ ♔c6 34.♕c3+ ♔d6 35.axb3 ♖e8 36.b4 ♖bc8 37.♕d2 ♖e4 38.c3 ♖ce8 39.♔a2 d4 40.cxd4 ♖e3 41.b5 ♖a8+ 42.♔b1 ♖b3 43.♕e2 ♔d5 44.♕e5+ ♔c4 45.♕c5+ 1–0

Sergey Smagin

Sergey Smagin kam in der Saison 2003/2004 leider nur sehr selten zum Einsatz. Dies war umso bedauerlicher, da der Moskauer Schachtrainer ebenfalls einer der Motoren war, die den Aufstieg der Katernberger Mannschaft ermöglicht hatten.

In seiner Partie gegen Severin Papa hat Smagin zwar leichte Vorteile, doch der Nachziehende verteidigt sich umsichtig.

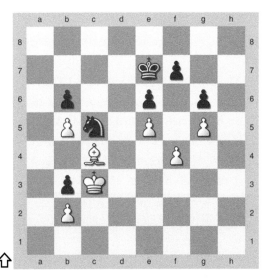

SERGEY SMAGIN – SEVERIN PAPA
Baden-Baden, 27.03.2004 (CD Nr. 1342)

Alfonso Romero Holmes

In der Diagrammstellung nach **42.♔c3** schickt sich Weiß an, den Bauern b3 zu verspeisen, doch mit **42...♘e4+ 43.♔xb3 ♘xg5!** macht Schwarz die sehr klare Ansage, dass „Fort Knox" nicht einzunehmen ist. Nach 44.fxg5 ist dann auch das Remis amtlich.

In den 1990er und 2000er Jahren war GM Alfonso Romero Holmes einer der führenden spanischen Schachmeister. Er spielte erfolgreiches Turnierschach und vertrat sein Land mehrfach auf internationalem Parkett. Die Ergebnisse in der Schachbundesliga waren allerdings zunächst eher enttäuschend. Er spielte vielleicht zu draufgängerisch. Nachfolgend eine Gewinnpartie. Gegen GM Johannessen wählte er dabei das verpflichtende Wolga-Gambit und nahm den hierbei typischen Bauernverlust in Kauf. Nach konsequentem Druckspiel entstand dann aber ein vorteilhaftes Turmendspiel, das er virtuos behandelte und gewann.

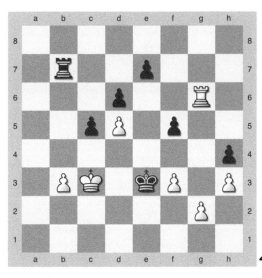

LEIF E. JOHANNESSEN – ALFONSO ROMERO HOLMES
Solingen, 02.11.2003 (CD Nr. 1413)

Holmes hat zuletzt **45...♔e3** gezogen, um am weißen Königsflügel für Unruhe zu sorgen. Mit 46.♖g5 hätte Johannessen jetzt abwarten sollen, doch er zieht übereilt **46.♔g3?** Das spielt Schwarz natürlich in die Hände. **46...hxg3 47.♖xg3 f4 49. ♖g7 ♔xf3 49. ♖f7 ♔e3 50.h4 f3 51.h5 f2 52.h6 e5!** Ein schöner Schlusszug. **0-1**

Javier Moreno Carnero (* 1975) ist gebürtiger Argentinier, spielt jedoch für den spanischen Schachverband. Inzwischen wurde ihm der Großmeistertitel verliehen. Er ist als erfolgreicher Schachcoach tätig und war lange Jahre hindurch Kapitän der olympischen Frauenschachmannschaft Spaniens.

In seiner Begegnung mit Gennadi Ginsburg entstand nach **43.♔xc4** die Diagrammstellung, die fast einer Studie gleicht.,

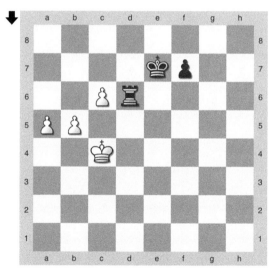

GENNADI GINSBURG – JAVIER MORENO CARNERO
Hofheim, 08.02.2004 (CD NR. 1365)

43...♔d8?
Javier versemmelt es fast! Nötig war 43...♖d2 44.♔c5 ♔d8=
44.♔c5?
Jesus! Nach 44.a6!+– hätte Javier das Nachsehen gehabt!

Javier Moreno Carnero

44... ♖d1 45.b6 ♖a1 46.♔b5 ♔c8 47.a6 ♔b8 48.a7+ ♔a8 49.♔c5 f5
49...♖b1 sollte auch funktionieren. 50.c7 ♖c1+ 51.♔d6 ♔b7 52.♔d7 ♖d1+ 53.♔e7=
50.♔d6 f4 51.♔d7?
Ginsburg will zuviel. Nach 51.c7= hätte er das Remis gehalten. Jetzt kommt er zu spät.
51...♖d1+–+ 52.♔e7 ♖h1
Minderwertig wäre 52...f3 53.c7=
53.♔d6
53.c7 hätte jetzt auch nicht mehr gereicht. 53...♖h8
53...♖h8 54.c7 ♔b7 0–1

Martin Senff

Martin Senff gelangt über den SV Meschede und die SG Bochum 31, bei der er 1998 seinen ersten Einsatz in der Schachbundesliga hatte, zu den Sportfreunden Katernberg. In Frankreich spielte er zudem einige Zeit für den Schachverein Metz Fischer und hat auch in der belgischen 1. Liga gespielt. Der Inhaber einer A-Trainerlizenz betreut derzeit mehrere jugendliche Nachwuchsspieler bei internationalen Turnieren, trainiert den Jugendbereich mehrerer Vereine und ist in der Trainerausbildung des Schachbundes Nordrhein-Westfalen engagiert.

MARTIN SENFF – PHILIPP SCHLOSSER
Baden-Baden, 28.03.2004
B54: Sizilianisch (Rauser Anti- Drachen-Variante).
(Ulrich Geilmann) *(CD Nr. 1333)*

1.e4 c5 2.♘e2 e6 3.d4 cxd4 4.♘xd4 a6 5.♘c3 d6 6.g4 ♘c6 7.♗e3 ♘ge7 8.♘b3 b5 9.♕d2

9.f4 war eine erwägenswerte Alternative.

9...♗d7?!

Schwarz behindert sich selbst. Will Philipp Schlosser einer theoretischen Diskussion aus dem Weg gehen? Der Variantenbaum hält zumindest Alternativen bereit.

a) 9...♘e5 (Siehe CD)

b) 9...♗b7 (Siehe CD)

10.0–0–0 ♘c8

Weiß steht schon etwas besser.

11.f4 ♗e7 12.g5 0–0 13.e5 ♗e8

13...♘a5± war vielleicht eine Option. Jetzt packt Martin in die Trickkiste!

14.♘e4!+– dxe5 15.♕g2! ♕c7

16.♘f6+! ♔h8

Sauber gespielt. 16...gxf6 geht selbstversändlich nicht! 17.gxf6+ ♔h8 18.♕g7#

17.♗d3!

Der nächste Hammer! Kein Zweifel – Martin muss die nachfolgenden Möglichkeiten gesehen haben!

17...♗xf6

17...gxf6 scheitert wiederum! 18.gxf6 ♖g8 19.♕h3 ♖g6 20.♗xg6 fxg6 21.♕xe6 ♘d8

22.♖xd8 ♕xd8 23.fxe5 ♗f8 24.♖d1+–; 17...
g6 war nicht viel besser. 18.♘xe8 ♖xe8 19.♗e4
♘8a7 20.♗xa7 ♖xa7 21.♗xc6 ♖c8 (21...♖d8
22.♖xd8+ ♕xd8+–) 22.♖d7+–

18.gxf6 g6 19.♕g5

Martin bläst zur Jagd auf den schwarzen König.
19.♗c5 war aber etwas genauer. Nach 19...♖g8
20.h4+– behält Weiß klar die Oberhand.

19...exf4?

19...♘d6± war zäher. Aber die Verteidigung ist
danach auch nicht leicht. 20.h4 e4 21.h5+–

20.♗xf4

20.♕h6 bringt Martin nach 20...♖g8+– nicht
unmittelbar weiter.

**20...e5 21.h4 exf4 22.♕h6! ♖g8
23.h5 1–0**

Erwin L'Ami

Dass der junge Niederländer Erwin L'Ami ein
großes Schachtalent hat, zeichnete sich schon früh
ab. Zudem bereitete er sich stets akribisch auf seine Gegner vor. Begabung und Schweiß – in der
nachfolgenden Partie zeigt der beides. Wir sehen
einen sympathischen jungen Mann auf dem Weg
zum Großmeistertitel.

ERWIN L'AMI – YANNICK PELLETIER
Hamburg, 28.03.2004
B80: Sizilianisch
(Lubomir Ftacnik) *(CD Nr. 1318)*

**1.e4 c5 2.♘f3 d6 3.d4 cxd4 4.♘xd4
♘f6 5.♘c3 a6 6.f3 e6 7.♗e3 b5 8.g4
♗b7 9.♕d2 ♘c6 10.0–0–0 ♖c8
11.g5 ♘d7 12.h4 ♘ce5 13.♗d3
♘b6 14.h5 ♘bc4 15.♗xc4 ♘xc4
16.♕d3**

Die ganze Variante scheint auf den ersten Blick
ein wenig zweifelhaft für Weiß zu sein. Schwarz
steht aktiv, während die weißen Läufer vom Brett
verschwinden.

16...b4 17.♘a4

17.♘ce2 d5 18.g6? hxg6 19.hxg6 ♖xh1 20.gxf7+
♔xf7 21.♖xh1 e5!–+

17...e5?

Zu verpflichtend. Besser 17...♕c7!? 18.♗d2 d5=+

18.♘f5 g6 19.♘c5

Die Springer auf c5 und f5 stehen beeindruckend.
Pelletier hat es nicht einfach.

19...gxf5!?

19...♖xc5!? 20.♗xc5 gxf5 21.♗xb4 ♕xg5+
22.♔b1 ♘e3±

20.♕xc4!

20.♘xb7? ♕c7 21.♗f2 ♕xb7–+

20...♕e7 21.exf5 dxc5 22.f6 ♕e6

22...♕c7 23.♖he1 (23.g6?! ♗xf3 24.g7 ♗xg7
25.fxg7 ♖g8 26.h6 ♗xh1 27.♖xh1 ♕d6

28.♕e4=) 23...♗d6 24.g6 hxg6 25.hxg6 ♖d8
26.♗xc5!±

23.♕xe6+ fxe6 24.g6 ♗d5

24...♗xf3? 25.f7+ ♔e7 26.♗g5#

25.♗g5 ♔d7

25...c4 26.♔b1 ♔d7 27.g7 ♖g8 28.♗h6 ♗xg7
29.fxg7+=

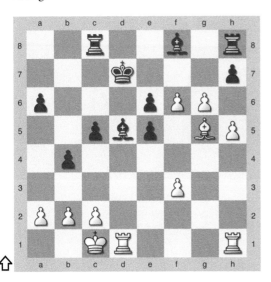

26.g7!

Logisch und stark. Weiß stellt das grobe Material-
gleichgewicht wieder her, behält aber den gefährlichen Freibauern.

26...♖g8

26...♗xg7 27.fxg7 ♖hg8 28.h6 ♔c6 29.♖hf1±

27.♗h6 ♗xg7

27...♗d6 28.f7±

**28.fxg7 ♔d6 29.♖hf1 ♖c7 30.f4
♖cxg7**

30...exf4 31.♗xf4+ e5 32.♗h6 ♔e6 33.♖f8
♖c8 34.♖df1 ♔d7 35.♔d2+−

31.♗xg7 ♖xg7 32.f5!

Eine sehr gute Idee, die Linien für Türme zu öffnen. Schwarz kämpft nach wie vor um den Ausgleich.

32...♖g5?

32...exf5 33.♖xf5 ♔e6 34.♖f8 ♖e7 35.♖d8+−

**33.f6 ♖g8 34.♖g1 ♖f8 35.♖df1
♗e4**

35...e4 36.♔d2 ♗xa2 37.♖g7 ♗c4 38.♖f2 h6
39.♔e3+−

**36.♖g7 ♗f5 37.♖d1+ ♔c6 38.f7
c4**

38...♔c7 39.a3 bxa3 40.bxa3 e4 41.♔b2 e3
42.c4 e2 43.♖e1+−

39.♖d8! 1–0

39...♖xd8 40.♖g8+−

Sebastian Siebrecht

Sebastian Siebrecht zeigte in dieser Saison
beachtliche Nehmerqualitäten. Außerdem bewies
der Internationale Meister ein bemerkenswertes
Promotionstalent, als er glänzend aufgelegt die
Auftaktveranstaltung seines Teams im Essener Mö-
belhaus Kröger moderierte. Lohn der Bemühungen,
Schach publikumswirksam zu präsentieren, war
neben der begeisterten Reaktion des Publikums vor
Ort auch ein Kurzbeitrag im lokalen Fernsehpro-
gramm. Sein außerordentliches schachliches Talent
blitzte u. a. in der nachfolgenden Partie auf.

SEBASTIAN SIEBRECHT – GERHARD LORSCHEID

Hamburg, 27.03.2004

B80: Sizilianisch

(Boris Avrukh) *(CD Nr. 1340)*

1.d4 ♘f6 2.♘f3 g6 3.c4 ♗g7 4.♘c3 0–0 5.e4 d6 6.h3 ♘a6 7.♗g5 ♕e8 8.a3?!

Avrukh, dessen Partieanalyse wir nachfolgend lauschen, hadert mit diesem Zug. Er schreibt: „... Meiner Meinung nach eine eindeutig zweifelhafte Fortsetzung und ganz und gar nicht im Sinne der gesamten Eröffnungsvariante. In letzter Zeit wird hauptsächlich 8.g4 versucht, um sich einen Vorteil zu verschaffen...".

8...e5

8...c5 9.d5 e6 ist eine weitere typische Reaktion auf die Aufstellung von Weiß. Das sieht hier sehr stark aus, da Weiß einfach Zeit mit dem Zug 8.a3 verschwendet hat.

9.d5N

Davor hat man mit Weiß nur 9.dxe5 versucht, aber eben auch ohne sonderlichen Erfolg. (Siehe CD)

9...♘d7?

Durch diesen Zug wird die bisherige weiße Spielweise einfach nur gerechtfertigt. Warum nicht 9...♘h5 10.b4 f5 11.♗e3 ♘d7 und Schwarz hat eine sehr angenehme königsindische Position?! (11...♘f6 12.♗d3 c5!? Sieht auch ziemlich nett für Schwarz aus.) 12.♗e2 ♘f4 13.0–0 ♘xe2+ 14.♕xe2 f4 15.♗d2 g5 mit Angriff.

10.g4 f5 11.gxf5 gxf5 12.♖g1

12.b4 ♘f6 13.♗d3 ♕h5

12...♔h8

Ein obligatorischer Zug. 12...♘ac5? 13.♗h6 ♖f7 14.♘g5 ♖e7 15.♘e6+−

13.b4 ♘f6 14.♗d3 ♗d7

14...♘h5 15.♕d2 fxe4 16.♗xe4 ♘f4 17.0–0–0!

15.♕e2 ♘h5 16.0–0–0 ♘f4?

Dieser unzureichende Zug ermöglicht es Weiß, durch einen verhältnismäßig unerwarteten taktischen Schlag, eine ernsthafte Initiative zu entfalten. Die richtige Fortsetzung war 16...♕f7 mit der Idee, im rechten Moment ♘f4 zu spielen.

17.♗xf4 exf4

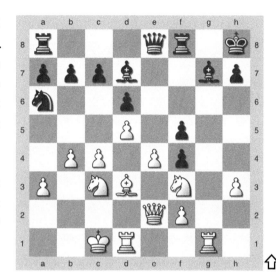

18.♖xg7!! ♔xg7 19.♕b2!

Nutzt den Umstand aus, dass der schwarze Springer auf a6 völlig aus dem Spiel ist. Weiß schafft es dadurch, entscheidende Drohungen zu entwickeln.

19...♕e7

Der computerhafte Zug 19...♔h6 hilft auch nicht. 20.exf5 ♗xf5 21.♗xf5 ♖xf5 22.♘d4 ♖f6 23.♕d2! (23.♘e6 ♖xe6 24.dxe6 ♕xe6 ist nicht so klar.) 23...♘f7 24.♘e4 ♖g6 25.h4 ♖e8 26.♘g5 und wegen des ♘a6 steht Weiß klar besser.

20.exf5 ♕f6

20...♗xf5 21.♖e1 ♕d7 22.♗xf5 ♕xf5 23.♘e4+ ♔h6 24.♘xd6! cxd6 25.♖e6+ ♔h5 26.♕g7+−

21.♘g5! ♔h8 22.♘e6+= ♖f7

Nach 22...♗xe6 gewinnt Weiß leicht mit 23.dxe6
c6 24.♘e4 ♕xb2+ 25.♔xb2 ♖xf5 26.♘xd6
♖f6 27.♗f5

23.♕d2!

Nun macht Weiß zwei notwendige prophylak-
tische Züge mit der Idee, den Zug ♘e4 vorzubereiten. Seltsamerweise ist Schwarz gegen die einfache Idee von Weiß absolut machtlos.

23... ♖g8 24.♔b1 f3

24...h6 25.♘e4 ♕h4 26.c5 (26.♕c3+ ♔h7
27.f6 ♔h8±) 26...dxc5 27.bxc5 ♘b8 28.♕b2+
♔h7 29.♕xb7+−

25.♘e4 ♕e5 26.♖e1!+− ♗xe6
27.dxe6 ♖xf5 28.♘xd6 1–0

28.♕xd6 29.♕c3+ ♖g7 30.e7

Eine Redensart besagt, dass es beim Schach kein-
en Elfmeter gibt. Irrtum! Mit einem Damenopfer
nebst anschließendem Matt in zwei Zügen hätte
Matthias den Sack zumachen können. Doch – obwohl der Zug von allen Kiebitzen gesehen und fast
per Sprechchor gefordert wird – geht er an seinem
Glück vorbei, gerät später in Zeitnot und muss
sich ins Dauerschach retten.

An der Partie wird der musikalisch hochbegabte
Lehramtsstudent noch lange geknabbert haben.

MATTHIAS THESING – GERALD HERTNECK
Plauen, 13.12.2003
B30: Sizilianisch (Rossolimo-Variante)
(Ulrich Geilmann) *(CD NR. 1386)*

1.e4 c5 2.♘c3 ♘c6 3.♗b5 ♘d4
4.a4 e6 5.♘f3 ♘e7 6.♘xd4 cxd4
7.♘e2 a6 8.♗c4 ♘c6 9.d3 ♗c5
10.0–0 0–0 11.♘g3 d5

Matthias Thesing

Seinerzeit vermutlich eine Neuerung. Bekannt
war 11...♔h8 (Siehe CD)

12.♗b3 f5?!

12...♘a5 hält das Gleichgewicht. 13.♗a2 dxe4
14.♘xe4 ♗e7=

13.exf5 exf5 14.♕f3! ♗e6

Schwarz steht schon mit dem Rücken zur Wand.
Etwas besser war 14...♔h8+=, um den König aus
der Diagonale zu ziehen.

15.♖e1 ♗f7 16.♕xf5

Günstiger ist 16.♘xf5 ♔h8 17.♕g4 ♕f6
18.♗g5 ♕g6 19.♘h4 ♕d6+−

16...♔h8 17.♗g5 ♕b6?!

Oder besser 17...♕d6±

18.♗xd5+− ♗g6?

Nötig war 18...♗xd5 19.♕xd5 ♗b4+−

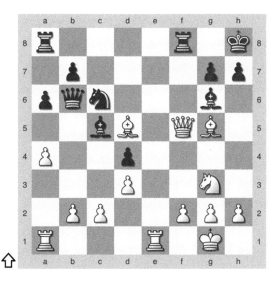

19.♕h3??

Hier verpasst Matthias den taktischen Schlag 19.♕xg6! ♕c7 (19...hxg6 20.♖e4+– nebst Matt.) 20.♕h5+–

19...♕xb2 20.f4 ♘b4

Gerald spielt, als ginge ihn der Königsangriff seines Gegners nichts an. Genauer war 20...♗e7

21.f5

Nicht jedoch 21.♗xb7, da sich Weiß mit 21... ♖ab8± etwas befreien kann.

21...♗xf5 22.♘xf5 ♘xd5 23.♘xg7!
♗b4

Auch nach dem besseren 23...♕xc2 ist Schwarz verloren. 24.♕g3 ♕f2+ 25.♕xf2 ♖xf2 26.♔xf2 ♔xg7+–; 23...♔xg7 24.♖ab1+– und Weiß gewinnt.

24.♖ec1   ♘f4   25.♗xf4   ♖xf4
26.♘h5

26.♘e6 war eindeutig stärker! 26...♖f6 27.♘g5

26...♖f7

Weiß steht immer noch deutlich besser... Wenn nur die Zeit nicht so knapp wäre...

27.♕e6   ♖af8   28.♕e5+   ♔g8
29.♕g5+   1/2–1/2

Christian Scholz

Christian Scholz stammt aus dem Ruhrgebiet. In der Saison 2003/2004 machte sich der Fußballfan erste Kerben in seinen Colt. Sein Geheimrezept? Bananen! Er hat zu jeder Partie stets ein paar dieser gelben Südfrüchte zur Hand, um sich zu stärken. Im nachfolgenden Partiefragment zeigt er, dass er am Brett ein wahrer Meister ist und sogar problemlos mit Springer und Läufer mattsetzen kann.

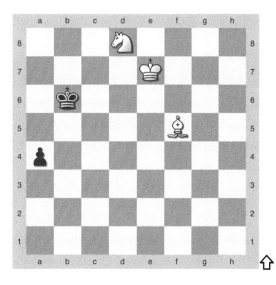

CHRISTIAN SCHOLZ – MIKHAIL GUREVICH
Essen, 21.11.2003 (CD Nr.1372)

Nach **72.♞xd8** stellte sich nur noch die Frage, ob Weiß den Bauern aufhalten kann, ohne dabei eine Leichtfigur zu verlieren. Christian zeigt in der Folge, dass er alles unter Kontrolle hat.

**71...♚c5 72.♝e6 a3 73.♚d7 ♚d4
74.♚d6 ♚c3 75.♞c6!**

Alle anderen Züge sind tatsächlich nur Remis!

75...♚b2 76.♞b4 a2 77.♞xa2

Jetzt ist der Rest Sache der Technik!

**77...♚a1 78.♚c5 ♚b2 79.♚b4
♚c2 80.♚c4 ♚d2 81.♚d4 ♚c2
82.♞b4+ ♚b2 83.♚d3 ♚a1
84.♚c3 ♚b1 85.♞c2**

Schulmäßig!

**85...♚c1 86.♝a2 ♚d1 87.♞d4 ♚e1
88.♚d3 ♚f2 89.♞e2 ♚e1 90.♚e3
♚d1 91.♝b3+ ♚e1 92.♞f4 ♚f1
93.♝c2 ♚e1 94.♞g2+ ♚f1 95.♚f3
♚g1 96.♝d3 ♚h2 97.♞f4 1–0**

Toll gespielt!

Georgios Souleidis

Georgios Souleidis – auch 'Big Greek' genannt, hätte in der Saison 2003/2004 sicher den einen oder anderen Punkt mehr machen können. Im Kampfgetümmel verpasste der Spartaner allerdings manchmal einfach den Zeitpunkt, seinen Widersacher vom Felsen zu schubsen. In der nachfolgenden Partie war das aber anders. Ein starker Auftritt. Georgios war übrigens in einer früheren Partie unfreiwillig Nutznießer einer neuen FIDE-Regel, die darauf abzielte, dass Handys im Turniersaal auszuschalten seien. Als Sanktion war Partieverlust vorgesehen. Sein damaliger Gegner – Stefan Löffler – hatte augenscheinlich vergessen, sein Mobiltelefon abzustellen. Als dann der Vibrationsalarm brummte, sprachen die Schiedsrichter daher Georgios den Gewinnpunkt zu.

GEORGIOS SOULEIDIS – ALEKSANDAR VUCKOVIC
Hamburg, 27.03.2004
B53: Sizilianisch (Ungarische Variante)
(Ulrich Geilmann) *(CD Nr. 1338)*

**1.e4 c5 2.♞f3 d6 3.♞c3 ♞f6 4.d4
cxd4 5.♛xd4 ♞c6 6.♝b5 ♝d7
7.♝xc6 ♝xc6 8.♝g5 e6 9.0–0–0
♝e7 10.♜he1 0–0 11.♛d2 ♛c7
12.♞d4 a6 13.♚b1**

Ein nicht ganz so ernst gemeinter Lehrsatz besagt, dass die lange Rochade deshalb 'lang' ist, weil der

Spieler noch einen weiteren Königszug machen muss. Weiß hätte sich an dieser Stelle allerdings wohl auch auf 13.♘xc6 ♛xc6 14.♗xf6 ♗xf6 15.♛xd6 ♗xc3 16.♛xc6 ♗xb2+ 17.♔xb2 bxc6+= einlassen können. Allerdings wäre danach die Spannung aus der Stellung gänzlich verflogen.

13... ♖ac8 14.f3 b5 15.g4 ♖fe8

15...b4 war durchaus eine Überlegung wert. 16.♘xc6 ♛xc6 17.♘e2 ♛b7=+

16.♘ce2

16.h4 b4 17.♘ce2 a5 18.♗xf6 ♗xf6 19.g5 ♗e7 20.h5 d5= sieht spannend aus.

16... ♗b7 17.♘g3 ♛c4?!

Überraschender Weise scheint 17...h6!? eine gute Alternative zu sein, obwohl ja gemeinhin gesagt wird, dass auf dem Flügel, auf dem der Gegner angreift, freiwillig möglichst keine Bauernzüge gemacht werden sollten. Nach 18.♗e3 ♘h7= (oder vielleicht sogar 18...d5+=) 19.♘h5 ♗f8= steht Schwarz jedenfalls relativ stabil.

18.♖g1

18.♘h5 sieht prima Vista nicht so schlecht aus. 18...♘xh5 19.♗xe7 ♖xe7 20.gxh5+= öffnet zumindest Angriffslinien auf dem Königsflügel.

18... ♖c5?!

18...h6+= war immer noch ein probater Zug.

19.h4+– b4 20.♘h5 ♘xh5 21.gxh5 ♗xg5 22.♖xg5 h6?

Warum nicht 22...♖xg5 23.hxg5 d5±?

23.♖g4

Kein schlechter Zug, wobei moderne Schachprogramme 23.♖g3!+– positiver bewerten.

23...♖xh5?

Eröffnet taktische Möglichkeiten. 23...♔h7± ist zäher. 23...f5± war ebenso möglich. Deshalb stünde ein Turm auf g3 vermutlich tatsächlich besser.

24.♛g2 ♔f8

Auf 24...g6 folgt 25.♖xg6+ fxg6 26.♛xg6+ ♔f8 27.♛xh5+–; 24...g5 25.hxg5 hxg5 26.♖xg5+ ♖xg5 27.♛xg5+ ♔f8 beantwortet Weiß mit 28.♘f5! Schwarz ist danach nicht zu retten. 28...exf5 29.♛h6+ ♔e7 (29...♔g8 30.♖g1#) 30.♛xd6#

25.♖xg7 ♖xh4

25...♖a5 26.♘b3 ♖b5 27.♖xd6 ♔e7+– war eventuell noch ein zulässiges Ablenkungsmanöver.

26.♛g3 ♖h5 27.♖g8+ ♔e7

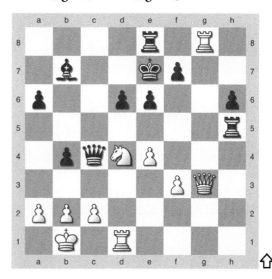

28.♘f5+!

Natürlich!

28...♖xf5

28...exf5 29.♛xd6#

29.♛xd6+

Deutlich schwächer ist 29.exf5 ♖xg8 30.♛xg8 ♗xf3±

29...♔f6 30.♖xe8 ♖xf3 31.♛e7+ ♔e5 32.♛xb7 ♛xe4 33.♛xa6 ♖f2 34.♛d6+ ♔f6 35.♛d3 1–0

Falko Meyer

Falko Meyer weilte während seines Studiums der Rechtswissenschaften im Ruhrgebiet und kam aus Hamburg zu den Sportfreunden Katernberg. Im nachfolgenden Partiefragment behält der Eishockeyfan nach einigen Irrungen und Wirrungen die Oberhand..

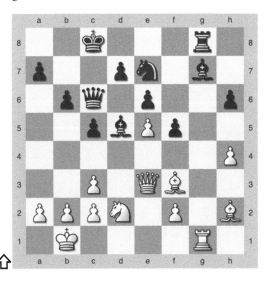

FALKO MEYER – EWGENI GISBRECHT
Köln, 24.04.2004 (CD NR. 1321)

Ewgeni Gisbrecht hat zuletzt ungenau **21...♖g8** statt 21...♗xf3 22.♖xg7 ♗h5 gezogen und Falko Meyer hat jetzt die Chance, klaren Vorteil zu erzielen.

22.♗e2?!

Warum nicht 22.♗h5! Dann ist ♗f7 ist eine echte Drohung. Nach 22...♗f8 23.♖xg8 ♘xg8 24.♕g3 ♘e7 25.c4+– verliert Schwarz den ♗c4.

22...♕c7 23.b3 ♕d8 24.♗f4

Günstiger ist 24.♘c4±

24...♗f8 25.♖g3 ♗c6 26.♗a6+?!

26.♗xh6 ♖xg3 27.♗a6+ (27.fxg3 ♘d5=) 27...♔c7= bringt nichts, aber; nach 26.♖xg8!? ♘xg8 27.h5± steht Falko besser, da die schwarzen Kräfte an die Verteidigung gebunden sind.

26...♔b8

26...♔c7!= bleibt in der Remisbreite. 27.♗xh6 ♖xg3 28.fxg3 ♘d5 29.♗xf8 ♕xf8 (29...♘xe3? 30.♗d6#) 30.♕d3=

27.♗xh6   ♖xg3   28.fxg3   ♘d5 29.♕g5 ♗e7 30.♕g7 f4?

Besser ist 30...♘xc3+ 31.♔b2 ♘d1+ 32.♔c1 ♘c3 33.a4±

31.gxf4+–

Stärker als 31.♗xf4?! ♘xf4 32.gxf4 ♗xh4±

31...♗xh4 32.♔b2 ♘e3 33.♗e2?!

33.♗g5 bietet unmittelbare Gewinnchancen. 33...♗xg5 34.fxg5 b5 35.♕f6 ♕g8 36.g6 ♘f5 37.a4 (37.♕f7 ♘h6 38.♕h7 ♕xh7 39.gxh7 ♘f7+–) 37...bxa4 38.♗d3+–

33...♘f5± 34.♕g6 b5

Wahrscheinlich in Zeitnot verpasst Schwarz 34...♕h8!? 35.♗g5 ♗xg5 36.fxg5 (36.♕xg5 ♕h2=) 36...♕xe5 37.♗d3+=

35.♗g5 ♕a5?

Was will er da? Nötig war 35...♗xg5 36.♕xg5 (36.fxg5 ♕h8±) 36...♔c7± Stattdessen bringt sich Falko auf die Siegerstraße.

36.♕e8++− **♔b7** **37.♗f3** **♕c7**
38.♗xh4 ♘xh4 39.♗e4 b4?

Mit 39...♕c8 hätte Schwarz noch weiterkämpfen können. 40.♕e7 ♗xe4 41.♘xe4 ♘f5±

40.♗xc6+ **♔xc6** **41.cxb4** **cxb4**
42.♕e7 1–0

Armin Meyer

Armin Meyer (Jahrgang 1963) war eine Essener Schachgröße. Der Diplomingenieur begann seinen Weg bei den Schachfreunden Kray. Er wechselte danach häufiger seine Wirkungsstätte, bevor er schließlich in Katernberg vor Anker ging. Der verheiratete Marathon-Mann kam in der Bundesliga leider nur einmal zum Einsatz. Armin, ein ausgewiesener Positionsspieler, verlor diese Partie jedoch nach einer sehr bedauerlichen taktischen Fehleinschätzung. Sein Gegner war allerdings auch kein Leichtgewicht.

EDVINS KENGIS – ARMIN MEYER
Essen, 21.11.2003 (CD NR. 1369)

Mit **21...b6** hat Arnin eine kleine Schwäche auf c6 produziert, und GM Kengis besrtzt diese sofort.

22.♖c6! **♘b8** **23.♖xe6!** **fxe6**
24.♘g5 **♔h8** **25.♕xe6** **♕xe6**
26.♗xe6 ♖cd8 27.♗f7

Schwächer ist 27.♘f7+ ♔h7 28.♘xd8 ♖xd8 29.♖c1 ♖xd3 30.♗e1±

27...♖xd3?

Zu kurz gedacht. Nötig war 27...♖e7 auch wenn Weiß nach 28.♗xg6+− weiter am Drücker bleibt.

28.♗xe8+− ♖xd2 29.axb6 axb6

29...cxb6 ändert nichts. Die schwarze Stellung bleibt überlastet. 30.♖c1 ♗f6 31.♖c8 ♘a6 (31...♗xg5 32.hxg5+−) 32.♗b5++−

30.♖a1! ♘d7

30...♗f6 war ebenfalls hoffnungslos. 31.♘e4 ♖d8 32.♘xf6 ♔g7 33.♘xh5+ gxh5 34.♗xh5+−

31.♗xd7 1–0

Das Katernberger Team 2003

Was die Saison 2003/2004 ausmachte, war vor allem der familiäre Team- und unerbittliche Kampfgeist der Mannschaft, die durch gute Einzelergebnisse schon vorzeitig den Klassenerhalt sicherte und früh die Entscheidung reifen ließ, sich weiterhin dem sportlichen Wettbewerb in der vermutlich stärksten Liga der Welt zu stellen.

Angst vor großen Namen gab es jedenfalls nicht. Ganz im Gegenteil – alle nahmen sich buchstäblich die Zeit, um nachzuweisen, dass die werte Gegnerschaft auch nur mit Wasser kochte. Gerade gegen scheinbar übermächtige Teams zeigte die Mannschaft daher die besten Leistungen.

Dabei müssen die Ergebnisse von Andrei Volokitin und Erwin L'Ami hervorgehoben werden. Ihre Partien ließen erahnen, dass die beiden Schachmeister das Rüstzeug besaßen, sich bald in der Weltspitze festsetzen zu können. Andrei war übrigens nicht nur das jüngste, sondern auch das erfolgreichste Spitzenbrett in der Bundesliga.

In diesem Zusammenhang spielte allerdings die umsichtige und engagierte Mannschaftsführung durch Willi Knebel eine nicht zu unterschätzende Rolle. Er sicherte durch seine Weisungen bestimmt den einen oder anderen Mannschaftspunkt. Dabei strahlte Willi, der seinerzeit zudem als unumstrittener Regelpapst des deutschen Schachs galt, eine enorme Autorität und Kompetenz aus.

Er war sich zudem auch nicht zu schade, die eine oder andere Variante, die ihm vorgesetzt wurde, als erfahrener Fernschachspieler zu überprüfen.

Schließlich bestand das Umfeld aus treuen Fans um den wort- und spielgewaltigen Werner Nautsch, die das Team nicht nur bei Heimspielen mit Sach- und Fachverstand unterstützten. Legendär ist dabei die Mitreise von 20 Vereinsmitgliedern in einem Mannschaftsbus nach Plauen inklusive Teamdinner und gemütlichem Beisammensein.

WEITER GEHT'S
2004-2005

In der Saison 2004/05 feierte die Schachbundesliga ihre 25. Spielzeit. Neu aufgestiegen waren der SV Mülheim-Nord, der Schachclub Eppingen, der Erfurter SK und der Preetzer TSV. Mülheim und Eppingen konnten die Klasse halten. Neben Preetz und Erfurt stiegen die Stuttgarter Schachfreunde 1879 und der SV 1920 Hofheim ab.

Platz	Verein	G	U	V	BrettPunkte	Mannschaftspunkte
1.	SG Porz	14	0	1	81,0:39,0	28:2
2.	SV Werder Bremen	14	0	1	74,5:45,5	28:2
3.	OSC Baden-Baden	13	0	2	83,0:37,0	26:4
4.	TV Tegernsee	12	1	2	75,5:44,5	25:5
5.	SC Kreuzberg	8	1	6	70,0:50,0	17:13
6.	*SF Katernberg*	8	1	6	63,0:57,0	17:13
7.	SV Mülheim Nord	7	3	5	62,0:58,0	17:13
8.	Hamburger SK	7	2	6	65,0:55,0	16:14
9.	SV Wattenscheid	5	3	7	58,0:62,0	14:17
10.	SF Neukölln	4	4	7	52,5:67,5	12:18
11.	SC Eppingen	5	2	8	52,0:68,0	12:18
12.	SG Solingen	4	3	8	56,5:63,5	11:19
13.	SV 1920 Hofheim	4	2	9	48,0:72,0	10:20
14.	Erfurter SK	2	2	11	50,5:69,5	6:24
15.	Preetzer TSV	0	1	14	34,5:85,5	1:29
16.	Stuttgarter SF	0	1	14	34,5:86,0	1:29

Die gesamte Spielzeit war ein Dreikampf um den Titel. Meister wurde schließlich zum ersten Mal der SV Werder Bremen. Werder setzte sich im Stichkampf um den Titel gegen die SG Porz mit 4:3 durch.

Das Katernberger Management war mit dem 6. Platz sicher sehr zufrieden, zumal man die Mannschaft, die ihre Heimkämpfe wiederum in der Orangerie der Messe Essen austrug, im Vergleich zum Vorjahr noch einmal aufrüsten konnte. Abgänge waren der Spanier Alfonso Romero Holmes sowie Falko und Armin Meyer. Neu hinzu kamen

dafür die Großmeister Arkadij Naidisch und Leonid Kritz sowie der FIDE-Meister Bernd Rosen.

GM Arkadij Naiditsch lernte Schach von seinem Vater im Alter von fünf Jahren und wurde bereits früh Meisteranwärter. Im Jahr 1996 zog Naiditsch mit seiner Familie von Riga nach Dortmund. In den folgenden Jahren wurde das Talent, das 1995 in Verdun Jugend-Europameister U10 wurde und einen zweiten Platz bei Jugend-Weltmeisterschaften vorzuweisen hatte, von den SF Dortmund-Brackel und dem Deutschen Schachbund gefördert. Naiditsch ist von verschiedenen Großmeistern trainiert worden und erhielt 1999 den Titel eines Internationalen Meisters. Bei den Dortmunder Schachtagen 2001 wurde der 15-Jährige als jüngster deutscher Großmeister präsentiert.

GM Leonid Kritz wurde am 26. Februar 1984 in Moskau geboren und erlernte das Spiel im Alter von vier Jahren. Mit sechs Jahren wurde er Mitglied des Sportvereins Spartak und erhielt dort seine schachliche Ausbildung. Im November 1996 übersiedelte er mit seiner Familie nach Deutschland ins Saarland und nahm seitdem an mehreren deutschen Meisterschaften teil. 1999 wurde er in Spanien Jugendweltmeister U16. Den Großmeistertitel erhielt er 2003.

FM Bernd Rosen, der bereits 1980 dabei war, fungierte in dieser Saison als klassischer Einwechselspieler und komplettierte zugleich das Organisationsteam um Willi Knebel und Werner Nautsch. Besonders erwähnenswert ist dabei aber sicher auch das große Engagement, das Rainer

Wiescholek an den Tag legte, der sich wie im Vorjahr selbst für einfache Hand- und Spanndienste nicht zu schade war.

Auch in dieser Saison wurden alle Spieler eingesetzt, was dem Teamgeist zugute kam. Starke Einzelleistungen konnten Vladimir Chuchelov und Andrei Volokitin für sich verbuchen. Neuzugang Arkadij Naiditsch enttäuschte eher. Doch schauen wir uns doch nachfolgend lieber die Katernberger Sternstunden an.

In der nachfolgenden Partie zeigt Andrei Volokitin nicht nur seine tiefen Theoriekenntnisse sondern auch seine spielerischen Qualitäten, gehörte sein Gegner doch zu den Topgroßmeistern der Bundesliga. Insoweit ist es eigentlich wenig verwunderlich, dass sich auch der große Viktor Kortschnoj damit beschäftigte.

Name	Elo	G	R	V	Ergebnis
GM Andrei Volokitin	2652	5	4	1	7,0/10
GM Arkadij Naiditsch	2611	1	6	4	4,0/11
GM Igor Glek	2580	1	6	4	4,0/11
GM Vladimir Chuchelov	2571	7	5	2	9,5/14
GM Sergey Smagin	2565	3	1	1	3,5/5
GM Leonid Kritz	2543	1	2	1	2,0/4
GM Javier Moreno Carnero	2512	2	1	1	2,5/4
IM Erwin l'Ami	2516	3	4	3	5,0/10
IM Martin Senff	2430	4	3	2	5,5/9
IM Matthias Thesing	2420	2	4	4	4,0/10
Christian Scholz	2396	1	6	2	4,0/9
IM Georgios Souleidis	2401	4	3	2	5,5/9
IM Sebastian Siebrecht	2366	3	3	4	5,5/11
FM Bernd Rosen	2301	0	2	1	1,0/3

ANDREI VOLOKITIN – PETER HEINE NIELSEN
Wattenscheid, 27.11.2004
C13: Französisch
(Viktor Kortschnoj nach Anmerkungen
von Alexander Finkel) *(CD Nr. 1296)*

1.e4 e6 2.d4 d5 3.♘c3 ♘f6 4.♗g5 dxe4 5.♘xe4 ♗e7 6.♗xf6 ♗xf6 7.♘f3 0–0 8.♕d2 ♘d7 9.0–0–0 ♗e7 10.♗d3 b6 11.♘eg5 h6

Finkel verweist auf 11...♗xg5!? (Siehe CD)

12.♗h7+ ♔h8 13.♗e4

Die Partie folgt der berühmten Begegnung Polgar – Berkes, aber Schwarz hat noch etwas im Ärmel.

13...♗xg5

In der erwähnten Partie wurde 13 ... hxg5 gezogen. Doch nach 14.g4!! erhielt Weiß hat einenstarken Angriff.

14.♘xg5 ♖b8 15.♘f3

Oder 15.h4 ♘f6 16.♕e3 ♕d6 und die schwarze Position sieht ziemlich solide aus.

15...♘f6

Finkel merkt an, dass ein anderer möglicher Defensivplan darin besteht, die weißfeldrigen Läufer zu tauschen. Allerdings behält Weiß scheinbar in jedem Fall ein kleines Plus. 15...♗b7 16.♗xb7 ♖xb7 17.d5!? e5 18.♖he1 (18.d6 e4 19.♕d5 ♘c5=) 18...♖e8 19.♖e4+=.

16.♗c6

Anderenfalls hätte Weiß überhaupt keinen Vorteil.

16...♕d6 17.♘e5

17.♕c3!? ♘d5 18.♗xd5 ♕xd5 19.♕xc7 ♖b7 20.♕c3 ♕xa2∞.

17...♘g4! 18.♘xg4

18.♕c3 ♘xf2 19.♖df1 ♘xh1 20.♖xf7 (20.♘xf7+ ♖xf7 (20...♔g8!?) 21.♖xf7 ♗b7 22.♗xb7 ♖xb7 23.♕f3 ♖b8 24.g3 ♔g8 25.♖f4 ♘xg3∓) 20...♔g8–+.

18...♕xc6 19.♖he1

19.♘xh6? e5!∓.

19...♕d5

Nach Finkel war es zu gefährlich, den Bauern auf g2 zu nehmen. 19...♕xg2?! 20.♕f4 ♕h3 21.♘e5 ♕h5 22.♖g1 und Weiß hat Angriff.

20.♖e3

20.♘xh6? ♕h5 21.♖e3 e5!∓; Noch solider war 20.♔b1 mit gleichem Spiel.

20...f6

Finkel gibt 20...♕xa2 21.♖a3 ♕d5 22.♘xh6 ♕xg2 23.♖g3 ♕xh2 24.♘g4+– an.

21.♖g3 ♕xa2!

Unerwartet und stark. Weiß muss jetzt seine Ambitionen einschränken.

22.♖a3

Weiß hat 22.♕b4 vielleicht wegen 22...♕a1+ 23.♔d2 ♕a5 24.♕xa5 bxa5 verworfen. Er hat einen Bauern weniger. Überdies ist auch sein Springer g4 keine Zierde für die Stellung.

22...♕d5

Nach Finkel führt 22...♕c4 23.♘xh6 e5!∞ zu einer unklaren Position.

23.♖h3

Kortschnoj bemerkt hier launisch, dass Weiß den Turm zwei Züge zuvor bereits nach g3 gezogen hat.

23...♕g5?

Kortschnoj merkt an: Es ist ziemlich verlockend, damit den Angriff gegen den schwarzen König abzuwenden. Aber der Versuch stellt sich aus anderen Gründen als nicht zufriedenstellend heraus. Finkel erklärt: Schwarz unterschätzt seine Mittelspielchancen. Jetzt bekommt er Probleme. 23...e5! war deutlich sicherer. 24.♖xh6+ (24.♘xh6?? ♗xh3 25.gxh3 f5–+) 24...♔g8 (24...gxh6 25.♕xh6+ ♔g8 26.♕g6+ ♔h8 27.♘xf6 ♖xf6 28.♕xf6++–) 25.♖h4 exd4 (25...♕xg2!? und die Position wäre höchst unklar.) 26.♘e3

♕a2 27.♖xd4 ♗e6 28.♕a4 mit einem etwas gleichen Endspiel.

24.♕xg5 fxg5 25.♖c3!∞

Tatsächlich bekommt Weiß damit ein ausgezeichnetes Feld für seinen Springer, und der Turm auf der siebten Reihe bringt klare Kante!

25...e5?!

Es hätte durchaus auch ein anderer Zug in Erwägung gezogen werden können: 25...h5 26.♘e5 (26.♖h3 h4 27.♖c3 e5∞) 26...♖xf2 27.♖xc7 ♗b7 (27...♖xg2 28.♖f1±) 28.♘f7+ ♔g8 29.♘xg5 ♖c8! Schwarz hat gute Remischancen.

26.♘xe5 ♖xf2 27.♖xc7 ♗f5 28.d5

28.g4!? ♖c8 29.♖xc8+ ♗xc8 30.h3 gefolgt von ♖d3, b2–b4, eventuell ♖c3 oder d4–d5 würde zu einem sicheren weißen Vorteil führen. Auf die Idee g2–g4 kommt Volokitin zwei Züge später.

28...♖b7! 29.♖c6 ♗e7 30.g4!

Exzellent! 30.♖e1 ♔h7 31.d6 ♗e6! Sieht wenig vielversprechend aus – alle weißen Figuren sind gefesselt. 30.♘f3 ♖xg2 31.d6 ♖e3 32.♘d4 ♗g4 33.♖c7 ♖e8 34.d7 (34.♘c6? ♗xd1∓ 35.♔xd1 [35.d7 ♗h5 36.♖c8?? ♖g1+ 37.♔d2 ♖d1+–+] 35...♖e6!) 34...♖d8 35.♘c6 ♖xd7 36.♖cxd7 ♗xd7 37.♖xd7 ♖xh2 würde zu einer Position führen, in der Weiß technische Probleme hätte, um das Spiel zu gewinnen. Doch der Textzug führt zu einem gewonnenen Turmendspiel.

30...♖xe5

30...♗xc2 31.d6+–

31.gxf5 ♖fxf5 32.c4?

Ungenau. Besser war 32.d6 ♖d5 (32...♖e8 33.c4 ♖d8 (33...♖c5 34.♖xc5 bxc5 35.b4+–) 34.b4 gefolgt von c5.) 33.c4 ♖xd1+ 34.♔xd1 ♖f4 35.♔e2 ♖d4 36.♔e3 ♖d1 37.♔e4 ♔g8 38.♔f5 ♔f7 39.♖c7+ ♔e8 40.♔e6 ♖e1+ nebst 41.♔d5 gewinnt.

32...♖f2! 33.♖d2 ♖xd2 34.♔xd2

♔g8 35.b4

Oder 35. ♖c8+ ♔f7 36. ♖c7+ ♔f6 37. ♖xa7 g4
gefolgt von ♖h5 – Die Position ist scharf, aber es
sieht so aus, als ob Schwarz gutes Gegenspiel hätte.

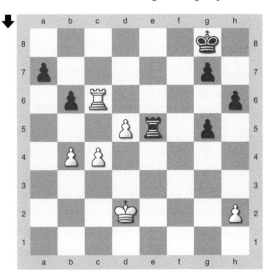

35...♔f8?

Ein Abwartezug, der nur Tempoverlust bedeutet.
35...b5 war zu überlegen: 36.d6 (36.♔d3 bxc4+
37.♔xc4 ♖e2 38.♖a6 (38.h3 h5) 38...♖xh2
39.♖xa7 g4 ...) 36...bxc4 37.♖c5 ♖e6 38.♖c6
♖e4 und Weiß hat hier kaum noch greifbare Gewinnchancen.

36. ♖c8+ ♖e8 37. ♖c7

Nun gewinnt Weiß leicht.

**37... ♖d8 38.b5 ♖a8 39.♔d3 a6
40.bxa6 ♖xa6 41.♖b7 g4 42.♔d4
♔e8 43.♔e5 ♔d8 44.♖xg7 h5
45.♔e6 1–0**

Arkadij Naiditsch

Es ist zwanglos anzunehmen, dass der schon
damals recht ehrgeizige GM Arkadij Naiditsch
nicht zufrieden mit den Ergebnissen seiner Bundesligasaison 2004/2005 gewesen sein wird. Dem
Vernehmen nach war er aber im Nachhinein auch
nicht mit bestimmten Rahmenbedingungen einverstanden. Angesichts seiner eher unterdurch-
schnittlichen Erfolge, wollte das Management im
Gegenzug jedoch nicht nachsteuern, um ihm keine Sonderstellung einzuräumen. Das Resultat war
ein unzufriedener Spieler und ein missgestimmtes
Organisationsteam.

Nachfolgend ein Partiefragment aus seiner Gewinnpartie gegen GM Jörg Hickl.

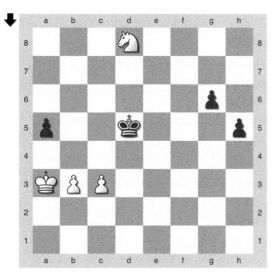

ARKADIJ NAIDITSCH - JÖRG HICKL
Essen, 11.12.2004 (CD Nr. 1279)

Naiditsch hat gerade mit **51.♘xd8** die schwarze Dame geschlagen. Hickl hat jetzt die Chance, mit 51…h4! noch das Unentschieden zu erreichen.

52.♘f7! (52.c4+ ♚e5 53.♘f7+ ♚f4+−) 52…h3 53.c4+ ♚c5 (53…♚d4?? 54.♘g5+−) 54.♘g5 h2 55.♘e4+ ♚d4 56.♘g3 g5 57.♞a4 g4 58.♘h1 (58.c5 ♚xc5 59.♚xa5 ♚d5 60.b4 ♚e5 61.b5 ♚f4 62.b6 ♚xg3 63.b7=) 58…♚e5 59.c5 ♚f4 60.c6 g3 61.♘xg3 ♚xg3 62.c7 h1♕ 63.c8♕ ♕a1+=

51…g5??

Das war der falsche Bauer. Jetzt steht Schwarz auf Verlust.

52.c4+! ♚e5 53.♘f7+??

Nun ist Weiß an der Reihe, den Gewinn zu verpassen. 53.♘c6+ ♚e4 54.♘xa5 h4 (54…g4 55.c5 ♚d5 56.c6 ♚d6 57.♘c4+ ♚xc6 58.♘e3+−) 55.c5 ♚d5 56.c6 ♚d6 57.♘c4+ ♚xc6 58.♘e3+−.

53…♚f6 54.♘d6 ♚e5 55.c5 g4??

Wieder spielt Schwarz den falschen Bauern nach vorne. Besser ist 55…h4! 56.♘f7+ (56.♘e4 g4

(56…h3 57.♘xg5+−) 57.c6 g3 (57…♚e6 58.♘f6 ♚d6 59.♘xg4) 58.c7 g2 59.♘g5 g1♕ 60.♘f3+ ♚d6 61.♘xg1 ♚xc7=) 56…♚d5 57.♘xg5 ♚xc5 58.♘a4 ♚b6 59.♘h3 ♚a6= mit Remis.

56.♘c4+??

Weiß hätte mit 56.♚a4 g3 57.♘c4+ ♚d4 58.c6 g2 59.c7 g1♕ 60.c8♕+− gewinnen können.

56…♚d5 57.b4 g3 58.♘e3+ ♚c6 59.♘f5

59.♘g2 ♚b5=.

59…g2??

Schwarz unterschätzt den Transfer des weißen Springers nach g1 und verliert die Partie. Er hätte ein einfaches Remis nach 59…♚b5 60.♘d6+ (60. ♘d4+ ♚c4 61.c6 axb4+ 62.♚a4 ♚xd4 63.c7 g2 64.c8♕ g1♕ 65.♘d7+=) 60…♚c6 61.♘f5=.

60.♘d4+ ♚d5 61.♘e2 h4 62.♘g1 axb4+ 63.♚xb4 ♚c6 64.♚c4 ♚c7 65.♚d5 ♚d7 66.c6+ ♚c7 67.♚c5 ♚c8 68.♚d6 1–0

Vladimir Chuchelov war in dieser Saison in absoluter Spiellaune. Die Kommentatoren rissen sich buchstäblich darum, seine Partien zu analysieren. Selbst Remispartien fanden Ihre Bewunderer und den Weg in die Schachmagazine. In der nachfolgenden Begegnung sitzt er seinem nominell stärksten Spielpartner gegenüber

SERGEI MOVSESIAN - VLADIMIR CHUCHELOV
Essen, 13.03.2005
B30: Sizilianisch
(Michail Roiz) *((CD Nr. 1223)*

1.e4 c5 2.♘f3 ♘c6 3.♗b5 ♘f6 4.e5 ♘d5 5.0–0 5.♘c7!? 6.♗xc6 6.dxc6 7.h3 7.♗f5 8.d3 h6!

Unterstützt die Position des ♗f5 und kontrolliert den Punkt g5. Weniger genau wäre e6?! 9.♗g5 ♛d7 (9...♗e7 10.♗xe7 ♛xe7 11.♘bd2=+) 10.♘h4=+ gewesen.

9.♘bd2 e6 10.♛e2 ♘b5

Der einzige Schwachpunkt der schwarzen Position sind seine Doppelbauern. Deshalb sollte er seinen Springer nach d4 bringen, um seine Bauernstruktur nach dem Tausch auf d4 zu verbessern. 10...♗e7 11.♘e4 ♘b5! (11...0–0?! 12.c4+=) 12.♗e3 ♘d4 13.♗xd4 cxd4=.

11.♘e4 ♘d4

Nun hat Schwarz seine Hauptidee verwirklicht.

12.♘xd4 ♛xd4

Eine sehr ambitionierte Fortsetzung. Schwarz behält sich die künftige Aktivierung seines Läufers durch c5–c4 vor. In diesem Fall hätte er bessere Chancen. Schwarz hätte auch die einfachere Option 12...cxd4 13.♘g3 ♗g6 14.f4 Id7= mit ausgeglichener Position wählen können.

13.♘g3 ♗g6 14.♔h2?!

Dieser Zug verfolgt eine völlig falsche Idee. Weiß sollte darauf achten, sich möglichst schnell zu entwickeln: 14.♛e3 Die schwarze Dame steht im Zentrum unangenehm, daher sollte Weiß den Damentausch anstreben, um eine Entwicklung zu komplettieren. 14...♛d5 (14...0–0–0 15.f4 ♛d5 16.b3=) 15.b3 ♗e7 16.♗b2=.

14...h5! 15.f4

15.♛e3 0–0–0 16.♛xd4 cxd4=+

15...h4 16.♘h1 c4 17.dxc4

17.♘f2 cxd3 18.cxd3 ♗e7 19.♗e3 ♛d5∓

17...♗h5!

Dieser kraftvolle Zug zerstört die Koordination zwischen den weißen Figuren.

18.♛f2

18.♛d3 ♛xd3 19.cxd3 ♗e2 20.♖f2 ♗xd3∓

18...♛xc4 19.f5

Weiß ist noch nicht ausreichend für eine derart „drastische" Entscheidung vorbereitet. Dieser Versuch schafft nur Schwächen im weißen Lager. Mehr auf dem Punkt war 19.♗e3 a6 (19...b6 20.a4 mit Gegenspiel) 20.b3 ♛b4 21.a3 und Weiß hat gute Ausgleichschancen: Schwarz hat seine Entwicklung bis jetzt noch nicht abgeschlossen, während Weiß vielleicht versuchen kann, den schwarzfeldrigen Läufer zu tauschen.

19...exf5 20.♗g5

Dieser Zug verhindert die lange Rochade, aber der schwarze Monarch fühlt sich in der Mitte ziemlich sicher. 20.♛xf5? ist angesichts von 20...♗g6 21.♛f2 ♛xc2–+ sehr schlecht.

20...♗c5!

Eine gute Entscheidung. Schwarz sollte so schnell als möglich seine Entwicklung vervollständigen, um den Vorteil zu behalten. Nun hat Weiß nur eine wenig attraktive Zugauswahl zur Verfügung. Unvorsichtig wäre der Versuch, den Mehrbauern zu halten: 20...♗g6?! 21.♖ad1 ♗c5 22.♛d2 0–0 23.b3 und Weiß bekommt gutes Gegenspiel.

21.♛xf5

Sergei zieht es vor, die Damen auf dem Brett zu halten. Allerdings steht sein König ziemlich unsicher. Vielleicht hätte Weiß hier nach eventuellen Remischancen im Endspiel Ausschau halten sollen, die nach 21.♛xh4 auftauchen könnten. Nach ♛xh4 22.♗xh4 ♗e2 23.♖fe1 ♖xh4 24.♖xe2 ♖d8∓ steht Schwarz objektiv betrachtet aber immer noch besser.

21...♗g6 22.♛f3

Wieder ist das mögliche Endspiel nach 22.♛f4 ♛xf4+ 23.♗xf4 (or 23.♖xf4 ♗e7 24.♗xe7 ♔xe7 25.c3 ♖ad8∓) 23...0–0–0∓ für Weiß nur schrecklich.

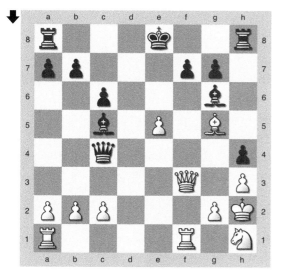

22...&h5 23.&f4

Weiß vermeidet den Damentausch um jeden Preis, aber diese Strategie führt schnell zur Katastrophe. 23.♕f4 ♕xf4+ 24.&xf4 0–0–0 25.♖ad1∓ ist allerdings auch kaum zu empfehlen.

23...0–0–0 24.♘f2??

Ein entscheidender Fehler, der es Schwarz erlaubt, eine ganze Figur zu gewinnen. Stattdessen hätte Weiß mit 24.♕g4+ weiterkämpfen können. Nach 24...♕e6 25.♖ad1 (25.♕xe6+ fxe6∓) 25...♕xg4 26.♖xd8+ ♔xd8 27.hxg4 ♖h8 28.c3 ♔e7∓ hat Schwarz natürlich großen Vorteil. Ein unmittelbarer Gewinn ist allerdings nicht in Sicht.

24...♖f5–+

Weiß kann den Materialverlust nicht vermeiden.

25.♘d3

25.♘g4 ♖d4 26.b3 ♕b5 27.c4 ♕a5–+ wäre genauso hoffnungslos.

25...&h5! 26.b3 ♕xc2 27.♖ac1

27.♘e1 ♕e2 (27...&xf3 28.♘xc2 ♖xf4 29.♘e1 &d4–+) 28.♕xe2 &xe2–+.

27...♕xd3

27...♕xc1–+ war ebenfalls gut genug.

28.♕xd3 ♖xd3 29.♖xc5 g5 0–1

ERWIN L'AMI - BERND RECHEL
Essen, 11.12.2004
E92: Königsindisch
(Boris Avrukh) *(CD NR. 1275)*

1.d4 ♘f6 2.c4 g6 3.♘c3 &g7 4.e4 d6 5.♘f3 0–0 6.&e2 e5 7.&e3 h6 8.0–0 ♘g4 9.&c1 ♘c6 10.d5 ♘e7 11.♘e1 h5

Bislang ein eher seltener Zug. Wesentlich populärer ist 11...f5.

12.h3 ♘h6 13.f4

Dies scheint der logischste Weg zu sein, um in Vorteil zu kommen.

13...exf4

13...f5 14.fxe5 dxe5 15.♘f3 Mozetic, D – Ligternik, G 1993.

14.&xf4 f5

14...f6 sieht ein wenig passiv aus.

15.♕d2 ♘f7 16.♘f3 fxe4 17.♘xe4 ♘f5 18.&d3N

Der letzte weiße Zug scheint eine Neuerung zu sein. Bekannt war 18.g4 hxg4 19.hxg4 ♘5h6 (19...♘h4? 20.♘fg5 ♘e5 21.&g3+–) 20.♘fg5 ♕e7 21.♖ae1 &d7∞ ½–½ Smirin, I – Avrukh, B / Tel Aviv 1999; 18.♖ae1 h4!.

18...c6!

Eine sehr wichtige Ressource. Schwarz hat keine Zeit zu 18...h4 19.♖ae1 c6 20.♘eg5! ♕b6+ 21.♖f2 und bald wird Schwarz seinen h4-Bauern verlieren.

19.dxc6 bxc6 20.♖ad1

20.♖ae1 ♕b6+ 21.♖f2 a5 sieht sehr unklar aus.

20...♕b6+ 21.c5?

Ein sehr verbindlicher Versuch, der sich als schwerwiegender Fehler erweist. Deutlich besser war 21.♖f2 &e6 mit kompliziertem Spiel. (21...a5!?)

21...dxc5 22.&c4 &a6!

Eine sehr wichtige Defensividee. Nun hat Weiß keine Zeit mehr zu verlieren. Er muss konkrete Drohungen schaffen. 22...♕xb2? 23.♕xb2 (23.♕d3!?) 23... ♗xb2 24.♘fg5 mit Angriff.

23.♗xf7+

23.♕e2 ♗xc4 (23...♗b5!?) 24.♕xc4 ♕b4 25.b3=+

23...♖xf7 24.♘eg5

24.♖fe1 c4+ 25.♔h2 ♕xb2∓

24...♕xb2?

Dieser Zug erlaubt es Weiß, seine Figuren zu aktivieren. Es wäre wichtig gewesen 24...♖b7 25.♖f2 ♖e8∓ zu spielen.

25.♕xb2 ♗xb2 26.♖fe1 ♖f6

26...♖e7 27.♖xe7 ♘xe7 28.♖d7 ♘d5 29.♗e5!=

27.♖d7 ♗c4 28.♖b1

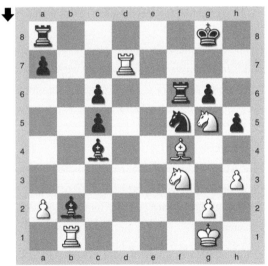

28...♗c3?

Der entscheidende Fehler. Schwarz hatte den nächsten weißen Zug wohl einfach übersehen.

28...♘d4! 29.♖xb2 ♘xf3+ 30.♘xf3 ♖xf4 31.♘e5=; 28...♗d4+?? 29.♘xd4 ♘xd4 30.♗e5+−.

Erwin L'Ami, „der fliegende Holländer".

29.♘e4! ♗xa2 30.♖bb7+− ♗a1 31.♘xf6+ ♗xf6 32.♗e5!

Sehr einfach und zugleich sehr stark. Nach dem Abtausch der schwarzfeldrigen Läufer wird die schwarze Position hoffnungslos. 32.♖xa7 ♖xa7 33.♖xa7 ♗d5 hätte Schwarz hingegen die Chance gegeben, zu überleben.

32...♗xe5 33.♘xe5 ♗e6 34.♖dc7 a5

34...g5 35.g4 hxg4 36.hxg4 ♘h4 37.♖g7+ ♔f8 38.♖h7 gewinnt.

35.♘xg6 a4 36.♖h7! a3 37.♖h8# 1–0

Martin Senff war auch in diesem Jahr eine Stütze des Teams. Sein Gegner, der Hamburger Oliver Reeh, gehört zu den Urgesteinen der Schachbundesliga. Martin dreht in der Partie einen vielleicht etwas unmotivierten Angriff und attackiert erfolgreich den im Zentrum gebliebenen König.

MARTIN SENFF – OLIVER REEH

Preetz, 14.11.2004

C47: Schottisches Vierspringerspiel

(Ulrich Geilmann) *(CD Nr. 1299)*

1.e4 e5 2.♘f3 ♘c6 3.♘c3 ♘f6 4.d4 exd4 5.♘xd4 ♗c5 6.♘xc6 bxc6 7.♗d3 d6

7...0–0= wäre normal.

8.0–0 ♘g4 9.h3 ♘e5 10.♗e2

Weiß möchte das Läuferpaar behalten und hat minimalen Vorteil.

10...g5?!

Schwarz bricht alle Brücken hinter sich ab. Wiederum wäre 10...0–0= in der Remisbreite geblieben.

11.♘a4± ♗b6 12.♘xb6

Martin sichert sich das Läuferpaar. Gleichwohl war 12.c4 auch nicht so schlecht.

12...axb6+= 13.f4

13.a4+= hätte den schwarzen Damenflügel unter Kontrolle gebracht.

13...gxf4= 14.♗xf4 ♗e6N

14...♕f6 15.♗h5 ♗e6 (CD)

15.♕d2 ♖g8

Erstaunlicher Weise hält 15...♕f6!= hier das Gleichgewicht. Würden Sie das spielen? Offenbar hat Weiß zumindest keine taktisch wirksamen Abzüge.

16.♕c3 c5 17.♗b5+ c6

17...♔f8!+= war in Erwägung zu ziehen.

18.♗xe5 cxb5 19.♗f6 ♕d7 20.♖f3

Oder besser gleich 20.♖ad1+–.

20...b4 21.♕e3 ♖g6 22.♖d1

Respektive 22.♕f4±

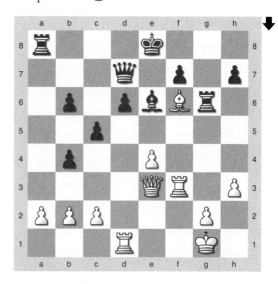

22...♕c6

Besser ist 22...♗xh3! 23.♖xh3 ♖xf6+= Viel schwächer wäre hingegen 22...♖xa2?! Nach 23.♕f4± hat Schwarz ernste Probleme.

23.♕f4+– c4 24.♖g3

Martin spielt auf Angriff. 24.♖xd6 hätte vermutlich aber auch gereicht. 24...♖xf6 25.♖xc6 ♖xf4 26.♖xf4 ♖xa2 27.♖xb6 ♖xb2 28.♖f2+=.Wie sagt Lasker doch so schön: „Wenn du einen guten Zug siehst, suche einen besseren!"

24...♖xg3+= 25.♕xg3 ♔d7 26.♗e5 ♕c5+ 27.♔h2 ♔c6?

Unverständlich. Eher war 27...d5!+= einen Versuch wert.

28.♖xd6++– ♔b5 29.♗d4 ♕h5 30.♖xb6+ 1–0

Matthias Thesing ist eigentlich ein eher besonnener Positionsspieler. Aber man darf sich nicht täuschen. Wenn es erforderlich ist, weiß er sehr wohl, wie er die Flinte zu halten hat. Nachfolgend seine Gewinnpartie gegen den Bosnier Branimir Vujic.

MATTHIAS THESING – BRANIMIR VUJIC
Tegernsee, 10.04.2005
B01: Skandinavische Verteidigung
(Ulrich Geilmann) *(CD NR. 1205)*

1.e4 d5 2.exd5 ♞f6 3.d4 ♞xd5
4.♗e2 ♗f5 5.♞f3 e6 6.0–0 ♞c6
6...♞b4 dürfte nichts bringen. 7.♞a3 ♗e7 8.c3 ♞d5 9.♕b3+=

7.c3
7.c4 ist ebenfalls gut spielbar. Die kritische Variante lautet 7...♞db4 8.♞c3 ♞c2 9.d5 ♞xa1 10.♕a4 ♞c2 11.dxc6 b6 12.♖d1 ♗d6 13.♗f4 0–0 14.♗xd6 cxd6 15.♗d3 ♗xd3 16.♖xd3+–.

7...♗e7 8.♞bd2 8...0–0
Weiß steht etwas besser.

9.♞c4 a6 10.a4
Respektive 10.♗d3 ♗xd3 11.♕xd3+=

10...♗f6 11.♖e1 h6 12.♗f1 ♗g4
13.h3 ♗h5 14.a5 ♕d7? 15.♗d3
♞de7?! 16.♞fe5 ♞xe5 17.♞xe5
♗xe5 18.♕xh5 ♗f6
 Etwas besser war 18...♗d6 19.♕f3 ♕c6 20.♗e4 ♞d5±.

19.♕f3+– ♞d5 20.♕e4
Danach steht Schwarz bereits auf verlorenem Posten.

20...♖fb8?
Relativ besser war 20...♖fe8, um den Turm bei der Königsflucht wirksam zu halten. 22.b3! ♚e7 23.♗a3+ ♚d8 24.c4 ♞f4 25.♗e4 ♚c8+–.

21.♕h7+ ♚f8

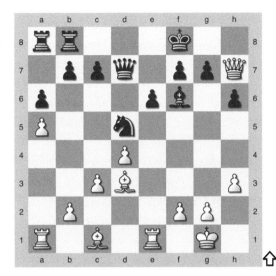

22.b3! ♚e7 23.♗a3+ ♚d8 24.c4
♞e7 25.♖ad1 ♗xd4+–.
Verzweiflung.

26.♗e4 c6 27.♗c5! ♗xc5
27...e5 scheitert an 28.♖xd4 exd4 29.♗b6+ ♚c8 30.♕h8++–.

28.♖xd7+ ♚xd7
…und der Rest ist Technik!

29.♕xg7 ♖g8 30.♖d1+ ♚e8
31.♕e5 ♖g5 32.♕c7 f5 33.♕xb7
♖a7 34.♕b8+ ♚f7 35.♗f3 ♖g8
36.♕e5 ♗b4 37.♗h5+ ♞g6 38.c5
♗xa5 39.g4 1–0

 In seiner Partie gegen Michael Schwarz zeigt Georgios Souleidis, dass er durchaus in der Lage ist, auch einen nominell gleichstarken Gegner positionell zu dominieren. In der Diagrammstellung nach **56.♕d2** kann sich Schwarz frei entfalten, denn der Bauer auf b2 bindet die weißen Kräfte. Der schwarze Springer ist zudem eine Macht, der weiße Läufer eher ein Ersatzbauer.

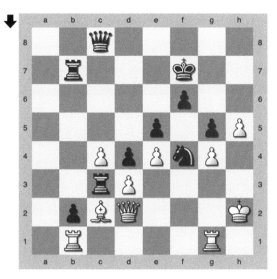

MICHAEL SCHWARZ – GEORGIOS SOULEIDIS

Mülheim, 29.01.2005 (CD Nr. 1258)

Hier spielt Souleidis das positionelle **56...♛c5** .Nicht schlecht, aber 56...♛xc4! hätte sofort die Lichter ausgeblasen!

57. ♖bd1 (57.dxc4 ♖h3#) 57...♖xc2 58.dxc4 b1♛ 59. ♖xb1 ♖xd2+ 60.♔h1 ♖c7–+.

57. ♖g3 ♛a3 58. ♖d1?

Jetzt wird die Stellung endgültig überlastet. Ein letzter Versuch war 58.♛f2–+.

58...b1♛! 59. ♖xb1

59. ♗xb1 ♖b2

59... ♖b2 0–1

Ein schöner Schlusszug,. Die Fesselung ist immer und überall.

In seiner ersten Bundesligasaison erzielt FM Bernd Rosen zwei sichere Kurzremis gegen starke Gegner und musste eine Verlustpartie hinnehmen. Er wird mir sicher verzeihen, dass ich für dieses Buch die Partie ausgesucht habe, in der er das Remis knapp verpasst.

Bernd Rosen

STEFAN BROMBERGER – BERND ROSEN

Tegernsee, 09.04.2005

B45: Sizilianisch

(Ulrich Geilmann) (CD Nr. 1209)

1.♘f3 c5 2.e4 e6 3.d4 cxd4 4.♘xd4 ♘f6 5.♘c3 ♘c6 6.♘db5 ♗b4 7.a3 ♗xc3+ 8.♘xc3 d5 9.exd5 exd5 10.♗d3 0–0 11.0–0 d4 12.♘e2 ♗g4 13.b4 ♗xe2 14.♛xe2 ♛d5

Denkbar war auch 14...♖e8 15.♛f3 ♛d5 16.♛xd5 Ĩ♘xd5 17.♗b2 Ĩ♘f4 18.♖fd1 a6+=.

15. ♖d1 ♖fe8 16.♛f1 ♖ad8 17.c4 ♛h5

Auf 17...dxc3 folgt 18.♗xh7+ ♔xh7 19.♖xd5 ♘xd5+–.

18. ♗f4 ♘e4

Gleich 18...a5+= hätte den weißen Damenflügel angeknabbert. Allerdings ist abzuwägen, dass das weiße Läuferpaar bereits eine gewisse Dominanz ausstrahlt. Insoweit ist der Textzug, der den Versuch unternimmt, die Springer besser in Szene zu setzen, keinesfalls zu tadeln.

19.f3

Treibt den Springer dahin, wo er sowieso   hin möchte. Andererseits ist 19.b5 ♘b8 20.♗c7 ♖c8 21.♗xe4 ♖xe4 22.♗g3 ♕c5+= gut zu überlegen.

19...♘c3+= 20. ♖e1 f6 21. ♗d2

21.♖xe8+ ist eher angebracht. 21...♖xe8 22.♖e1#=

21...a5= 22.b5 ♘e5 23.♗xc3 dxc3
24. ♗e4 b6?

Viel zu zahm. 24...♖d2! 25.♖e3 c2 26.♖c1 ♕h4 27.♖e2 ♘xc4 28.♖xd2 ♘xd2 29.♗d5+ ♔f8 30.♕f2 ♕xf2 31.♔xf2 ♖c8∓

Auch 24...♖d4 wäre nicht so schlecht gewesen. Auf 25.♖ac1 (25.♗xb7 ♘d3 26.♗d5+ ♔f8 27.♖e2 ♘f4 28.♖xe8+ ♕xe8∓) folgt 25...♘xc4 26.♖xc3 ♕xb5 27.♗d3 ♖xe1 28.♖xe1 ♔f7 29.♗xc4+ ♖xc4 30.♖xc4 ♖xc4 31.♖xa5 b5=.

25. ♖ac1± ♘d7 26. ♖xc3

Ein Bauer ist ein Bauer ist ein Bauer...

26...♘c5 27. ♗d5+ ♔f8 28. ♗c6

28.♖cc1 war wahrscheinlich genauer.

28... ♖xe1 29.♕xe1 ♘d3

29...♘a4 bleibt sogar noch in der Remisbreite. 30.♖c2 ♕c5+ 31.♔f1 ♕xa3=

30.♕d2±

...und nun beginnt so langsam das Leiden.

30...♕g5 31.♕xg5 fxg5 32. ♗e4 ♘f4 33. ♖c2

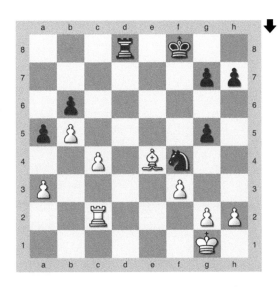

33...h6?!

Wer hätte hier nicht den Bauern vorgezogen? Hand hoch! Vielleicht hätte sich Schwarz aber mit 33...♖d1+ 34.♔f2 ♘e6 35.♗xh7 ♔f7 36.♗e4± noch ein wenig Beinfreiheit erhalten.

34.c5+– bxc5 35.b6

Schwarz steht plötzlich unter Druck. 35.♖xc5?! ♔e7± wäre weniger effizient gewesen.

35... ♖b8 36.b7

36.♖xc5 ist bei Weitem nicht so gut! 36...♖xb6 37.g3 (37.♖xa5 ♖b2+=) 37...♘e6 38.♖xa5±

36...♘e6 37. ♗d5 ♘c7 38. ♖xc5
1–0

ABENTEUER BUNDESLIGA

SIE SIND AM ZUG

Wie schwierig es ist, bei Mannschaftskämpfen einen kühlen Kopf zu bewahren, dürfte vielen Vereinsspielern bekannt sein. Ein falscher Zug kann das Teamergebnis entscheiden.

Beim Stand von 3,5:3,5 als letzter die Geschicke der Mannschaft bestimmen zu müssen, kann sich mitunter lähmend auf das Schachhirn auswirken. Überall weiße Mäuse und das Gefühl, plötzlich nichts mehr unter Kontrolle zu haben.

Die das Brett umringenden Mannschaftskameraden schütteln die Köpfe, schließlich hätten sie ja sofort gewusst, was zu tun wäre und schüren damit noch die eigene Unsicherheit.

Gewinnt der letzte Mohikaner alledings die entscheidende Partie, ist er der Held für einen Tag.

Auch wenn Sie durch die folgenden Aufgaben den Stress am Brett nicht simulieren können, bietet sich in diesem und in den folgenden Kapiteln die Möglichkeit, sich ein wenig zu prüfen, wie gut denn die Form in Sachen Taktik in der spielfreien Corona-Zeit noch ist. **Die Lösungen der Aufgaben sind am Ende des Buches ab Seite 254 zu finden.**

Aufgabe 1

Glek – Fries Nielsen

Essen, 13.11.2004 (CD NR. 1310)

Aufgabe 2

Ernst – Smagin

Solingen, 28.11.2004 (CD NR. 1284)

Igor Glek schien in der Saison 2004/05 etwas überfordert gewesen zu sein. Allerdings gehörten seine Gegner oft zu den stärksten Großmeistern der Liga. Doch in seiner Partie gegen den Dänen Jens Ove Fries Nielsen holte er sich souverän den vollen Punkt. Wie ging Igor mit den weißen Steinen vor?

Sergey Smagin hatte mit **39...b5** seine Ambitionen am Damenflügel unterstrichen. „Ist das ernst gemeint?", wird sich Sipke Ernst gedacht haben, „der Bauer auf a5 hängt doch." Mit wenig Zeit auf der Uhr entschloss sich Ernst ernsthaft, mit **40.♛xa5** den Bauern zu nehmen. War dieser genießbar oder giftig?

Leonid Kritz

Aufgabe 3

RALF APPEL – LEONID KRITZ
Wattenscheid, 27.11.2004 (CD NR. 1291)

In der Partie gegen Ralf Appel musste GM Leonid Kritz lange leiden. Nach **71…♔d6** konnte er nur hoffen, dass Weiß nicht die richtige Fortsetzung finden würde. Was hätte Weiß hier spielen müssen, um den vollen Punkt einzuheimsen?

Aufgabe 4

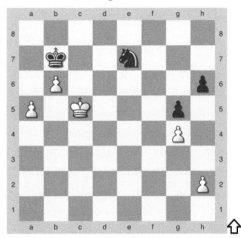

RALF APPEL – LEONID KRITZ
Wattenscheid, 27.11.2004 (CD NR. 1291)

„Der Tragödie zweiter Teil". Dass der in dieser Partie leidgeprüfte Ralf Appel bereits den Gewinn ausließ, wissen Sie vermutlich schon. In der Diagrammstellung wandelte er bereits am Abgrund, aber er hätte die Partie halten können. Tja, hätte, hätte, Bauernkette … Was sollte Weiß ziehen?

Aufgabe 5

JAVIER MORENO CAMERO – ALEXANDER BELJAWSKY
Essen, 12.12.2004 (CD NR. 1268)

Der dümmste Zug

Aufgabe 6

Alexander Beljawsky war in den 1980ern und 1990ern ein absoluter Weltklassespieler.

1983 schied er im Viertelfinale der Kandidatenkämpfe gegen den späteren Weltmeister Garri Kasparow mit 3:6 aus.

Zehn Jahre später war er einer der Sekundanten von Garri Kasparow bei dessen Wettkampf gegen Nigel Short. Auch als Autor und Trainer hat er sich einen Namen gemacht.

In seiner Bundesligapartie gegen Javier Moreno Camero stand er allerdings mit dem Rücken zur Wand. Gerade hatte er **33…♘h6?** gezogen, was mit dem guten Zug **34.♕d2** beantwortet wurde. Weiß hatte aber eine wesentlich bessere Fortsetzung. Wie war dem großen „Alex" beizukommen?

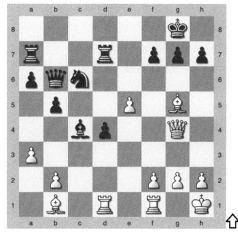

BARTLOMIEJ MACIEJA – ARKADIJ NAIDITSCH
Wattenscheid, 27.11.2004 (CD Nr. 1295)

Der Pole Macieja wies schnell nach, dass Naiditsch seine Figuren nicht richtig platziert hatte.

NEUES SPIEL – NEUES GLÜCK
2005-2006

Meister der Saison 2005/2006 wurde zum ersten Mal der OSC Baden-Baden. Neu aufgestiegen waren der Godesberger SK, die SG Heidelberg-Kirchheim, der SC Leipzig-Gohlis und der SK Zehlendorf. Alle vier Neulinge stiegen wieder ab, wobei Zehlendorf alle 15 Punktspiele verlor.

Die 16 Vereine durften acht Stammspieler und maximal sechs Ersatzspieler melden, zusätzlich konnten mit den Ranglistennummern 15 und 16 einheimische Jugendliche (Jahrgang 1986 oder jünger) gemeldet werden. Insgesamt neun Vereine nutzten diese Möglichkeit, von diesen meldeten drei je einen zusätzlichen Jugendlichen und sechs je zwei zusätzliche Jugendliche. Nicht alle gemeldeten Spieler kamen auch zum Einsatz.

Katernberg schlug sich mit einem 7. Platz ähnlich achtbar wie im Vorjahr, wobei GM Naiditsch den Verein erwartungsgemäß verließ.

Der Neuzugang GM Sergey Erenburg (*1983) war jedoch mehr als nur ein gleichwertiger Ersatz. Der junge Israeli russischer Herkunft hatte sich bereits seit 2003 den Großmeistertitel erspielt und passte mit seiner offenen und freundlichen Art wunderbar ins Team. Abgesehen davon gehörte er neben

Andrei Volokitin und Sebastian Siebrecht zu den fleißigsten Punktesammlern. Bis auf den Spanier Javier Moreno Carnero, der während der gesamten Saison nicht verfügbar war, kamen alle Spieler ans Brett.

Willy Knebel übernahm wieder seinen Platz als Teamchef. Krankheitsbedingt und aufgrund anderer Verpflichtungen konnte er leider jedoch nicht alle Spielrunden begleiten. Seine Rolle übernahmen dann v. a. Werner Nautsch und auch Bernd Rosen. Zudem machte sich Rainer Wiescholek

Platz	Verein	G	U	V	BrettPunkte	Mannschaftspunkte
1.	OSC Baden-Baden	13	2	0	82,0:38,0	28:2
2.	SV Werder Bremen	12	2	1	76,0:44,0	26:4
3.	SG Köln Porz	11	1	3	78,0:42,0	23:7
4.	SG Solingen	11	1	3	72,5:47,5	23:7
5.	TV Tegernsee	9	3	3	68,5:51,5	21:9
6.	SC Kreuzberg	8	2	5	68,5:51,5	18:12
7.	*SF Katernberg*	*8*	*1*	*6*	*64,0:56,0*	*17:13*
8.	SF Berlin 1903	8	1	6	61,5: 58,5	17:13
9.	SV Mülheim-Nord	7	1	7	65,5:54,5	15:15
10.	SV Wattenscheid	7	0	8	60,0:60,0	14:16
11.	Hamburger SK	6	1	8	61,5:58,5	13:17
12.	SC Eppingen	5	0	10	56,5:63,5	10:20
13.	Godesberger SK	4	1	10	48,0:72,0	9:21
14.	SG Kirchheim	2	0	13	38,5:81,5	4:26
15.	SC Leipzig Gohlis	1	0	14	31,5:88,5	2:28
16.	SK Zehlendorf	0	0	15	24,5:95,5	0:30

wieder als verlässlicher Mannschaftsbetreuer verdient.

Die Mannschaft wurde in der Saison 2005/2006 wieder von großer Euphorie getragen. Das Team revanchierte sich dafür mit professioneller Vorbereitung, einem risikofreundlichen Kampfschach und begeisternden Zeitnotduellen. Der Erfolg konnte insoweit nicht ausbleiben. Fast wähnte es sich sogar auf dem Weg in

Heinz Schmidt und Werner Nautsch

den Europapokal und hätte beinahe in den Kampf um die Meisterschaft eingegriffen. Zudem entwickelte sich eine freundliche Rivalität mit dem Reviernachbarn und späterer vielfachen Reisepartner Mülheim-Nord, den die Grandseigneurs der Vereine – Heinz Schmidt und Werner Nautsch – von nun an genüsslich zelebrierten.

Bei aller professionellen Attitüde blieb gleichwohl die familiäre Geselligkeit, die in Katernberg außerordentlich geschätzt wurde, nicht auf der Strecke. So entwickelte sich insbesondere das Captains Dinner zu einer unverzichtbaren Tradition. Außerdem wurden die Cracks auch bei den Auswärtskämpfen von einer verschworenen Fankurve, zu denen mittlerweile auch der Autor zählte, begleitet. Dabei blieb mir v. a. das Wochenende in Berlin in guter Erinnerung. Ich war zum ersten Mal in der Bundeshauptstadt und genoss ihre Sehenswürdigkeiten, zu denen auch der

Name	Elo	G	R	V	Ergebnis
GM Andrei Volokitin	2666	5	8	0	9,0/13
GM Sergey Erenburg	2582	5	5	1	7,5/11
GM Leonid Kritz	2545	3	6	2	6,0/11
GM Vladimir Chuchelov	2534	2	5	4	4,5/11
GM Igor Glek	2566	2	6	2	5,0/9
GM Sergey Smagin	2565	3	4	2	5,0/9
IM Erwin l'Ami	2541	3	4	2	5,0/9
GM Javier Moreno Carnero	2515	-	-	-	-/-
IM Martin Senff	2469	2	7	2	5,5/11
IM Sebastian Siebrecht	2485	5	0	3	5,0/8
IM Georgios Souleidis	2421	3	2	3	4,0/8
IM Matthias Thesing	2413	1	4	3	3,0/8
IM Christian Scholz	2390	2	1	5	2,5/8
FM Bernd Rosen	2310	2	0	2	2,0/4

Pommernsaal im altehrwürdigen Charlottenbur-
ger Rathaus mit seinen tollen Reliefs und die zahlreichen Bilder prominenter Berliner Naziopfer in
den monumentalen Gängen gehörte. Was seinerzeit der Spielsaal an Komfort für das Publikum
vermissen ließ, wurde indes durch die rustikale
Verpflegung der freundlichen Gastgeber mit di-
versen Salaten und den unvermeidlichen Buletten
wettgemacht. Doch genug der Vorrede.

Die „Katernberger Wunderwaffe" Andrei Volokitin spielte am 1. Brett wieder eine bärenstarke
Saison gegen eine bemerkenswerte Konkurrenz
und widerlegte einmal sogar das „nautische Theorem", dass Turmendspiele immer Remis seien. Die
folgende Partie zeigt, dass der ehrgeizige Olym-
piasieger aus dem ukrainischen Lemberg (Lviv)
selbst gegen den Weltklassespieler Viswanathan Anand bestehen konnte.

Der Wettkampf gegen Baden-Baden,
der im Kongresszentrum der Essener
Messehallen ausgetragen wurde, zählte
dabei zu den Höhepunkten der Ver-
einsgeschichte. Baden-Baden hatte zur
Freude der Gastgeber nicht nur seine
Cracks Anand, Svidler und Shirov auf-
geboten, sondern mit Dr. Robert Hübner
auch einen Spieler, dem die Katernberger seit vielen Jahren freundschaftlich
verbunden waren. Die Bekanntschaft
geht zurück auf Begegnungen in den
60er Jahren, als ein blutjunger Robert
Hübner und ein noch gertenschlanker
Raymond Keene mehrmals zu Gast in
Katernberg waren.

ANDREI VOLOKITIN – VISWANATHAN ANAND
Essen, 10.12.2005
C42: Russische Verteidigung (Petrow)
(Ulrich Geilmann) *(CD Nr. 1168)*

**1.e4 e5 2.♘f3 ♘f6 3.♘xe5 d6 4.♘f3
♘xe4 5.♘c3**

Eine populärere Alternative ist 5.d4 d5 6.♗d3
♘c6 7.0–0 ♗e7 8.c4+=

**5...♘xc3 6.dxc3 ♗e7 7.♗e3 ♘c6
8.♕d3 ♕d7 9.0–0–0 ♕f5**

Anand, der einen Tag später übrigens seinen
36. Geburtstag feierte, weiß um die Stärken des
jungen Ukrainers und will deshalb das Material
reduzieren. Andrei möchte das jedoch zunächst
vermeiden.

Viswanathan Anand, der Tiger aus Madras

10.♕c4 ♗e6 11.♕a4 ♕a5 12.♕xa5 ♘xa5

Jetzt muss Schwarz zunächst sehen, wie er seinen Randspringer wieder ins Spiel bringt. Währenddessen spielt Andrei auf das Läuferpaar.

13.♘d4 ♗f6

Ein wenig später wird Andrei 13...♗c4 vorgesetzt. 14.♘f5 g6 15.♗d4 ♖g8 16.♘xe7 ♔xe7 17.♗xc4 ♘xc4 18.b3 ♘a5 19.c4 b6 20.♖he1+ ♔d7 21.c5 ♘b7 22.cxd6 ♘xd6 23.♖e3 ♖ge8 24.♖f3 ♖e4 25.♗e3 f5 26.♗f4 ½–½ (26) Volokitin, A – Dominguez Perez, L Cuernavaca 2006. Dass 13...♗xa2? nicht geht, ist leicht zu sehen. Nach 14.b3+– wird der vorwitzige Läufer ein Opfer des weißen Königs.

14.♘xe6 fxe6 15.♗e2 h5 16.h3 ♘c6 17.g4 g6 18.f4 ♔d7 19.♗f3 b6

19...♖ab8+= würde den Springer wieder beweglich machen, ohne die lange Diagonale zu schwächen.

20.♗e4

Ein nachvollziehbarer Zug. Der Blechtrottel empfiehlt hingegen das Manöver 20.g5 ♗e7 21.♖he1+=.

20...♖ag8 21.c4 hxg4 22.hxg4 ♘e7 23.♖xh8 ♖xh8 24.♖h1 ♖xh1+ 25.♗xh1= e5 26.fxe5 ♗xe5 27.♗e4 ♗f6 28.b3 c5

Mit 28...c6= hätte Schwarz versuchen können, die Wirkung des weißfeldrigen Läufers einzudämmen. Es ist schon erstaunlich, dass Anand diesen Zug verworfen hat. Gleichwohl beweist der Supergroßmeister, dass er auch so in der Lage ist, den Gewinnversuchen des Weißen widerstehen zu können.

29.♔d2+= g5 30.♔d3 ♔c7 31.♗d5 ♔d7 32.♔e4 ♔c7 33.a3

Mit 33.♗e6 ♔d8+= kommt Andrei nicht weiter.

33...♔d7 34.♗d2 ♔c7 35.♗f7 ♔d7 36.♗d5 a5 37.♗f7 ♔c7 38.♗e8 ♔d8 39.♗b5 ♔c7 40.b4

Andrei bleibt in Spiellaune und gibt sein Ziel nicht auf! Kneten, kneten, kneten.

40...axb4 41.axb4 ♔c8 42.♗e8 ♔c7 43.♗f7 ♔d7 44.♗d5 ♔c7 45.♗e6 ♔b7 46.♔d3 ♔c7 47.bxc5

Nach 47.b5+= dürfte sich ebenfalls kein Durchbruch erzielen lassen.

47...bxc5 48.♗a5+ ♔b7 49.♔e4 ♔b8 50.♗d5 ♔c8

Weiß kann nur gewinnen, wenn Schwarz einen völligen Blackout hätte und jetzt zum Beispiel 50...♘xd5?? spielen würde. 51.cxd5 ♔c8 52.♔f5 ♗e7 53.♗d2+–.

51.♗d2 ½–½

Wie ich Andrei kenne, wird er nach der Partie noch länger über eine vermeidlich verpasste Chance sinniert haben.

Sergey Erenburg fügte sich schnell in die Mannschaft ein und gehörte bald zu den Stützen des Teams. Abgesehen davon hatte der junge Großmeister nicht nur eine gewinnende Persönlichkeit, sondern auch tiefschürfende Schachkenntnisse. Die nachfolgende Partie kommentiert er selbst.

SERGEY ERENBURG – LOTHAR VOGT
Leipzig, 12.11.2005
B36: Maroczysystem
(Sergey Erenburg) *(CD NR. 1284)*

1.e4 c5 2.♘f3 ♘c6 3.d4 cxd4 4.♘xd4 g6 5.c4

Sergey Erenburg

In diesem theoretischen Abspiel ist die Hauptidee von Weiß, Raumvorteil zu erzielen.

5...♘f6 6.♘c3 d6 7.♗e2 ♘xd4 8.♕xd4 ♗g7 9.0–0

Zuallererst vervollständigt Weiß die Entwicklung seines Königsflügels. Danach wird die weiße Dame nach e3 gestellt. Andere Möglichkeiten sind: 9.♗e3 oder ♗g5. (Siehe CD)

9...0–0 10.♕e3

Weiß zieht die Dame präventiv aus der Diagonale des schwarzfeldrigen Läufers ab. Es sollte zudem beachtet werden, dass die Weiße damit auch auch ein Auge auf das wichtige Feld b6 hat.

10...♕b6

Wahrscheinlich die prinzipiellste Fortsetzung. Schwarz hindert Weiß daran, die Entwicklung des Damenflügels abzuschließen. Zudem erzwingt er den Damentausch, wodurch sich die a-Linie für einen schwarzen Angriff auf dem Damenflügel öffnet. Alternativen für Schwarz ergeben sich nach 10...♗e6 11.♗d2 ♕b6 (Siehe CD)

11.♕xb6

In der Praxis waren bislang nur wenige praktische Beispiele bekannt. Ein pikantes Detail ist zudem, dass mein Gegner die Position bereits einmal selbst mit den weißen Steinen gespielt hat! Was sind also die Alternativen? 11.b3? stellt nach 11...♘xe4! Einen Bauern ein. Lothar Vogt hat es vorgezogen, den Damenturm von einer langen Diagonale abzuziehen. Er spielte 11.♖b1, aber nach 11...♗e6 12.b3 ♖fc8 13.♕xb6 axb6 14.♘a4 ♘d7 15.♗e3 b5 wurde seine Stellung ungemütlich. 16.cxb5 ♖c2 17.♖d1 ♖xa2 18.f4 ♖a5∓ 0–1 (38) Vogt – Schmenger, Schwaebisch Gmuend 1998.

11...axb6 12.♗e3 ♗e6

Schwarz bereitet sich darauf vor, einen nachhaltigen Druck auf die Damenflügelbauern des Weißen entlang der Diagonalen a2-g8 und h8-a1 sowie über die a- und c-Linie auszuüben.

13.♗d4!

Überdeckt die lange Diagonale. Nach 13.♗xb6 gewinnt Schwarz den Bauern durch 13...♘d7 14.♗e3 ♖fc8 zurück.

13...♖ac8

Greift den weißen Bauern auf c4 an und versucht dadurch den weißen Damenflügel zu schwächen. 13...♘d7 14.♗xg7 ♔xg7 15.f4+=; 13...♖fc8 14.b3 b5 15.♘xb5 (15.cxb5? ♘xe4! 16.♗xg7 ♘xc3=+) 15...♘xe4 16.♗xg7 ♔xg7 17.♗f3±

14.b3 b5

Schwarz entscheidet sich, einen seiner Doppelbauern gegen den weißen Zentralbauern abzutauschen.

15.♘xb5 ♘xe4 16.♗xg7 ♔xg7
17.♖fc1!

Das Feld c1 ist wahrscheinlich das Beste für den weißen Turm, da es den Vormarsch der Bauern auf dem Königsflügel unterstützen kann. Meiner Meinung nach ist die Position von Weiß dank des schwachen schwarzen Bauern b7 etwas besser. Weiß steht bereit, seinen weißfeldrigen Läufer auf der langen Diagonale zu stellen und wird seine Bauern auf dem Königsflügel nach vorne schieben. 17.♗f3? Trifft auf 17...♘d2 18.♗xb7 ♖b8 19.♖fd1 ♘xc4 mit Gegenspiel; 17.♖fe1?! ♘c5 18.b4? ♘a4 19.♖ec1 ♘b2 gleichfalls mit Gegenspiel

17...♗d7?!

Besser war es vielleicht, die weiße Bauernstruktur am Damenflügel mit 17...d5! zu zerstören. 18.♗f3 ♘f6 (18...f5!?) 19.♘d4 (19.c5 ♗d7) 19...b6 (19...dxc4 20.♘xe6+ fxe6 21.♖xc4±) 20.♘xe6+ fxe6 21.♖c2 dxc4 22.♖xc4+= (22.♖ac1 cxb3 23.♖xc8 b2=).

18.♗f3!+= ♗xb5?!

Es wäre besser gewesen, den Läufer auf dem Brett zu lassen: 18...♘c5 19.♖c3!± Andere Züge sind allerdings eher unbefriedigend: 18...f5 19.♗xe4 fxe4 20.♘c3+−; 18...♗c6 19.♘a7+−

19.cxb5±

Weiß steht fast auf Gewinn. Nichts kann den Bauernaufmarsch am Damenflügel aufhalten. 19.♗xe4? Wäre nach ♗c6= hingegen schwächer gewesen.

19...f5 20.a4 ♖xc1+

Andere Fortsetzungen sind nicht besser: 20...♘c5 21.♖c3+−; 20...♔f6 21.a5 ♔e5 22.♖xc8 (22.a6? ♖xc1+ 23.♖xc1 bxa6 24.bxa6 ♖a8∞) 22...♖xc8 23.a6 bxa6 24.bxa6 ♔d4 25.a7 ♖a8 26.♔f1+−; 20...d5 21.a5 d4 22.a6 bxa6 23.bxa6 d3 24.♖xc8 ♖xc8 25.a7 ♖a8 26.b4+−.

21.♖xc1

Droht mit der Invasion des schwarzen Lagers.

21...♘c5

Verhindert das Eindringen des weißen Turms auf die 7. Reihe und hält zunächst auch die weißen Damenflügelbauern auf.

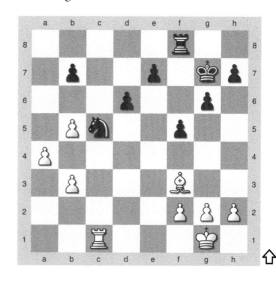

22.♖xc5! ♕xc5 23.♗xb7+−

Die schwarze Stellung ist hoffnungslos. Gegen die weiße Bauernphalanx ist kein Kraut gewachsen.

23...♖b8

23...♖d8 ändert nichts. 24.♔f1! ♖d3 25.a5 ♖xb3 26.a6 ♖xb5 (26...c4 27.a7 c3 28.♔e2!+− (28.a8♕? ♖b1+ 29.♔e2 c2 30.♕e8=)) 27.a7 ♖xb7 28.a8♕ ♖b1+ 29.♔e2 ♖b2+ 30.♔f3 ♖b3+ 31.♔f4+−.

24.♗c6 ♖d8 25.♔f1

Bringt den König ins Zentrum, um den schwarzen c-Bauern aufzuhalten.

25...♔f6

25...♖d3 26.a5 ♖xb3 27.a6 ♖a3 28.♗b7+−.

26.a5 ♖d1+ 27.♔e2 ♖a1 28.b6 1−0

Im Kampf gegen Mülheim-Nord spielt Leo Kritz gegen GM Felix Levin eine Schlüsselpartie. In einem Königsinder mit heterogenen Rochaden opferte er eine Figur, um dem weißen König auf den Pelz zu rücken. Der Mülheimer kann die Attacke jedoch zunächst abfedern. Gleich mehrere Zuschauer bemerkten beim Betrachten der Stellung gar nicht, dass Kritz eine Figur weniger hatte. Ein spannendes Derby.

Felix Levin – Leonid Kritz
Essen 09.12.2005
E90: Königsindisch (Klassisches System)
(Ulrich Geilmann) (CD Nr. 1150)

1.d4 ♘f6 2.c4 g6 3.♘c3 ♗g7 4.e4 d6 5.♘f3 0–0 6.♗e3 ♘g4 7.♗g5 f6 8.♗h4 ♘h6 9.♕d2 g5 10.♗g3 e5 11.dxe5 dxe5 12.0–0–0 ♕e7 13.♘d5 ♕f7 14.h3

Zu beachten war 14.h4 g4 15.♘g5! ♕d7 (15… fxg5 16.hxg5+–) 16.♕e3±

14…♘a6=

Damit sind beide schwarzen Springer am Brettrand!

15.♕c2 c6 16.♘e3 ♗e6 17.♘f5

Mit 17.♗e2+= hätte Weiß seine Entwicklung komplettiert.

17…b5

Die Alternative war 17…♖fd8 18.♘xg7 ♖xd1+ 19.♕xd1 ♕xg7=.

18.a3

18.cxb5 ♘b4 geht natürlich nicht, aber 18.♘xg7 wäre vielleicht eine Option gewesen. 18…♕xg7 19.♗e2 (jedoch nicht 19.cxb5? cxb5 20.♔b1 ♗xa2+ 21.♔a1 ♖fc8–+) 19…♘b4 20.♕b3 a5 21.a3 ♘a6 22.♘d2 ♘c5 23.♕e3 ♕e7=

18…b4 19.♘d6 ♕c7?!

Jetzt hat der Springer a6 kein gutes Rückzugsfeld mehr! Ojektiv vorzuziehen war 19…♕e7 20.c5 ♘c7 21.axb4 a5=, aber Leonid führt eine Teufelei im Schilde.

20.c5± bxa3

Es ist zwanglos davon auszugehen, dass Leonid hier bewusst zündelt. 20…♘b8 ist ohnehin keine befriedigende Alternative wegen 21.♗c4 ♗xc4 22.♕xc4+ ♘f7±.

21.♗xa6 axb2+ 22.♕xb2 ♖ab8

22…♕a5?! ist tatsächlich schlechter! 23.♖d3 ♘f7 (23…♕xa6? 24.♖a3+–) 24.♕a3+–.

23.♕a1 ♘f7

Vielleicht war 23…♖b4 24.♘d2 ♖fb8+– einen Hauch besser.

24.♘xf7+– ♕xf7 25.♖d6 ♖b4 26.♘d2 ♖fb8 27.♕a5

Levin plagt vermutlich bereits die Zeitnot. Die Stellung ist zudem ambivalent. 27.♖xc6 bringt Weiß nach 27…♕e8= nicht weiter, aber; 27.♕c3+– sieht insgesamt recht ordentlich aus.

27…♗f8 28.♖d3?!

Schlecht wäre 28.♖xc6? ♕d7–+. Mit; 28.♖d8 hätte Levin seinen Vorteil verfestigen können.

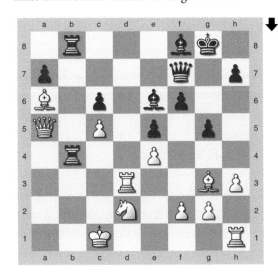

28...⌐b2

Leonid spielt mit!

29.⌐d1 ⌐a2 30.⌐a3 ⌐bb2!
31.♗d3 ♛b7 32.⌐xa2?

Der Fehler, der die Partie kostet. Nötig war 32.♘c4! ⌐b5! 33.⌐xa2 ⌐xa5 34.♘xa5 ♛b4 35.♘xc6 ♛b3 36.⌐b2 ♛a3+=

32...⌐xa2 33.♛c3 ♗xc5!

Dieser kraftvolle Schlag entscheidet die Partie.

34.♗c4

Der Läufer ist unantastbar: 34.♛xc5? ♛b2#.

34...♗a3+−+

Weiß steht auf verlorenem Posten.

35.♛xa3 ⌐xa3 36.♗xe6+ ♔f8!
37.♔c2?

37.♘b1∓ war noch ein Versuch. 37...♛e7! 38.♘xa3 ♛xa3+ 39.♔c2 ♛c5+ 40.♔b3 a5 41.f3 ♗e7 42.♗g8 a4+ 43.♔b2 a3+ 44.♔b3 a2 45.♔b2 ♛b5+ 46.♔b3 ♛e2+ 47.♔a1 ♛xg2−+

37...♛b4

Die schwarzen Schwerfiguren dominieren das Brett.

38.♗b3

Respektive 38.⌐b1 ♛c5+ 39.♗c4 ⌐a2+ 40.⌐b2 ⌐xb2+ 41.♔xb2 a5−+.

38...a5!−+ 39.⌐b1 a4 40.♗e6 ♛c3+
41.♔d1 ⌐a1 0−1

Igor Glek spielte eine ausgeglichene Saison, wobei sich fast alle Partien erst im Endspiel entschieden.

Wer dabei seine manchmal etwas exaltierte Art, als lockere Einstellung interpretiert, wird schnell eines Besseren belehrt. Igor hat tatsächlich das Gemüt eines Fleischerhundes, auch wenn er manchmal nicht ganz so pünktlich zum Partiestart am Brett sitzt. Er hält sich im Zweifelsfall nicht mit Bellen auf, sondern beißt, wie das folgende Partiefragment beweist.

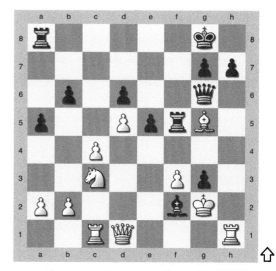

JOHANNES RUDOLPH – IGOR GLEK
Essen, 11.12.2005 (CD Nr.2700)

Glek hat eine Figur für vage Angriffschancen ins Geschäft gesteckt. Die Stellung ist indes alles andere als klar.

27.♘e4?

Warum Rudolf hier freiwillig Material zurück gibt, bleibt ein Rätsel. Lieber 27.♗d2!±.

27...⌐xg5 28.♘xg5 ♛xg5 29.♛d3
h6 30.⌐c2 ⌐f8 31.⌐e2 h5 32.⌐e4
g6 33.a3 a4 34.b3 axb3 35.♛xb3
♔g7 36.♛d3

36.♛d1∓ hält den Laden besser zusammen.

36...⌐a8!−+

Igor eröffnet eine zweite Front und sorgt so dafür, dass Weiß seine Kräfte ebenfalls aufteilen muss.

37.⌐e2 ♗c5! 38.⌐a2 ♛f4 39.♛e4
⌐a4! 40.♛xf4?

40.⌐h4 40...♛g5 41.⌐h1−+.

40...exf4 41.⌐c1 ♔f6

Der schwarze König entscheidet die Partie.

42.⌐c3 ♗d4 43.⌐c1 ♗e3 44.⌐cc2
♔e5 45.⌐ab2 ⌐xa3 46.⌐a2 ⌐d3
47.⌐a1 ♔d4 0−1

Ob Sergey Smagin, der in Katernberg schon so etwas wie einen Kultstatus genoss, mit seiner Saison wirklich zufrieden war? Mit fünf Punkten aus neun Partien war sein Score jedenfalls noch positiv. Das Finale der Partie gegen seinen Eppinger Gegner trug dazu bei, auch wenn der Sieg ein wenig glücklich war.

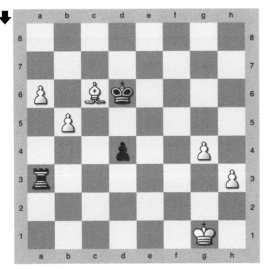

SERGEY SMAGIN – ZOLTAN MEDVEGY
Mülheim, 11.03.2006 (CD Nr. 1110)

Sergey hat zuletzt 59.a6 gezogen, die Freibauern sehen aber gefährlicher aus, als sie es eigentlich sind.

59...d3?

Tatsächlich nicht der beste Zug. Jedenfalls hätte sich Schwarz nach 59...♚c5= keine Sorgen mehr machen müssen.

60.♚f2+– ♚c5

Weiß steht auf Gewinn. Nach 60...♖a2+ 61.♚e3 d2 federt Sergey alle unsittlichen Anträge mit 62.♚e2+– ab.

61.♚e3 ♚c4

Medvegy ehrt, dass er noch Gewinnversuche unternimmt. Nach 61...♚b6+– wären seine Remischancen jedoch auch minimal gewesen.

62.g5 ♚c3 63.♗f3! d2 64.♗d1 ♖a1 65.♚e2 ♖a5 66.g6! ♖xb5 67.a7 ♖e5+ 68.♚f3 ♖e8 69.♚f4 ♚d4 70.♚f5 ♖f8+ 71.♚e6 ♖e8+ 72.♚f6 ♖f8+ 73.♚g5 ♚e5 74.g7 ♖f1

74...♖g8 hilft nach 75.♚g6+– auch nicht mehr!

75.a8♕ ♖xd1 76.♕e8+ ♚d4 77.♕d7+ ♚e3 78.♕e6+ ♚f2 79.♕e4??

Fast entgleitet Sergey sogar noch der Gewinnpunkt! Nach 79.♕b6+ ♚g3 80.g8♕+– wäre jedenfalls nichts mehr angebrannt!

79...♚g1??

Der Katernberger Fankurve wird ein Stein vom Herzen gefallen sein, denn 79...♖g1+ 80.♚f4 d1♕ 81.♕e3+ ♚f1 82.♕xg1+ ♚xg1 83.g8♕+♚h1= sieht keinen Sieger.

80.g8♕ 1–0

Auch wenn es in diesem Jahr nicht ganz rund lief, spielte Martin Senff an sich einen sehr guten Ball. Das lag an seiner Geduld, einer dynamischen Spielauffassung und einer stets gründlichen Vorbereitung. Die folgende Partie beweist dies instruktiv.

MARTIN SENFF – MANFRED SCHOENEBERG
Leipzig, 12.11.2005
B81: Sizilianisch (Keres-Angriff)
(Ulrich Geilmann) *(CD Nr. 1180)*

1.e4 c5 2.♘f3 e6 3.d4 cxd4 4.♘xd4 ♘f6 5.♘c3 d6 6.g4 h6 7.h4 ♘c6 8.♖g1 h5

8...d5+= ist eine prinzipiell andere Herangehens-weise.

9.gxh5 ♞xh5 10.♗g5 ♞f6 11.h5 ♗e7 12.♗e2 a6

12...e5! 13.♗xf6 ♗xf6 14.♞db5 ♞d4 15.♞xd4 exd4 16.♞d5 bekommt in der heutigen Turnier-praxis etwas bessere Kritiken.

13.♗e3 ♖h7 14.♞xc6 bxc6 15.e5 dxe5 16.♗d3

Weiß hat bereits eine starke Initiative.

16...e4N

Ein etwas unmotiviertes Bauernopfer. Bekannt war jedenfalls 16...♖xh5?! 17.♕f3= ♔f8 18.0–0–0 ♕a5 19.♞e4 ♖f5 20.♕h1 ♖h5 21.♕g2 g6 22.♞xf6 ♗xf6 23.♗xg6 e4 24.♗xh5 ♗xb2+ 25.♔b1 1–0 (25) Jansa, V (2480) – Partos, C (25) Biel 1985.

17.♞xe4 ♕a5+

Beziehungsweise 17...♞d5±.

18.♗d2!+– ♕e5

Schönberg möchte sich verständlicher Weise nicht auf 18...♕xh5 19.♞xf6+ ♗xf6 20.♗xh7 ♕xh7± einlassen.

19.♖g5! ♕h2 20.♞g3

Stark gespielt! Die schwarze Dame wird ins Ab-seits gestellt und zugleich die gegnerische Figu-renkoordination gestört.

20...♖h8 21.♕f3!

Wieder ein nachhaltiger Zug. 21.♖xg7 bringt Martin nach 21...♔f8± nicht substanziell weiter.

21...♞d7

21...♗b7 22.0–0–0 ♕h4 23.♖xg7+– war viel-leicht einen Versuch wert.

22.0–0–0

22.♕xc6 ♖b8 23.♖xg7 ♗b7 24.♕c7 ♗d8 25.♕f4 ♖f8 26.0–0–0+– war sicher auch mög-lich, aber aus spielpraktischen Gründen weniger effektiv.

22...♗xg5?

Schwarz kann der materiellen Verlockung nicht widerstehen, aktiviert damit jedoch die todbrin-gende Abzugsbatterie auf der d-Linie. Nötig war vermutlich 22...♕h4+–.

23.♗xg5 ♞e5 24.♕e2 f6

25.♕xe5!

Und Schwarz wird mattgesetzt! 1–0

Sebastian Siebrecht ist ein großer Mann! Buch-stäblich! Dass er zudem ein Riese auf dem Schach-brett ist, beweist seine Partie gegen Florian Grafl aus der Begegnung gegen Godesberg. Freuen Sie sich auf ein taktisches Feuerwerk! Mit fünf Punk-ten aus acht Partien spielte er eine achtbare Saison.

SEBASTIAN SIEBRECHT – FLORIAN GRAFL
Köln, 19.02.2006
A89: Holländische Verteidigung
(Leningrader Variante)
(Ulrich Geilmann) *(CD NR. 1115)*

1.d4 f5 2.g3 ♞f6 3.♗g2 g6 4.♞f3 ♗g7 5.0–0 0–0 6.b3 d6 7.♗b2 ♞e4

8.c4 ♘c6 9.♘c3 ♘xc3 10.♗xc3 e5
11.d5

Günstiger ist 11.dxe5 dxe5 12.♗d5+ ♔h8 13.♕xd8 ♖xd8 14♘g5+=

11...♘b8 12.b4

Seinerzeit ein neuer Zug. 12.e4 ♘d7 (12...fxe4 13.♘d2 ♗f5 14.♕e2 a5 15.♘xe4 ♘d7+=) 13.exf5 gxf5 14.♘h4+= mag auch funktionieren. Bekannt war 12.♕d2 ♘d7 13.♖ac1 ♘c5 14.♗b2 a5 15.♕c2 g5 16.a3 g4 17.♘d2 ♕g5 18.♖a1 ♕h5 19.e3 ♖f6 20.♖fe1 ♖h6 21.♘f1 e4 22.♗d4 ♘d3 23.♖ed1 ♘e5 24.♗xe5 ♗xe5 25.♖ab1 ♗d7 26.a4 ♔f7 Kipper, J – Hammes, M Trier 1991 0–1 (52).

12...♘d7 13.♖c1 ♘f6 14.♕b3

Sebastian will den Vormarsch seiner Bauern auf dem Damenflügel unterstützen. Gleichwohl erscheint 14.♘d2+= genauer, da er die weißen Figuren effektiver aufstellt und gleichzeitig das Zentralfeld e4 im Auge behält.

14...h6

Eigentlich sprach nichts gegen 14...♘e4=.

15.c5 b5?

Sebastian Siebrecht

(Mit der Lasker-Trophäe, einer Auszeichnung, die er für seine brillante Jugendarbeit 2019 von der Emanuel Lasker Gesellschaft überreicht bekam)

Grafl möchte die Damenseite festlegen, doch er erreicht genau das Gegenteil, wie wir gleich sehen werden. Stattdessen hätte er immer noch 15…♘e4= spielen sollen.

16.♘xe5!+−

Eine Granate!

16…dxe5?

16…♕e8 ist wohl besser.

17.d6+! ♔h7 18.♗xa8

Nicht ganz so gut wäre 18.dxc7 ♕e7± 19.♗xa8 ♗e6 20.♕d1 ♖xa8 21.♗xe5 ♘d5±

18…cxd6 19.♖fd1 ♗d7 20.♗g2 dxc5 21.bxc5 ♕e8 22.c6!

Ein nächster Nadelstich!

22…♗e6

22…♗xc6 scheitert an 23.♗xc6 ♕xc6 24.♗b4+−.

23.♕xb5 e4 24.a4 ♖f7 25.c7!

Der Sargnagel!

25…♕c8

Nach 25…♖xc7 hat Schwarz ebenfalls keine Chance mehr. Es folgt 26.♗xf6 ♖xc1 27.♖xc1 ♕xb5 28.axb5 ♗xf6 29.♖c6+−.

26.♗a5 ♗d7 27.♕b8 ♖f8 28.♕xa7 ♘g4 29.♕b8 1−0

Maximilian Meinhardt – Bernd Rosen
Mülheim, 11.03.2006
C02: Französische Verteidigung (Vorstoßvariante)
(Ulrich Geilmann) *(CD Nr. 1105)*

1.e4 e6 2.d4 d5 3.e5 c5 4.c3 ♕b6 5.♘f3 ♘c6 6.a3 ♘h6 7.b4 cxd4 8.cxd4 ♘f5 9.♗e3 ♗d7 10.♗d3 ♘xe3 11.fxe3 ♗e7 12.0–0 &c8 13.♖a2

13.♕e1 (Siehe CD)

13…♘b8N

Bernd versucht einen neuen Zug und öffnet die c-Linie. In Gebrauch war bis dahin 13…0–0 14.♖af2 f5 (Siehe CD)

14.b5 a6 15.a4 ♕a5 16.♕e2 0–0 17.h4 f6 18.exf6 ♗xf6 19.e4

19.♖c2=+ war eine mögliche Alternative

19…♕b4 20.♕f2

Danach hat Schwarz leichten Vorteil. 20.e5 hält die Stellung nach 20…♗xh4 21.♘bd2 (21.♘xh4 ♕xd4+−+) 21…♗d8 22.♖b1 ♕e7 23.bxa6 bxa6 24.♖ab2 ♘c6 25.♗xa6 ♖a8 26.♗b5=+ noch knapp im Gleichgewicht.

20…dxe4∓ 21.♗xe4 axb5 22.♖b2

Besser erst 22.axb5 ♗xb5 und dann 23.♖b2∓.

22…♕xa4 23.♗c2

23.♗xb7 bringt Weiß nicht weiter. Es folgt 23… ♖c4 24.♘e5 ♗c6 25.♗xc6 ♘xc6 26.♘xc6 ♖xc6−+.

23…♕a7−+ 24.♕e3

Jetzt wäre Zeit gewesen, die Entwicklung mit 24.♘bd2 zu vervollständigen.

24…♘c6 25.♖d1 ♘xd4 26.♘xd4 &c4 27.♘f5 ♕xe3+

27…b6 wäre clever gewesen. Falls 28.♘d4 so 28…♕a1 29.♗xh7+ (29.♘xe6? I♕xb2 30.♗xh7+ ♔xh7−+ 31.♘xf8+ ♔g8 32.♘d7 ♗d4 33.♖xd4 ♕xd4 34.♕xd4 ♖xd4 35.♘xb6 ♖d1+ 36.♔f2 ♗xb1−+) 29…♔xh7 30.♖bd2 ♖xd4 31.♖xd4 ♖c6−+.

28.♘xe3∓ ♖xh4

Mit genügender Kompensation und deutlich stärker als 28…♖xb2?! 29.♘xc4 bxc4 30.♖xd7+=.

29.♖b3 ♗c6! 30.♖bd3 ♗e5−+ 31.♖f1?

Weiß musste schnell ziehen. Jedenfalls war 31.♘f1 genauer.

31…♖h2+ 32.♔h1 ♗f4+ 33.♔g1 ♖h2+ 34.♔h1 ♖f4+ 35.♔g1

Auch Bernd muss offenbar Zeit schinden.

35... 🜚e4 36. 🜚xf4 🜚hxf4 37. 🜚d2

37. 🜚b3 war vielleicht eine Überlegung wert.

**37... 🜚xc2 38. 🜚xc2 🜚e4 39. 🜚c3 b4
40. 🜚b3 🜚d4 41. 🜚b2 🜚d3 42.♘c4
🜚d1+ 43.♔h2 b5 44.♘a5**

44.♘e5∓ ist eventuell noch ein letzter Versuch.

**44... 🜚ff1 45.♘d2 🜚f2 46.♘ab3
🜚e1 47.♘d4 e5 48.♘4f3 🜚ee2
49. 🜚c2**

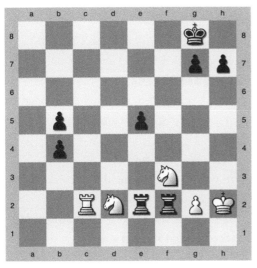

Mit gleichzeitiger Aufgabe, da der Springer f3 den nächsten Zug nicht überlebt! 49. 🜚xb4 🜚xg2+ 50.♔h1 🜚gf2 51.♔g1 🜚xd2 52.♘xd2 🜚xd2 53. 🜚xb5 🜚e2–+ hätte Schwarz aber sicher auch ganz locker nach Hause gefahren! **0–1**

In der Saison 2005/2006 musste der bislang so erfolgverwöhnte Vladimir Chuchelov Federn lassen. Ausgeglichenen Leistungen standen einige schmerzhafte Verlustpartien gegenüber. Zum ersten Mal schlich sich so etwas wie eine notorische Zeitnotsucht ein. Hier ein Auszug seiner Partie gegen Olek Romanishin an.

VLADIMIR CHUCHELOV – OLEG M. ROMANISHIN
Berlin, 23.10.2005 (CD Nr. 1189)

Chuchelov hat mit **24. 🜚b7-b6?** gerade den a-Bauern angegriffen, doch wäre der Rückzug nach b1 richtig gewesen. Romanishin spielte hier unbedacht **25...♘b8?** Richtige Idee, aber falsche Ausführung. 25...♘b4! 26.♘a4 ♘d7 27.♗xg7 🜚h7 28. 🜚xb4 cxb4 29.♗d4∓ und Weiß müsste um das Remis kämpfen. Nach **26.♘ce4** ist jetzt alles wieder im Lot und nach 47 Zügen wurde das Unentschieden amtlich.

SIE SIND AM ZUG

Lösungen ab Sreite 254

Aufgabe 7

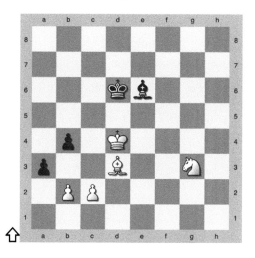

GEORGIOS SOULEIDIS – OSCAR LEMMERS
Wattenscheid, 02.04.2006 (CD NR. 1084)

Aufgabe 8

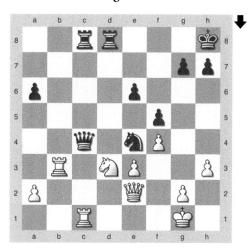

ARNDT MILTNER – MATTHIAS THESING
Mülheim, 11.03.2006 (CD NR. 1107)

In seiner Parte gegen Oscar Lemmers baute Georgios Souleidis seinen Vorteil aus der Eröffnung systematisch aus und konnte ihn bis tief ins Endspiel bewahren. Lemmers hatte aber zuletzt **62…a3** gezogen. Hatte der „große Grieche" da etwas übersehen und sich im letzten Augenblick um die Früchte seiner Arbeit gebracht?

Der griechische Philosoph Antisthenes bemerkte hierzu: „Auf die Feinde muss man wohl Acht haben, denn niemand bemerkt unsere Fehler eher als sie."

Matthias Thesing ist zweifelsohne eines der Urgesteine der Schachbundesliga. Überdies verfügt der freundliche Borkener über eine enorm große Turnierpraxis. Er hat dabei ein feines Gespür dafür entwickelt, wann sich eine Stellung gerade so verändert, dass es klüger ist, ein Remis anzustreben.

Aber nicht täuschen lassen! Er kann auch ganz anders! Als Beispiel ist hier seine schöne Schlusskombination gegen Arndt Miltner angeführt. Dieser zog zuletzt **27. 🗖 c1**, da nach 27…♛xc1+ 28.♘xc1 🗖xc1+ der weiße König ein Schlupfloch auf h2 hätte. Was also war Matthias' Entdeckung?

Aufgabe 9

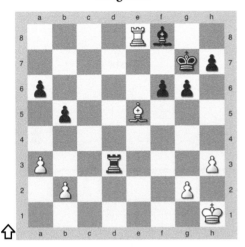

Marco Thinius – Christian Scholz
Berlin, 22.10.2005 (CD Nr. 1193)

Weiß hatte einen Bauern weniger und stand mit dem Rücken zur Wand. Gab es noch eine Rettung, oder würde Schwarz das Endspiel nach Hause schaukeln? Was konnte der Anziehende tun?

Aufgabe 10

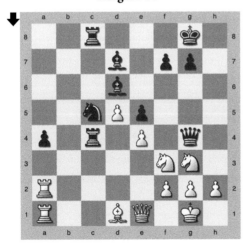

Erwin L'Ami – Rainer Buhmann
Essen, 10.12.2005 (CD Nr. 1162)

Weiß hat zuletzt **34. ♗d1** gezogen und droht mit dem Abzug des ♘f3. Die schwarze Dame muss weg, aber wohin? Die Felder f4 und g6 könnten besetzt werden.

Aufgabe 11

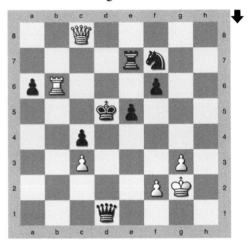

Sergey Erenburg – Oswald Gschnitzer
Heidelberg, 11.12.2005 (CD Nr. 1159)

Weiß hatte eine Figur weniger, aber immerhin drohte er, den gegnerischen Wanderkönig mit ♕c6 matt zu setzen. Konnte sich Schwarz retten und mit der Mehrfigur letztendlich gewinnen, oder ging der Monarch auf offenem Feld in die Knie?

Kennt jemand noch den zur Aufgabe passenden Song „Kill The King" von Rainbow? Laut Leadsänger Ronnie James Dio geht es in diesem Lied tatsächlich um ein Schachspiel:

Kill the king, Tear him down
Kill the king, yeah, Got to take his crown
Kill the king, He'll rule no more
Strike him dead, The people roar
Kill the king, yeah, Take his head
Down, down, down, down

DIE JUNGEN WILDEN
2006-2007

Die Saison 2006/2007 zeigte dreierlei. Zum einen war die OSC Baden-Baden kaum zu schlagen und erspielte sich insoweit wiederum verdient den Meisterschaftstitel. Zum anderen bildete sich ein breites Mittelfeld. In der Schachbundesliga gab es deshalb keine leichten Gegner mehr. Jeder konnte jeden schlagen. Schließlich wurde aber auch deutlich, dass ein enormer sportlicher und finanzieller Kraftakt erforderlich wurde, um sich in der deutschen Eliteliga behaupten zu können.

Neu aufgestiegen waren der TSV Bindlach-Aktionär, der SC Remagen, der SC Bann und der SK König Tegel. Während Bindlach-Aktionär und Remagen als Vierter bzw. Fünfter gut mithalten konnten, stiegen Bann und Tegel als Tabellenschlusslichter wieder ab. Außerdem mussten die Schachfreunde Berlin den Weg in die 2. Bundesliga antreten. Die SG Porz zog sich nach der Saison nach 27 Erstligajahren zurück, wodurch der SV Mülheim-Nord in der Liga verbleiben konnte.

Den Rückzug der SG Porz begründete sein Impressario Wilfried Wilhelm Hilgert v. a. mit dem Vorwurf, dass die Schachbundesliga keine Jugendarbeit leiste und stattdessen einseitig auf Professionalisierung setze, die tatsächlich immer spürbarer wurde. Hinter vorgehaltener Hand wurden ihm aber durchaus auch andere Motive unterstellt. So sei er enttäuscht gewesen, dass er trotz eines starken Teams zum wiederholten Male nicht in den Meisterschaftskampf hatte eingreifen können. Zu-

dem wäre er auch nicht mehr mit der personellen Führung der Schachbundesliga einverstanden gewesen. Wie auch immer – der Abstieg der SG Porz war ein herber Einschnitt für die Liga.

Die SF Katernberg veränderten sich auf zwei Positionen. Für den deutschen Nationalspieler Leonid Kritz, den es aus finanziellen Gründen zum SG Porz zog, kam Alexander Motylev zum Zug. Der 27-jährige Großmeister aus Ekaterinburg, der im Jahr 2001 bereits die russische Landesmeisterschaft und 2005 in Moskau das Aeroflot-Open – das seinerzeit schwerste offene Turnier der Welt – gewann, war vom gleichen Kaliber wie der 20-jährige Ukrainer Andrei Volokitin, der weiterhin am Spitzenbrett antrat. Motylev, der zum Berater-

Platz	Verein	G	U	V	BrettPunkte	Mannschaftspunkte
1.	OSC Baden-Baden	13	1	1	86,0:34,0	27:3
2.	Hamburger SK	9	5	1	67,0:53,0	23:7
3.	SG Köln Porz	10	1	4	74,0:46,0	21:9
4.	TSV Bindlach Aktionär	9	3	4	66,5:53,5	19:11
5.	SC Remagen	7	4	4	61,5:58,5	18:12
6.	SG Solingen	7	3	5	65,0:55,0	17:13
7.	TV Tegernsee	7	3	5	62,0:58,0	17:13
8.	SC Kreuzberg	7	1	7	59,5:60,5	15:15
9.	SV Wattenscheid	6	3	6	55,5:64,5	15:15
10.	SC Eppingen	7	1	7	54,5:68,5	15:15
11.	SV Werder Bremen	5	4	6	62,0:58,0	14:16
12.	*SF Katernberg*	*6*	*2*	*7*	*61,0:59,0*	*14:16*
13.	SV Mülheim-Nord	3	4	8	58,0:62,0	10:20
14.	SF Berlin 1903	4	1	10	47,5:72,5	9:21
15.	SC Bann	2	1	12	49,0:71,0	5:25
16.	SK König Tegel	0	1	14	31,0:89,0	1:29

Zweiter Neuling im Team war an Brett 8 der Internationale Meister Nazar Firman. Der 23-jährige Freund und Trainingspartner Volokitins stammte ebenfalls aus Lemberg/Lviv (Ukraine). Er ersetzte den spanischen GM Javier Moreno Carnero, dessen Zeitplanung schon im letzten Jahr einen Einsatz nicht zuließ.

Die Mannschaft wurde wieder durch die fast schon zum Inventar des Teams gehörende Phalanx Martin Senff, Sebastian Siebrecht, Georgios „Big Greek" Souleidis, Matthias Thesing und Christian Scholz vervollständigt.

Für alle Fälle stand auch FIDE-Meister Bernd Rosen, der neue Vereinsvorsitzende, bereit. Allerdings kam auch Bernd in diesem Jahr nicht ans Brett.

team des neuen Weltmeisters Vladimir Kramnik gehörte, nahm am 2. Brett Platz, an dem Sergei Erenburg in der letzten Spielzeit so großartig auftrumpfte.

Der 23-jährige Israeli Ehrenburg genoss gleichwohl auch weiterhin das Vertrauen der Vereinsführung; er wurde an Brett 3 nominiert.

An das 4. Brett rückte Erwin L'Ami, der sich inzwischen ebenfalls Großmeister nennen durfte, vor; der Holländer zählte inzwischen zu den stärksten Spielern der Niederlande.

Mit einem Durchschnittsalter von knapp 23 Jahren an den ersten vier Brettern brachten wir damit den zweitjüngsten Sturm der Liga an die Bretter!

Hinter den vier „Youngstern" saß sodann die bewährte Großmeisterriege Vladimir Chuchelov, Igor Glek und Sergei Smagin. Leider konnte Smagin während der laufenden Saison aber nicht zum Einsatz gebracht werden.

Name	Elo	G	R	V	Ergebnis
GM Andrei Volokitin	2645	6	4	1	8,0/11
GM Alexander Motylev	2662	4	4	1	6,0/9
GM Sergey Ehrenburg	2582	1	5	3	3,5/9
GM Ewin l'Ami	2584	0	9	2	4,5/11
GM Vladimir Chuchelov	2539	3	10	2	8,0/15
GM Igor Glek	2538	2	9	1	6,5/12
GM Sergey Smagin	2551	0	0	0	0,0/0
IM Nazar Firman	2495	5	1	5	5,5/11
IM Martin Senff	2449	3	2	2	4,0/7
IM Sebastian Siebrecht	2463	4	3	5	5,5/12
IM Georgios Souleidis	2407	3	7	3	6,5/13
IM Matthias Thesing	2410	0	2	2	1,0/4
IM Christian Scholz	2382	1	2	3	2,0/6
FM Bernd Rosen	2322	0	0	0	0,0/0

Eine progressiv fortschreitende Erkrankung machte es Willy Knebel nicht mehr möglich, das Team zu begleiten. Die konkrete Mannschaftsführung ging daher auf Werner Nautsch und Bernd Rosen über.

Außerdem wurde wiederum Rainer Wiescholek das wichtige Amt des Mannschaftsbetreuers übertragen, das er mit großem Fleiß ausfüllte.

Die Vereinsführung machte sich in der laufenden Saison, die gewiss nicht ganz wunschgemäß verlief, fieberhafte Gedanken, wie man den Ausfall des Urgesteins Willy Knebel ausgleichen sollte.

Irgendwann kam dann offenbar auch der Autor dieses Buches in die enge Wahl. Eventuell hatte ich mich bereits während der verlustreichen Auftaktrunde in Bayreuth für höhere Weihen empfohlen, als ich mich als mitreisender Anhang anschickte, in einem Disput mit der Teamleitung klare Partei für den Mannschaftsbetreuer zu ergreifen. War das etwa ein Test?

Werner Nautsch sprach mich schließlich vor der Begegnung gegen den Hamburger SK an.

Kurz zuvor hatte ich in der Hotellobby noch ein in Englisch geführtes Gespräch mit Erwin L'Ami und Vladimir Chuchelov geführt, in dem Vladimir über seinen stets kotzenden Hund lamentierte. Vielleicht beeindruckte Werner einfach, dass

Ulrich Geilmann wird neuer Mannschaftsführer

ich selbst bei solch exotischen Themen sprachlich mithalten konnte. Wie auch immer: Ohne dass ich bereits zugesagt hatte, stellte er mich sodann auch gleich dem damals amtierenden Präsidenten der Schachbundesliga, Christian Zickelbein, als künftigen Teamchef vor. Ehrlich gesagt war mir das ganz und gar nicht Recht, da ich v. a. Sorge hatte, nicht die Fußstapfen meines großen Vorgängers zu passen und zudem ohne häusliche Genehmigung der Amtsübernahme die Papiere zu bekommen. Doch soweit war es aber noch nicht. Zunächst galt es, eine schwierige Saison durchzustehen:

Beginnen wir wieder mit Andrei Volokitin. Er spielte auch in diesem Jahr großartig. Insofern fällt es schwer, seine beste Partie auszuwählen. Vielleicht war es die nachfolgende Begegnung. Ein taktisches Schmankerl, in dem Andrei zwei sorglose Züge des französischen Supergroßmeisters Bacrot instruktiv bestrafte!

ANDREI VOLOKITIN – ETIENNE BACROT
Mülheim, 25.02.2007
C95: Spanische Partie (Breyer-Variante)
(Ulrich Geilmann) *(CD Nr. 1000)*

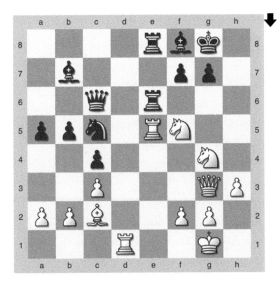

1.e4 e5 2.♘f3 ♘c6 3.♗b5 a6 4.♗a4 ♘f6 5.0–0 ♗e7 6.♖e1 b5 7.♗b3 0–0 8.c3 d6 9.h3 ♘b8 10.d4 ♘bd7 11.♘bd2 ♗b7 12.♗c2 ♖e8 13.♘f1 ♗f8 14.♘g3 c6 15.♘f5 ♕c7 16.dxe5 dxe5 17.♘h2 c5 18.♕f3 c4 19.♗g5 ♕c6

Bis dahin stand tatsächlich alles im Buch! Nun verdient 19...a5= Beachtung. Allerdings wurde in den nächsten Jahren v. a. der Zug 19...♖e6= diskutiert.

20.♖ad1 h6 21.♗c1

21.♗h4+= wäre ebenso spielbar gewesen.

21...♘c5= 22.♗xh6! ♘fxe4

Aber nicht 22...gxh6? 23.♖d6!+–. Jetzt scheitert 23...♗xd6 an 24.♕g3++– nebst Matt!

23.♘g4   ♖e6   24.♗e3   ♖ae8!
25.♗xc5 ♘xc5 26.♕g3 a5?

Weiß spielt mit dem Feuer! Nach 26...e4= hätte Bacot hingegen sicher gestanden.

27.♖xe5!+–

27...♘d3?

Das klappt nicht! 27...♕xg2+ bot vielleicht noch die besten praktischen Chancen. 28.♕xg2 ♗xg2 29.♖xe6 (29.♖e3 ♖xe3 30.fxe3♗c6=+; 29.♔xg2 ♖xe5 30.♘xe5 ♖xe5 31.♘e3=) 29...fxe6 (29...♖xe6 30.♔xg2+–) 30.♘fh6+! (30.♘fe3?! ♗xh3=; 30.♔xg2?! exf5 31.♗xf5 ♖e2 32.♖b1+=) 30...♔h8 (30...gxh6 31.♘f6+ ♔f7 32.♘xe8 ♗c6 [32...♔xe8 33.♔xg2±] 33.♘d6++) 31.♗g6 gxh6 (31...♗xh3 32.♗xe8 gxh6 33.♘e3±; 31...♖e7 32.♔f7+ ♔g8 33.♘g5 ♗d5 34.♘e5 ♔h8 35.♖d4+–) 32.♗xe8 ♗xh3 33.♘e3+–.

27...♖xe5 funktioniert hingegen nicht! 28.♘fh6+! ♔h8 (28...gxh6 29.♘xh6+ ♔h8 30.♕g8#) 29.♘xf7+ ♔g8 30.♘gh6++–. Noch Fragen?

28.♗xd3 cxd3

Nach 28..♖xe5 folgt wieder 29.♘fh6++– usw.

29.♘d4! ♖xe5

Auf 29...♕c7 spielt Andrei 30.♘f6+! ♖xf6 (30...♔h8 31.♖h5#) 31.♖xe8 ♕xg3 32.fxg3+–.

30.♘xc6 1–0

Alexander Motylev

In der nachstehenden Partie gelingt Alexander Motylev eine reife Verteidigungsleistung gegen einen kompromisslos angreifenden Arkadij Naiditsch, der zwischenzeitlich in Bindlach gelandet war. Die Fans sollten auf ihre Kosten kommen: In der Partie opferte Naiditsch frühzeitig einen Bauern – ein Manöver, das auch Motylev schon mehrfach angewendet hatte. Es entspann sich ein scharfer Kampf mit beiderseitigen Chancen. Wie aus heiterem Himmel dann ein gefährliches Springeropfer des Bindlachers; unserem Mann schienen die Felle wegzuschwimmen. Als die mitgereisten Katernberger Schlachtenbummler keinen Pfifferling mehr für ihren Mann geben wollten und im Bindlacher Lager lauter strahlende Mienen zu besichtigen waren, entkorkte der für seine stoische Ruhe bekannte Motylev einen Turmzug, der Naiditschs Angriffswirbel als Strohfeuer entlarvte. Wenige Züge später kapitulierte der deutsche Ranglistenerste. Eine grandiose Weltklasseleistung und ein toller Einstand!

ALEXANDER MOTYLEV – ARKADIJ NAIDITSCH
Bayreuth, 28.10.2006
E32: Nimzoindisch
(Ulrich Geilman) *(CD Nr. 1080)*

1.d4 ♘f6 2.c4 e6 3.♘c3 ♗b4 4.♕c2 0–0 5.a3♗xc3+ 6.♕xc3 b5 7.cxb5 c6 8.e3 cxb5 9.♗xb5 ♘e4 10.♕b3 ♗a6 11.♕a4 ♕g5! 12.♗f1

12.♗xa6? wäre ein Fehler. Es folgt 12...♕xg2 13.♗b7 ♕xf2+ 14.♔d1 ♕f1+ 15.♔c2 ♘c6 16.♗xa8 (16.♗xc6 ♖fc8–+; 16.♕a6 ♕g2+ 17.♔b1 ♕xh1 18.♗xa8 ♖xa8 19.♘e2 ♕d1–+) 16...♕g2+ 17.♔b1 (17.♔d3 ♖xa8 18.♘e2 ♕xh1–+) 17...♘c3+! 18.bxc3 ♖b8+–+.

12...♗xf1 13.♔xf1 ♘c6

Oder 13...♖c8 mit weiteren Verwicklungen. 14.f3 ♕f6 15.g3 d5 16.♔g2 ♘d6=.

14.f3 ♘d6 15.♘e2 ♖ab8 16.♔f2 16...♕h4+! 17.g3 ♕h3 18.♕d1 g5 19.b3 f5 20.a4 ♘b4 21.♗a3 ♘e4+!?

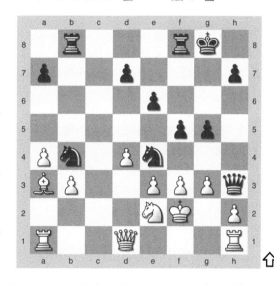

Ein mutiges Opfer. Mit 21...a5= wäre die Stellung in der Remisbreite geblieben.

22.fxe4± ♘d3+ 23.♔g1

Mit 23.♕xd3? hätte Sascha einen Bock geschossen. 23...fxe4+–+.

23...fxe4 24.♗xf8 ♖xf8 25.♖a2! ♘b4! 26.♘c1!

Jeder andere Zug war schlechter, z. B. 26.♖d2 ♘d5=.

26...♘xa2 27.♘xa2 h5 28.♕e2 ♖f3?!

Stärker war 28...h4!+= 29.♕g2 ♕g4 30.♘c3 h3 31.♕e2 ♕f5= und der weiße Turm auf h1 bleibt Statist.

29.♘c3+– ♕g4?

29...d5+– war einen Versuch wert.

30.♔g2 h4 31.♖f1

Erst jetzt steht Weiß klar auf Gewinn.

31...h3+ 32.♔g1 ♕f5 33.♕d1 g4 34.♖xf3 exf3 35.♔f2 d5 36.♕b1 ♕g5 37.♕d3 ♔g7 38.♕c2 e5 39.dxe5 ♕xe5 40.♕d3 1–0

Vladimir Chuchelov – Jan H. Timman
Essen, 03.02.2007 D36:
Damengambit (Abtauschvariante)
(Ulrich Geilmann) *(CD Nr. 1021)*

1.♘f3 ♘f6 2.c4 e6 3.♘c3 d5 4.d4 ♘bd7 5.cxd5 exd5 6.♗g5 c6 7.e3 ♗e7 8.♕c2 0–0 9.♗d3 ♖e8 10.h3 ♘f8 11.♗f4 ♗d6 12.♗xd6 ♕xd6 13.0–0–0 a5 14.♔b1 ♕b4

Bekannt war 14...b5= (Siehe CD)

15.g4+= a4 16.a3 ♕a5 17.♖c1 ♘6d7 18.g5 b6 19.h4 ♗a6 20.♗xa6

Nach 20.h5 ♗xd3 21.♕xd3 b5 22.♘a2± bekommt die Partie ein anderes Gepräge.

20...♕xa6 21.h5 g6?!

Eine alte Schachregel besagt, dass man es in solchen Stellungen tunlichst vermeiden sollte, seine Bauernstellung zu lockern. In diesem Sinne war jetzt vermutlich eher 21...b5± angesagt.

22.♘e2+– c5

Auf 22...♖ec8 folgt hingegen 23.♘f4+–.

23.♘c3

Deutlich stringenter als 23.dxc5?! bxc5 24.hxg6 fxg6 25.♘f4 d4 26.exd4 cxd4 27.♘xd4 ♖ac8± und Schwarz spielt mit.

23...♕b7 24.♕d1

24.♘xa4?!+– war sicher auch spielbar, kostet allerdings Zeit, die Vladimir offenbar lieber auf seinen Königsangriff verwenden möchte.

24...c4 25.♘h2+–

25.♘xa4?! b5 26.♘c3 b4=

25...♕c6 26.♕f3 ♖a5 27.♘g4 ♕e6

Timman bemerkt natürlich, dass sich am Königsflügel ein ordentliches Gewitter zusammenbraut und möchte auf jeden Fall die weiße Dame neutralisieren, auch wenn das Material kostet.

28.♖h4 ♕f5+ 29.♕xf5 gxf5 30.♘h6+ ♔g7 31.♘xf5+ ♔g8 32.♘h6+ ♔g7 33.♖f4 f6 34.♘f5+ ♔h8

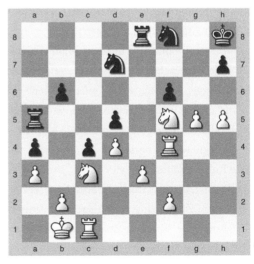

Schwarz steht bereits mehr als grenzwertig. So folgt auf 34...♔g8 35.gxf6 ♘xf6 36.♖g1+ ♔h8 (36...♔f7 37.♘d6++−) 37.♘d6+−; 34...♔f7 35.♘d6++− .

35.g6! hxg6 36.hxg6 ♘xg6 37.♖g4 ♘df8

37...♘gf8 wird durch 38.♖g7!+− widerlegt!

38.♖h1+ ♔g8 39.♖h6 ♖d8

39...♔f7 geht nicht wegen 40.♘d6++−.

40.♖hxg6+ ♖xg6 41.♖xg6+ ♔f7 42.♖g7+ ♔e6 43.♘g3 ♔d6 44.♖f7 ♔e6 45.♖b7 ♖a6 46.♘h5 ♔f5 47.♘f4 ♔g4 48.♖g7+ ♔f3 49.♘d1

Noch besser war 49.♘h3!+− und Schwarz wird unweigerlich mattgesetzt!

49...♔e4 50.♖g3 1−0

In der nachfolgenden Partie steigert Martin Senff stetig den Druck gegen den gegnerischen-Königsflügel und provoziert eine Lockerung der Stellung. Die abschließende Gewinnkombination krönt den Tag.

MARTIN SENFF − DIRK POLDAUF
Bayreuth, 29.10.2006
C01: Französische Verteidigung
(Ulrich Geilmann) *(CD Nr. 1067)*

1.e4 e6 2.d4 d5 3.♘c3 ♗b4 4.exd5 exd5 5.♗d3 ♘c6 6.a3 ♗xc3+ 7.bxc3 ♘f6 8.♘e2 ♘a5 9.0−0 0−0 10.♘g3 ♕d6?!

Gilt heute als zweitrangig. Hingegen hält 10...♗g4 das Gleichgewicht. (Siehe CD)

11.h3!±

Martin wählt den vermutlich besten Zug. Später ist gelegentlich auch 11.a4 ♖e8 12.h3 versucht worden, um nach 12...♘c4 13.♕f3 ♗c6 festzustellen, dass Weiß weder nach 14.♗xc4 (noch 14.♗g5 ♘e4 15.♗xc4 ♕xc4 16.♖fe1 ♗d7 17.♘xe4 dxe4 18.♕g3 ♖e6=) 14...♕xc4= einen nennenswerten Vorteil hat. Sogar 14...dxc4 15.♕xc6 bxc6= ist spielbar!

11...♖e8 12.♕f3 ♗e6N

Poldauf versucht vergeblich 12...♕c6+= (Siehe CD) zu verbessern.

13.♗f4 ♕c6 14.♗e5! ♘d7 15.♘h5! ♘xe5 16.dxe5 ♔h8 17.♕g3! ♖g8 18.f4

Schwarz ist bereits in ersten Schwierigkeiten, auch wenn moderne Computerprogramme mit 18.♕h4 fortgesetzt hätten. In der Tat stünde Weiß z. B. nach 18...♕xc3 19.♘f6 h6 20.♘xg8 ♔xg8 21.f4± prächtig.

18...♕xc3 19.f5 ♗d7 20.♖ae1 ♖ae8

Natürlich nicht 20...♕xa3? Der Bauer ist vergiftet. Es folgt 21.e6 fxe6 22.fxe6 ♗e8 23.♕h4+− und Schwarz steht wie ein Schluck Wasser in der Kurve. 20...♘c4 21.e6 fxe6 22.fxe6 ♗e8 23.♘f4+− ist jedoch vielleicht noch knapp spielbar.

21.♔h2 f6 22.♘f4 h6?

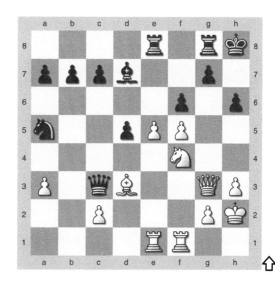

Danach steht Weiß auf Gewinn. Zu versuchen war 22...♗xf5 23.♗xf5 ♕xg3+ 24.♔xg3 ♘c4 25.exf6 (25.♘xd5 c6+−) 25...gxf6+ 26.♔f2 c6+−.

23.exf6+− ♕xf6 24.♘g6+ ♔h7 25.♕xc7 ♖xe1 26.♖xe1 ♗xf5 27.♖f1

Schwächer ist 27.♕xa5 ♗xd3 28.♘e7 ♕d6+ 29.♔g1 ♖e8=.

27...♖c8 28.♕xc8! ♗xc8 29.♖xf6 1–0

Der Sieg von Sebastian Siebrecht gegen den Großmeister Gerald Hertneck resultierte aus einem Zeitnotgemenge, in dem der Katernberger durch ein spektakuläres Damenopfer die Oberhand gewann. Gleichwohl wurde er in diesem Jahr insgesamt gesehen seinen eigenen und hochgesteckten Zielen aber noch nicht ganz gerecht.

SEBASTIAN SIEBRECHT – GERALD HERTNECK
Mülheim, 18.03.2007
E14: Damenindisch
(Ulrich Geilmann) *(CD NR. 978)*

1.d4 ♘f6 2.♘f3 e6 3.e3 b6 4.♗d3 ♗b7 5.0–0 c5 6.c4 ♗e7 7.♘c3 a6 8.b3 cxd4 9.♘xd4 9...d6 10.♕e2 ♘bd7 11.♗b2 ♕c7

Oder 11...0–0 12.♖fd1 ♖c8 13.♖ac1 ♖e8=.

12.♖ac1 0–0 13.f4 ♘c5 14.♗b1 ♘ce4?!

Nicht sauber gespielt. Besser war 14...♖ac8+=

15.♘xe4 ♘xe4 16.♕g4

Deutlich interessanter ist 16.f5! e5 17.♗xe4 ♗xe4 18.♕g4 ♕b7 19.f6 ♗xf6 20.♖xf6 exd4 21.♗xd4±.

16...♘f6 17.♕h3 ♖fe8 18.e4 e5 19.♘f5 ♗f8 20.♘e3

Damit steckt Sebastian einen Bauern ins Geschäft. 20.fxe5 war allerdings ebenfalls einen Gedanken wert. 20...dxe5 21.♘h6+ ♔h8 (21...gxh6 22.♖xf6 ♗g7 23.♕g3 ♔h8 24.♖f3 ♖ad8 25.♖cf1 ♖d7 26.♕f2 ♔g8±) 22.♕g3 gxh6 23.♖xf6 ♗g7 24.♖f3±.

20...♗xe4 21.♘d5! ♕c5+

21...♗xd5? beantwortet Sebastian mit 22.cxd5 ♕e7 23.fxe5 dxe5 24.♖xf6+−.

22.♔h1 ♗xb1 23.♘xf6+ gxf6 24.♖xb1 ♗g7 25.♖f3 exf4

Günstiger ist 25...d5!=.

26.♖xf4 ♖e6

26...♕e3+= hält das schwarze Schiff vermutlich besser auf Kurs!

27.♖bf1 ♖ae8 28.♗d4 ♕a5 29.♕g3 ♔h8 30.h3

Die weiße Grundlinienschwäche hatte die rückhaltlose Attacke gegen den schwarzen König verhindert. Auch 30.♖g4 schlägt noch nicht durch. Es folgt 30...♖e1 31.♖g1 ♖xg1+ 32.♗xg1 ♗h6 33.♕f3 ♕e5±.

30...♕xa2

Ein Bauer ist ein Bauer!

31.♖g4 ♕e2 32.♖f2

Trickreich gespielt. Beiderseits wird langsam die Zeit knapp. Sebastian sieht seine Angriffschancen und möchte die Schwerfiguren auf dem Brett lassen. Nach 32.♔g1+= hätte er dieses Ziel nicht erreicht! 32...♖e4 33.♖xe4 (33.♖xg7 ♖xd4 34.♖xf7 ♔g8=; 33.♗xb6 ♗xg4 34.hxg4 ♕d2=) 33...♕xe4 34.♕xd6 f5 35.♗xg7+ ♔xg7 36.♕xb6 ♕e3+ 37.♕xe3 ♖xe3 38.♖f3 ♖e1+ 39.♔f2 ♖b1+=.

32...♕d1+= 33.♔h2 ♖e1 34.♕f4 ♕c1

34...♖h1+? hätte nach 35.♔g3+– nichts gebracht, aber 34...♖8e6!= hätte alles zusammengehalten!

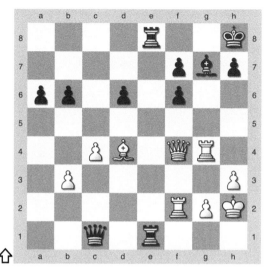

35.♕xf6!+=

Als Schwarzspieler wäre mir jetzt die Kaffeetasse aus der Hand gefallen!

35...♖h1+

Selbstverständlich nicht 35...♗xf6 36.♗xf6#.

36.♔g3 ♗e3+

...und das bei gnadenlos tickender Uhr!

37.♔h4 ♕xd4 38.♕xf7 ♖g8

Was sonst? 38...♕e5 scheitert an 39.♖xg7! ♕d4+ (39...♕e4+) 40.♖g4 ♕xg4+ 41.♔xg4+–. Auch 38...♕xg4+± reicht nicht. 39.♔xg4 ♖f8 40.♕xf8+ ♗xf8 41.♖xf8+ ♔g7 42.♖b8±.

39.♖xd4+– ♗xd4 40.♖f4 ♗g7

Die Zeitkontrolle ist geschafft und der Pulverdampf verzogen. Weiß steht auf Gewinn, auch wenn sich der Münchener Großmeister noch ein wenig wehrt!

41.♖g4 ♖e1 42.♖g5 ♖e4+ 43.g4 ♖e3 44.♖f5 ♗c3 45.g5 ♖ge8 46.♔g4 ♗e1 47.♕f6+ ♔g8 48.♕xd6

♖g3+ **49.♔f4 ♖xb3**

49...♕xh3+– war vielleicht noch einen Versuch wert. 50.♕xb6 ♖h4+ 51.♔f3 ♔h3+ 52.♔g2 ♔g3+ 53.♔f1+–.

50.♕d5+! ♔h8 51.♖f7 ♗g3+ 52.♔g4 ♗e5 53.♕d7 1–0

Matthias Thesing hatte es in dieser Saison schwer. Er kam kaum zum Einsatz. Zudem waren seine Ergebnisse nicht berauschend. Es wird ihn auch besonders gewurmt haben, als ihm am Ende der Saison heftige Kritik der Mannschaftsleitung entgegen schlug. Im Revierderby gegen Wattenscheid zeigte er jedoch, dass er durchaus zu kämpfen verstand.

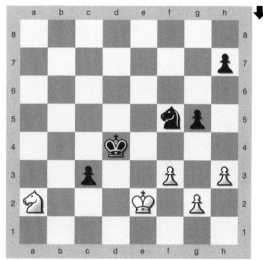

MATTHIAS THESING – VOLKMAR DINSTUHL
Solingen, 10.12.2006 (CD NR. 1033)

44...c2?

Zu voreilig. Das Manöver 44...♘g3+! 45.♔f2 (oder ♔e1, bzw. d1) ♘h5 gewinnt, da der Springer die weißen Königsflügelbauern kontrolliert und früher oder später zumindest einen von ihnen verspeisen wird. Weiß wird zudem seinen Springer für den b-Bauern geben müssen. Dieser hätte also auf c3 bleiben sollen, Savielly Tartakower hatte es ja erklärt: „Die Drohung ist stärker als die Ausführung."

45.♔d2 ♘h4 46.♘c1 ♘xg2 47.♘e2+ ♔e5 48.♔xc2 ♘e1+ 49.♔d2 ♘xf3+ 50.♔e3 ♘h4 51.♔f2 ♘f5 52.♔f3 h5 53.♘c3 ♘d4+ 54.♔g2 ♔f4 55.♘d5+ ♔e5 56.♘c3 ♘e6 57.♔g3! ♘f4 58.♘d1 ♔e459.♘c3+

Gefährlich. Genauer war 59.♘f2+! ♔e3 60.♘d1+ ♔e2 61.♘c3+ ♔d3 62.♘d1=.

59...♔d3

Schwarz hätte hier noch 59...♔f5! 60.♘a4 h4+ 61.♔h2 ♔e4 62.♘c3+ ♔f3∓ versuchen können.

60.♘d1!. ♘e2+ 61.♔f3 ♘g1+

61...♘d4+ war außerdem eine Option. 62.♔g3 ♔e4 63.♘f2+ ♔f5=.

62.♔g2= ♘e2 63.♔f3 ½–½

Auch für Christian Scholz gab es in dieser Saison v. a. was auf die Mütze. Das mag insbesondere an dem Umstand gelegen haben, dass Christian an seinem Doktortitel schraubte, der inzwischen seinen Namen schmückte. Die nachfolgende Stellung wird trotzdem Balsam auf die geschundene Schachseele des Internationalen Meisters gewesen sein, zumal er bei seinem Saisondebut gegen den starken Großmeister Ulf Andersson eine souveräne Vorstellung gegeben hatte.

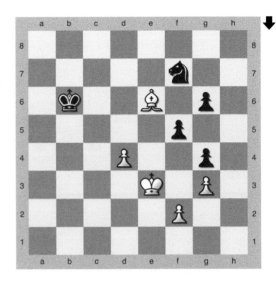

CHRISTIAN SCHOLZ – LUKAS CERNOUSEK
Mülheim, 24.02.2007 (CD NR. 1001)

50...♘d6?!

Das spielt Weiß in die Hände! 50...♘g5= 51.♗d5 ♔c7= wäre in der Remisbreite geblieben.

51.♔f4!± ♔c6

Ist Cernousek müde? Nach 51...♘e4 hätten sich vielleicht noch Remischancen ergeben. Jetzt sieht es hingegen schlecht aus für Schwarz.

52.♔e5!+– ♔c7 53.♔d5! ♘b5?

Nun wäre vermutlich 53...♔d7 erforderlich gewesen.

54.♔f7 g5 55.d5

55.♗e6+– wäre sogar noch stärker!

55...f4

55...♘d6 hilft auch nicht mehr. 56.♗e6 f4 57.gxf4 gxf4 58.♔xf4 ♔d8 59.♗xg4 ♔e7 60.♔e5 ♘c4+ 61.♔d4 ♘d6+–.

56.gxf4 gxf4 57.♔xf4 ♔d6 58.♔xg4 ♘c3 59.f4 1–0

SIE SIND AM ZUG

Lösungen ab Sreite 254

Nazar Firman

Aufgabe 12

NAZAR FIRMAN – FRANK HOLZKE
Solingen, 10.12.2006 (CD Nr. 1035)

Während sich Nazar Firman auf dem Schachbrett gerne als ein „Chessperado" präsentiert, ist er im richtigen Leben ein eher bodenständiger Mensch, der großen Wert auf Höflichkeit, gute Manieren und Bildung legt. Nazar genoss in seiner Heimatstadt Lemberg/Lviv, aus der auch so namhafte Großmeister wie Ivanchuk, Romanischin und Beljawski stammen, seit seinem sechsten Lebensjahr eine gründliche Schachausbildung. Als er zum Katernberger Team stieß, hatte er sich bereits zwei Großmeisternormen erspielt und auch schon an Turnieren in den Vereinigten Staaten teilgenommen.

Die Reisen hatte er sich durch Gelegenheitsjobs finanziert. Überdies war er in seiner Heimat bereits in jungen Jahren ein respektabler Schachfunktionär. Im folgenden Beispiel zeigt Firman sein taktisches Geschick und beendet die Partie auf beeindruckende Weise.

Holzke hatte gerade **39…h7-h5?** gezogen. Jetzt ließ sich Firman nicht zweimal bitten und legt sofort los.

Aufgabe 13

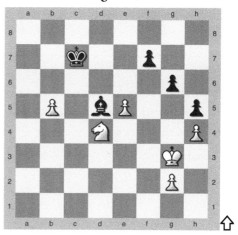

SERGEY ERENBURG – JIRI STOCEK
Mülheim, 24.02.2007 ((CD Nr. 1007)

Mit seinem eigentlich natürlichen Zug 60.♔f2 verspielte der Anziehende den möglichen Sieg. Nach **60...♔b6 61.g3 ♔c5 62.♔e3 ♗c4 63.♔e4 ♗d5+! 64.♔e3 ♗c4** kam Weiß nicht weiter. Er wühlte zwar noch bis zum 88. Zug, musste sich dann aber mit einem Remis begnügen. Wie kommt Weiß hier stattdessen bei richtigem Spiel zum vollen Punkt?

Aufgabe 15

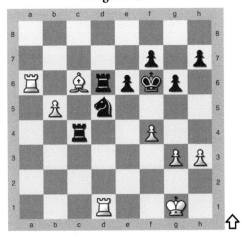

IGOR VLADIMIROVICH GLEK – DRAZEN MUSE
Berlin, 31.03.2007 (CD Nr. 973)

Gegen Drazen Muse konnte Igor Glek einmal mehr seine überragenden Endspielkünste beweisen. Ersterer musste noch seinen 40. Zug machen und entkorkte **40...♖c3?** Wie konnte Weiß dies ausnutzen?

Aufgabe 14

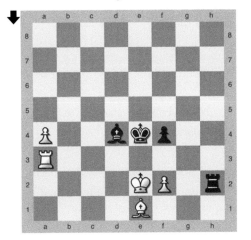

ERWIN L'AMI – DANIEL STELLWAGEN
Solingen, 09.12.2006 (CD Nr. 1046)

Die beiden holländischen Legionäre befanden sich tief im Endspiel. Der Weiße pochte auf seinen Mehrbauern, der Schwarze auf seinen Positionsvorteil. Wie schaffte es Schwarz, sicher in den Remishafen zu gelangen?

Ein Saisonhöhepunkt war überdies ein Blitztur-
nier, das durch die Zusammenarbeit der SF Katernberg und der SG Solingen entstand und am
08.12.2006 in der Vorstandsetage des Ruhrverbandes in Essen stattfand. Dabei konnte für das
Rundenturnier, das nach dem Schweizer System
ausgespielt wurde, ein Preisfonds von immerhin
1.300 € aufgebracht werden, der bei einem Startgeld von 5 € in sechs Haupt- und vier Ratingpreise
aufgeteilt wurde.

Ein wahrer Leckerbissen für die Essener Schach-
fans, die nicht nur freien Eintritt hatten, sondert
sich auch noch an einem kostenfreien Buffet, das
der Gastgeber bereithielt, laben konnten.

Mit 86 Teilnehmern, darunter 20 internationalen Titelträgern, war das Bundesliga-Blitzturnier
bei seiner Premiere ausgezeichnet besetzt. Die
Teilnehmer zeigten sich besonders angetan von
den ausgezeichneten Spielbedingungen.

Unangefochtener Sieger mit 13 Punkten aus 15
Runden wurde Andrei Volokitin, der einsam sei-
ne Kreise zog und zwischenzeitlich sogar satte 3
Punkte Vorsprung besaß.

Ladehemmung hatten dagegen die übrigen Katernberger Großmeister, die alle nicht in die Preis-
ränge kamen:

Igor Glek blieb mit 10 Punkten nur ein undank-
barer 8. Platz. Erwin l'Ami und Alexander Motylev erzielten gar nur 9,5 Punkte. Enttäuscht zeigte
sich vor allem Alexander Motylev, der noch vor
Andrei Volokitin die Setzliste angeführt hatte: „…
Wenn ich wieder zu Hause in Ekaterinburg bin,
melde ich mich wieder beim Kinderschach an…"

Den Sprung aufs Treppchen schafften hingegen
IM Andrei Orlov (SF Gerresheim), der auf 11
Punkte kam und dem späteren Sieger die einzige
Niederlage zufügte, sowie der Essener Lokalmata-
dor IM Karlheinz Podzielny (10,5 Punkte).

Andrej Volokitin

Bedauerlich war aus Katernberger Sicht jedoch
die geringe Resonanz bei den Spitzenspielern der
übrigen Westbundesligisten. Wattenscheid hatte
sich schon frühzeitig aus der Organisation zurückgezogen. Auch die Mülheimer Freunde stiegen einige Tage vorher aus. Immerhin hielt Daniel
Hausrath seine gegebene Zusage ein und nahm
als einziger Spieler aus dem Mülheimer Kader am
Turnier teil. Schließlich mussten dann leider auch
noch die bereits gemeldeten Holländer in Solinger
Diensten wieder aus der Teilnehmerliste gestri-
chen werden.

Dennoch überwiegt die Erinnerung an eine
rundum gelungene Veranstaltung. Wie sagte es
der Solinger Turnierleiter Oliver Kniest doch so
schön? „Wer dieses Turnier verpasst hat, ist selbst
schuld."

IN MEMORIAM WILLI KNEBEL

Bevor die neue Saison begann, mussten die SF Katernberg zunächst eine mehr als bittere Pille schlucken. Am 29.07.2007 verstarb Willi Knebel an den Folgen seiner schweren Krankheit.

Während seiner mehr als 50-jährigen Mitgliedschaft war Willi für die SF Katernberg als Vorsitzender, Spielleiter, Pressewart und Mannschaftsführer tätig. Eine mehr als beeindruckende Aufzählung seiner Ehrenämter, die aber seine Bedeutung als Motor, Impulsgeber und Organisator dennoch nur unzureichend widerspiegelt.

Wir kennen das. Die Welt ist voll von Visionären, deren kühne Ideen aber nicht umgesetzt werden können. Auf der anderen Seite stehen detailverliebte Theoretiker, die sich schwer tun, ihre tiefen Gedanken in die Tat umzusetzen.

Willi war anders. Er sprudelte vor Ideen, besaß riesiges organisatorisches Geschick und war sich aber nie zu schade, wenn nötig, auch selbst mit anzupacken.

Als die Essener Spitzenspieler Willy Rosen und Werner Nautsch im Jahre 1967 nach Katernberg wechselten, träumte Willi schon kurz darauf in seinem Katernberger Schachspiegel vom Aufstieg in die Bundesliga. Als Katernberg dann Mitte der 1970er Jahre tatsächlich die höchste Spielklasse erreicht hatte, trug er als Mannschaftsführer seinen Anteil zu diesem Erfolg bei. Zu einer Zeit ohne Homecomputer, Datenbanken und superstarken Schachprogrammen versorgte er sein Team mit den Partien der Konkurrenz. Er sichtete dazu akribisch die Schachpresse und bereitete die (seinerzeit noch recht seltenen) Partieveröffentlichungen nach Relevanz auf. Auch am neuerlichen Aufstieg in den 1990ern war er wiederum maßgeblich als Mannschaftsführer beteiligt.

Wo immer herausragende schachliche Ereignisse in Essen stattfanden, war Willi Knebel bei der Organisation dabei.

• Schon in den 1960ern organisierte er die „Katernberger Schachtage".

• In den 1980er Jahren wurde die von ihm angeführte Essener Stadtauswahl bei der „Twinning Chess Competition" inoffizieller Europameister.

• 1994 holte er den amtierenden Vizeweltmeister Jan Timman zu einem Schaukampf nach Essen.

• Bei den „Julian Borowski Großmeisterturnieren" amtierte er als Schiedsrichter.

• Schließlich ging auch die erfolgreiche Durchführung der Deutschen Seniorenmeisterschaft 2005 im Blumenhof der GRUGA zu einem großen Teil auf seine Kappe.

Willi Knebel genoss auch als Internationaler Schiedsrichter hohes Ansehen. Er war ein profunder Kenner der Schachregeln – der Regelpapst schlechthin. Willi leitete denn auch zahllose Bundesligakämpfe und internationale Turniere. Ebenso fand seine Regelseite auf der Homepage des Vereins große Beachtung.

Seine Herzensangelegenheit war jedoch der Schachjournalismus. Der langjährige Pressewart des Essener Schachverbandes zeichnete damals nicht nur für die Schachberichterstattung in der Essener Lokalpresse verantwortlich, sondern betreute auch die wöchentlichen Schachecken der örtlichen Tageszeitungen. Er erwies sich dabei als ein höchst kompetenter, belesener und umfassend gebildeter Kolumnist, der es verstand, die Feinheiten und die Schönheit des königlichen Spiels auch und gerade dem nichtorganisierten Schachfreund mit pointierten Formulierungen zu vermitteln.

Über all dem blieb Willi Knebel aber auch ein sehr aktiver Schachspieler, der im Fernschach den Titel des Internationalen Meisters errang. Eine im Jahre 2005 gespielte Fernpartie, in der er eine scharfe Variante der spanischen Partie durch ein spektakuläres Opfer rehabilitierte, wurde sogar vom Schachinformator in die Liste der wichtigsten theoretischen Neuerungen aufgenommen. Besonderes Lob erhielt seine Partie dabei von keinem Geringeren als Visnawathan Anand, was Willi wiederum zu dem launischen Kommentar veranlasste, dass man daran erkennen könne, dass der Mann wirklich was vom Schach verstehe. Eine für ihn absolut typische Bemerkung.

Der Essener Schachverband ernannte seinen langjährigen Vorsitzenden und Pressewart zum Ehrenmitglied. Der Schachbund NRW, bei dem er die Ämter des Referenten für Öffentlichkeitsarbeit und des Seniorenbeauftragten bekleidete, zeichnete ihn mit der Ehrennadel aus. Schließlich erhielt er 2006 für sein Lebenswerk sogar den Ehrenteller des Deutschen Schachbundes, obwohl er bundesweit nie ein offizielles Amt inne hatte.

Bernd Rosen umschrieb die Trauer der Katernberger in seinem Nachruf vermutlich am Besten: „...Ich werde am meisten Willis Begeisterung vermissen – und seine Fähigkeit, andere (auch mich!) mit dieser Begeisterung anzustecken. Nie wieder wird er mit einem vorsichtigen ‚...Bernd, könntest Du Dir vorstellen...' oder einem direkten ‚... Bernd – ich habe ein Attentat auf Dich vor...'" beginnen, mich in ein neues Schachunternehmen mit hineinzuziehen. Nie wieder meinen Anrufbeantworter bis zum Anschlag besprechen, weil die Aufzeichnungsdauer nicht ausreicht, um alle wichtigen und unwichtigen Einzelheiten loszuwerden, die er unbedingt noch mitteilen will..."

Willi bleibt in Erinnerung als Einer, der immer er selbst geblieben ist, sich mit großer Energie für das Schach eingesetzt und dabei nicht nur vieles, sondern in seiner persönlichen Art auch Viele bewegt und angerührt hat.

EIN NEUANFANG
2007-2008

Die Saison 2007/2008, in der erstmalig eine Liveübertragung der Partien im Internet vorgeschrieben war, wurde durch den OSC Baden-Baden souverän gewonnen. Das Siegerteam gab auf seinem Weg lediglich einen Punkt gegen den SV Mühleim Nord ab, der nach der verkorksten Vorsaison mit einem 3. Platz überraschte. Das Spieljahr endete ansonsten außergewöhnlich und führte zu erheblichen Diskussionen in der Schachöffentlichkeit.

Neu aufgestiegen waren der Erfurter SK, der Godesberger SK, der SG Turm Trier 1877 und der SK Zehlendorf. Von diesen Vereinen konnte eigentlich nur Trier die Klasse aus eigener Kraft halten.

Nach der Saison zog sich dann der TSV Bindlach-Aktionär aus der 1. Liga zurück; offenbar gab es Finanzierungsschwierigkeiten. Da zudem dann auch die drei bestplatzierten Absteiger darauf verzichteten, nach dem Rückzug Bindlachs in der Bundesliga zu verbleiben, blieb schließlich der Letztplatzierte SC Kreuzberg vom Abstieg verschont.

Die SF Katernberg, die ihr 75. Gründungsjahr mit Saisonbroschüre, Vereinsfest, Simultanveranstaltung und einem Sieg von Jürgen Riesenbeck im Berliner Politikerturnier feierten, konsolidierten sich mit dem neuen Führungsteam, das aus Ulrich Geilmann, Werner Nautsch und Bernd Rosen bestand, auf dem 10. Platz. Rainer Wioescholek zog sich zu Saisonbeginn aus der Organisation zurück, was bedauerlich war.

Das Katerberger Team musste allerdings zunächst den Vereinswechsel von GM Andrei Volokitin verkraften, der künftig für den SV Tegernsee

Ulrich Geilmann

spielte. Für ihn kam der junge israelische GM Evgeny Postny (Jahrgang 1981) in die Mannschaft.

Leider zog sich auch GM Sergey Erenburg aus der Mannschaft zurück, weil er ein Studium in den USA aufnahm. Ihn ersetzte der griechische GM Stelios Halkias (Jahrgang 1980).

Für GM Sergey Smagin, der nicht mehr verfügbar war, wurde der deutsche IM Christian Seel (Jahrgang 1983) verpflichtet.

Darüber hinaus machte FM Bernd Rosen seinen Platz frei, um den niederländischen IM Robert Ris (Jahrgang 1988) ins Team nehmen zu können. Auf ausdrückliche Empfehlung Rosens wurde zudem auch die noch titellose Sarah Hoolt (Jahrgang 1988) aufgestellt.

Alle 15 Spieler kamen zum Einsatz, wobei allerdings nur Evgeny Postny, Nazar Firman und Robert Ris überzeugten; auch Martin Senff zeigte konstant gutes Schach. Stelios Halkias und Vladimir Chuchelov konnten hingegen die in sie gesetzten Erwartungen nicht ganz erfüllen. Darüber hinaus darf man konstatieren, dass die Saison für Christian Seel, Sebastian Siebrecht und Georgios Souleidis sicher nicht ganz wunschgemäß verlaufen ist. Schade war darüber hinaus die unterdurchschnittliche Punkteausbeute von Igor Glek, Erwin l'Ami, und Christian Scholz. Schließlich wäre es auch schön gewesen, Alexander Motylev, Matthias Thesing und Sarah Hoolt

Spielsaal Orangerie

Platz	Verein	G	U	V	BrettPunkte	Mannschaftspunkte
1.	OSC Baden-Baden	14	1	0	83,5:36,5	29:1
2.	SV Werder Bremen	12	0	3	71,5:48,5	24:6
3.	SV Mülheim-Nord	10	2	3	71,0:49,0	22:8
4.	TSV Bindlach Aktionär	8	3	4	63,5:56,5	19:11
5.	SG Solingen	8	2	5	68,5:51,5	18:12
6.	TV Tegernsee	6	5	4	60,5:59,5	17:13
7.	SV Wattenscheid	5	6	4	60,0:60,0	16:14
8.	Hamburger SK SG	7	1	7	63,0:57,0	15:15
9.	SC Eppingen	6	2	7	59,5:60,5	14:16
10.	*SF Katernberg*	*6*	*2*	*7*	*57,5:62,5*	*14:16*
11.	SG Turm Trier	4	4	7	53,5:66,5	12:18
12.	SC Remagen	3	4	8	53,5:66,5	10:20
13.	Godesberger SK	2	5	8	48,0:72,0	9:21
14.	Erfurter SK	2	4	9	49,0:71,5	8:22
15.	SK Zehlendorf	1	5	9	47,5:72,5	7:23
16.	SC Kreuzberg	2	2	11	50,0:70,0	6:24

häufiger einsetzen zu können. Gleichwohl konnte das Team nach ersten Startschwierigkeiten eine weitestgehend geschlossene Mannschaftsleistung präsentieren.

Die Heimkämpfe wurden aus Praktikabilitätsgründen übrigens nicht mehr in der Orangerie der GRUGA Essen ausgerichtet. Die Räumlichkeiten waren aufgrund von Terminüberschneidungen leider auch nicht mehr uneingeschränkt verfügbar.

Stattdessen konnte der Konferenzsaal des Regionalverbandes Ruhr (RVR) gesichert werden. Das gediegene Verwaltungsgebäude lag nicht nur verkehrsgünstiger in der Essener Innenstadt mit Hauptbahnhof und zahlreichen Hotels und Restaurants, sondern bot mit großzügigen Nebenräumen überdies mehr Platz für ergänzende Nutzungen, wie Livekommentierung, Simultanschach, Analyse und Catering. Ein weiterer Pluspunkt bestand in der uneingeschränkten organisatorischen Unterstützung der Verbands- und Hausleitung um den Schachenthusiasten Bernhard van Loon, ohne die es bei dem einen oder anderen Mannschaftskampf zu Problemen gekommen

Spielsaal Regionalverband

Name	Elo	G	R	V	Ergebnis
GM Alexander Motylev	2645	0	3	0	1,5/3
GM Ewin L'Ami	2577	0	5	3	2,5/8
GM Igor Glek	2543	0	5	6	2,5/11
GM Evgeny Postny	2599	6	3	1	7,5/10
GM Stelios Halkias	2590	1	6	2	4,0/9
GM Vladimir Chuchelov	2544	5	1	4	5,5/10
IM Nazar Firman	2526	6	3	2	7,5/11
IM Christian Seel	2495	1	6	2	4,0/9
IM Martin Senff	2474	2	9	1	6,5/12
IM Sebastian Siebrecht	2481	3	5	3	5,5/11
IM Robert Ris	2381	3	4	1	5,0/8
IM Georgios Souleidis	2421	2	3	5	3,5/10
IM Dr. Christian Scholz	2371	1	1	3	1,5/5
IM Matthias Thesing	2393	1	0	2	1,0/3
Sarah Hoolt	2199	0	0	1	0,0/1

wäre. Das Eventmanagement war so professionell aufgestellt, dass im Vorfeld und auch während der Wettkämpfe alles wie am Schnürchen lief.

Hierfür noch einmal meinen ganz herzlichen Dank!

In Zusammenarbeit mit der SG Aljechin Solingen wurde auch in diesem Jahr wieder ein Bundesligablitzturnier durchgeführt. Zur zweiten Auflage, die am 21.11.2007 in Gelsenkirchen im Casino der SBI Ruhr GmbH stattfand, erschienen insgesamt 86 Teilnehmer, darunter 14 Großmeister und mehrere weitere Titelträger. Bei einem Startgeld von 5 € lockte neben freier Kost v. a. das Preisgeld von immerhin 3.500 €.

In den 15 Runden dominierte diesmal der für Wattenscheid spielende russische Großmeister Alexander Rustemov das Feld; er stand schon zwei Runden vor Schluss als Sieger fest. Bis zur 8. Runde wurde das Feld jedoch noch von Michael Hoffmann angeführt. Als der stets freundliche Rustemov dem Solinger dann die erste Niederlage beibrachte, bedeutete dies für ihn den Start zu einer makellosen Siegesserie, während Hoffmann in den kommenden fünf Partien nur noch zwei Remisen gelangen. So siegte der russische Blitz-Spezialist hochverdient und holte sich den erstenPreis in Höhe von 1.000 €.

Hinter ihm landete der Mülheimer Daniel Fridman dank eines guten Finishs mit 11½ Zählern auf dem zweiten Rang. Die Bronzemedaille ging schließlich mit 11 Punkten an den besten Katernberger Evgeny Postny.

Während sich Konstantin Landa, Klaus Bischoff , Michail Zaitsev und Erwin L'Ami mit jeweils 10½/15 die letzten Hauptpreise unter sich aufteilten, ging Michael Hoffmann als tragischer Held auf dem achten Rang mit der besten Buchholzwertung des Turniers schließlich leider leer aus. Besondere Erwähnung verdienen ferner die Leistungen von Frank Noetzel (Elberfelder SG) und Martin Spitzer (Duisburg). Stark auch die Vorstellung von Frank Rehfeldt (Westbevern), der mit 8½ Zählern den Ratingpreis als bester Spieler unter ELO/DWZ 2100 erreichte. Darüber hinaus freuten sich Eduard Weimer, Corina Spokert und Alexander Paduch (allesamt Spieler von Königsspringer Hamm) über Sonderpreise. Schließlich konnten der beliebte Karlheinz Bachmann (Katernberg) den ausgelobten Senioren- und Clara Wirths (Solingen) den Jugendpreis gewinnen.

Doch genug der Vorrede! Schauen wir uns lieber die Partien unserer Protagonisten an. Wir beginnen, wie üblich, mit unserem 1. Brett:

Sascha Motylev kam in dieser Saison aufgrund diverser Verpflichtungen als Spieler, Trainer und gefragter Sekundant leider nur dreimal zum Einsatz. Seine Gegner (Bacrot, Miroshnichenko und Kasimdzhanov) gehörten allerdings zur Riege der Supergroßmeister. Alle Partien werden ausgekämpft, enden gleichwohl im Remishafen. Nachfolgend seine Schwarzpartie gegen den ehemaligen FIDE-Weltmeister Rustam Kasimdzhanov.

RUSTAM KASIMDZHANOV – ALEXANDER MOTYLEV
Mülheim, 08.03.2008
D43: Damengambit (Botwinnik-Variante)
(Ulrich Geilmann) *(CD Nr. 888)*

1.d4 d5 2.c4 c6 3.♘c3 ♘f6 4.♘f3 e6 5.♗g5 h6 6.♗h4 dxc4 7.e4 g5 8.♗g3 b5 9.♗e2 ♗b7 10.0–0 ♘bd7 11.♘e5 h5 12.♘xd7 ♕xd7 13.♕c1 ♖g8 14.♖d1 ♗b4 15.♕e3 ♕e7 16.h3 b4 17.♗e5 ♘d7 18.♗h2 ♘f6 19.a4 a6 20.♔h1 ♗xc3

Rund ein Jahr später wiederholt Kasimdzhanov die Partie, allerdings mit vertauschten Farben. Dort folgt 20...♖g6 21.♖ac1 ♖d8 22.♗e5?! ♗a5 23.♗f3 ♗b6 24.♕e2?! (24.♗xf6 ♖xf6 25.e5 ♖f4=) 24...♘d7 25.♗h2 e5?! 26.axb5 cxb5 27.d5 ♘c5 28.♗g4 ♘b3 29.♖b1 ♘d4 30.♕d2 ♗c5 31.♘e2 ♘b3 32.♕c3 ♗d6 33.g3 ♗c8 34.gxh4 ♗xg4 35.hxg4 Wojtaszek, R – Kasimdzhanov, R Germany 2008 0–1 (57)

21.bxc3 g4 22.hxg4 ♘xg4 23.♗xg4 ♖xg4 24.f3 ♖g6 25.♖a2 f6 26.♕f4 ♕h7 27.d5 e5 28.♕e3! ♖d8 29.♕b6 h3 30.axb5 cxb5

Aber nicht 30...axb5?! 31.g4± und Weiß steht sicher.

31.♕e6+ ♔f8 32.g4 ♕c7 33.♖xa6

Weniger mutige Charaktere hätten es eventuell mit 33.d6 ♕d7 34.♕xd7 ♖xd7 35.♗g1= versucht.

33...♗xa6=+ 34.♕xa6

Alexander wurde nachdenklich und sein Zeitbudget dementsprechend kritisch. Jedenfalls war die Stellung tatsächlich nicht einfach. Es dauerte dann einige Zeit, bis er wieder den Turbo anwarf.

34...b4

Wirft den Vorteil weg. Besser war wahrscheinlich 34...♖b8!, um den Turm zu aktivieren. 35.d6 ♕d7 bringt Weiß jedenfalls keinen Schritt weiter.

35.cxb4= c3 36.±c1 c2 37.♗g1 ♕c3 38.♕e2 ♕xb4 39.♕xc2

39.♖xc2= wäre ebenso möglich gewesen. Der Textzug bietet allerdings mehr Perspektiven.

39...♔g8 40.♖b1 ♕a3 41.♖b3 ♕a4 42.♔h2 ♖g7 43.♔xh3 ♖b7 44.♖b2 ♕xc2

44...♕a6 ist interessanter. 45.♖xb7 ♕xb7 46.♔g3 ♖c8 47.♕h2 ♔g7=.

45.♖xc2 ♖b3 46.♔g3 ♖a8 47.♖c6 ♖a4 48.♖xf6 ♖xe4 49.♔h4 ½–½

Boris Avrukh – Erwin L'Ami
Mülheim, 09.03.2008
E04: Katalanisch
(Ulrich Geilmann) *(CD Nr. 879)*

1.d4 ♘f6 2.c4 e6 3.g3 d5 4.♗g2 dxc4 5.♘f3 c5 6.0–0 ♘c6 7.♕a4 cxd4 8.♘xd4 ♕xd4 9.♗xc6+ ♗d7 10.♖d1

Ich kann mich noch gut daran erinnern, wie mir die Farbe aus dem Gesicht entwich, als ich auf meiner üblichen Auftaktrunde just in dieser

Stellung zum Brett kam. Ich beruhigte mich erst wieder, als mir Nazar, der sich offensichtlich über meine Ratlosigkeit amüsierte, ein leises „...Theorie..." zuraunte.

10...♕xd1+ 11.♕xd1 ♗xc6 12.♘d2 b5 13.a4! ♗e7

13...bxa4 ist nach 14.♘xc4± keine gesunde Alternative.

14.axb5 ♗xb5 15.♘xc4! 0–0

15...♗xc4?! ist wegen 16.♕a4+ kaum zu empfehlen.

16.♘a3

Lieber 16.b3! ♖fd8 17.♕c2 (Siehe CD)

16...♖fd8 17.♕e1 ♗c6

17...♗e8 endete ein Jahr später in einer Remisschaukel. 18.f3 ♘d5 19.♘c4 ♗b5 20.♘a3 ♗e8 21.♘c4 ♗b5 22.♘a3 ½–½ (22) Figura, A – Stern, R Berlin 2009.

18.♗d2 ♖ab8 19.♗f4

Eigentlich hätte ich 19.♗c3± erwartet. Avrukh sieht jedoch eine Möglichkeit, Material abzutauschen. Je mehr Figuren vom Brett verschwinden, desto größer wird die relative Stärke der Dame. Das ist sicher einen Bauern wert.

19...♖xb2

Einen ungedeckten Bauern kann man mit-nehmen. Allerdings scheint 19...♗b4 20.♕c1 ♖bc8± mehr Perspektiven zu bieten.

20.♕c1!± ♖b3 21.♕xc6 ♖xa3
22.♖b1 ♘d5 23.♗e5 ♖a2 24.e4

Möglicherweise verpasst Weiß hier eine Chan-ce. Nach 24.♕c4+− ♖d2 (24...♖a5 25.♗c7 ♖c5 (25...♘b6 26.♗xb6 axb6 27.♕c7 ♔f8 28.♖xb6+−) 26.♕xc5 ♗xc5 27.♗xd8+−) 25.♖b7 ♗f6 26.♗xf6 ♘xf6 27.♖xa7+− steht Weiß meines Erachtens nach deutlich besser.

24...♘b6 25.♕c7 &e8

Deutlich schlechter ist 25...♖d7?! 26.♖xb6 ♖xc7 27.♖b8+ ♗f8 28.♗xc7 ♖a6 29.e5 g5 30.♗d6+−.

26.♖c1+− ♖a5 27.♕c3 ♖c5
28.♕a1! ♖xc1+ 29.♕xc1 ♗f8
30.♕c7 ♖e7 31.♕c6 ♖d7 32.$g2
h6 33.♗c7 ♖d4 34.♕b7

Finger weg von 34.♗xb6?! axb6 35.♕xb6 ♖xe4=. 34.♗b8+− war allerdings eine gute Opti-on. 34...♖c4 35.♕b7+−.

34...♖d7 35.♕c6

mit Remisangebot. ½–½

Um ehrlich zu sein, war die Saison 2007/2008 ein Debakel für Igor Glek. Er sah einfach kein Land. Gegen Trier traf er auf seinen nominell stärksten Gegner und brachte ihn gehörig ins Schwitzen.

VASILIOS KOTRONIAS – IGOR GLEK
Trier, 06.04.2008
C02: Französische Verteidigung (Vorstoßvariante)
(Ulrich Geilmann) *(CD NR. 864)*

1.e4 e6 2.d4 d5 3.e5 c5 4.c3 ♘c6
5.♘f3 ♘h6 6.♗xh6 gxh6 7.♗e2
♗g7 8.0–0 0–0 9.dxc5N

Igor kennt sich in seinem Franzosen gut aus. Ihm wurde auch schon einmal 9.♘a3 präsentiert. Es folgte 9...cxd4 10.cxd4 (Siehe CD)

9...♘xe5 10.♘xe5 ♗xe5 11.♘a3

11.f4 ♗g7 12.♘d2= dürfte ebenfalls gut spielbar sein.

11...♕c7 12.b4 ♗d7

12...♗xc3 sieht hingegen nach 13.♘b5 ♕e5 14.♖b1 ♗d7 15.♘xc3 I♕xc3 16.♖b3 ♕f6+= eher verdächtig aus.

13.♘b5 ♗xb5! 14.♗xb5 ♗xh2+
15.♔h1 ♗e5 16.♕d3

Oder vielleicht eher 16.♖c1!=+

16...♔h8

Igor will angreifen, aber so geht es wohl zu lang-sam. Besser war 16...a5!∓. Den direkten Drohun-gen ist nur schwer beizukommen. 17.a3 ♕e7 18.♕h3 axb4 19.axb4 ♖xa1 20.♖xa1 ♕f6∓.

17.♖ae1 ♖g8 18.♕e3 ♗f6 19.♕f3
♕e7 20.♖e3 ♖g5!∓ 21.♖d1 ♖ag8
22.g3 h5!−+ 23.c4 d4! 24.♖e4

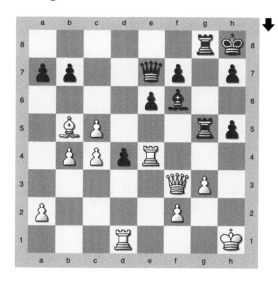

24 ... 罝g4?!

Wirft im Prinzip den Gewinn weg. 24...♗e5–+ und Weiß muss gut auf seine Weichteile aufpassen.

25. 罝xg4=+ hxg4

Nach 25...罝xg4 kann sich Weiß noch einfacher aus dem Würgegriff befreien. 26.c6 bxc6 27.♗xc6=+

26.♕e4 罝g5 27.♔g2 ♗g7 28.a3 f5 29.♕e2 ♕f6

29... 罝g6 30.c6 ♕c7∓ sieht flexibler aus.

30.♗d7= e5 31.b5! e4 32.c6 bxc6 33.bxc6 ♕d6 34♕d2 f4

Sprach etwas gegen 34...罝h5=?

35.♕xf4+= ♕xf4 36.gxf4 罝c5 37.罝b1 ♗f8

37...♗h6!+= scheint der Stellungsdynamik eher gerecht zu werden.

38. 罝b7?!

38.♗xg4 lässt sofort die Luft aus der Stellung. 38...罝xc6 39.♗f5 d3 40.♗xe4 罝xc4 41.♗xd3 罝xf4=. Aber nach 38.罝b5! könnte es noch einmal spannend werden. 38...罝xb5 39.cxb5 ♗d6 40.a4 ♗c7 41.♗xg4 d3 42.♔f1 ♔g7 43.♗f5 d2 44.♔e2 ♗a5 45.♗xe4±

38...♗d6= 39.f5

39.♗xg4 bleibt in der Remisbreite. 39...罝xc6 40.♗f5 罝c7 41.罝xc7 ♗xc7 42.♗xe4=.

39...♔g7 40.♗e6+ ♔f6 41.罝xh7 d3 42.罝h6+

Relativ besser ist 42.♗d5 ♔xf5 43.♔f1=.

42...♔e5

42...♔g5! scheint chancenreicher zu sein. 43.罝g6+ ♔f4.

43.♗d5! d2 44.罝e6+ ♔xf5 45.罝xd6 ♔e5

45...d1♕!? war keine Alternative. 46.♗xe4+ ♗xe4 47.罝xd1 罝xc6±

46. 罝e6+ ½–½

Evgeny Postny

Evgeny Postny passte wunderbar ins Team. Er hatte eine absolut professionelle und äußerst mannschaftsdienliche Einstellung. Zum anderen pflegte er seinen sehr hintergründigen Humor. Beides war nach meinem Geschmack.

Scheinbar beruhte das gute Gefühl auf Gegenseitigkeit, was die überzeugenden Ergebnisse in seiner Auftaktsaison belegten. Lauschen wir einmal seinen Kommentaren.

EVGENY POSTNY – SERGEY A. FEDORCHUK
Mülheim, 09.03.2008
E15: Damenindisch
(Evgeny Postny) *((CD NR. 878)*

1.d4 ♘f6 2.c4 e6 3.g3

In dieser Stellung fand eine psychologisch interessante, nonverbale Diskussion statt.

„Was hältst Du von Katalanisch?"

3...♝b4+

„Nein, Danke!"

4.♝d2

„In Ordnung, dann spielen wir halt Bogo-Indisch".

4...a5 5.♞f3 b6

„Ich denke nicht! Ich ziehe Damenindisch vor. Die Leute sagen, sie sei eine extrem solide Eröffnung."

6.♝g2

„Na gut, von mir aus!"

6...0–0 7.0–0 ♝a6 8.♞e5

8.♛c2 ist die übliche Alternative.

8...♜a7 9.♝xb4

Die Idee, die a-Linie zu öffnen, war das Einzige, an was ich mich morgens um 10:00 Uhr erinnern konnte. Tatsächlich sind 9.♛c2 oder 9.♝g5 bessere Versuche, um einen Vorteil zu erzielen. (Siehe CD)

9...axb4 10.a3 ♝c8?!

Dieser Zug ist zu passiv. Warum hat Schwarz eigentlich 7...♝a6 gespielt? Ich nehme an, nicht mit der Idee, den Läufer wieder auf sein Ausgangsfeld zurückzubringen. 10...d6 (Siehe CD).

11.♞d3 bxa3 12.♞xa3

Das Wiedernehmen mit dem Turm war etwas präziser. Nach 12.♜xa3 ♜xa3 13.♞xa3 hat Weiß keinen Druck mehr auf der a-Linie. Allerdings steckt der schwarze Läufer dafür auf c8 fest und kann nicht (wie in der Partie) abgetauscht werden. Weiß steht bereits wesentlich besser.

12...♝b7 13.♝xb7 ♜xb7 14.♞b5 d5

Auf diese Weise versucht Schwarz, etwas Raum zu bekommen und auch Druck auf den weißen Bauern ♙d4 auszuüben. Andererseits schafft dieser Zug auch einige Schwächen im eigenen Lager. Es war insoweit auch möglich 14...d6 zu spielen, um zu versuchen, Schritt für Schritt aus der Passivität

herauszukommen 15.♜a8 (15.♛c2 c6 16.♞c3 c5 17.♞b5 ♞c6 18.e3 ♛d7) 15...c6 16.♞c3 c5 17.e3 ♛d7. In beiden Fällen steht Schwarz nur geringfügig schlechter.

15.cxd5 ♛xd5 16.♛a4 c6

16...c5 17.♞f4 ♛c6 18.♜fc1 ♞bd7 19.♛c4! Nun würde b2-b4 Schwarz gehöriges Kopfzerbrechen bereiten.

17.♞c3 ♛h5

17...♛d6 18.e4?! (18.♜fd1 mit stabilem Vorteil) 18...b5 19.♛a8 ♜c7 20.♛a5 ♜cc8 21.e5 ♛xd4 22.exf6 ♛xd3 23.fxg7 ♚xg7 24.♜fd1 Weiß hat eine starke Initiative für den Bauern. Ich glaube nicht, dass er wirklich Material opfern muss, um Fortschritte zu machen.

18.♞f4 ♛f5 19.♜fe1?!

Eine Ungenauigkeit. Ich wollte den Bauernvorstoß e2-e4 vorbereiten und dachte, dass die Antwort, die jetzt folgt, nicht möglich war... 19.♜fd1 war mehr auf den Punkt gespielt. Nach 19...e5 (19...b5 20.♛a8 ♜d7 21.e3±) 20.dxe5 ♛xe5 hätte ich die gleiche Position wie in der Partie bekommen, allerdings mit dem Unterschied, dass ich am Zug gewesen wäre...

19...e5! 20.dxe5

20.e4 ♞xe4! 21.♞xe4? exf4 22.♞d6? ♛h3!=+ Diesen Zug hatte ich komplett übersehen, als ich 19.♜fe1 zog.

20...♛xe5 21.♜ed1

Ein Zugeständnis wegen meines 19. Zuges.

21...b5 22.♛d4

Ich habe nichts Besseres als den Damentausch. 22.♛a8 ♛c7 ist für Schwarz ungefährlich. Die Dame steht auf a8 schlecht.

22...♛e7 23.♛d6 ♛xd6

23...b4?! würde die schwarzen Damenflügelbauern anfälliger machen. 24.♞a4 ♛xd6 25.♜xd6 ♜a7 26.b3±

24.♖xd6 ♖d7 25.♖xd7 ♘bxd7 26.♘d3

Weiß hat definitiv einen Teil seines Vorteils eingebüßt. Trotzdem versucht er weiter Druck auszuüben. Der Turm dringt auf der a-Linie ein. Schwarz bleibt in der Defensive, da er sich um seine Bauern auf dem Damenflügel kümmern muss.

26...♖e8 27.♖a6 c5

27...♖e6? 28.♘b4 c5 29.♖xe6 fxe6 30.♘a6 b4 31.♘a4 ♘e4 32.f3+− Ein Mehrbauer sollte ausreichen, um zu gewinnen. 27...♖c8 wäre auch möglich gewiesen. Schwarz beabsichtigt, seinen König ins Zentrum zu bringen. Seine Position ist unangenehm, aber verteidigungsfähig.

28.♔f1!

Es ist erforderlich, den ♙e2 zu decken.

28...♖b8 29.♖c6 c4 30.♘b4 ♔f8 31.♖a6

Nach 31.♖c7 g5 konnte ich nicht erkennen, wie ich irgendeinen Fortschritt hätte machen können. Auf 31.f3 ♘e8 32.♖a6 ♖b7 33.♖a5 ♘c7 kommt Weiß auch nicht wirklich weiter.

31...♘c5?!

Sergey Fedorchuk strebt ein aktives Gegenspiel an, aber es war objektiv besser, sich für das passive 31...♘e8 zu entscheiden, um den ♙b5 zu schützen. Zum Beispiel erreicht Weiß nach 31...♘e8 32.♘c6 ♖b7 33.♖a5 ♘c7 nichts Greifbares und Schwarz droht ...b5–b4. Wahrscheinlich hätte ich 32.f3 gefolgt 33.♔f2 gespielt, um den Druck Schritt für Schritt zu erhöhen.

32.♖a5 ♘fe4 33.♖xb5!?

Ich habe hier viel Zeit investiert und bin schließlich zu der Einschätzung gelangt, dass mir das nun entstehende Vierspringerendspiel durchaus gute Gewinnchancen versprechen würde. Ich bin mir aber immer noch nicht sicher, ob diese Entscheidung objektiv richtig war. Stattdessen hätte ich

den Mehrbauern auch behalten können. 33.♘c6 ♖c8 (33...♘d2+ 34.♔e1 ♘db3 35.♖xb5 ♖xb5 36.♘xb5 ♘a4 37.♔d1 ♘xb2+ 38.♔c2 ♘a4 39.♘a3 ♘b6 40.♘xc4 ♘xc4 41.♔xb3 Das Springerendspiel mit vier gegen drei Bauern ist wahrscheinlich gewonnen, eine gute Technik natürlich vorausgesetzt.) 34.♘a7 ♖a8 35.♘cxb5 Während der Partie war ich zunächst ein bisschen besorgt, ob meine Springer so richtig platziert sein würden. Aber das verging. Weiß hält einen gesunden Mehrbauern. 35...♘b3 36.♖a3 ♖d8 37.♘c6 ♖d1+ 38.♔g2 mit guten Gewinnchancen.

33...♖xb5 34.♘xb5 ♘a4

Schwarz bekommt den Bauern zurück. Sein ♙c4 bleibt jedoch ein Angriffsziel, und der weiße König steht im Vergleich zu seinem Gegenstück weitaus aktiver.

35.♔e1 ♘xb2 36.f3 ♘c5 37.♔d2 ♘ba4 38.♘d5!

Hindert den schwarzen König daran, in das Spiel einzugreifen.

38...♘b3+ 39.♔c2

Grundsätzlich gewinnt Weiß die Partie, wenn er es schafft, den ♙c4 zu erobern. In der Zwischenzeit muss Schwarz so viele Bauern wie möglich am Königsflügel abtauschen.

39...h5! 40.♘e3

Eine weitere Option war 40.♘a3 ♘d4+ 41.♔d2 ♘b3+ 42.♔d1! ♘a5 43.♔c2±.

40...♘b6 41.h3!

Zieht den Bauern aus einer möglichen Springergabel. 41.♘xc4? ♘xc4 42.♔xb3 ♘e3! 43.h3 f5= gefolgt von ...♘e3–f1 tauscht fast alle Bauern ab.

41...g5?!

Ich mag diesen Zug nicht, da er das Feld f5 schwächt. Stattdessen hätte Schwarz versuchen sollen, seinen König ins Spiel zu bringen. 41...♔e7.

42.g4

Nun drohe ich, auf c4 zu nehmen.

42...♞c5!?

Eine interessante praktische Chance. Der Springer gelangt schnell zum Königsflügel, um die weißen Bauern anzugreifen. 42...h4 43.♘xc4 ♞xc4 44.♔xb3+– Schwarz kann den ♙h3 nicht nehmen, da nach 44...♞e3 45.♔c3 ♞d5+ 46.♔d2 ♞f4 47.e3 ♞xh3 48.♔e2 der Springer gefangen ist. Auch nach 42...hxg4 43.hxg4 ♞c5 44.♔c3 würde Schwarz vor einer schwierigen Verteidigungsaufgabe stehen.

43.gxh5 ♞e6

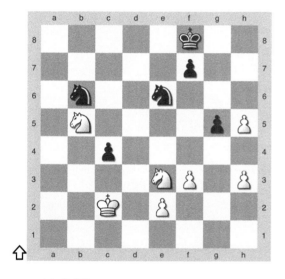

44.♘f5?

Unglaublich, aber das ist das falsche Feld für den Springer! 44.♘d6! ♞f4 45.h6 ♔g8 46.♘g4 ♞d7 47.e4 ♞xh3 48.♔c3. Das Endspiel scheint für Weiß gewonnen zu sein.

44...♞d7?

Erwidert den Gefallen. 44...♞f4 45.h6 (45. ♘g3! ♞xh3 46.♘d6 ♞f4 47.♘de4 beinhaltet immer noch einige Gewinnchancen.) 45...♔g8 46.♘bd6 ♞xe2 47.♘xf7 ♞d4+! Das ist der Punkt! 48.♘xd4 ♔xf7=

45.h6 ♔g8 46.♘bd6 ♞e5 47.♘e4

♞f4 **48.♘f6+ ♔h8**

Erzwungen. 48...♔f8 49.e3 ♞xh3 50.♘d7+! ♞xd7 51.h7+–.

49.e3 ♞g2

49...♞xh3 50.♘d6 Der schwarze König ist im Mattnetz. Schwarz kann seinen Springer nicht von h3 entfernen, da er durch f3–f4 auf f7 mattgesetzt wird. Zugzwang! 50...c3 51.♔b3!+–.

50.♔c3 ♞h4 51.♘xh4 gxh4 52.f4 ♞f3

Weiß gewinnt, muss aber vorsichtig bleiben, da einige Patt-Ideen in der Luft liegen. Zu diesem Zeitpunkt stand es zudem 4-3 zugunsten unserer Gegner, sodass diese Partie für das Endergebnis des Mannschaftskampfes ziemlich wichtig wurde…

53.♘e4?

Eigentlich ein kleiner Scherz von Sergey. Es droht eigentlich keine Pattsituation. Gleichwohl musste ich das ernst nehmen! 53.♔xc4! ♞g5 54.♔d3 ♞xh3 55.♔e2 ♞xf4+ 56.exf4 h3 57.♔g4+–.

53...♞g1 54.♘f2 ♔h7 55.♔xc4 ♔xh6 56.♔d3 f5?

Dieser Zug schwächt das Feld f5, das sehr wichtig ist. Nach 56...♔g6 hätte Weiß ernsthafte Schwierigkeiten, dieses Endspiel noch zu gewinnen. Weiß kann den Springer g1 nicht fangen.

57.♔d2 ♔g6 58.♘d3! ♔h5

58...♞xh3 59.♔e2 ♔h5 60.♘e5 ♞xf4+ 61.exf4 h3 62.♔f3 ♞h4 63.♘d3 h2 64.♘f2+–.

59.♘e5

Jetzt ist alles vorbei. Der schwarze König kann nicht ziehen und der Springer ist gefangen.

59...♞xh3 60.♔e2 ♞g5 61.fxg5 ♔xg5 62.♔f3 ♔f6 63.♔f4 h3 64.♘f3 ♔e6 65.♘g5+ 1–0

Stelios Halkias war nach Georgios Souleidis der zweite griechische Schachmeister im Team. Als er zu uns stieß, hatte er bereits internationale Erfahrungen als Nationalspieler seines Heimatlandes sammeln können. Die Auftaktsaison verlief allerdings nicht ganz so erfolgreich wie gehofft; gleichwohl spielte er ein recht stabiles Schach. Im Mannschaftskampf gegen Kreuzberg gelang Stelios jedoch ein überzeugender Sieg.

Stelios Halkias

STELIOS HALKIAS – SERGEY KALINITSCHEW
Essen, 01.12.2007
D94: Grünfeldindisch
(Ulrich Geilmann) *(CD NR. 941)*

1.♘f3 c5 2.c4 ♘f6 3.e3 g6 4.♘c3 ♗g7 5.d4 0–0 6.♗e2 cxd4 7.exd4 d5 8.0–0 ♘c6 9.♗e3 ♗g4 10.c5 ♘e4 11.♖c1

11.h3 ♘xc3 12.bxc3 ♗xf3 13.♗xf3 e6+= war ebenso möglich.

11...♘xc3 12.bxc3 b6

Auch hier war 12...e6= eine Option.

13.♕a4= ♘a5 14.♖fe1 ♖c8 15.♗a6 ♗xf3

Das Qualitätsopfer sieht etwas unmotiviert aus. Nach 15...♖a8 16.♘e5 ♗c8 (16...♗xe5 17.dxe5 ♗c8 18.♗d3± sieht hingegen verdächtig aus.) 17.♗b5 a6 18.♗c6 b5 19.♕a3 ♘xc6 20.♘xc6 ♕d7 21.♘e5 ♗xe5 22.dxe5+= bliebe Weiß mit einer zersplitterten Bauernstruktur zurück, was sich langfristig als Nachteil erweisen könnte.

16.♗xc8 ♗xg2

Warum nicht 16...♕xc8 17.gxf3 ♕h3= ?

17.♗g4+=

Damit konsolidiert Weiß seinen Königsflügel und versucht insoweit seinen leichten Vorteil zu konservieren.

17...♗e4 18.f3

Man kann zwanglos davon ausgehen, dass Stelios hier bewusst auf 18.♕d7+= mit Damentausch verzichtet hat.

18...♗d3 19.♗g5 f6?!

20.♗e6++= ♔h8 21.♗f4 b5 22.♕d1 ♗c4 23.♕d2 g5

Oder besser 23...♞c6 24.a3 a5±.

24.♗g3+– ♕e8

Kalinitschew verfolgt den falschen Plan.

25.♕g2 h5 26.♕h3

Danach hat Schwarz eigentlich schon keine guten Züge mehr.

26...♗h6 27.♕f5 b4

Schwarz möchte nicht ohne Widerstand zusammengeschoben werden und versucht es daher mit aktiver Gegenwehr.

28.c6

Vermutlich war die ursprüngliche Idee, auf 28.cxb4 ♞c6 zu spielen. Doch Weiß spielt dann einfach 29.♖cd1 (stärker als 29.♗d7 Ïxd4 30.♗xe8 ♞xf5 31.♗xh5 e5±) 29...♞xb4 30.a3 ♞a6 31.c6+– mit klarem Vorteil.

28...b3

Sieht agiler aus als es ist! 28...♞xc6 war aber nicht viel besser. 29.♗d7 e6 30.♗xe8 exf5 31.♗xc6

29.c7 ♗a6 30.axb3 1–0

Der ehrgeizige Vladimir Chuchelov erspielte sich in der laufenden Saison eher durchwachsene Ergebnisse. Dazu trug sicherlich auch seine notorische Zeitnotsucht bei, die er sich übrigens mit dem anderen Katernberger Altmeister Igor Glek teilte. Ich vermutete, dass dies eine Folge fehlender Spielpraxis aufgrund seiner sehr erfolgreichen Trainertätigkeit war. Andererseits war Vladimir für mich durch seine humorvolle und familiäre Art ein Fixpunkt im Team, der es sich auch nicht nehmen ließ, zum Vereinsjubiläum eine Simultanvorstellung zu geben. Die nachfolgende Partie dokumentiert eine ausgeglichene Leistung. Chuchelov versucht nach schwerblütigem Positionskampf in einem Turmendspiel, optische Vorteile in einen Punkt umzumünzen.

Vladimir Chuchelov

PREDRAG NIKOLIC – VLADIMIR CHUCHELOV
Solingen, 20.10.2007
E15: Damenindisch
(Ulrich Geilmann) *(CD NR. 959)*

1.d4 ♞f6 2.c4 e6 3.♞f3 b6 4.g3 ♗a6 5.♕a4 ♗b7 6.♗g2 c5 7.0–0 cxd4 8.♞xd4 ♗xg2 9.♔xg2 ♕c7 10.♖d1 a6 11.f3 ♖a7 12.♞c3 ♗e7 13.♗g5 h6 14.♗xf6 ♗xf6 15.♞e4 ♗e7 16.♖ac1 0–0 17.b4

Weiß steht recht aktiv. Später wurde an dieser Stelle u. a. auch 17.♖c3 ausprobiert. Nach 17...♖c8 18.g4 d6 19.♕c2 ♞d7= holt Weiß jedoch keinen entscheidenden Vorteil heraus.

17...f5+= 18.♞f2 ♖c8

Auf 18...e5 folgt 19.♞b3 ♞c6 20.c5 ♖b8+=.

19.♕b3 ♞c6 20.♞xc6 ♕xc6 21.e4 ♖f8 22.♖c3 g6

22...a5 war gegebenenfalls auch eine Idee. 23.b5 ♕c8+= mit dynamischen Optionen für beide Seiten.

23. ♖cd3

23.exf5 sieht nicht schlecht aus. Nach 23...gxf5 24.♘d3 ♗f6 ± steht Weiß objektiv besser.

23... ♖f7 24. ♖d4 ♖c7 25.♘d3 ♗f6 26.e5 ♗g7 27.c5 bxc5

27...♗f8= hält das Gleichgewicht.

28. ♖d6± ♕b5 29.bxc5 ♗f8 30. ♖b6

Vielleicht zu kompliziert gedacht. Mit 30.♕xb5! axb5 31. ♖a6± konserviert Weiß seinen Vorteil.

30...♕xb3= 31.axb3 ♗xc5 32. ♖xa6 ♗e7

Die entscheidende Frage ist jetzt, ob der weiße Freibauer stark oder schwach ist!

33. ♖c1   ♖xc1   34.♘xc1   ♖f8 35. ♖a7 ♖d8 36.♘d3 ♔f7 37.b4 ♔e8 38.♔f1 ♖b8 39.♖a2 ♔d8 40.♔e2 ♔c7 41.♔d1 ♔b6

Jedoch nicht 41...♗xb4? 42. ♖c2+ ♔d8 43.♖b2+−

42.♔c2 g5 43.♔b3 h5 44.h3 ♖f8 45.♔c4 ♖c8+ 46.♔b3 ♖g8 47.♔c4 ♖c8+ 48.♔d4

Also erst einmal kein Remis!

48... ♖f8 49.♘c5 ♗xc5+ 50.bxc5+ ♔b7 51.♔c4

51.♖b2+! ♔c7 52. ♖a2= zeigt bereits, dass Weiß so nicht weiterkommt.

51...g4

51...f4! 52.g4 hxg4 53.hxg4 ♖h8=+ war gegebenfalls einen Versuch wert!

52.fxg4 fxg4 53.hxg4 hxg4 54. ♖d2 ♔c7 55.♖d4 ♖f5 56.♖e4 ♔c6 57.♔d4 ♖f1 58.♖xg4 ♖d1+ 59.♔e4 ♔xc5 60.♖g7 ♖e1+ 61.♔f4 ♖f1+ 62.♔e4 ♖e1+ ½–½

Wenn sich jemand in taktischen Gefilden wohl fühlte, dann war es Nazar Firman. Er hatte einen bemerkenswerten Punch und phänomenalen Killerinstinkt. Als Teamchef war es dabei für mich recht einfach, seine Stimmungslage zu erkunden. Ich musste dabei noch nicht einmal auf die Stellung sehen. Lief er entspannt im Spielsaal umher, riffelte er gerade seinen Gegner auf. Saß er hingegen mit rotem Kopf am Brett, stand sein Gegner besser. In der folgenden Partie nahm ein entfesselt aufspielender Nazar seinen Gegner praktisch auseinander.

NAZAR FIRMAN – JEAN MARC DEGRAEVE
Mülheim, 09.03.2008
C41: Philidor-Verteidigung.
(Ulrich Geilmann) *(CD Nr. 876)*

1.e4 e5 2.♘f3 d6 3.d4 exd4 4.♘xd4 ♘f6 5.♘c3 ♗e7 6.♗f4 0–0 7.♕d2 a6 8.0–0–0 b5 9.♗e2

Mit 9.f3± geht Weiß auf ‚Nummer sicher‘. Aber das ist eher nicht Nazars Ding!

9...c6?!

Vielleicht etwas nachlässig. Besser ist 9...b4 10.♘d5 ♘xd5 11.exd5 a5+=; 9...c5 10.♘f5 ♗xf5 11.exf5 ♘c6 12.♗f3 ♖c8 13.♗xc6 ♖xc6 14.♖he1 b4 15.♘d5 ♘xd5 16.♕xd5 ♖b6+= mag auch funktionieren.

10.♗f3± ♖a7

10...♕c7 wurde später auch einmal probiert, verbessert die schwarze Lage jedoch nicht. 11.♖he1 ♘g4 12.♗xg4 ♗xg4 13.f3 ♗c8 14.♘f5 ♗xf5 15.exf5 ♖d8 16.♗xd6 ♗xd6 17.♕xd6 ♕xd6 18.♖xd6 ♖c8 19.♖ed1 ♔f8 20.♖d8+ ♖xd8 21.♖xd8+ ♔e7 22.♖h8 und Weiß steht auf Gewinn!

11.e5 dxe5 12.♗xe5 ♗d7?

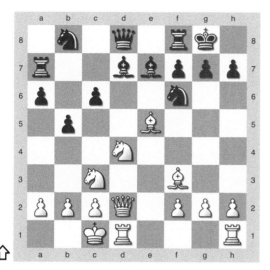

Christan Seel

Oberflächlich betrachtet wird damit alles überdeckt. Nazar weist jedoch instruktiv nach, dass
die schwarze Stellung danach überlastet ist. Notwendig war 12...♖d7 13.♗xb8 c5 14.♗e5 b4
15.♘ce2 cxd4 16.♗xd4+=.

13.♖he1

Oder 13.♕e3 b4 14.♘f5! bxc3 (14...♖b7
15.♗xb8+–) 15.♕xa7+–.

13...♖e8

13...b4 reicht nicht 14.♗xb8 bxc3 15.♕xc3+–
♖b7 16.♘xc6! und aus die Maus!

14.♕g5 ♘h5

Pure Verzweiflung! Aber was sonst? Auch 14...h6
rettet den Freund auch nicht mehr! 15.♕g3 ♖a8
16.♘f5 ♗f8 17.♘xh6+ ♔h7 18.♘xf7 ♕e7
19.♘e4±.

15.♕xh5   ♗g5+   16.♔b1   g6
17.♗xb8! ♖xe1 18.♖xe1 ♖a8

18...gxh5 19.♗xa7+– wäre vielleicht noch einmal
spannend geworden.

19.♗c7 1–0

Christian Seel erzielte recht ansehnliche Partieer-
gebnisse. Für meinen Geschmack ließ er sich aber
manchmal etwas zu früh auf ein Remis ein. Kann
es in der Bundesliga tatsächlich sportliches Ziel
sein, nicht verlieren zu wollen?

Gegen den Mühleimer GM Alexander Berelowitsch wickelte er das Turmendspiel jedoch
technisch sauber mit einem starken Freibauern ab.

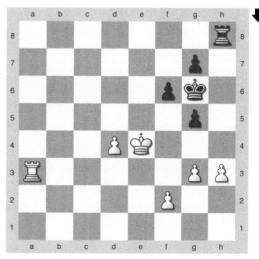

CHRISTIAN SEEL – ALEXANDER BERELOWITSCH
Essen, 23.11.2007 (CD Nr. 907)

Turmendspiele sind tückisch, das ist nicht neu. In der Diagrammstellung verpasst Schwarz seine letzte Möglichkeit, um das Remis kämpfen zu können. Dies wäre mit 47...f5! möglich gewesen. Ob Weiß nach 48.♔d5 ♖d8+ 49.♔c4 ♖c8+ 50.♔d3 tatsächlich weiterkommt, steht in den Sternen. Doch wieder einmal siegt die Gier nach Material:

47.... ♖xh3?

Danach wickelt Weiß gekonnt ab.

48.d5± ♖h2 49.♖a2 ♖h1 50.♔d4!
♖d1+ 51.♔c5! ♔f5 52.d6+– ♔e4
53.♖a3 ♖d2 54.f3+! ♔f5 55.♔c6
g4 56.f4

Christian vermeidet jedes Risiko. Nach 56.fxg4+ ♔xg4 57.♖a5+– sollte gleichwohl auch nichts mehr anbrennen.

56... ♖c2+ 57.♔d7 ♖d2 58.♖c3 g5
59.fxg5 fxg5 60.♔e7 ♖e2+ 61.♔f7
♖d2 62.♖c5+ ♔e4 63.♔e6 ♖d3
64.d7 ♔f3 65.♖d5 1–0

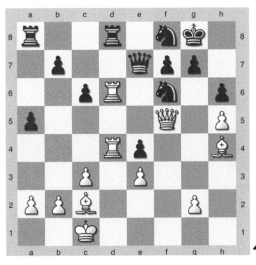

MARTIN SENFF – ALEXANDER NAUMANN
Wattenscheid, 20.10.2007 (CD NR. 956)

29.♗xf6 gxf6 30.♖xd8! ♖xd8
31.♖xe4 ♕d6 32.♖d4 ♕e7
33.♖g4+ ♔h8 34.♕f4 1–0

Manchmal wirkt Schach kinderleicht, leider immer nur bei den Partien der Anderen.

Martin Senff spielte auch in der Saison 2007/2008 beständig. Seine Partien wirkten meist sehr kraftvoll und energiegeladen, und es war ein Genuss, seine Spiele live mitzuverfolgen. So auch im nächsten Beispiel. In einer überlegen geführten Partie sorgte er für einen vollen Punkt. Großmeister Alexander Naumann ging dabei an einer mehr als lästigen Fesselung zugrunde. Merke: Die Fesselung ist immer und überall!

Schwarz hatte zuletzt **28...♘f8** gespielt und konnte nur auf die Exekution warten. Selbige folgte auch prompt.

Eigentlich hatte Sebastian Siebrecht bereits vor Saisonbeginn eine noch abschließend fehlende Großmeisternorm erfüllt. Doch bei der formellen Nachprüfung der sonstigen Randbedingungen, die zur Ernennung erforderlich sind, lief etwas schief. Sebastian, der seine ersten Turniererfahrungen in der Essener Schachgesellschaft sammelte und nicht nur wegen seiner stolzen 2,02 m Größe mittlerweile zu den bekanntesten Schachspielern Deutschlands zählte, konnte sein großes Ziel damit leider erst im November 2008 erreichen.

Dass er den Titel mehr als verdient hatte, zeigte er im folgenden Partiefragment gegen Georg Meier. Letzterer hatte zuletzt **25...♘e7-g6?** gespielt, was sich jedoch als großer Fehler herausstellte.

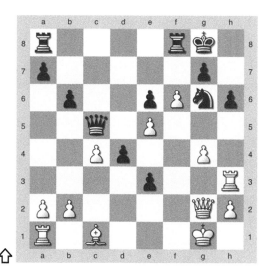

SEBASTIAN SIEBRECHT – GEORG MEIER
Baden-Baden, 19.04.2008 (CD NR. 853)

Robert Ris

Anstatt **25...♘g6** ist 25...♖ad8! 26.fxe7 ♕xe7 besser und Schwarz wäre immer noch deutlich im Vorteil. Doch wahrscheinlich sieht er momentan nur einen angegriffenen Springer und eine mögliche Gabel auf f4.

**26.♕b7+– gxf6 27.exf6 ♖xf6
28.♕xa8+ ♔g7 29.♖f3**
Jedoch nicht 29.♕xa7+?! ♖f7=.

**29...♘f4 30.♕b7+ ♖f7 31.♕e4 e5
32.b3 ♕e7 33.♗a3! ♕g5**
Auf 33...♕xa3 folgt selbstverständlich 34.♕xe5+ ♘g6 35.♖xf4 ♖xf4 36.♕xf4+–.

34.h3 h5?
Ein letzter Fehler. Erforderlich war 34...♕f6+–

35.♗d6 hxg4 36.♗xe5+ 1–0

Robert („Robby Löwenherz") Ris kam mit einem positiven Score aus seiner Auftaktsaison und war sicherlich nicht unzufrieden. Abgesehen davon spielte der junge Holländer stets mannschaftsdienlich. Hier die Schlussphase gegen seinen niederländischen Landsmann Robin Swinkels.

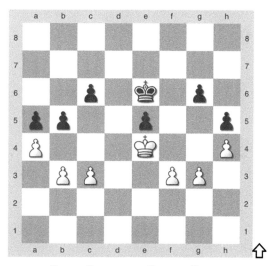

ROBIN SWINKELS – ROBERT RIS
Mülhein, 09.03.2008 (CD NR. 1873)

Nach 35.c4 bxc4 36.bxc4 c5 37.f4 exf4 38.gxf4 ♔f6 (38...♔d6? 39.f5 gxf5+ 40.♔xf5 ♔e7 41.♔e5+–) 39.♔d5 ♔f5 40.♔xc5 ♔xf4 41.♔b6 g5 42.hxg5 ♔xg5 43.c5 h4 44.c6 h3 45.c7 h2 46.c8♕ h1♕ 47.♕c5+± müsste Robert zumindest höllisch aufpassen, um die Partie noch zu halten. Swinkels spielt aber das ambitionslose **35.♔d3** und die Partie endet nach 49 Zügen mit einem Unentschieden.

SIE SIND AM ZUG

Lösungen ab Sreite 254

Aufgabe 16

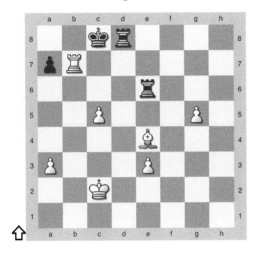

GEORGIOS SOULEIDIS – MAXIM KORMAN

Trier, 06.04.2008 (CD NR. 857)

In der Diagrammstellung war „The Big Greek"
Georgios Souleidis allzeit Herr der Lage. „Heure-
ka" wird er jetzt vermutlich gedacht haben. Was
hatte er denn gefunden?

Aufgabe 17

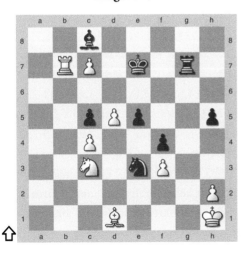

VLASTIMIL BABULA – DR. CHRISTIAN SCHOLZ

Baden-Baden, 19.04.2008 (CD NR. 850)

Dr. Christian Scholz bekam leider auch in dieser Saison ordentlich Kloppe. Seine beste Leistung
war sicherlich die allerdings auch etwas glücklich
verlaufene Partie gegen den starken GM Vlastimil
Babula, der für Werder Bremen antrat.

Scholz hatte gerade den weißen ♖b7 befragt
und jetzt lag es am Bremer GM, die Tonne richtig
zu platzieren. Wo gehörte diese hin?

Aufgabe 18

DIRK SEBASTIAN – SARAH HOOLT

Hamburg, 20.04.2008 (CD NR. 841)

Sarah Hoolt zeigte bei ihrem Bundesligadebüt
bereits ihre Qualitäten. Sie kannte die Theorie,
hielt die Flinte richtig und agierte völlig angstfrei
gegen einen nominell deutlich stärkeren Gegner.
Doch ihr letzter Zug **21…♛d7-g4** war allzu optimistisch, Wie ging Weiß jetzt vor?

Aufgabe 19

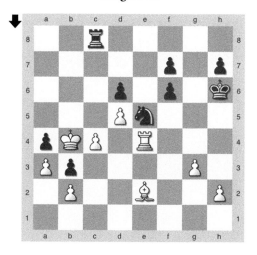

LIVIU-DIETER NISIPEANU – STELLOS HALKIAS

Baden-Baden, 05.04.2008 (CD Nr. 871)

Nisipeanu hatte mit **39.♔c3-b4** seine Ambitionen am Damenflügel unterstrichen. Was sollte Schwarz jetzt tun? Mit 39… ♖b8+ den a-Bauern opfern oder mit 39…f5 aktiv werden?

Liviu-Dieter Nisipeanu: Die wahrscheinlich längsten Haare der Bundesliga.

Aufgabe 20

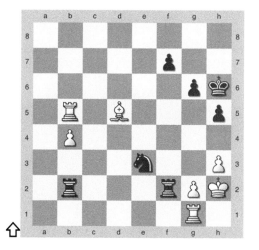

IGOR GLEK – MAXIME VACHIER LAGRAVE

Mühlheim, 23.11.2007 (CD Nr. 911)

Maxime Vachier Lagrave war bereits Ende 2007 ein hervorragender Spieler, doch in den folgenden Jahren sollte er sich endgültig in der Weltspitze etablieren. Auch derzeit gehört er nach wie vor zur absoluten Weltklasse.

Igor Glek hatte in der Diagrammstellung eine äußerst schwierige Lage zu verteidigen und machte mit **48. ♗a8** einen Wartezug.

MVL, wie seine Fans ihn nennen, knipste jetzt jedoch mit ein paar gekonnten Zügen die Lichter aus. Welchen „Schalter" musste Schwarz hier betätigen?

IMPRESSIONEN VOM ERSTEN HEIMKAMPF
BEIM REGIONALVERBAND RUHR
(23.-25.11.2007)

Werner Nautsch

GM Klaus Bischoff

Katernberger Team 1

Dr. Rommelspacher

SV Mühlheim-Nord, Brett 5-8

Katernberger Team 2

Krüger, Bachmann, Dr. Blum

SV Mühlheim-Nord, Brett 1-4

WAS BLIEB ANSONSTEN VON DER SAISON?

Mit der Übernahme der neuen Aufgaben als Teamchef entstand für mich zweifelsohne ein großer organisatorischer Aufwand, den ich selbstverständlich noch nicht perfekt abwickelte. Einmal verwechselte ich bei einer meiner Rundschreiben beispielsweise die Brettreihenfolge. Das hätte fatal enden können. Allerdings wies mich ein aufmerksames Teammitglied schnell auf diesen Fehler hin, sodass ich meinen Bock noch rechtzeitig ausbügeln konnte. Aber war das ein Wunder? Unvermittelt wurde ich zum Saisonplaner, Reisekaufmann, Transport/Taxiunternehmer, Materialwart, Möbelpacker, Sorgenonkel, Teamarzt, Reiseleiter, Navigator, Finanzdienstleister, Sicherheitschef, Spion, Regelkundiger, Mannschaftskapitän, Ersatzschiedsrichter und Berichterstatter.

Dabei sei nicht unterschlagen, dass ich wichtige Mitstreiter hatte. Werner Nautsch – der eigentliche Spiritus Rector der Bundesligaidee – war immer ansprechbar und stand mir fast schon väterlich zur Seite. Die Bundesligamannschaft wäre ohne seinen unermüdlichen Einsatz überhaupt nicht denkbar gewesen. Herzlich möchte ich auch Bernd Rosen danken, der trotz seiner vielfältigen Verpflichtungen immer mit Rat und Tat zur Verfügung stand. Egal, was es zu regeln galt – er war stets zur Stelle! Schließlich möchte ich auch noch die Rolle von Willy Rosen ansprechen. Willy war nicht nur der Finanzminister, sondern vor allem der ruhende Pol der Firma. Seine konstruktiven Anmerkungen sind mir stets eine große Hilfe gewesen.

Das Saisonergebnis stellte mich durchaus zufrieden, auch wenn mich die zum Teil kritischen Zeit-

notschlachten und sonstigen schachlichen Achterbahnfahrten durchaus emotional mitnahmen.

Ich habe allerdings den leisen Verdacht, dass mich solche Situationen mehr Nerven kosteten als die jeweils unmittelbar beteiligten Spieler! Manches Mal wollte ich erst gar nicht hinsehen, um nicht meine Lebenserhaltungssysteme regelmäßig auf Funktionstüchtigkeit prüfen lassen zu müssen. Und doch konnte ich mich diesen prickelnden Blitzduellen nicht entziehen.

Ein gewisser Ausgleich entstand freilich durch die Möglichkeit, sich bei Auswärtskämpfen auch einmal Städte wie Baden-Baden, Eppingen, Erfurt oder Trier anzuschauen, die ich ohne diesen Anlass wohl kaum zu Gesicht bekommen hätte. Hier blieb mir vor allem unser Besuch in Trier mit der Porta Nigra, einer einladenden Altstadt, dem beeindruckenden Dom und urigen Kneipen nachhaltig in Erinnerung; auch weil uns seinerzeit Martin Senff, der dort studierte, als ortskundiger Fremdenführer zur Verfügung stand und uns in gediegene Lokalitäten führte.

Außerdem gefiel mir der familiäre Umgang im Team. Die Stimmung in der Mannschaft war hervorragend. Dabei entwickelten sich insbesondere die gemeinsamen Abendessen zu einem Highlight. Denn neben den kulinarischen Genüssen wurden dabei nicht nur Anekdoten ausgetauscht, sondern auch ein besonderer Mannschaftsgeist entwickelt. Dazu trug auch der eine oder andere Gast bei, der wie selbstverständlich in das Geschehen miteinbezogen wurde. Die lockere Unterhaltung war weit gestreut und machte selbst vor exotischen Diskussionen über die stimulierende Wirkung von Schachgroupies oder bewusstseinserweiternde Drogen nicht halt.

QUO VADIS KATERNBERG?!
2008-2009

Die Saison 2008/2009 wurde erneut durch die OSG Baden-Baden gewonnen. Baden-Baden verlor kein einziges Match und spielte lediglich zweimal Unentschieden. Es war der vierte Meistertitel in Folge für den Verein.

Neu aufgestiegen waren der SK Turm Emsdetten, Bayern München, der USV TU Dresden und die Schachfreunde Berlin. Emsdetten konnte die Klasse halten, Berlin, Bayern München und Dresden landeten ebenso wie die SG Trier auf Abstiegsplätzen. Gleichwohl blieben Berlin, Trier und Bayern München in der Liga.

Dies lag daran, dass der TV Tegernsee und der SC Kreuzberg ihre Mannschaften freiwillig zurückzogen und weder die SG Porz als Sieger der 2. Bundesliga West noch die SG Bochum 31 als Zweitplatzierter ihr Aufstiegsrecht wahrnehmen. Der TV Tegernsee hatte übrigens bereits vor Saisonbeginn angekündigt, sich aus der 1. Liga zurückzuziehen.

Es gab in diesem Jahr zwei relevante Änderungen der Turnierordnung. Zum einen wurde die international übliche Bedenkzeit eingeführt, die ein Inkrement – also eine Zeitgutschrift von 30 Sekunden pro ausgeführten Zug – vorsah. Damit gehörten die berüchtigten Zeitnotdramen in der Bundesliga der Vergangenheit an, was nicht von allen begrüßt wurde.

Zum anderen ergab sich eine Veränderung der Aufstellungsregeln, die es den SF Katernberg ermöglichten, die Vorjahresbesetzung aufzustellen und zugleich zwei weitere Spieler zu verpflichten.

Zum einen kam der erst 16 Jahre alte Inder Parimarjan Negi ins Team. Ungeachtet seiner Jugend trug er bereits seit über zwei Jahren den Großmeistertitel. Negi war seinerzeit der zweitjüngste Spieler aller Zeiten, dem diese Auszeichnung zuerkannt wurde. Möglich wurde die Verpflichtung des aktuellen Vizeweltmeisters U20 durch die Vermittlung seines Trainers Vladimir Chuchelov. Zudem übernahm eine indische Fluggesellschaft die Flüge nach Deutschland.

Die weitere Neuverpflichtung bestand aus dem tschechischen GM Viktor Laznicka, der von

Platz	Verein	G	U	V	BrettPunkte	Mannschaftspunkte
1.	OSC Baden-Baden	13	2	0	88,0:32,0	28:2
2.	SV Werder Bremen	11	2	2	69,5:50,5	24:6
3.	TV Tegernsee SV	11	1	3	71,0:49,0	23:7
4.	SC Eppingen	11	1	3	69,5:50,5	23:7
5.	Mülheim-Nord	10	2	4	74,0:46,0	22:8
6.	SG Solingen	10	2	4	69,0:51,0	22:8
7.	SC Kreuzberg	6	3	6	63,0:57,0	15:15
8.	Hamburger SK	7	1	7	60,5:59,5	15:15
9.	SV Wattenscheid	7	0	8	60,0:60,0	14:16
10.	SC Remagen	6	2	7	60,0:60,0	14:16
11.	*SF Katernberg*	*5*	*2*	*8*	*60,0:60,0*	*12:18*
12.	Turm Emsdetten	4	2	9	50,5:69,5	10:20
13.	SF Berlin	3	2	10	46,0:74,0	8:22
14.	SG Turm Trier	3	0	12	49,5:70,5	6:24
15.	FC Bayern München	1	2	12	41,5:78,5	4:26
16.	USV TU Dresden	0	0	15	28,0:92,0	0:30

Bindlach zu uns wechselte. Der 20-jährige Laznicka hatte bei der zuvor beendeten Europameisterschaft mit einem 2. Platz sein enormes Potential gezeigt.

Das Spitzenbrett blieb aber trotzdem für GM Alexander Motylev reserviert, der häufiger zum Einsatz kommen sollte als in der vorigen Saison, wo er lediglich an einem einzigen Wochenende ein Gastspiel gab.

Danach rückte GM Evgeny Postny vor, der in den vergangenen Monaten von Erfolg zu Erfolg geeilt war und seine ELO-Zahl um fast 80 Punkte steigern konnte.

GM Erwin L'Ami, der nach zwei sieglosen Jahren im Vereinsdress endlich wieder an seine erfolgrei-chen Jahre anknüpfen wollte, saß hinter Viktor Laznicka.

Es folgen die GM Stelios Halkias, Vladimir Chuchelov und Parimarjan Negi.

Danach rangierten IM Nazar Firman, der sich in der letzten Saison eine Großmeisternorm erspielt hatte, und GM Igor Glek, der nach einer eher schlechteren Saison auf bessere Zeiten hoffte.

Da aus finanziellen Gründen nur selten alle Großmeister eingesetzt werden konnten, zählten auch weiterhin die IM Christian Seel, Martin Senff, Sebastian Siebrecht, Robert Ris, Georgios Souleidis, Matthias Thesing und Dr. Christian Scholz zum Stammpersonal.

Als Joker stand schließlich wieder die Nationalspielerin Sarah Hoolt bereit, die sich inzwischen WIM nennen durfte, sich aber zunächst auf die Schacholympiade konzentrierte; sie kam allerdings nicht zum Einsatz.

Die Saison verlief insgesamt gesehen eher durchwachsen. Der eine oder andere Mannschaftspunkt wurde dabei selbst versenkt und die Aufstellungsnöte, die in der 2. Saisonhälfte auftraten, waren auch nicht sonderlich förderlich. In Anbetracht der Widrigkeiten waren alle aber mit dem erspielten 11. Platz durchaus zufrieden, zumal die Mannschaft mit großem Einsatz gekämpft hat, die Stimmung stimmte und die Zusammenarbeit im Organisationsteam, das wiederum aus Ulrich

Geilmann, Werner Nautsch, Willi Rosen und Bernd Rosen bestand, ausgesprochen gut war.

Positive Ergebnisse konnten sich Sascha Motylev, Evgeny Postny, Erwin L'Ami (allerdings bei nur zwei Einsätzen), Vladimir Chuchelov und Nazar Firman (trotz zweier kampfloser Partien) erspielen. Einen ausgeglichenen Score erzielten Stelios Halkias, Parimarjan Negi, Igor Glek, Christian Seel, Martin Senff, Georgios Souleidis und Matthias Thesing. Hingegen werden Sebastian Siebrecht und Christian Scholz nicht ganz zufrieden gewesen sein. Viktor Laznika und Robert Ris enttäuschten jedoch.

Was die Zukunft der Bundesliga insgesamt betraf, ergab sich jedoch eine deutliche Kluft zwischen Anspruch und Wirklichkeit:

Keine Frage, die Bundesliga hatte mittlerweile ein beachtliches Spielstärkeniveau erreicht. Wer aber mit den Wölfen heulen wollte, musste aufrüsten. Das kostete Geld, denn viele Spieler lebten von ihrer Kunst und wollten verständlicher Weise auch adäquat für ihre Einsätze und Leistungen honoriert werden. Aufgrund der verstärkten Vermarktungsbemühungen zogen gleichzeitig aber ebenso die Standardanforderungen an. Auch das war für sich gesehen ein begrüßenswerter Fortschritt – keine Frage!

Beide Effekte führten jedoch zu einer erheblichen finanziellen Mehrbelastung für die Vereine, die sich zugleich mit einer zunehmend angespannten Wirtschaftslage auseinandersetzen mussten. Dies galt auch und besonders für die potenziellen Aufsteiger.

Name	Elo	G	R	V	Ergebnis
GM Alexander Motylev	2672	2	5	0	4,5/7
GM Evgeny Postny	2674	3	3	0	4,5/6
GM Viktor Laznicka	2591	2	1	4	2,5/7
GM Ewin l'Ami	2610	1	1	0	1,5/2
GM Stelios Halkias	2584	1	2	1	2,0/4
GM Vladimir Chuchelov	2575	5	4	2	7,0/11
GM Parimarjan Negi	2597	1	3	1	2,5/5
IM Nazar Firman	2525	5	3	3*	6,5/11
GM Igor Glek	2512	3	4	3	5/10
IM Christian Seel	2494	2	9	2	6,5/13
IM Martin Senff	2468	1	5	1	3,5/7
GM Sebastian Siebrecht	2451	2	4	4	4,0/10
IM Robert Ris	2417	0	1	5	0,5/6
IM Georgios Souleidis	2440	3	2	3	4,0/8
IM Matthias Thesing	2403	3	2	3	4,0/8
IM Dr. Christian Scholz	2372	0	3	2	1,5/5
WIM Sarah Hoolt	2274	-	-	-	-/-

* davon 2 Partien Kampflos

Dass in dieser Saison selbst starke Vereine das Handtuch warfen oder den möglichen Aufstieg dankend ablehnten, wurde als ein deutliches Warnzeichen aufgefasst, denn ohne potente Sponsoren und möglichst professionelle Organisations- und Vermarktungsstrukturen drohte über kurz oder lang ein Scheitern! Katernberg sah sich auf beiden Feldern gut gerüstet, wobei sich allerdings immer drängender die Frage stellte, wie man Spitzenschach in Zukunft erfolgreich vermarkten sollte.

Sicher – der Erfolg von einzelnen Spitzenveranstaltungen zeigte, dass es funktionieren konnte. Doch ob es gelingen würde, dies langfristig und krisensicher zu verstetigen, war eher unklar. Auch einige Spieler waren mit den aktuellen Strukturen unzufrieden. Dabei ging es aber nicht um gute Unterbringung, Verpflegung, Verdienstmöglichkeiten oder Lizenzstatuten. Vielen Ligaspielern fehlte zum Beispiel auch ein adäquates Mitspracherecht. Manche Protagonisten beklagten auch die fehlende Förderung deutscher Spieler. All diese Baustellen würden die Schachbundesliga in den nächsten Jahren begleiten.

Hier weitere Partien:

Beim wichtigen 5:3 Erfolg gegen Trier spielte Alexander Motylev die Schlüsselpartie: Er durchbrach mit einem weit berechneten Figurenopfer den schwarzen Abwehrriegel und stellte den rumänischen Großmeister Parligras vor ein undeckbares Matt.

Alexander Motylev – Mircea E. Parligras
Remagen, 25.10.2008
B45: Sizilianisch (Klassisches System
(Ulrich Geilmann) *(CD Nr. 824)*

1.e4 c5 2.♘f3 e6 3.d4 cxd4 4.♘xd4 ♘f6 5.♘c3 ♘c6 6.♘xc6 bxc6 7.e5 ♘d5 8.♘e4 ♗b7

8...♕c7!= müsste das Gleichgewicht halten.

9.♗e2!+= c5 10.0–0! ♕c7 11.c4 ♘e3 12.♗xe3 ♗xe4 13.♗f4

Oder gleichwertig 13.f4 ♗e7 14.♗f3 ♗xf3 15.♕xf3 0–0+=.

13...♕b7

13...♗e7+= wäre eine Alternative gewesen, die später in den Fokus des Theorieinteresses kam.

14.f3 ♗g6 15.b3 ♗e7 16.♗d3 ♗xd3

16...0–0 war ebenfalls denkbar. Parligras wollte aber offenbar seine Bauernstruktur nicht kompromittieren. 17.♗xg6 fxg6 18.♗g3 ♖f5+=.

17.♕xd3 0–0 18.♖ad1 ♖fd8 19.♕e3 a5 20.a4 ♕c7 21.♖d3 ♖ab8 22.♖fd1 ♖b7 23.♕d2 ♔f8 24.♗g3 ♔g8

Schwarz laviert. Warum auch nicht!? Momentan sind alle möglichen Angriffsmarken unter Kontrolle.

25.h4 h5 26.♔h2 ♖a7 27.♔h3 ♕c6 28.♗f4 ♔h7?! 29.♕c2

Psychologisch interessant. Hat Motylev 29.♗g5!± etwa noch nicht gesehen? Eigentlich ist das nicht zu glauben. Vermutlich will er etwas Zeit gewinnen.

29...♔g8 30.♕d2 30...♔h7 31.♗g5!+– f6 32.♕c2!

Weiß schmeißt seinen Taktikmotor an.

32...♔h8 33.exf6 gxf6

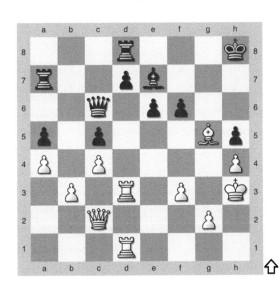

34.♖d6! ♕c8

34...♗xd6? geht natürlich nicht! Es folgt 35.♗xf6+ ♔g8 36.♕g6+ ♔f8 37.♕g7+ ♔e8 38.♕g8+ ♗f8 39.♕g6# und 34...♕xd6? scheitert wieder an 35.♗xf6+.

35.♕g6!

Der nächste Schlag in die Magengrube!

35...fxg5 36.hxg5 ♗f8

36...♗xd6? ist nach 37.♕h6+ ♔g8 38.g6+– keine Alternative.

37.♕xh5+ ♔g8

Einfach, aber Geschmackvoll!

38.g6! ♗g7 39.♕h7+ ♔f8 40.♕h4 e5

40...♔g8 hilft auch nicht. Es folgt 41.♕e7 ♖e8 42.♕f7+ ♔h8 43.♔g4!+–.

41.♖f6+!

Begeisternd! Schwarz ist am Ende!

41...♔e8

41...♗xf6 42.♕xf6++– will er sich nicht zeigen lassen.

42.♖dd6! 1–0

Schwarz blutet aus. 42...♕c7 43.♕h7 ♕xd6 44.♕g8+!+–

Geben wir als nächstes wieder Evgeny Postny das Wort. Er kommentiert seinen Sieg gegen den Dresdner Jens Uwe Maiwald. Ein Match, das Katernberg zwei Punkte einbrachte und den Bundesligaobmann Werner Nautsch zu dem denkwürdigen Zitat „…Wir schießen ja heute mit Kanonen auf Spatzen – hoffentlich treffen die auch…" inspirierte. Nun, Evgeny hatte jedenfalls Zielwasser dabei!

JENS UWE MAIWALD – EVGENY POSTNY
Mülheim, 28.03.2009
A07 Barcza-System
(Evgeny Postny) *(CD NR. 736)*

Das Match gegen die Mannschaft aus Dresden verlief für meine Mannschaft SF Katernberg überraschend einfach und endete mit einem Ergebnis von 7,5 – 0,5. Meine Partie fand am 1. Brett statt.

1.g3 d5 2.♗g2 c6 3.♘f3 ♗g4 4.0–0 ♘d7 5.d3 e6

Ich vermied den natürlichen Entwicklungszug 5...♘gf6, um den Springer gleich nach e7 zu ziehen. Es ist letztlich nur eine Geschmacksfrage.

6.♘bd2 ♗d6 7.e4 ♘e7 8.♕e1

Zieht die Dame aus der Diagonalfesselung.

8...0–0 9.♔h1

9.e5?! Dieser Vorstoß ist für Schwarz nicht gefährlich, da dieser Bauer bald selbst zum Ziel wird. Zum Beispiel: 9...♗c7 10.h3 ♗h5 11.g4 ♗g6 12.♕e2 c5.

9...♗c7

Eine gute Prophylaxe. Jetzt wird der Läufer durch den Aufzug des Bauen e4–e5 nicht mehr bedroht. Darüber hinaus gewinnt der weiße Springer nach einem möglichen Abtausch auf e4 kein Tempo.

10.♘h4 dxe4

10...e5 war eine gute Alternative. Schwarz hat komfortablen Ausgleich.

11.♘xe4

Normalerweise versucht Weiß, mit dem Bauern zurückzunehmen, um ein gewisses Angriffspotential auf der Königin zu erhalten. In jedem Fall ist die Position gleich. 11.dxe4 f6 macht den Weg für den weißfeldrigen Läufer frei. 12.♘b3 ♗b6 13.♗e3 ♗xe3 14.♕xe3 ♕b6=.

11...♘f5 12.♘f3

12.♘xf5? exf5 13.♘c3 ♖e8 14.♗e3 f4 15.gxf4 ♗xf4=+.

12...♗h5 13.♗g5?!

Das mutet seltsam an, da ich sowieso f7–f6 gefolgt von ♗h5–f7 und e6–e5 spielen wollte.

13...f6 14.♗e3?!

Eine weitere Überraschung. Meiner Meinung nach sollte diese Option überhaupt nicht berücksichtigt werden. Vielleicht klingt es ein bisschen hart, aber ich kann einfach nicht verstehen, wa-

rum jemand dem Gegner überhaupt das Läuferpaar in einer offenen Position erlauben sollte.
Nach 14.♗d2 bleibt die Stellung gleich, gleichwohl würde ich die schwarzen Steine bevorzugen.

14...♘xe3 15.fxe3?!

Dieser Zug schwächt die weiße Position. Der ♙e3
könnte in Zukunft eventuell ein Angriffsziel werden. Für den Fall, dass er nach e4 zieht, werden
die schwarzen Felder im weißen Lager verwund-
bar, da der schwarzfeldrige Läufer von Schwarz
kein Gegenstück hat. Ohne Zweifel wäre das Wiedernehmen durch die Dame sicherer gewesen.

15...f5 16.♘eg5 ♛e7 17.♛c3 ♚h8?!

17...h6 18.♘h3 g5 war angezeigt, aber ich wollte
meinen König nicht kompromittieren. 17...♖ae8
war vielleicht der gesündeste und präziseste Zug,
um einfach die letzten Reserven ins Spiel zu bringen.

18.♛b3 ♘c5 19.♛c4?!

19.♛b4! a5 20.♛h4 hätte mich noch verwirren
können. Nun hätte ich 20...g6! finden müssen,
was ziemlich unnatürlich aussieht, da der ♗h5
unglücklich steht. 21.♘h3 ♛xh4 22.♘xh4 e5=+.

19...h6 20.d4

Dies löst die weißen Probleme nicht, aber die Alternative 20.♘h3 ♗f7∓ war auch nicht besser.

20...hxg5 21.♛xc5 ♛xc5 22.dxc5 g4 23.♘d4 ♗f7 24.b4 g6

Schwarz hat einen großen Vorteil dank einer viel
besseren Bauernstruktur und zwei hervorragend
stehenden Läufern. Von nun an ist es schwierig
herauszuarbeiten, wo mein Gegner hätte hartnä-
ckiger widerstehen können. Das Endspiel ist für
Weiß einfach grausam.

25.a4

Das Figurenopfer 25.b5 e5 26.bxc6 exd4 27.cxb7
♖ad8 hilft auch nicht. Die weißen Freibauern
sind sicher geblockt. Schwarz gewinnt.

25...e5 26.♘b3 ♖ad8 27.♖fd1

27.e4 f4 ist keine Verbesserung für Weiß. Der Freibauer f6 ist zu stark.

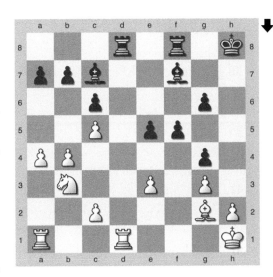

27...♗xb3!

Der richtige Moment, um meinen aktiven Läufer
gegen einen passiven Springer abzutauschen.

28.cxb3 e4–+

Fixiert den ♙e3, der bald geschlagen wird.

29.♚g1 ♗e5 30.♖ab1 ♗c3 31.b5 ♗d2 0–1

Hier möchte ich ausdrücklich meinem Gegner
danken, der sich entschied, hier den Widerstand
einzustellen. Die Position ist objektiv verloren.
31...♗d2 32.♚f2 ♖d3–+.

Der junge tschechische Großmeister Viktor Laznicka konnte sich leider zu keinem Zeitpunkt
akklimatisieren. Zumindest hielt er sich auffällig
zurück, wenn das Team zusammenfand. Gemeinsamen Aktivitäten ging er eher aus dem Weg. Die
meiste Zeit verbrachte er schweigend und ging
selbst unverfänglichem Smalltalk aus dem Weg.
Vielleicht betrachtete er seine Verpflichtung eher
als Übergangsstation.

Viktor Laznicka

Die Saisonergebnisse waren entsprechend, wobei eventuell auch eine Formkrise hinzutrat. Letztlich konnte er nur punktuell überzeugen.

Gegen Jan Werle zeigte er allerdings eine gute Leistung. Der Niederländer konnte sein Spiel nicht entfalten und hatte schließlich dem nachhaltig guten positionellen Ansatz Laznickas nichts entgegenzusetzen. Ein summa summarum verdienter Punktgewinn! Schade, dass Viktor diese Form nicht konservieren konnte

VIKTOR LAZNICKA – JAN WERLE
Solingen, 05.10.2008
A45: Trompowski-Angriff
(Ulrich Geilmann) *(CD Nr. 831)*

1.d4 ♞f6 2.♗g5 ♞e4 3.♗f4 d5 4.e3 c5 5.♗d3 ♞f6 6.c3 ♞c6 7.♞d2 e6 8.♞gf3 ♗e7 9.h3 ♛b6?!

Vermutlich keine Verbesserung. Bekannt war zum Beispiel 9...0–0 (Siehe CD)

10.♛c2+= ♗d7

Wahrscheinlich war 10...c4 besser, um den Läufer aus seiner brettbeherrschenden Position zu vertreiben.

11.0–0

Vielleicht erst 11.dxc5! ♛xc5, dann 12.0–0 und Weiß legt gleich auf dem Damenflügel los!

11...♖c8

Genauer war 11...cxd4 12.exd4 (aber nicht 12.cxd4 wegen 12...♞b4∓) 12...h6±.

12.a3 0–0 13.dxc5 ♛xc5 14.b4 ♛b6 15.c4 a6 16.♖ac1 ♛a7 17.♛b1 h6 18.e4 dxe4+= 19.♞xe4 ♞xe4 20.♗xe4 b6 21.♖fd1 ♖fd8 22.♗d6 ♗xd6 23.♖xd6 ♗e8 24.c5 bxc5 25.bxc5 ♖b8

Die Stellung sieht wenig bekömmlich aus. Der entstandene Freibauer ist gefährlich. Nach 25...♖xd6 26.cxd6 ♛d7 27.♖d1+− müsste sich Werle mit einer passiven Stellung begnügen.

26.♛d3 ♖dc8 27.♞d4 ♞xd4 28.♛xd4 a5?!

28...♖b5!+= war einen Versuch wert.

29. ♖c3+−

Ein flexibler Zug, der auch einen Schwenk auf den Königsflügel ermöglicht.

29... ♖c7 30. ♕e5

Damit versucht Viktor, die schwarze Bauernstellung für den folgenden Angriff zu fixieren.

30... ♖bc8 31.c6 ♕b6

31...♔f8 leistet etwas mehr Widerstand, auch wenn Schwarz wohl nicht mehr zu retten sein wird. 32. ♖g3 f6 33.♕xe6+−.

32. ♖g3 g6 33.h4 1–0

Unser niederländischer Großmeister knöpfte in der Diagrammstellung seinem russischen Kollegen Alexander Rustemov nach einer Nachlässigkeit mit einem Damenmanöver einen Bauern ab und spielte danach mit einer schlafwandlerischen Sicherheit. Sein erster Sieg im Vereinsdress seit über zwei Jahren und exakt 19 (!) Partien.

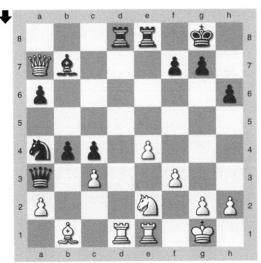

ERWIN L'AMI – ALEXANDER RUSTEMOV

Solingen, 04.10.2008 (CD NR. 838)

Die Schlüsselstellung der Partie. Erwin hat gerade **28. ♕e3-a7** gezogen. Mit 28... ♖b8!=+ hätte Schwarz Vorteil behalten.

28... ♗c8?

Ein Fehler, der letztendlich die Partie kostet.

29. ♖xd8   ♖xd8   30.♕e7!   ♖f8
31.♕xb4   ♕xb4   32.cxb4   ♖d8
33.♗c2 ♘b2 34.♘c3 ♖d2 35.♖e2
♖d8 36.a3 ♔f8 37.♔f2 f5 38.♕e3

Aber wohl nicht das eher unflexible 38.exf5 ♘d3+ 39.♔e3 ♗xf5+−.

38...♘d3 39.♘d5   ♘e5   40.♔d4
♘f7 41.♔xc4 ♗e6 42.♔d4 ♘d6
43.♗d3 1–0

Gegen den Top-Großmeister Shakhriyar Mamedyarov zeigte Stelios Halkias, der in diesem Jahr in den Staatsdienst wechselte, sein bestes Schach. In hochgradiger Zeitnot reichte es leider aber nicht zum Gewinn, der nach einem krassen Fehlzug des Bremer Spitzenspielers durchaus möglich gewesen wäre.

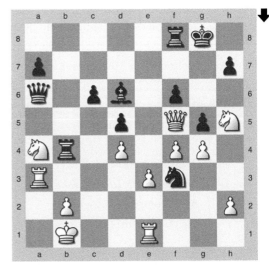

SHAKHRIYAR MAMEDYAROV – STELIOS HALKIAS

Emsdetten, 30.11.2008 (CD NR. 800)

Shakhriyar Mamedyarov

‚Shak', wie er von seinen Freunden und Fans genannt wird, hat soeben mit **26.♕c2-f5** ziemlich danebengegriffen.

26...♖xb2+?!

Auch Stelios verliert die Übersicht. Natürlich geht 26...♘xe1? 27.I♕e6+ ♔h8 28.♕xd6+- nicht, aber nach 26...♗e7! 27.♕e6+ ♖f7-+ hätte er einfach eine Figur gewonnen!

27.♘xb2 ♗xa3 28.♕e6+! ♖f7!

28...♔h8 wäre ritueller Selbstmord! 29.♕d7! ♖g8 30.♘xf6 ♖g7 31.♕d8+ ♖g8 32.♕xg8#.

29.♘xf6+ ♔g7 30.♘e8+

Weiß möchte sich nicht auf 30.♘h5+ ♔f8∞ einlassen. Nach dem Partieverlauf mehr als verständlich.

30...♔g8

Stelios hätte 30...♔f8 versuchen sollen, z. B. 31.♘d6 ♗xd6 32.♕xd6+ ♔g8 33.♖d1∓. Aber auch seine Uhr tickt unerbittlich!

31.♘f6+ ♔g7 32.♘h5+! ♔f8 33.♘f6

Remis. Was hätte Weiß nach 33...♗e7 gezogen? Nach 34.♘d7+ ♔g7 35.♘e5 ♘xe5 36.♕xe5+ ♗f6 37.♕f5∓ stünde Schwarz gut! **½–½**

Nazar Firman kreierte gegen den Mülheimer Großmeister Vadim Malakhatko eine äußerst scharfe Stellung. Die Wellen können da nicht hoch genug sein und je heller das Brett brennt, um so besser. Unschön war allerdings, dass er das Winterwochenende am Tegernsee wegen privater Probleme ganz kurzfristig absagen musste. Trotz intensiver Bemühungen war kein Ersatz zu beschaffen. Die Folge waren zwei kampflose Partien für die werte Gegnerschaft und eine Geldstrafe gemäß der Turnierordnung. Das Team zeigte gleichwohl seine große Kampfkraft und erspielte sich seinerzeit zumindest einen Mannschaftspunkt. Da wäre mehr drin gewesen!

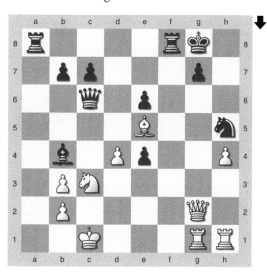

VADIM MALAKHATKO – NAZAR FIRMAN
Essen, 12.12.2008 (CD Nr. 788)

IMPRESSIONEN AUS DER SAISON 2008/2009

Da Weiß auch ziemlich massiven Druck auf die schwarze Königsstellung macht, sieht die Angelegenheit nicht sehr klar aus. Doch entsprechend dem mittelalterlichen Sprichwort „Wer zuerst kommt, mahlt zuerst" zeigt Firman, dass seine Körner vorrangig an der Reihe sind.

26...♗xc3 27.♗xc3 ♖xc3! 28.bxc3 ♕xc3 29.♕b2 ♕d3+ 30.♔c1 ♖a6 31.♖g2 ♖c6+ 32.♖c2 ♘g3 33.♖xc6 ♘e2+

Aber auf keinen Fall 33...♘xh1 34.♖xc7 ♕f1+ 35.♔c2=.

34.♕xe2 ♕xe2 35.♖xc7 ♕a2 36.♖h3 d4 37.♖g3 ♕a1+ 0–1

Igor Glek hatte an diesem Wochenende nur einen einzigen Pulli eingepackt, den er allerdings bei der Nahrungsaufnahme gleich beschlabberte. Böse Zungen behaupteten allerdings, die betreffenden Flecken wären das Blut eines seiner letzten Opfer, spielt er doch auch für einen Club aus Palermo!

Don Vinzente… pardon… Igor war aber trotzdem in bester Spiellaune und opferte nonchalant ein Türmchen. Die Annahme dieser Morgengabe hätte jedoch einer Selbsttötung geglichen, die ein Samurai vollzieht, der sich die Klinge seines Schwertes quer durch den Bauch zieht! So steckte sich Igor in vorteilhafter Stellung erstmal einen Holzagronomen und kurz danach die Partie ein.

IGOR VLADIMIROVICH GLEK – PAUL HOFFMANN
Mülheim, 28.03.2009
B01: Skandinavische Verteidigung
(Ulrich Geilmann) *(CD Nr. 733)*

1.e4 d5 2.exd5 ♕xd5 3.♘c3 ♕a5 4.d4 ♘f6 5.♘f3 c6 6.♗d2 ♗f5

7.♘e4 ♕b6 8.♘xf6+ gxf6 9.♗c4 ♗g6 10.0–0 e6 11.♖e1 ♗g7 12.♘h4

Die unfehlbare Rechenmaschine empfiehlt hier übrigens 12.♗xe6 und sieht Weiß nach 12...fxe6 13.♖xe6++− aufgrund eines enormen Entwicklungsvorteils bereits auf der Siegerstraße.

12...0–0

12...♕xd4 hält das Gleichgewicht. 13.♗a5 ♕xd1 14.♖axd1 ♘d7=.

13.♘xg6 hxg6 14.♖xe6!

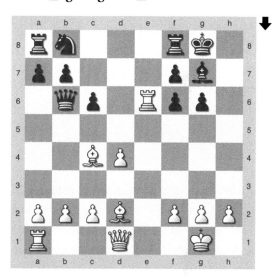

14...♘a6N

Das Turmopfer war tatsächlich vorbereitet. Igor hatte das schon einmal auf dem Brett: 14...♕xd4 15.♕e2 ♕xb2 16.♖d1 ♕xc2 17.♖c1 ♕b2 18.♖e8 ♔h7 19.♖c3 ♕a1+ 20.♗e1 ♘d7 21.♖h3+ ♗h6 22.♕d2 g5 23.♖xa8 ♖xa8 24.♗xf7 ♘e5 25.♗b3 ♖d8 26.♕e2 0–1 (26) Glek, I – Lau, R Willingen 1999.

Aber weshalb kann man den Turm eigentlich nicht nehmen? Die Antwort ist komplex (Siehe CD). Als grundsätzliche Alternative war 14...♘d7+− eventuell auch möglich.

15.♖d6! ♖ae8 16.c3 ♘b8 17.b4

♕c7 18.♗f4 ♕c8 19.♕d3 ♕g4
20.♗d2 ♖e7 21.h3 ♕h5

21...♕e4 22.♕xe4 ♖xe4+– hätte Igor in die Hände gespielt.

22.g4 ♕h4 23.♕g2

Safety first. Gleichwohl wäre 23.♕xg6+– auch gegangen.

23...♘d7

Auf 23...♔h7 folgt 24.♗f4 ♗d7 25.♗g3 ♕g5 26.f4 ♕h6 27.♖e1+–.

**24.♖e1 ♖xe1 25.♗xe1 ♘b6
26.♗b3 ♔h8 27.♕e3 ♗h6?!**

27...f5 war vielleicht noch einen letzten Versuch wert. Allerdings gerät die schwarze Dame ins Abseits. 28.f3 ♕h6 (28...♕h7 29.♗g3+–) 29.g5 ♕h5 30.♗g3+–.

28.f4 ♗xf4 29.♕xf4 1–0

In der Partie gegen Kolbus lieferte unser Schnitzelspezialist Christian Seel eine saubere Mittel- und Endspielleistung ab. Er erspielte sich so einen verdienten Punktgewinn. Dietmar Kolbus war übrigens einer der wenigen Vereinsmäzene, die selbst ganz ordentliches Schach spielen. Gernot Gauglitz, der Dresden finanzierte, war ebenfalls relativ stark am Brett.

CHRISTIAN SEEL – DIETMAR KOLBUS
Remagen, 25.10.2008
D12: Damengambit (Slawische Verteidigung)
(Ulrich Geilmann) *(CD Nr. 818)*

**1.♘f3 d5 2.d4 c6 3.c4 ♘f6 4.e3 ♗f5
5.♘c3 e6 6.♘h4 ♗e4 7.f3 ♗g6
8.♕b3 ♕b6 9.♘xg6 hxg6 10.g3
♘bd7 11.♗d2 ♗d6 12.♔f2 ♕xb3**

Verlässt bekannte Pfade. 12...♕c7 13.♔g2 ♖d8 14.♗e1 0–0 15.♖c1 ♕b8 16.♗f2 ♖fe8 Karpov, A – Anand, V Monte Carlo 2000 ½–½ (40).

**13.axb3 a6 14.cxd5 ♘xd5 15.♗e2
15...♖c8 16.♖ac1 ♘5b6 17.♘e4
♗e7 18.♔g2 ♘d5 19.♖hd1 0–0
20.♘c3 ♖fe8 21.e4 ♘xc3**

Löst das doppelte Lottchen ohne Not auf. 21...♘b4+= wäre nicht zu tadeln gewesen.

**22.bxc3± ♘f6 23.b4 ♗d8 24.c4
♗b6 25.♗c3 ♖ed8 26.♔f2 e5
27.c5 exd4 28.♗xd4**

Doch nicht 28.cxb6 dxc3 29.♖xc3 ♖xd1 30.♗xd1 ♘d7=+.

**28...♗c7 29.♗c4 ♘d7 30.f4
♘f8 31.♔f3 ♖d7 32.♗c3 ♖cd8
33.♖xd7 ♖xd7 34.h4 ♘e6 35.♔e3
♗d8 36.g4 ♔f8**

Lieber 36...♔h7 37.♖c2 ♗c7±. Aber auf keinen Fall 36...♗xh4? 37.♗xe6 fxe6 38.g5+– und der schwarze Läufer wird in den nächsten Zügen das Zeitliche segnen!

37.g5

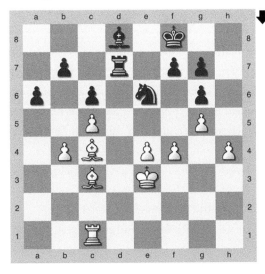

37...♗c7 38.♖f1 ♘xf4 39.♖xf4
♗xf4+ 40.♔xf4 ♖d1 41.♗e2! ♖c1
42.♗d2! ♖h1

Auf 42...♖c2 folgt natürlich 43.♔e3±.

43.♗g4

43.♔g3± bring Weiß vermutlich nicht weiter.

43...♖xh4 44.♔f3 f5 45.exf5 gxf5

Bessere Chancen bietet 45...♖h2 46.♗f4 ♖b2±.

46.♗xf5+– ♖d4 47.♔e2 ♖d8
48.g6 ♖a8

Warum?

49.♗c3 ♖d8 50.♔e3 ♖d5 51.♔f4
♖d1 52.♔e3 ♖d5 53.♗c8 ♖g5
54.♗xb7 ♖xg6 55.♗xa6 ♔e7
56.♗e5 ♖g4 57.b5 cxb5 58.c6 ♖c4
59.c7 ♔e6 60.♗h2 ♖c3+ 61.♔d2
1–0

Parimarjan Negi

Kein Geringerer als Exweltmeister Visnawathan Anand hatte Parimarjan Negi eine große Zukunft vorhergesagt, was ja schon mit einem Ritterschlag vergleichbar ist. Abgesehen von seinen schachlichen Fähigkeiten zeichnete sich Parimarjan, der junge Fuchs aus Delhi, darüber hinaus durch eine wohltuende Bodenständigkeit aus, die mit einer guten Prise trockenen Humor gewürzt war. Insofern war ich froh, ihn im Team zu haben, auch wenn er mich eines Abends auf 67 Lenze schätzte, was natürlich für Erheiterung im Team sorgte. Andererseits hätte es schon seine Vorteile gehabt, ins Rentenalter versetzt zu werden, zumal bei vollen Bezügen! Leider verliefen die entsprechenden Gespräche mit meinem damaligen Arbeitgeber im Sande.

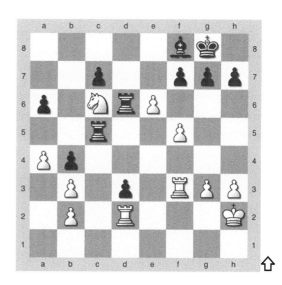

ZAHAR EFIMENKO – PARIMARJAN NEGI
Eppingen, 30.11.2008 (CD NR. 798)

Efimenko ist am Drücker und will abwickeln.

37.e7?!

Wer hätte das nicht gezogen? Objektiv kommt Weiß jedoch mit 37.exf7+! ♔xf7 38.♘xb4± weiter. Schwarz hätte dann noch viel Arbeit vor sich.

37...♗xe7!

Erstaunlicherweise ist die Stellung danach ausgeglichen!

**38.♘xe7+   ♔f8   39.♘c8!   ♖d8
40.♘a7 ♖c2! 41.♖ff2 ♖a8**

Das gewinnt den Springer zurück!

42.♖xc2 dxc2 43.♖xc2 ♖xa7 44.g4 c5

Aktiviert den schwarzen Turm

**45.♖xc5   ♖d7   46.♖c8+   ♔e7
47.♖c4   ♖d2+   48.♔g3   ♖d3+
49.♔h4 ♖xb3 50.♖c6 a5 51.♖a6
♖xb2 52.♖xa5 ♖a2 53.♖a6 b3
½–½**

Martin Senff war in der folgenden Partie in großartiger Spiellaune. Zunächst setzte er ein hübsches Springeropfer an und drang danach in die Eingeweide der schwarzen Stellung ein. Um schließlich die Existenz des gegnerischen Königs zu beenden, warf er sogar noch das zweite Pferd in die Schlacht. Eine großmeisterliche Leistung!

MARTIN SENFF – WOUTER SPOELMAN
Eppingen, 29.11.2008
C54: Italienische Partie (Hauptvariante)
(Ulrich Geilmann) *(CD Nr. 804)*

**1.e4 e5 2.♘f3 ♘c6 3.♗c4 ♗c5
4.c3 ♘f6 5.d3 d6 6.♗b3 a6 7.h3 h6
8.♘♘bd2 0–0 9.♕e2**

Alternativen sind 9.0–0 ♖e8 10.♖e1 ♗e6+=; und auch 9.♘f1 ♖e8 10.♘g3=.

**9...♘h5   10.g3   g6   11.♘c4   ♔g7
12.♘e3 ♘f6 13.g4 h5?!**

Ein eigenwilliges Rezept. Spoelman sollte solche Lockerungsübungen tunlichst vermeiden. 13... a5= und Black is ok.

14.♘f5+!

Das muss man erstmal sehen, zumal mit 14.♘d5+– eine nicht minder attraktive Alternative zur Verfügung stand.

14...gxf5+– 15.gxf5 ♖h8 16.♗g5

Da der schwarze Damenflügel noch im Tiefschlaf weilt, hat Weiß eine starke Kompensation für die geopferte Figur.

**16...♕e7   17.♕d2   ♔f8   18.0–0–0
♗a7?! 19.♗h4 ♘b8**

19...a5 20.♖hg1 a4 21.♗xa4 ♗xf2 22.♕xf2 ♖xa4 23.♕g2 ♔e8 24.♕g7+–.

20.♖hg1 ♘bd7 21.♘g5

21.♕g5 bringt Weiß nach 21...♕h7+= nicht viel weiter.

21...d5 22.exd5 ♕d6?!

Will Platz für seinen König schaffen. Vermutlich war allerdings 22...♘c5+– erforderlich.

23.♘e6+!

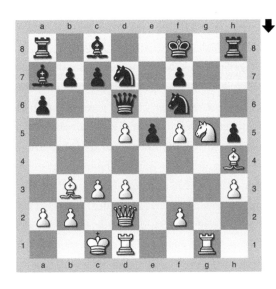

Hüsch anzusehen, wie er die Stellung durcheinander wirbelte.

23...♔e7

23...fxe6 24.dxe6+– ändert nichts mehr an dem Schlamassel.

24.♖g7 b5 25.♕g5 ♖f8 26.♘xf8
♔xf8 27.♕h6 ♗b7 28.♖dg1 ♗c5
29.♕h8+

Der Pulverdampf lichtet sich und Schwarz gibt auf. 29...♔e7 30.♖xf7+ ♔xf7 31.♖g7# 1–0

SEBASTIAN SIEBRECHT – YURI BOIDMAN
Remagen, 26.10.2008 (CD Nr. 809)

Während sich Visnawathan Anand und Wladimir Kramnik in Bonn um die WM-Krone stritten, fand im benachbarten Remagen das zweite Bundesligawochenende statt. Wir hatten uns das Haus Oberwinter zur Übernachtung ausgesucht. Ein solides Hotel mit einem guten Preis-Leistungsverhältnis und mit direktem Rheinblick. Allerdings hatte Sebastian Sieberecht anfangs so seine liebe Not mit der Unterkunft. Die Betten waren etwas zu kurz für ihn geratenen. Das Problem konnte jedoch schnell durch einen Zimmertausch gelöst werden. An was ein Teammanager nicht alles denken muss! Das alles hatte aber keine Auswirkung auf die Spielfreude des frisch gebackenen Großmeisters. Gegen Boidman hatte er bereits nach drei Stunden Spielzeit einen Bauern mehr, und seine Stellung sah ganz solide aus. Er führte die Partie sicher nach Hause!

24.♕d4!

Achtung! Taschenspielertrick! Das mag Boidman übersehen haben.

24...♖f8 25.♔f3 a6 26.♗e2 ♕b8
27.g3 h6 28.♔g2 ♖d8 29.♕c5
♖d2 30.♕c8+ ♕xc8 31.♖xc8+
♔h7 32.♗f3 b5 33.a4 ♘d5 4.axb5
axb5 35.♗xd5 ♖xd5 36.♖b8 f5
37.♔f3 ♔g6 38.g4 fxg4+

38...h5 muss Weiß nicht fürchten. 39.♖b6+ ♔g5 40.gxf5 ♖xf5+ 41.♔g3 h4+ 42.♔g2 ♔h5+–.

39.hxg4 h5 40.♔e4 ♖g5 41.♖b6+
♔f7 42.gxh5 ♖xh5 43.f4 g6 44.♔d4
♖f5 45.♖c6 1–0

Highländerschach – es kann nur einen geben!

Sie sind am Zug

Lösungen ab Sreite 254

Aufgabe 21   **Aufgabe 22**

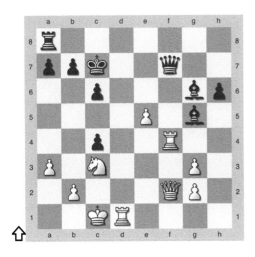   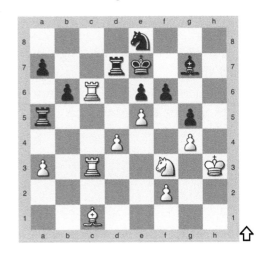

Vladimir Chuchelov – Pavel Eljanov

Eppingen, 30.11.2008 (CD Nr. 799)

Sipke Ernst – Robert Ris

Solingen, 05.10.2008 (CD Nr. 826)

In der nachfolgenden Aufgabe kombinierte Vladimir Chuchelov wie ein junger Gott, nachdem sich sein Gegner im Dickicht der Varianten verirrt hatte. Am Vorabend bot ich noch an, mein Haupthaar zu geben, falls wir gegen Bremen gewinnen sollten. Georgios bot im Gegenzug an, seine Platte beim nächsten Heimspiel mit einem Toupet zu schmücken. Alle Motivation half jedoch nichts. Trotz der guten Vorlage, die Vladimir lieferte, verloren wir knapp.

In der Diagrammstellung sieht es nicht so aus, als hätte Weiß großen Vorteil, schließlich ist die Tonne auf f4 gefesselt. Aber Vladimir fand einen Weg, fast alle seine Figuren an einer großen Party oder auch Partie teilnehmen zu lassen. Was hatte er gefunden?

Es war eine traurige Saison für Robert Ris. Nicht, dass ihm plötzlich das Rüstzeug abhanden gekommen wäre, er hatte einfach eine tiefgehende Formkrise. Da musste er durch.

Gegen seinen Landsmann Sipke Ernst hielt er in der Partie lange mit. Doch anstatt auf e5 zu nehmen, was einige Remisaussichten bot, entschloss er sich zu **35… ♔f7**.

Der einstige Fußballweltmeister und Siegtorschütze beim WM-Finale 1990, Andreas Brehme, hatte dazu den passenden Spruch kreiert: „Haste Scheiße am Fuß, haste Scheiße am Fuß.“

Manchmal läuft eben alles schief. Und Sipke Ernst verstand nach dem schwarzen Fehlzug auch keinen Spaß.

Aufgabe 23

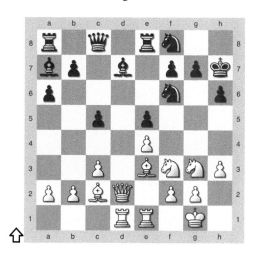

GEORGIOS SOULEIDIS – PETER ACS
Mülheim, 31.01.2009 (CD Nr. 763)

Aufgabe 24

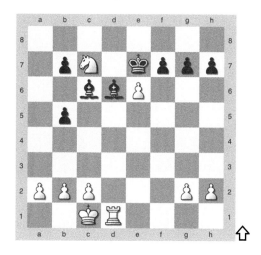

MATTHIAS THESING – DAVID GROSS
Tegernsee, 01.03.2009 (CD Nr. 737)

Der SV Mülheim-Nord war nicht nur ein Lokalrivale und Reisepartner, sondern stete auch ein mustergültiger Gastgeber. Große helle Räume, leckeres Essen, interessante Rahmenprogramme, tiefgründige Fachgespräche über die Gegenwart und Zukunft der Schachbundesliga. Herz, was willst du mehr?! Dass so eine Umgebung förderlich für die allgemeine Spiellaune war, versteht sich von selbst. Und so war es nicht verwunderlich, dass Georgios an diesem Wochenende unverkrampft auftrat und einen guten Jahresendvorsatz in die Tat umsetzte. Er wollte nämlich endlich mal wieder gegen einen Großmeister gewinnen. Und so überspielte er Peter Acs denn auch mustergültig. Ich war sehr stolz auf ihn.

In der Diagrammstellung hatte Georgios eine tolle Idee, die ihn klar in Vorteil brachte und ihm letztendlich auch den vollen Punkt bescherte.

Nach nicht ganz so befriedigenden Spielzeiten konnte sich Matthias Thesing in dieser Saison rehabilitieren. Mir gefiel vor allem, dass er seine Spielfreude und das notwendige Selbstbewusstsein wiedergefunden hatte. Seine stärkste Partie spielte er in Tegernsee.

Es ist immer ein angenehmes Gefühl, wenn ein Spieler zum Mannschaftsführer kommt und Bescheid gibt, dass er jetzt gewinnen wird.

Selbiges geschah, als David Gross **22…♗c5-d6** vom Stapel ließ. Mit einer kleinen Kombination machte Matthias jetzt sich selbst, seine Manschaftskameraden und nicht zuletzt den Mannschaftsführer glücklich.

Der neuen Spielzeit hatten unsere Spieler und Verantwortlichen mit vorsichtigem Optimismus entgegengesehen. Erfreulich war zudem, dass im Laufe der Saison mit Stefan Zell ein überaus verlässlicher Partner zum effizient arbeitenden Organisationsteam stieß, der fortan wertvolle Hand- und Spanndienste leistete. Wann

Helping Hands: Stefan Zell und Friedel Dicks.

immer es nötig war, arbeitete überdies auch Friedel Dicks mit.

Eigentlich war dem um zwei Großmeister verstärkten Kader durchaus ein einstelliger Tabellenplatz zuzutrauen. Unser saisonbezogenes Duselkonto war aber schnell überzogen.

Außerdem entstanden insbesondere gegen Ende der Saison erhebliche Aufstellungsprobleme. Ein Blutzoll an die attraktiven Einladungsturniere der Weltschachszene.

Schließlich bahnte sich eine nachhaltige Veränderung des Sponsoren- und Unterstützerpools und damit unserer der grundsätzlichen finanziellen Möglichkeiten an. Gleichwohl wollten wir an lieben Gewohnheiten festhalten. Dazu gehörte auch unser Teamdinner mit seinem familiären Charakter und seinen augenzwinkernden Nebengesprächen über gebrochene Finger, kahle Köpfe, wilde Haarfrisuren, den psychisch und physisch befreienden Austausch von körpereigenen Proteinen und den motivierenden Einsatz eines entsprechenden Belohnungssystems oder den überdurchschnittlichen Nahrungsmittelverbrauch einzelner Spieler.

Weiterhin war uns an guter Unterbringung und adäquaten Spielbedingungen nebst interessanten

Rahmenprogrammen gelegen. Das waren wir unseren treuen Schlachtenbummlern und Gästen, die uns in der Regel selbst bei Auswärtskämpfen nicht im Stich ließen, schuldig.

Denn maßgeblich für das sportliche Ergebnis war aber neben der leistungsorientierten Einstellung der Mannschaft auch die gelöste Stimmung im gesamten Team, was ich nur zu gerne in meinen Spielberichten kolportiere.

Die Wettkampfreportagen aus Essen, Emsdetten, Eppingen, Mülheim, Remagen oder Solingen gehörten insoweit immer mehr zum Standardprogramm unserer Homepage. Dabei machte es mir ein diebisches Vergnügen, die eine oder andere Anekdote und die sonstigen Begebenheiten zu erzählen. Hierzu gehörten natürlich auch die eher unwichtigen Details, wie die von mir zu erfüllenden Spezialaufträge zur Beschaffung von Hosen, bestimmter Küchenutensilien oder Videofilmen. Weiterhin illustrierte ich in epischer Breite meine Schlafstörungen in Hotels und deren unterschiedliche Ursachen. Weitere Berichtsinhalte waren darüber hinaus Reisebeschreibungen, die Bewertung der Teamhotels und Spielsäle. Breiten Raum nahm schließlich auch die Schilderung der mannschaftslogistischen Vorbereitungen mit überraschenden Telefonaten aus Shanghai oder Rumänien, die ich zu Unzeiten führen durfte, ein. Abgesehen von der allgemein bekannten Erkenntnis, dass Schachspieler ein verrücktes Völkchen sind, wollte ich damit aber insbesondere die prickelnde Faszination vermitteln, die ich empfand, wenn ich das Team auf seinem Weg durch gute und schlechte Stunden begleitete. Jedenfalls machte ich aus meinem Herzen keine Mördergrube und man konnte eigentlich immer genau ablesen, wie hoch gerade mein Freude- und Frustpotential gewesen sein musste. Ein gutes Beispiel hierfür war der Bericht von unserem Wochenende am Tegernsee, der nachfolgend abgedruckt ist. Es war eben nicht alles Gold, was glänzte.

— INTERMEZZO —

„AUS DEM TAGEBUCH DES TEAMCHEFS"

DONNERSTAG, 27.02.2009

22.38 Uhr. Langer Arbeitstag heute. Noch schnell den PC checken und dann ins Bett. Email von Nazar.

Will bestimmt mitteilen, wann er in Bad Wiessee ankommt. Langer Weg aus der Ukraine… Öffne die Email. Lese. Schock! Der sonst so verlässliche Nazar ist offenbar aus ernsten persönlichen Gründen verhindert und wird nicht kommen! Was tun?

Zunächst Ruhe bewahren! Cool überlegen. Email an das Team? Ja! Kurze Info. Wer kann spielen? Bitte sofort melden!

Sind tatsächlich noch wach! Nicht zu glauben. Erste Rückmeldungen. Absagen. Aber Verpflichtungen hier – Terminunvereinbarkeiten dort: Erwin in Sofia als Sekundant beim Kandidaten-wettkampf Kamsky / Topalov, Martin schreibt studiumswichtige Klausur, Sascha und Parimarjan sind sonst wo in der Welt, Sarah spielt in Capelle und Christian Scholz weilt auf einem Seminar.

Geht alles nicht schnell genug! Handy vorgekramt. SMS an einige Kandidaten. Auch hier kein Resultat.

Hatte Vladimir nicht gesagt, er könne vielleicht spielen? Anrufen? Um die Zeit?! Ja! Er wird's verstehen. Und tatsächlich. Er ist noch aktiv! Sieht aber auch keine Möglichkeit, hat Trainerjob…

Mit nur sieben Spielern an den Tegernsee? Das kann ja heiter werden! Wollten wir nicht den Klassenerhalt sichern? Zweifel.

Dann die Erkenntnis: Kann im Moment nichts mehr tun. Bett. Unruhiger Schlaf…

FREITAG, 28.02.2009

4.17 Uhr. Aufgewacht. Computer hochgefahren. Emails nachgesehen. Nichts. Handy? Ebenso Fehlanzeige! Scheibenkleister!

Aktion war natürlich völliger Blödsinn. Die schlafen um die Zeit alle!

Kaffee kochen. Frühstückstisch. Schweigen. Nachdenken. Was kann ich noch machen? Keine Lösung. Waschen. Anziehen. Kofferpacken. Email nachsehen. SMS da? Nein.

6.45 Uhr. Will zum Bahnhof. Kleine Aufregung –Wagenpapiere fehlen; finden sich später. Zeit wird knapp. Auf Wegstrecke Chronophragie durch Baustellen. Nervöse Spannung.

7.10 Uhr. Hat geklappt. Sitze im Zug nach Duisburg. Langer Weg noch. Anschlusszug passt auch. Auf nach München!

Durchsage. Zug endet heute in Frankfurt; da bitte umsteigen. ‚Sänk Ju for träwelling wisse Deutsche Bundesbahn'. Egal! Besser als mögliche Rutschpartie mit Auto. Im Süden hat's die letzten Tage geschneit. Wer weiß, wie's in Wiessee ist?!

Zeit nutzen. Telefonate. Präsident einbinden. Gespräch mit Viktor. Meldet sich verschlafen. Hat aber auch keine Option. Noch mal ein paar SMS ins Handy gehackt.

Bringt alles nichts! Muss mich mit der Situation abfinden. Kein Ersatz in Sicht. Aber alle anderen Spieler melden sich nach und nach. Wenigstens etwas.

Blonder Engel neben mir. Kein Blick dafür. Schön aber nutzlos.

Nach Umsteigeprozedur in Frankfurt – Ruhe. Weniger nervöse Blicke aufs Handy. Unser Präsident bewacht den Email-Account. Für alle Fäl-

le. Mal was essen. Lunchpaket wird verdrückt. Schnitzel mit Schwarzbrot. Kaffee holen im Bordbistro. Kaffeeschubse flirtet mit Kollegen. Vergisst mich dabei! Unerhört!

Genervter Blick. Sie realisiert's. Entschuldigt sich. Na gut. Bin nicht so. Wissendes Lächeln. Zwinkern. Trinkgeld.

13.06 Uhr. Ankunft in München. Nette alte Dame will auch nach Gmund. Scheint sich auszukennen.

Geplauder. Was, Sie spielen Schach? Schönes Spiel! Ein paar Anekdoten. Zeit vergeht schnell.

13.34 Uhr. Bayrische Oberlandbahn kommt an. Kein Bummelzug. Alles modern. Bin überrascht.

Immer diese absurden Vorurteile! Landschaft wird erkennbar bayrisch. Winterlich. Schön.

Urlaubsfeeling. Und das, obwohl ich gar keinen Schnee mag!

14.46 Uhr. Ankunft in Gmund. Taxifahrt. Pflichtschuldiges Gespräch mit der Fahrerin. Scheint sehr nett zu sein. Nach 10 Minuten am Hotel. Sehr urig. Gefällt mir. Einchecken. Zimmer völlig in Ordnung. Bettentest. Koffer auspacken. Handyblick. Nichts. Okay! Dann muss es wohl so sein!

Spieler trudeln auch ein. Wie üblich fehlt Igor noch. Kommt wohl erst nach Mitternacht aus Turin. Rezeption informiert. Die regeln das.

Kurze und lange Gespräche. Abstimmung der Aufstellung. Briefing mit Christian, Sebastian, Georgios, Matthias, Robby und Evgeny. Stimmung scheint ganz okay zu sein.

18.00 Uhr. Mannschaftsessen. Evgeny hat scheinbar noch Minnedienst, ist deshalb nur kurz dabei.

Der Diener der Mannschaft

Gelöste Gespräche über Turniere, Spieler, Frauen und Stellungen. Krampf im Kopf löst sich. Es wird gescherzt und gelacht. Essen ländlich nahrhaft.

20.00 Uhr. Kurzer Verdauungsspaziergang. Nacht. Dunkelheit. Malerisch beleuchtete Gebäude. Winterwunderland.

20.30 Uhr. Zwei Baldriankapseln als Einschlafhilfe (für alle Fälle). Langsame Müdigkeit.

21.55 Uhr. Computer aus. Bett. Fernseher und Licht aus. Ruhe finden...

SAMSTAG, 28.02.2009

1.55 Uhr. Schrecke hoch. Handy klingelt. Rezeption nicht besetzt. Igor will rein; er stehe vor verschlossener Tür. Licht an. Kurz in den Mantel steigen. Treppe runter. Unverschlossene(!) Eingangstür auf. Kein Igor! Kurze Suche. GM vor dem falschen Eingang! Gepäck greifen. Schlüssel liegt am vereinbarten Platz. Igor ins Bett gebracht. Schön, dass er da ist.

Zurück ins eigene Zimmer. Bett. Licht. Einschlafen diesmal schwierig. TV muss helfen. Zappe. Musik, Werbung, belanglose Sender. Unbekleidete junge Damen zeigen sich. Bleibe an Pseudokriegsfilm hängen; Ausbruch aus einem Gefangenenlager. Irgendwann reicht's. Fernseher aus. Schlaf finden. Klappt...

3.25 Uhr. Handy klingelt. SMS vom Präsidenten. Der kann wohl auch nicht schlafen. Stelios hat immer noch nicht geantwortet. Letzter Traum zerplatzt. Dann also doch mit Sieben! Shit happens. Langsames Eindösen...

6.00 Uhr. Aufgewacht. Beste erste Nacht im Hotel seit langem! TV an. Raumschiff Enterprise. Alte Folge. Irgendwas mit Klingonen. Duschen. Zähneputzen, Rasur. Anziehen.

7.30 Uhr. Deftiges Frühstück (Wurstbrötchen, zwei Eier, Obst). Nettes Gespräch mit GM Gerald Hertneck. Danach mit ihm an die Tegernseepromenade. Tolles Ambiente. Totale Idylle. Stille.

Urlaubsparadies. Soviel steht fest. Hier komm ich noch mal hin! Kann Willi Knebel verstehen. Der war auch verliebt in den Ort.

10.15 Uhr. Zurück im Hotel. Team beim Frühstück. Heitere Laune. Mannschaftsgeist stimmt. Nach ein paar Minuten auf's Zimmer. Noch einige Telefonate. Die Ruhe vor dem Sturm.

11.00 Uhr. Besichtigung des Turniersaals. Lichtdurchflutet. Großzügig. Freundliche Atmosphäre.

Ausreichende Verpflegung. Technikausstattung mit österreicherischer Präzision. Schöner Arbeitstisch. Bester Bundesligastandard. Ich fühl mich auf Anhieb wohl.

12.00 Uhr. Kurze Gespräche mit dem agilen GM Klaus Bischoff und dem Tegernseer Mannschaftsführerkollegen Horst Leckner. Gleiche Wellenlänge. Man spürt Herzblut und Engagement. Schade, dass Tegernsee aufhört. Ein herber Verlust für die Liga. Nicht nur sportlich.

13.30 Uhr. Stunde der Wahrheit. Aufstellung nicht schlecht für uns; überall Eloübermacht. Aber andererseits ein kampfloser Brettpunkt für Bayern München, falls kein Wunder geschieht und Nazar plötzlich auftaucht.

14.00 Uhr. Partiebeginn. Die Droge Schach zeigt Wirkung. Bin nervös. Hoffe, dass es trotzdem reicht.

Leider nur wenig Publikum. Schade. Aber Herr Hund ist da! Vater der bekannten Schachdamen Barbara und Isabell. Netter Mensch. Will Eindrücke für seine Internetseite sammeln.

14.25 Uhr. Gegnerischer IM moniert beim sympathischen Schiedsrichterduo Ralph Alt / Hans Brugger, dass Igor sich wiederholt erdreistet, einen Zug erst aufzuschreiben, um ihn dann zeitnah auszuführen. Mir allerdings völlig schleierhaft, welchen Nachteil der IM dadurch erleidet. Aber sei's drum. ,Ist gägen Rägel' und Regeln sind einzuhalten. Spreche Igor an; der macht's fortan nicht mehr.

Superulli! Wieder einmal die Welt vor dem Chaos bewahrt! Ansonsten viele sorgenvolle Nachfragen wegen Nazar.

15.00 Uhr. Wunder bleibt aus. Bayern München führt offiziell mit 1:0. Wird Geld kosten. Darüber hinaus keine besonderen Vorkommnisse. Eröffnungsphase fast überall überwunden.

16.25 Uhr. Igor fährt Material nach Hause. Zeitverbrauch von Marcelin hoch – Evgeny scheint zufrieden. Sebastian hat Wanderkönig, steht aber nicht schlecht. Christian dito. Georgios gegen Dr. Unzicker auch.

16.30 Uhr Dr. Unzicker kann seine Herkunft nicht verleugnen; hat große Ähnlichkeit mit dem berühmten Vater.

17.00 Uhr. Es bewegt sich kaum etwas. Christian erspielt zwischenzeitlich leichten Materialvorteil; Stellung aber keineswegs leicht. Kampf trotz Rückstand insgesamt zufriedenstellend. Warum versenkt sich Robby so in die Stellung?

17.30 Uhr. Materialübergewicht bei Christan verflüchtigt sich offenbar wieder. Nun vielleicht einen Bauern zu wenig. Hoher Zeitüberschuss bei Sebastian. Stellung von Matthias unklar. Noch ein langer Weg.

17.40 Uhr. Sebastian gleicht aus! (1,0:1,0). Kampf wieder offen, aber alle verbliebenen Schwarzpartien (Matthias, Christian und Robby) bereiten inzwischen etwas Sorge. Schlechtes Gefühl.

17.54 Uhr. Matthias gibt nach Vorwarnung auf. Irgendwann nur die Verlustzüge gefunden (1,0:2,0).

Igor steht aber auf Gewinn. In etwa ausgeglichene Stellungen für Evgeny und Christian. Robert klar auf Verlust. Sieht so aus, als ob Georgios die Schlüsselpartie hat. Dort zurzeit aber kein Gewinn in Sicht. Also insgesamt Vorteil für die Bayern aus München. Frustrierend.

18.04 Uhr. Igor macht den Punkt (2,0:2,0). Well done! Während dessen scheinen die Tegernseer unseren Reisepartner zu verfrühstücken. Mag erst gar nicht an Morgen denken!

18.27 Uhr. Robby streicht die Segel. (2,0:3,0). Evgeny, Christian und Georgios haben nur gleiche Chancen. Reicht derzeit nicht mal zum 4:4. Aber sie fighten!

19.00 Uhr. Vielleicht doch minimale Siegchancen bei Endspielkünstler Evgeny? Georgios steht auch leicht besser. Hoffnung.

Wo sind meine Spieler?

19.06 Uhr. Der freundliche GM Uwe Bönsch macht im Parallelspiel für Tegernsee den Sack zu 5,0:3,0!

Wow! Was für eine Saison für unsere Tegernseer Freunde! Der Rückzug tut weh.

19.30 Uhr. Bei Christian brennt nichts mehr an. Georgios kämpft gut. Freibauer auf der a-Linie scheint stark. Evgeny geht konzentriert zu Werke. Die zweite Luft?

19.35 Uhr. Kampf bis zum blanken König an Brett 4. Christian remisiert. (2,5:3,5). Bin unsicher. War da vielleicht sogar mehr drin?

19.43 Uhr. Evgeny gewinnt! (3,5:3,5). Genial! Und Georgios steht chancenreich.

20.00 Uhr. Schiedsrichter weisen Dr. Unzicker auf Schreibpflicht hin. Georgios (am Zug) soll Zeitgutschrift erhalten. Hans Brugger bekommt die Uhr aber nicht in den Griff; das dauert bis 20.03 Uhr. Regelkonform aber vielleicht doch unnötige Aktion. Georgios reagiert nervös.

20.12 Uhr. Georgios spricht mich an, ob Remis reicht. Ich nicke. Dann übersieht er im Gedränge doch noch versteckten Gewinn, lässt Zugwiederholung zu. Remis. 4,0:4,0.

Sieg verpasst. Aber angesichts des Kampfverlaufes vielleicht doch ein gerechtes Ergebnis! Restprogramm sollte Klassenerhalt endgültig absichern!

20.30 Uhr. Abendessen. Mannschaft trotz Kampfleistung nicht ganz zufrieden. Georgios, Robby und Matthias etwas enttäuscht. Wirt gibt Sympathierunde. Igor fehlt; ist beschäftigt.

21.30 Uhr. Igor kommt.

22.30 Uhr. Nette Unterhaltung mit Klaus Bischoff nebst Frau und Ralph Alt. Kriege das „Du" angeboten, das ich gerne annehme. Arbeitsauftrag von Igor, Klaus zu alkoholisieren scheitert jedoch kläglich am eigenen Unvermögen.

23.00 Uhr. Bett. Bewusstseinstrübung. Zu viele Schnäpse...

SONNTAG, 01.03.2009

6.30 Uhr. Wecker. Übliche Morgenzeremonie.

7.15 Uhr. Frühstück. Etwas verkatert. 9.00 Uhr. Turniersaal. Vorbereitung. Christian erzählt, dass er Gewinn ausgelassen habe. Nicht drüber nachdenken!

9.30 Uhr. Mannschaftsmeldung. Keine Überraschungen.

10.00 Uhr. Let's get started! Kann man unseren starken Schachfreunden aus dem schönen Tegernsee trotz widriger Umstände noch ein Bein stellen? Wird mehr als schwer! Aber Mannschaft ist locker drauf. Kein Druck mehr da. Warum also nicht!?

11.00 Uhr. 0:1 für Tegernsee. Katernberg steht ansonsten ganz ordentlich!

11.20 Uhr. Jeweils schnelles Remis bei Christian, Robert, Sebastian und Evgeny. (2,0:3,0). Übliche Tegernseetaktik! Muss man abwägen. Vertrau aber auf meine Jungs, zumal Georgios ganz ambitioniert steht.

12.00 Uhr. Die Katernberger werkeln an ihren Stellungen. Objektiv gesehen ist Remisbreite allerdings nirgendwo deutlich überschritten. Hab trotzdem kein schlechtes Gefühl.

12.35 Uhr. Georgios und Igor unter Druck. Matthias lehnt Remis ab, pflanzt kurz danach starkes Läufer- und Springeropfer auf's Brett.

13.05 Uhr. Igors Probleme bleiben; hat inzwischen etliche Bauern weniger. Georgios hält sich aber sehr gut. Matthias hat Qualle mehr.

13.10 Uhr. Schwerer Fehler bei Georgios! Blackout! Hertneck setzt matt (2,0:4,0).

13.17 Uhr. Igor gibt auf. Mannschaftskampf damit endgültig entschieden. (2,0:5,0). Bei Gratulation bestätigt Teamchef Horst Leckner: „War eine heiße Kiste. Tegernsee hat heute glücklich gewonnen!" Recht hat er!

13.35 Uhr. Matthias sorgt mit Sieg für positive Korrektur des Ergebnisses. (3,0:5,0).

Ab nach Hause! Nazar hat in mehrfacher Hinsicht gefehlt. Dennoch: Glückwünsch an den Tegernsee!

REORGANISATION 2009-2010

Die Saison 2009/2010 verlief spannend. Neu aufgestiegen waren der SK König Tegel (Gruppe Nord), der Erfurter SK (Gruppe Ost) und der SK Heidelberg-Handschuhsheim (Gruppe Süd). Die SG Porz, Meister der Gruppe West, verzichtete wieder auf den Aufstieg, ebenso der Zweitplatzierte, die SG Bochum 31. Alle drei Aufsteiger stiegen wieder ab, zudem belegte der FC Bayern München als Viertletzter einen Abstiegsplatz. Da allerdings die drei Ersten der 2. Bundesliga West auf den Aufstieg verzichteten, blieben die Münchener in der Liga. Höhepunkt der Saison war das Aufeinandertreffen von Baden-Baden (Elo-Schnitt 2717) und Werder Bremen (Elo-Schnitt 2679), das mit einem 5:3 für Bremen endete. Da das Team aus Bremen jedoch im Verlauf der Saison drei Unentschieden zuließ, unter anderem gegen den Tabellenvorletzten Erfurt, konnte der Titelverteidiger OSG Baden-Baden zum fünften Mal die Meisterschaftsschale mit nach Hause nehmen.

Katernberg fand sich nach einer eher glücklichen Punkteausbeute in einigen Kämpfen erneut auf dem 11. Platz wieder. Wir gingen allerdings mit einem stark veränderten Kader ins Rennen.

Die GM Erwin L'Ami, Evgeny Postny, Alexander Motylev und Parimarjan Negi, der in den USA studieren wollte, waren nicht mehr im Aufgebot. Zudem wechselte IM Georgios Souleidis zum Lokalrivalen Wattenscheid. Der Abschied von absoluten Leistungsträgern, die zum Teil über viele Jahre für uns gespielt hatten, fiel nicht leicht. Andererseits mussten wir den veränderten finanziellen Gegebenheiten, die durch den Rückzug einiger Sponsoren entstanden, Rechnung tragen. Man konnte froh sein, dass es auch im Kulturhauptstadtjahr 2010 in Essen Bundesligaschach gab.

Erfreulich war allerdings die Rückkehr von GM Andrei Volokitin, der zwei Jahre lang für Tegernsee gespielt hatte.

Mit ihm fand auch der deutsche GM Klaus Bischoff den Weg zu uns. Ihn vorzustellen hieße nun wirklich Eulen nach Athen zu tragen. Der langjährige Nationalspieler hat sich vor allem Dank seines pragmatischen Stils als ein unbequemer und stets

Platz	Verein	G	U	V	BrettPunkte	Mannschaftspunkte
1.	OSC Baden-Baden	14	0	1	87,5:32,5	28:2
2.	SV Werder Bremen	12	3	0	78,5:41,5	27:3
3.	SG Solingen	13	0	2	75,0:45,0	26:4
4.	Mülheim-Nord	8	5	2	71,0:49,0	21:9
5.	Hamburger SK	8	1	6	64,0:46,0	17:13
6.	SC Eppingen	8	0	7	64,5:45,5	16:14
7.	Turm Emsdetten	8	0	7	63,0:57,0	16:14
8.	SV Wattenscheid	7	2	6	60,5:59,5	16:14
9.	SC Remagen	7	1	7	61,5:58,5	15:15
10.	SG Turm Trier	7	0	8	58,5:61,5	14:16
11.	*SF Katernberg*	*6*	*1*	*8*	*50,5:69,5*	*13:17*
12.	SF Berlin	2	5	8	54,5:65,5	9:21
13.	FC Bayern München	2	4	9	49,5:70,5	8:22
14.	SK Heidelberg	0	7	8	43,0:77,0	7:23
15.	Erfurter SK	0	4	11	38,0:82,0	4:26
16.	SK König Tegel	0	3	12	40,0:80,0	3:27

schwer zu besiegender Gegner bewiesen.

Aus Bochum kam der junge IM Ilja Zaragatski mit einer ersten GM-Norm zu uns. Ein weiterer Spieler aus der Talentschmiede der SG Bochum 31 war zudem der erst 15 Jahre alte Jens Kotainy, der seit zwei Jahren von Bernd Rosen betreut wurde. Der deutsche Jugendmeister U14 des Jahres 2008 und U16- Vizemeister 2009 überzeugte darüber hinaus mit einem 8. Platz bei der deutschen Schnellschachmeisterschaft.

Nach zweijähriger Abstinenz kehrte auch FM Bernd Rosen in den Bundesliga-Kader zurück. Der inzwischen 51jährige Vorsitzende der SF Katernberg spielte im letzten Jahr eine gute Saison in der Oberliga NRW

Name	Elo	G	R	V	Ergebnis
GM Andrei Volokitin	2681	2	3	1	3,5/6
GM Vladimir Chuchelov	2698	0	7	4	3,5/11
IM Nazar Firman	2571	2	1	6	2,5/9
IM Christian Seel	2493	1	5	5	3,5/11
GM Klaus Bischoff	2561	2	8	5	6,0/15
GM Stelios Halkias	2570	-	-	-	-
GM Igor Glek	2537	5	4	2	7,0/11
IM Ilja Zaragatski	2475	1	9	2	5,5/12
IM Martin Senff	2469	-	-	-	-
IM Robert Ris	2420	0	3	2	1,5/5
IM Matthias Thesing	2419	1	3	3	2,5/7
GM Sebastian Siebrecht	2456	4	3	5	5,5/12
IM Dr. Christian Scholz	2373	4	3	4	5,5/11
WIM Sarah Hoolt	2225	0	2	2	1,0/4
FM Bernd Rosen	2355	1	1	0	1,5/2
Ulrich Geilmann	-	-	-	-	-/-
Jens Kotainy	2243	1	1	2	1,5/4

und ist ein weiterer Beweis dafür, dass die Katernberger gerade im Seniorenalter richtig gut werden können.

Schließlich rückte auch Mannschaftsführer Ulrich Geilmann in den Kader auf, der für den Notfall bereit stehen sollte, um kurzfristige Ausfälle aufzufangen. Er kam allerdings nicht zum Einsatz, auch wenn man ihm eine große Remisbreite nachsagte.

Der Kader wurde darüber hinaus durch GM Vladimir Chuchelov, IM Nazar Firman, IM Christian Seel, GM Stelios Halkias, GM Igor Glek, IM Martin Senff, IM Robert Ris, IM Matthias IM Thesing, GM Sebastian Siebrecht, IM Dr. Christian Scholz und WIM Sarah Hoolt komplettiert.

Im Laufe der Saison gab es erhebliche Aufstellungsprobleme. So konnten sowohl GM Stelios Halkias als auch IM Martin Senff nicht eingesetzt werden. Stelios war aufgrund der Übernahme in den Staatsdienst unabkömmlich und Martin fehlte aufgrund seines Studiums die Zeit, sich intensiver um Schach zu kümmern.

Bezüglich der Einzelergebnisse konnten nur GM Andrei Volokitin und GM Igor Glek überzeugen; dabei schien Igor endlich seine Formkrise der letzten Jahre überwunden zu haben. Einen positiven Score konnte zudem FM Bernd Rosen erzielen, der allerdings nur zwei Mal als Ersatz aufgestellt wurde.

IM Christian Scholz erspielte sich ein ausgeglichenes Ergebnis. Nahezu durchschnittliche Leistungen erreichten auch GM Klaus Bischoff, der absprachegemäß in allen Kämpfen eingesetzt wurde, IM Ilja Zaragatski und GM Sebastian Siebrecht.

Für alle übrigen Spieler verlief die Saison eher enttäuschend. Positiv erwähnt werden muss allerdings der Ehrgeiz, den die jugendlichen Meisterkandidaten WIM Sarah Hoolt und Jens Kotainy entwickelten.

Der verlorene Sohn kehrte heim und spielte stark wie immer. Nach seinem Gastspiel in Bad Wiessee machte es sich Andrei Volokitin wieder am 1. Brett gemütlich. Die nachfolgende Begegnung gegen den Trierer GM Lupulescu in Eppingen ist jedoch auch wegen seiner Randgeschichten interessant.

So war meine Nacht an diesem Samstag um 4.30 Uhr erstmal vorbei. Andrei sollte planmäßig um 5.09 Uhr aus der Ukraine auf dem Bahnhof einrollen. Die Pünktlichkeit der Deutschen Bahn AG gewährleistete dann aber erst um 6.09 Uhr seine Ankunft. Mir war's am Schluss wurst. Die Mannschaft war jetzt komplett. Eine Sorge weniger!

Ich hatte mir am Vortage bereits seinen Zimmerschlüssel unter den Nagel gerissen, und so war es kein Problem, auch ihn in die Heia zu bringen. Übrigens wiesen die wirklich geräumig und urig eingerichteten Zimmer unseres Hotels keine Nummerierung auf, sondern waren mit Blumensymbolen gekennzeichnet. Allerliebst! Ich hatte übrigens das Stiefmütterchen-Emblem. Keine Ahnung, was mir das eigentlich sagen sollte!

Das Team hatte sich um 9.00 Uhr zum launigen Frühstück verabredet. Alles war locker gestrickt.

Nebenbei berichtete unser Ilja staubtrocken über ein unfreiwilliges Telefonat, das er wohl um 5.00 Uhr in der Früh mit einer seiner weiblichen Fans, die er zudem offenbar kaum kannte, führen musste.

Ein Ladykiller, der Gute! Auch ein Bericht der Familie Lauterbach/Bischoff über den Besuch einer offenbar etwas obskuren Eppinger Kneipe löste nicht unbeträchtliche Heiterkeit aus. Leider verschlief Andrei alles, was aber in Anbetracht der kleinen Odyssee, die er hinter sich hatte, mehr als verständlich war.

Ich hatte bereits am Vortage eine gemeinsame Vorbereitung angeregt, damit unsere Küken Sarah und Jens ein wenig Unterstützung bekamen. Auch das lief ganz gut. Der Teamgeist stimmte also wieder.

Währenddessen sah ich mir nochmals die pittoreske Fachwerkwelt Eppingens an. Ein kleiner Spaziergang durch die Altstadt lohnt sich wirklich.

Um 13.00 Uhr ging's dann ins Spiellokal zu einem kleinen Regelplausch mit dem Schiedsrichter.

Wichtigste Änderungen waren in diesem Jahr das Remisvereinbarungsverbot vor dem 20. Zug, die erneute Angleichung der Bedenkzeit an die FIDE-Regelung und die jetzt auf 15 Minuten verkürzte Karenz zum Spielantritt.

Die Mannschaftsmeldung um 13.30 Uhr bestätigte dann mehr oder weniger die Daten, die unser Vereinspräsident Bernd Rosen am Vortage per SMS prognostiziert hatte. Allein auf die Elo-Zahlen verlassend, ergab sich eigentlich ein klarer Vorteil für Trier. Doch würde das auch am Brett durchschlagen?

Um 14.00 Uhr saß Andrei dann pünktlich am Brett...

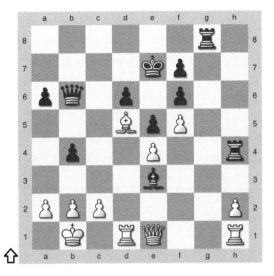

ANDREI VOLOKITIN – CONSTANTIN LUPULESCU

Eppingen, 17.10.2009 (CD Nr. 720)

Lupulescu scheint auch keine gute Nacht hinter sich gebracht zu haben, denn er hatte zuletzt **25… ♖xh4??** gezogen. Danach sollte eigentlich Schluss sein.

25.♖d3??

Und hier blieb mir dann mein Herz stehen. 25.♖xh4+– Der Turm ist einfach weg! Nach der Partie lächelte mich Andrei an und gab zu, dass er wohl noch geschlafen habe...

25...♗f2 26.♕e2 ♖gg4

26...a5± war wahrscheinlich weiterhin besser.

27.a3 a5 28.♖b3 ♗c5
29.axb4 axb4 30.c3 ♖g7

Stattdessen wäre 30...♖g3 interessant gewesen. Nach 31.♖d1 ♖e3 32.♕c4 ♖h7 33.h4 kann Weiß seinen Vorteil gleichwohl aber festhalten.

31.cxb4 ♗d4

Auf 31...♗xb4 folgt 32.♕c4 ♖g1+ 33.♖xg1 ♕xg1+ 34.♕c1 ♗c5 35.h3 ♕xc1+ 36.♔xc1 ♖h7+–.

32.♖c1 ♖gh7? 33.♖c2 ♖xh2?

Kann man es Lupulescu verdenken? Er wird gesehen haben, dass 33...♖g7 nicht reicht. 34.♕c4 ♖h8 35.♗xf7 ♖g1+ 36.♔a2 ♖a8+ 37.♖a3 ♖xa3+ 38.♔xa3 d5 39.♗xd5 ♕a7+ 40.♔b3 ♖a1 41.♕c7+ ♕xc7 42.♖xc7+ ♔d8 43.♖c6+–.

34.♕xh2 ♖xh2 35.♖xh2 ♕b5
36.♖h7 ♕f1+ 37.♔a2 ♗xb2
38.♖xf7+ ♔e8 39.♔xb2 %e2+
40.♔c3! ♕e3+ 41.♔c4! ♕e2+
42.♖d3 ♕c2+ 43.♖c3 ♕e2+
44.♔b3 ♕d1+ 45.♔b2 ♕d2+
46.♖c2 ♕xb4+ 47.♖b3! d5 48.♖h7
♔d8 49.♖g2 1–0

Auf dem Weg nach h4...

In seiner Partie gegen GM Alexei Shirov verließ sich Vladimir Chuchelov auf eine Variante, die unser Sebastian auch schon einmal gegen den russischen Supergroßmeister ausprobiert hatte.

Die Begegnung fand in Baden-Baden statt. Wir hatten diesmal wieder eine gemeinsame Zugfahrt für das Team organisiert, was mich als altes Eisenbahnerkind immer besonders freut, und die Anreise verlief in Begleitung unseres treuen Schlachtenbummlers Stefan Zell auch wie am Schnürchen. Wir kamen schließlich wie geplant um 22.30 Uhr entspannt an. Nach kurzer Taxifahrt konnten wir sogar noch eine Kleinigkeit im hoteleigenen Restaurant futtern. Herz, was willst Du mehr! Klar, dass wir das Lokal sofort zu unserem örtlichen Stammitaliener ernannten!

Auf den ersten Blick schien unsere Unterbringung im Hotel auch in Ordnung zu sein. Jedenfalls war mein Zimmerchen durchaus zweckmäßig eingerichtet. Ich fühlte mich also erstmal nicht unwohl. Das änderte sich allerdings kurz nach 1.00 Uhr. Da wurde ich ersten Basedrumrhythmen gewahr, die offenbar einer benachbarten Diskothek entfleuchten und dumpf über das gemeinsame Mauerwerk übertragen wurden. Ich war von der Penetranz dieses Vorgangs, der bis ungefähr 4.30 Uhr anhielt, wirklich hellauf begeistert! Leider war die Rezeption des Hotels nicht besetzt, so dass meine Beschwerde und ein entsprechender Raumtausch bis zum nächsten Morgen warten mussten. Da unter diesen Randbedingungen an Schlaf aber nicht zu denken war, musste der Fernseher zur Ablenkung herhalten. Ich altes Landei konnte offensichtlich keinen Stadtlärm mehr vertragen!

Aber so wie mir erging es dem Vernehmen nach auch Vladimir und Sarah. Beide wechselten später ebenfalls das Zimmer. Um 6.30 Uhr war dann wieder Tag. Schließlich wollte ich mir nach einem ausgiebigen Frühstück noch die Gegend ansehen und v. a. schon mal das Spiellokal suchen. Mein Team schlief zu dieser Zeit noch zuckersüß in ihren Bettchen! Nach dem Zimmertausch bin ich dann in Richtung Innenstadt marschiert.

Der Turniersaal fand sich schnell, so dass noch genügend Zeit verblieb, die Sehenswürdigkeiten der Stadt abzuklappern. Auf dem Weg dort hin bin ich allerdings an einem recht gut besuchten Flohmarkt hängen geblieben. Da hatte es mir besonders ein kleines Edelholz-Schachkästchen mit Messing- und Zinnfiguren angetan, das ich dem Händler schließlich für kleines Geld abschwatzte.

Übrigens wohnten wir am Sonntag dann auch noch der kleinen Meisterfeier der OSG bei. Das dabei angereichte Fingerfood erinnerte mich jedoch noch Tage später an den kleinen Ausflug...

ALEXEI SHIROV – VLADIMIR CHUCHELOV
Baden-Baden, 11.04.2010
B42: Sizilianisch (Paulsen-Variante)
(Ulrich Geilmann) *(CD Nr. 608)*

1.e4 c5 2.♘f3 e6 3.d4 cxd4 4.♘xd4 a6 5.♗d3 g6 6.0–0 ♗g7 7.♗e3 ♘f6 8.c4 d6 9.♘c3 0–0 10.♕d2 ♘c6

Oder 10...♘bd7 11.♖ac1 (11.♖fd1±) 11...♖e8 12.♘b3 d5 13.cxd5 exd5 14.♘xd5 ♘xd5 15.exd5 ♘f6 16.♖fd1 ♗g4 17.f3 ♘xd5 18.♗c4 ♖xe3 19.♕f2 ♖e5 20.fxg4 b5 21.♗xd5 ♖xd5 22.♕f3 ♕b6+ 23.♔h1 ♖xd1+ 24.♖xd1 ♖d8 25.♖f1 ♕f6 Pena Gomez, M – Galego, L Can Picafort 2008 ½–½ (40). Interessant ist 10...♘g4 11.♗g5 ♕c7+=.

11.♖ad1 ♘e5 12.♘f3 ♘xf3+ 13.gxf3 ♕c7 14.♗e2 ♘e8 15.♘a4 ♗d7 16.♘b6 ♖d8 17.b4 f5 18.c5 ♗c6 19.♗c4 fxe4

19...♛f7!= hält die Stellung wahrscheinlich in der Waage.

20. ♗xe6+   ♚h8
21. fxe4

Besser 21. ♘d5!±   ♗xd5 22. ♛xd5.

21... ♗xe4   22. ♗g5   ♘f6   23. ♛f4
23... ♗c6   24. ♖xd6   ♖de8!   25. ♖e1

Danach hat Weiß durchaus Probleme. Besser war 25. ♛h4=

25... ♘e4!   26. ♖xc6   26... ♖xf4   27. ♖xc7   ♘xg5   28. ♘d5   ♖d4!

Bei Alexei Shirov ist meist „Fire on Board".

Und nicht 28... ♖xe6 29. ♖xe6 ♘xe6 30. ♖xb7=

29. ♖xb7 ♘f3+

Mit 29... ♘xe6 30. ♘e7= wirft Schwarz den Vorteil hingegen weg.

30. ♚f1 ♘xe1 31. ♗f7

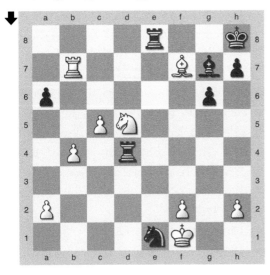

31... ♖e5?

Verflixte Zeitnot. Nach 31... ♖ee4!± hätte Vladimir wie ein Bär gestanden! 32. ♖b8+ ♗f8! 33. ♖xf8+ ♚g7 34. ♖d8 ♘f3 35. ♖d7 ♖d1+ 36. ♚g2 ♘h4+ 37. Hg3 ♖d3+ 38. ♘e3 ♖xd7−+.

32. c6!=   ♗f8   33. c7!   ♖c4   34. ♘b6   ♖xc7   35. ♖xc7   ♗xb4   36. a3   ♗a5   37. ♖c8+   ♚g7   38. ♘c4   ♖h5   39. ♘xa5   ♚xf7   40. ♖c7+   ♚f8   41. ♚xe1 ½–½

Die 8. und 9. Bundesligarunde fanden diesmal im Mülheimer Haus des Sports vor üppigerZuschauerkulisse und Live-Kommentierung statt. Dabei ging Emsdetten mit illusterer Besetzung ins Rennen. Natürlich war ich besonders neugierig auf den frisch gebacken B-Gruppen-Sieger von Wijk aan See, Anish Giri, der am 2. Brett mit den schwarzen Steinen auf Nazar Firman stieß. Aber

Emsdetten hatte mit Dennis Breder, Lopez Juan Manuel Bellon und Pia Cramling weitere klingende Namen im Repertoire. Die Familie Bellon/Cramling reiste übrigens in Begleitung ihrer kleinen Tochter an. Die spielte, malte und pusselte die ganze Zeit, was das Zeug hielt. Schach schien sie hingegen nicht zu interessieren. Das änderte sich bekanntlich ein paar Jahre später.

Nazar und Anish versuchten es mit Russisch, wobei sich eine weitestgehend ausgeglichene Struktur ergab. Ich war ganz zufrieden. Bis 16.00 Uhr änderte sich das auch nicht. Ich hatte mir zwischenzeitlich eine Gulasch-Suppe und nette Gespräche mit den Emsdetter Kollegen gegönnt und war dann ein wenig darüber verwundert, dass Nazar bei eigentlich optisch vorteilhafter Stellung soviel Zeit in die Partie gesteckt hatte.

Suchte er etwa den Killerzug oder trog meine (zugegebenermaßen etwas naseweise) Stellungseinschätzung?

Jedenfalls spuckte er danach erstmal freiwillig einen Bauern für… Ja, für was eigentlich?! Initiative? Keine Ahnung! Man müsste halt doch Schach spielen können! Ich sollte es echt mal lernen! Wie auch immer. Im folgenden Endspiel lief Nazar jedenfalls erst einmal dem Bauern hinterher. Nach einigem Hin und Her konnte der Ukrainer den fehlenden Bauern schließlich aber wieder einsacken. Damit war die Stellung klar im Remislot. Die Herren ließen sich danach nicht mehr lange bitten.

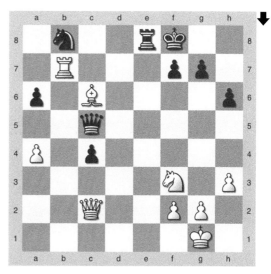

NAZAR FIRMAN – ANISH GIRI
Mülheim, 06.02.2010 (CD NR. 663)

Firman hat gerade auf c6 geschlagen und jetzt muss Giri sich entscheiden, wie er den Läufer nehmen soll.

45 … ♕xc6

Stärker wäre 45…♘xc6 46. ♖c7 ♕d6∓ gewesen. Nach etwa 47. ♖b7 ♕d5 sollte der c-Bauer eigentlich der Sieggarant sein.

Anish Giri

46. ♖b4! c3 47. ♖b3 ♕xa4 48.♕xc3 ♘d7 49. ♖b1 ♔g8 50.♘d4 a5

50...♖e4=+ war vielleicht einen Versuch wert. Jetzt ist die Stellung ausgeglichen.

51.♖a1=   ♕b4   52.♕xb4   axb4
53.♖b1!   ♘c5   54.♖xb4   ♖e1+
55.♔h2   ♘d3   56.♖b8+   ♔h7
57.♔g3 ♖e4 58.♖d8 ♘c5 ½–½

Christian Seel wählte die seltene Philidor-Verteidigung und hatte zunächst kleinere Probleme bei der Figurenentwicklung. Doch diese Nachteile glich er schnell aus. Danach griff er beherzt in die Saiten und stand am Ende mit einem Bauern mehr da. Er brachte die Partie insoweit verdient nach Hause. Ein Lichtblick in einer ansonsten schwierigen Saison.

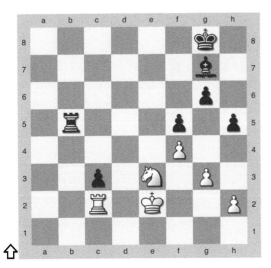

JONNY HECTOR – CHRISTIAN SEEL
Mülheim, 06.02.2010 (CD Nr. 662)

In der Diagrammstellung spielt Hector **49.h4?** Jetzt hat Schwarz wieder gute Gewinnchancen, die nach dem wesentlich besseren 49.♘d1! nicht

mehr vorhanden gewesen wären, denn der c-Bauer würde eliminiert

49...♖b2∓ 50.♔d3   ♖b1! 51.♔e2 ♖h1 52.♔f3?!

52.♘d5! hätte eventuell noch einmal abgelenkt. Schwarz muss recht genau spielen, um im Vorteil zu bleiben. 52...♖g1! 53.♔f2 ♗d4+ 54.♔f3 ♖b1 55.♔e2 (55.♘xc3? ♖b3–+) 55...♖b2 56.♔d3 ♖xc2 57.♔xc2 ♗f2–+.

52...♗d4–+ 53.♘d5 ♖b1 54.♘e7+ ♔f7 55.♘c6 ♗f6 56.♔e3 ♔e6 57.♘d4+

57.♘e5 war vielleicht einen Hauch besser. Die weiße Stellung flöge allerdings trotzdem auseinander. 57...♖xe5 58.fxe5 ♖b3! 59.♔d4 ♖b4+ 60.♔xc3 ♖g4–+

57...♔d5 58.♘e2

Nach 58.♘f3 ♖b2–+ hat Schwarz immer noch den Finger am Abzug!

58...♔c4   59.♖a2   ♗e7   60.♖a4+ ♖b4 61.♖a3 ♗c5+ 62.♔f3 ♖b3 63.♖a6 c2+ 64.♔g2 ♖e3

64...♖a3 war sogar noch stärker. 65.♖xa3 ♗xa3 66.♔f1 ♔d3 67.♔e1 ♔e3 68.♔f1 ♔d2–+.

65.♘c1   ♖e1   66.♖a1   ♖xc1! 67.♖xc1 ♔c3 0–1

Was kann man nicht alles über Klaus Bischoff sagen? Arrivierter Großmeister, erfolgreicher Schachprofi im Turnier- und Blitzspiel, ehemaliges Mitglied der Nationalmannschaft, Deutscher Einzelmeister, Rekordspieler der Bundesliga, kenntnisreicher Livekommentator, humorvoll intelligenter Schachplauderer, unterhaltsamer Gesprächspartner, Gentleman, Familienmensch, Bonvivant, Weißbierexperte… Die Liste ist schier endlos!

In der nachfolgenden Partie gegen den späteren Nationaltrainer Dorian Rogozenco zeigt Klaus zudem einmal mehr, dass Schach auch ein Glücksspiel ist!

Ansonsten war das Wochenende übrigens nicht ganz so erfolgreich. Aber manche Events leben vom Ambiente, und mit dem Verwaltungsgebäude des Ruhrverbandes hatten wir diesmal wirklich das große Los gezogen. Der Gebäudekomplex liegt mitten in der Essener City. Dabei lag der liebevoll bestückte, perfekt klimatisierte und Licht durchflutete Turniersaal in der 5. Etage und ermöglichte durch eine großzügige Verglasung einen herrlichen Blick auf die europäische Kulturhauptstadt 2010.

Unser freundlicher Gastgeber hatte aber auch sonst für optimale Rahmenbedingungen gesorgt.

Insbesondere profitierten wir von den organisatorischen und v. a. kulinarischen Leistungen des Hauses. So war es durch die hervorragende Zusammenarbeit möglich, Spielern und Zuschauern ein warmes Buffet der Spitzenklasse kostenlos anzubieten, was besonders bei den vielen Besuchern für regen Zuspruch sorgte! Jedenfalls haben sich unsere Gäste aus Hamburg und Bremen sichtlich wohl gefühlt und das lag sicher nicht nur an den

Klaus Bischoff

Gastgeschenken in Form von Brett- und Mannschaftspunkten.

Einen kleinen Wehmutstropfen gab es aber doch: Aus Personalmangel mussten wir leider auf die ursprünglich geplante Livekommentierung der Partien verzichten. Nun, man kann nicht alles haben! Dafür hat aber die Liveübertragung wie am Schnürchen geklappt, die wie üblich bei unseren Heimkämpfen durch das stets freundliche und professionell arbeitende Mülheimer Team gestellt wurde! Für das Organisationsteam war unser Heimspielwochenende auch ein gesellschaftliches Ereignis. So hatte es sich beispielsweise Werner Nautsch nicht nehmen lassen, den frisch gebackenen Deutschen Meister Niclas Huschenbeth zu ehren. Er war es auch, der die Mannschaft am Samstag zu einem deliziösen Mahl einlud. Es versteht sich dabei fast ganz von selbst, dass er durch seine geschliffene Rhetorik wesentlich zur

Ein Buffet der Spitzenklasse.

Stimmungsaufhellung beitrug. Dabei lag Werner am Vortage noch nach einer Medikamentenunverträglichkeit danieder. Noblesse oblige.

Mit dem bekannten Schachpromoter Josef Resch konnten wir überdies einen ganz besonderen Schachfan begrüßen. Man kann eigentlich kaum glauben, dass der Veranstalter der Schachweltmeisterschaft 2008 zwischen Viswanathan Anand und Wladimir Kramnik vorher noch nie ein Bundesligamatch besucht hatte! Insofern sind wir stolz darauf, dass er sich für diese Premiere ausgerechnet unseren Heimkampf auswählte. Abgesehen davon hat es mir großen Spaß gemacht, mit ihm über seine große Erfahrungen und interessanten Ansichten zu sprechen. Aber nun zur Partie:

KLAUS BISCHOFF – DORIAN ROGOZENCO
Essen, 20.03.2010
A11: Reti-Eröffnung
(Ulrich Geilmann) *(CD Nr. 629)*

Klaus Bischoff (mit seinem „rotem Schal")

1.c4 c6 2.♘f3 d5 3.e3 ♘f6 4.♘c3 e6 5.b3 ♘bd7 6.♕c2 ♗d6 7.♗b2 0–0 8.♗e2 dxc4 9.♗xc4 b5 10.♗e2 ♗b7 11.0–0

Versucht 11.♘g5 a6 12.h4 c5 13.♗f3 ♗xf3 14.gxf3 ♗e5 15.f4 ♗xc3 16.♗xc3 ♖e8 17.0–0–0 Suba, M – Cosma, I Bucharest 1996 ½–½ (33) zu verbessern.

11...a6 12.♖ac1 c5 13.a4 b4 14.♘b1 e5 15.d3 e4 16.dxe4 ♘xe4 17.♘bd2 ♘df6

Mit 17...♕e7= hätte Schwarz bereits nahezu ausgeglichen.

18.♘c4! ♗c7 19.♘fe5

Klaus versucht es mit einer möglichst aktiven Strategie. 19.♘fd2+= war vermutlich aber etwas mehr auf den Punkt.

19...♕e7= 20.f4 ♘c3 21.♗f3

Klaus verschmäht zunächst 21.♗xc3 bxc3 22.♕xc3+= Warum eigentlich?

21...♗xf3 22.♖xf3 ♘fe4 23.♗xc3 ♘xc3 24.♘d3 ♖ad8 25.♘f2 f5 26.g4 fxg4 27.♘xg4 ♗xf4!

Ein höchst unerwarteter Einschlag!

28.exf4 ♘e2+ 29.♔g2

29.♔h1 ist schwierig. Nach 29...♘xc1 darf Weiß auf keinen Fall 30.♕xc1? spielen (30.♘ce5!?), da er sonst mit 30...♕e2! ausgeknockt wird!

29...♘xf4+∓ 30.♔h1 ♘e2! 31.♘ce5

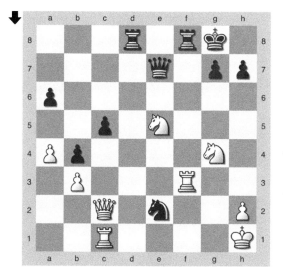

31... ♘xc1??

Rogozenco kann nicht widerstehen und greift damit ins Klo. Zeitnot! Besser war 31...♖xf3 32.♕xe2 ♖f4∓. Trotzdem war die folgende Kombination eigentlich nicht allzu schwer zu sehen.

32.♕c4+! ♖f7

32...♔h8 hilft auch nicht. 33.♘g6+ hxg6 34.♖h3++−.

33.♖xf7 1–0

In seinen glorreichen Zeiten gehörte Igor Glek unumstritten zur erweiterten Weltspitze und das zu Recht. In der nachfolgenden Partie gegen Bernd Meissner, die in den Räumlichkeiten der Sparkasse Mülheim gespielt wurde, blitzte diese Klasse wieder einmal auf. Sie verlief zunächst in remislichen Bahnen. Gleichwohl kniete sich unser altes Schlachtross mächtig rein. Ich war von seiner kämpferischen Leistung in dieser Saison wirklich sehr angetan. Er nutzte buchstäblich jede Chance, um seinen Score zu verbessern, und es machte

Spaß ihm dabei zuzusehen. Zu guter Letzt kam ihm dann Fortuna entgegen. Beim Versuch, das Blatt noch zu wenden, sprengte sich Meissner irgendwie selbst in die Luft und wurde nach abschließender Zeitüberschreitung zum tragischen Helden des Nachmittags.

Zur allgemeinen Erheiterung trug während des Wettkampfes übrigens ein offensichtlich leicht angeheiterter Schachenthusiast bei, der gleich im Turniersaal einen Livekommentar des am Zuge befindlichen Spielers haben wollte. Jedenfalls zog ich den Typen erstmal höflich aber bestimmt aus dem Turniersaal und verarztete ihn dann fachgerecht draußen vor der Tür. Tags zuvor kam übrigens einer der Besucher auf mich zu und erläuterte lautstark, dass er Probleme mit der Sparkassenkarte habe. Auf meinen Einwand, dass ich hierfür nun wirklich nicht zuständig sei, kam die Replik: ‚Wieso? Hier ist doch die Sparkasse!' Nun ja, auch dem Manne konnte schließlich mit Hilfe der netten Gastgeber geholfen werden. Scheinbar war ich an diesem Wochenende irgendwie für derlei Vorkommnisse prädestiniert.

Das Wochenende war im Übrigen auch sonst interessant für mich. Eigentlich gehörte ja bereits der Freitag stets dem Team. Diesmal ging das aber nicht. Ich hatte einen Termin unter Tage. Aber nicht dass Sie jetzt denken, ich hätte meine Seele aus naheliegenden Gründen dem Teufel verschrieben und müsste mich ab und zu beim Herrn der Finsternis sehen lassen. Nein! Ich durfte in Rheinberg ein Salzbergwerk besuchen. Ist schon recht beeindruckend, so was einmal live zu erleben. Aber ich schwelge in Erinnerungen. Zurück ans Brett.

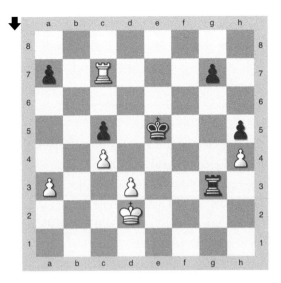

IGOR VLADIMIROVICH GLEK – BERND MEISSNER

Mülheim, 28.02.2010 (CD NR. 636)

Ilja Zaragaski

49...♔f4?

Meissner fällt vom Schlitten. Der lange Kampf forderte seinen Tribut. Nach 49...♔d6 50.♖xa7 ♖h3 51.♖xg7 ♖xh4+= wäre die Stellung für Schwarz ganz passabel gewesen.

50.♖xc5+– ♔g4 51.♖e5! ♔xh4

51...g5 reichte nicht. 52.♖xg5+ ♔xh4 53.♖xg3 ♔xg3 54.♔e2! ♔g2 55.c5 h4 56.c6 h3 57.c7 h2 58.c8♕ h1♕ 59.♖g4+ ♔h2 60.♔f2+–

52.c5 &g6

52...♖g2+ 53.♖e2 ♖g6 54.♖h2+ ♔g3 55.♖xh5 ♔g4+– wäre so etwas wie ein letzter Versuch gewesen.

53.d4 ♖c6 54.♔d3 g5 55.♔c4 g4 56.d5 ♖c8 57.d6 g3 58.d7 ♖g8 59.♖e8 ♖g4+ 60.♔c3 1–0

Nach der Emigration seiner Familie nach Deutschland machte Ilja Zaragaski, der 1985 in St. Petersburg geboren wurde, im Jahre 2004 das Abitur in Mönchengladbach. Er studierte danach zunächst Sozialpsychologie und Philosophie an der Ruhr-Universität Bochum. 2006 wechselte Ilja dann an die Universität Köln zu einem ergänzenden Studium der Volkswirtschaftslehre und Soziologie.

Ilja, der auch eine Zeit lang Nationalspieler war, nahm als Einzelspieler u. a. an mehreren Jugendweltmeisterschaften und Jugendeuropameisterschaften teil. Der Internationale Meister passte gut ins Team. Er ist humorvoll, äußert sympathisch und zugleich überaus smart – kurz gesagt, ein Sunnyboy! Seine Freundlichkeit und hohe Intelligenz machen ihn zu einem wahren Gentleman am Schachbrett.

Weniger gentlemanlike war allerdings seine End-
spielführung gegen Maria Schoene, die in fast ausgeglichener Stellung fehlgriff.

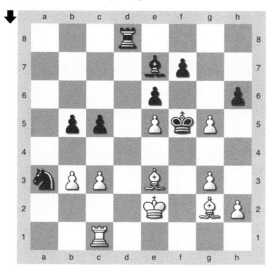

ILJA ZARAGATSKI – MARIA SCHOENE
Mülheim, 27.02.2010 (CD Nr. 643)

Ilja hat zuletzt **35.fxg5** gezogen. Wie soll Schwarz
zurückschlagen. Maria Schoene entscheidet sich
für **35...hxg5**, was sich aber als Fehler erweist.
Nach 35...♗xg5 36.♗xg5 hxg5 wäre alles im Lot
gewesen, jetzt folgt aber ein gemeines Schach.

   36.♖f1+! ♔g6

(36...♔xe5 37.♖xf7 und der schwarze Läufer
muss stillhalten, denn nach z. B. 37...♗d6 würde
Schwarz nach 38.♗f4+ gxf4 39.gxf4 mattgesetzt.

   37.♗e4+ ♔g7 38.h4

38.♔f3 ist noch stärker

   38...gxh4 39.gxh4 ♖h8 40.♖h1
♖h5 41.♔f3 ♖xe5 42.♖g1+ ♔f8?

Erst dieser Fehler macht die Stellung unhaltbar.
Nach 42...♔h8 steht Weiß besser, aber noch
längst nicht auf Gewinn.

   43.♗h6+   ♔e8   44.♗c6+ ♔d8
45.♗f4   ♗d6   46.♖d1   ♔c7

47.♖xd6 ♖f5 48.♖xe6+ 48.♔g3
♖xf4 49.♖d3 ♖xf4+ 49.♔xf4 fxe6
50.♗e4 1-0

Es ist schwer, eine Partie zu finden, mit der die
Leistung, die Sebastian Siebrecht in dieser Saison
erreichte, fair darzustellen. Neben taktischen
Gewinnpartien bei nominell schwächerer Gegnerschaft und Verlustpartien gegen elostärkere Spielpartner, konnte er gleichwohl die eine oder andere
mannschaftsdienliche Remispartie einstreuen; so
auch in der Auftaktbegegnung gegen Trier in Eppingen.

Es hatte übrigens für mich schon fast „Tradition", dass in der ersten Spielrunde gewisse Aufstellungsprobleme auftraten. Diesmal war es auch so.
Zuletzt hatte IM Nazar Firman wegen Visa-Prob-
lemen kurzfristig absagen müssen.

In solchen Situationen fühlte ich mich irgendwie immer wie General George Armstrong Custer
vor dem letzten Sioux-Angriff am Little-Big-Horn
und es ist ja bekannt, was aus dem geworden ist.
Okay, klingt vielleicht ein wenig morbide, aber
andererseits wollte GM Andrei Volokitin auch
erst am Samstagmorgen anreisen, so dass ich nicht
ganz sicher war, ob wir tatsächlich mit einem vollständigen Team spielen würden. Soll ja schon mal
vorgekommen sein, dass sich da plötzlich Lücken
auftun! Sei's drum. Zur Not hätte ich mich ja jetzt
auch selbst ans Brett setzen können!

Aber darüber machte ich mir am Freitagabend
in Eppingen eigentlich keine Sorgen, denn das
von uns gebuchte Hotel war gut und das defti-
ge Abendessen beim Deutsch-Italiener mundete.
Und so sahen das auch die ebenfalls bereits ange-
reisten Teammitglieder GM Klaus Bischoff, GM

Sebastian Siebrecht, IM Christian Seel, IM Ilja Zaragatski, WIM Sarah Hoolt und Jens Kotainy. Es wurde ein wirklich netter Schmaus, zumal sich Klaus und Sebastian auch noch in reizender Begleitung befanden. Die Gespräche, die sich bis etwa 21.45 Uhr hinzogen, waren wirklich anregend und gelöst. Außerdem hielt ausnahmsweise auch ich mal eine ganz kurze Rede, um die neuen Gesichter willkommen zu heißen und die Mannschaft einzuschwören. Hatte auch irgendwie was von Custer, aber lassen wir das jetzt.

IM Matthias Thesing konnte allerdings leider erst nach Mitternacht zu uns stoßen. Da aber die Rezeption des Hotels nicht belegt war, spielte ich kurzer Hand selbst den Portier und brachte Matthes noch ins Bett. So was tut ein guter Teamchef eben!

Unser Vereinspräsident Bernd Rosen hatte uns bereits kurz nach 16.00 Uhr per SMS mit den Aufstellungen von Trier und Eppingen versorgt. Schließlich trugen unsere Gastgeber ihren Vergleichskampf aus und man weiß man ja nie, ob man nicht die eine oder andere Information noch brauchen kann! Eigentlich sollten solche konspirativen „Spionageaktionen" ja durch eine freiwillige Regelung über die vorzeitige Bekanntgabe der Mannschaftsaufstellungen der Vergangenheit

angehören; gleichwohl war es diesmal deshalb angezeigt, weil die entsprechende Veröffentlichung aus verschiedenen Gründen bedauerlicher Weise nicht zustande kam. Der Trierer Mannschaftsführerkollege befürchtete dabei Nachteile und kam abwägend zu dem Schluss, die Aufstellung seines Teams nicht frühzeitig bekannt geben zu wollen. Damit platzte das ursprünglich von Eppinger Seite angebotene ‚Gentlemen's Agreement'. Natürlich hätte ich es mir im Zweifelsfalle auch nicht nehmen lassen, vorher noch schnell mal selbst im wie immer mustergültig ausgestatteten Turniersaal vorbei zu schauen. So musste die Begrüßung meiner lieben Mannschaftsführerkollegen Daniel Friedman, Stefan Müllenbruck und Rudolf Eyer eben auf den nächsten Tag warten.

In der eingangs erwähnten Partie gegen Trier hat es Sebastian Siebrecht mit Viktor Erdos zu tun, der immerhin stolze 2591 Elo-Punkte aufzuweisen hatte. Nach **30. ♖c8-d8** ist folgende Stellung entstanden:

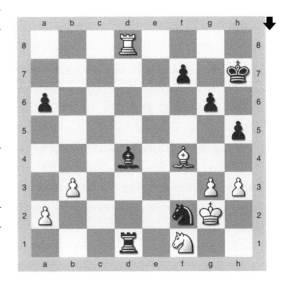

VIKTOR ERDOS – SEBASTIAN SIEBRECHT
Eppingen, 17.10.2009 (CD NR. 715)

In der Diagrammstellung wären für Sebastian 30…
♗g7 oder 30…♗f6 in Ordnung gewesen, doch er
wählt **30…♗c5**. Jetzt hat Weiß die Möglichkeit,
mit 31.♘d2 in Vorteil zu kommen.

a) 31…a5 32.♖d5 ♗b6 33.♘e4 ♔g7 (33…
♘xe4? 34.♖xd1+–; 33…♖xd5? 34.♘f6+ ♔g7
35.♘xd5 ♗d4 36.♗d2+–) 34.♖xd1 ♘xd1±
stünde Weiß deutlich besser.

b) 31…♖c1 32.b4 ♗b6 33.♖d7 g5! (33…♖c2
34.a4 ♘d1 35.♔f3 ♖c3+ 36.♔e2+–) 34.♗xg5
♖c2 35.a4 ♘e4 36.♗f4±

Aber Viktor Erdos lässt diese Möglichkeit aus.

**31.♖xd1?! ♘xd1= 32.♗e5 ♘f2
33.♘d2 ♘d3 34.♗c3 ♗e7 35.$f3
f5 36.a4 g5 37.♔e2**

37.g4! war ebenfalls ernsthaft zu prüfen. 37…
♔g6=.

37…♘c5 38.a5 g4 39.hxg4 ½–½

Mülheim Nord, unser Reisepartner, hatte in
diesem Jahr dreimal die Gastgeberpflichten über-
nommen. Uns war das Recht, zumal wir dadurch
praktisch vier Heimkämpfe hatten. Außerdem
kannten wir uns in der Nachbarstadt inzwischen
so gut aus, dass wir inzwischen alle Lokalitäten
rundum unser übliches Mannschaftshotel kannten.

Um jedoch ein wenig Zeit zu sparen, hatten wir
in der Februarrunde nach dem samstäglichen Ar-
beitssieg gegen Erfurt ein Dinner in unserem Hotel gebucht. Allerdings zeigte Christian Seel nach
dem Essen erste Magenprobleme an, was mich ein
wenig in Sorge versetzte, zumal sich meine Me-
dizinkenntnisse ehrlich gesagt eher auf Schama-

nenniveau bewegen! Nach zwei Weizenbieren und
einem Linie-Aquavit hatte ich allerdings trotzdem
die erforderliche Bettschwere für die Nacht. Bevor
ich mich aber tatsächlich zur Ruhe begab, durfte
ich unseren Vladimir übrigens beim heimlichen
Zigarettenpaffen erwischen! Ich war gelinde gesagt
erstaunt. Gehört er doch zu den militantesten Ver-
fechtern rauchfreier Hotelzimmer, die ich kenne.

Am Sonntagmorgen mussten wird dann feststellen, dass der FC Bayern München seine Mann-
schaftsaufstellung umgestellt hatte. Bernd Rosen
hatte in seinem Vorbericht bereits darauf hingewiesen, dass wir es mit einem sehr ambitionierten
Gegner zu tun haben würden. Die Veränderung
des Teams war allerdings aber wohl vor allem dem
Umstand geschuldet, dass sich der sympathische
IM Stefan Bromberger offensichtlich auch einen
lästigen Magen-Darm-Virus eingefangen hatte.
Gleichwohl sollte damit sicher auch unsere Vorbereitung unterlaufen werden.

Der guten Ordnung halber sei allerdings auch
berichtet, dass wir trotzdem an fast allen Brettern
einen spürbaren Elo-Vorteil hatten. Wie viel das
aber tatsächlich Wert sein würde, blieb aber noch
abzuwarten, denn durch Elovergleich ist bekanntlich ja noch niemals ein Mannschaftskampf entschieden worden!

Um 11.00 Uhr musste ich zunächst das Steuer
kurz an Werner Nautsch abgeben, weil ich noch
für Nazar aus dem Hotel auschecken musste. Als
ich dann um 11.30 Uhr wieder im Spielsaal war,
konnte ich feststellen, dass sich interessante Parti-
en entwickelt hatten. Dazu gehörte auch der Königsinder, den Dr. Christian Scholz auf dem Brett
hatte. Die Partie steht zugleich für die Stärken, die
den Internationalen Meister, der zur Stabilisierung
des Blutzuckerspiegels stets eine nicht unbeträchtliche Menge an Bananen mitführt, auszeichnen.

Und die sollte er auch brauchen, denn die Partie zog sich in die Länge. Nach 41. Zügen war eine seltsame Stellung entstanden, in der Schwarz Vorteile hatte.

JULIAN MARCEL JORCZIK – CHRISTIAN SCHOLZ
Mülheim, 28.02.2010 (CD Nr. 633)

42.♘b2	♖g8	43.♘bc4!	♖g2+
44.♔e3	♖g3+	45.♔d4	♘b4
46.♘d6+	♔g5	47.♘e4+	♔xh6
48.♘xg3	♔g5	49.♘e4+	♔h4
50.♘d2	♗d5	51.♘dc4 a4! 52.♔c3	
♘a6 53.♘e3 ♗h1 54.♘ac4			

Ich darf an dieser Stelle zugestehen, dass ich nicht mehr so richtig durchblickte. Meine Idee war es, mit 54.♔d4 den Bauern zu decken. Nach 54...♔xh3 55.♘d1 ♔g3 56.♘c3‡ bildete ich mir ein, dass Weiß vielleicht noch gute Remischancen hätte. Wenn ich mich recht entsinne, raunte mir irgendwer auch den Zug 54.♘f5+ zu, den ich allerdings nicht so recht verstand, da ich nach 54...♔xh3 55.♘d6 ♘xc5 56.♔b4 ♘d7 57.♔xa4 mit den schwarzen Steinen ganz zufrieden gewesen wäre.

54...♔xh3

54...♘xc5?! hätte nach 55.♔b4 ♘d7 56.♔xa4 ♔xh3 57.♔a5 den Vorteil wohl wieder weggeworfen. Jedenfalls geht es nach 57...♘b8 58.♘d6 c5 59.♔b5 ♘d7 60.♘c8= nicht stringent weiter.

55.♘b2

Hier war 55.♘d6!=+ zu empfehlen.

55...a3!∓ 56.♘bc4 a2!–+ 57.♔b2 ♘b4 58.♘d1?! ♗d5 59.♘ce3 ♗e6 60.♘c3 ♔g3 61.♘e2+ ♔f2 62.♘d4 ♔xe3 63.♘xe6 ♗e4 64.♘d8 ♔d5 65.♘b7 ♔c4 66.$a1 ♔b3 67.♘a5+ ♔a4 68.♘b3

Ein letzter Trick!

68...♔a3

Aber nicht 68...♔xb3? und Patt!

69.♘d4 a5 0–1

Eine saubere Endspielleistung!

Zu Saisonbeginn schauten wir optimistisch nach vorne und freuten uns auf das anstehende Spieljahr, obwohl mit Trier und Eppingen in der Auftaktrunde gleich zwei profunde sportliche Prüfsteine auf uns warteten. Wir hatten uns dabei entschieden, die Auswärtskämpfe in Eppingen mit Sarah Hoolt und Jens Kotainy zu spielen. Und dieses Vertrauen wurde nicht enttäuscht, auch wenn ich bei Sarahs Partie, die wir uns gleich zusammen ansehen werden, zunächst leicht besorgt war. Sie hatte nach einem mehr oder weniger erzwungenen Läuferabtausch einige Felderschwächen zu ertragen und musste sich fortan sehr genau verteidigen. Doch alle Bedenken waren

Sarah Hoolt

schnell ausgeräumt, so dass mich weder eine tief stehende Sonne mit langen Schatten auf den Spitzenbrettern, noch ein Stromausfall mit hektischen Auswirkungen auf die Liveübertragung aus der Ruhe bringen konnten.

Sarah Hoolt – Miklos Galyas
Eppingen, 17.10.2009
C18: Französische Verteidigung
(Ulrich Geilmann) *(CD Nr. 714)*

1.e4 e6 2.d4 d5 3.♘c3 ♗b4 4.e5
c5 5.a3 ♗xc3+ 6.bxc3 ♕a5 7.♗d2
♕a4 8.♕g4 ♔f8 9.♖a2 ♘e7

10.♘f3 h6 11.h4 b6 12.h5 ♘bc6
13.♕f4= ♗a6 14.♗xa6
Auf 14.dxc5 folgt 14...♕xf4 15.♗xf4 ♗xf1
16.♔xf1=.
14...♕xa6 15.g4 $e8 16.♕e3 ♕b5
17.♗c1 ♘a5 18.♘d2 &c8
Etwas nachhaltiger erscheint 18...♕a4!+=.
19.a4= ♕a6 20.&h3 ♘ec6 21.dxc5
♘c4 22.♘xc4 ♕xc4 23.♖a1
Sarah möchte den a-Bauern behalten. Die unfehlbare Rechenmaschine empfiehlt hingegen den etwas aktiveren Zug 23.♖b2=.
23...♕xg4∓ 24.cxb6 axb6 25.♖g3
♕xh5 26.♕xb6 ♕xe5+ 27.♔f1

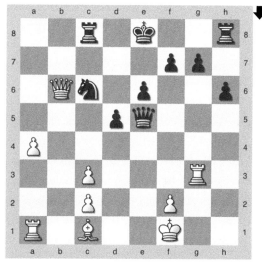

27 ...♕c7

Gaylas spielt auf Sicherheit. Besser ist 27...h5! 28.♕a6 ♖c7 29.♕a8+ ♘d8 30.♗g5 ♖d7 31.♗xd8 ♖xd8 32.♕c6+ ♔f8 33.♕c5+ ♔g8 34.♕d4 ♕xd4 35.cxd4 ♔h7∓. Ein interessanter psychologischer Effekt: Offenbar spielen Frauen generell angstfreieres Turnierschach.

28.♕xc7 ♖xc7 29.♖xg7 ♘e7
29...♔e7= ändert wenig.
30.♖b1 ♘f5 ½–½

Jens Kotainy

Es fing alles so hoffnungsvoll und unschuldig an... Gegen den nominell gleich starken Heidelberger Jean-Luc Roos spielte Jens Kotainy eine Schlüsselpartie. Er kam mit diesem Druck erstaunlich gut klar und setzte seinen im Mittelspiel erzielten Materialvorteil geduldig um. Zunächst beseitigte er mögliche Gefahrenherde, um dann den Gegner festzulegen. Den Schlussakkord bildete schließlich die Königswanderung ins gegnerische Lager. Sein Sieg sicherte einen Mannschaftspunkt für Katernberg.

Ein paar Jahre später machte Jens Kontainy dann andere Schlagzeilen. Ihm wurde vorgeworfen, in einigen Partien mit Hilfe unerlaubter elektronischer Hilfsmittel betrogen zu haben.

Bei der nachfolgenden Begegnung zeigte ein Gegencheck übrigens für beide Spieler eine mehr oder weniger durchschnittliche – also relativ normale – Genauigkeit gegenüber der jeweils besten Engineempfehlung. Insofern mag hier alles mit rechten Dingen zugegangen sein.

Jedenfalls entstand nach 80. ♖a2-g2 folgende Stellung, in der Jens Kotainy zwar klaren Vorteil hatte, aber der Gewinn durchaus technisches Können verlangte:

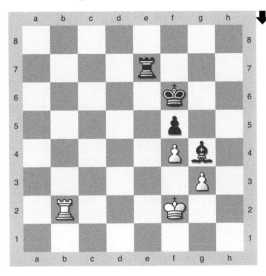

JEAN-LUC ROOS – JENS KOTAINY
Baden-Baden, 10.04.2010 (CD NR. 609)

80... ♔e6

Jens versucht zunächst, seinen König ins gegnerische Lager zu führen. Schafft er es, gewinnt er. Allerdings läuft die Zeit und das nicht nur, weil das Blättchen irgendwann fallen könnte. Seit dem 68. Zug greift bereits die 50–Züge-Regel...

81. ♖d2 ♖c7 82. ♔g2 ♖c5 83. ♔f2 ♖d5 84. ♖a2 ♔d6 85. ♖c2 ♖d3 86. ♖a2 ♔d5 87. ♖a5+

87. ♖a4 ♖d2+ 88. ♔e3 (88. ♔e1 ♖d4–+) 88... ♖e2+ 89. ♔d3 ♖g2–+.

87... ♔c4 88. ♖e5

Als letzten Strohhalm versucht Weiß so etwas wie eine Festung zu kreieren, doch das klappt nicht.

88... ♖d2+ 89. ♔f1 ♔d3 90. ♔g1 ♗h3 91. ♔h1 ♖e2 92. ♔g1 ♖g2+ 93. ♔h1 ♖xg3 94. ♔h2 ♖f3 0–1

SIE SIND AM ZUG

Lösungen ab Sreite 254

Aufgabe 25

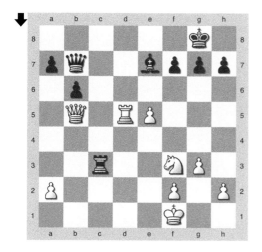

ROBERT RIS – HENRIK TESKE

Mülheim, 14.11.2009 (CD Nr. 699)

Robert Ris erzielte gegen den nominell stärkeren Henrik Teske ein sicheres Remis und trug damit seinen Teil zu dem erfolgreichen Mannschaftskampf gegen Remagen bei. Robby wird von seiner Saison trotzdem enttäuscht gewesen sein, da er seine schachlichen Qualitäten nicht voll einbringen konnte.

Zum Diagramm: Mit seinem letzten Zug **26.♕b3-b5** ließ Weiß seinen Gaul auf f3 ungedeckt stehen. Durfte Schwarz ihn ungestraft nehmen oder was sollte er stattdessen tun?

Wenn jemand monatelang auf einen Punkt hinarbeitet, scheint die Zeit, die dabei verstreicht, am Anfang unendlich zu sein. Je näher aber das Ziel kommt, desto schneller rennt die Uhr. Aus Monaten werden Wochen werden Tage werden Stunden.

Auch ich erlebte dieses chronographische Relativitätstheorem.

Die Vorbereitungen für das Berlin-Wochenende verliefen jedenfalls total chaotisch. Dies war einerseits meiner damaligen beruflichen Belastung und zusätzlich der eigenen Schusseligkeit geschuldet; andererseits gab's im Vorfeld viele Absagen und einige Einzelprobleme. Dies führte dazu, dass praktisch erst zwei Tage vor dem Kampf feststand, welche Mannschaft tatsächlich ins Rennen gegen die SF Berlin und den SK König Tegel geschickt werden sollte. Für meine Amtszeit ein absolutes Novum. Viele Worte über das von mir ausgesuchte Mannschaftshotel zu verlieren, lohnt auch nicht! Die Unterbringung war ziemlich einfach ausgestattet und das eingepackte Selbstbedienungsfrühstück gerade noch im genießbaren Bereich.

Das Einzige, was wirklich reibungslos funktionierte, war die gemeinsame und entsprechend lustige Anreise mit dem Intercity inklusive Taxifahrt; vermutlich deshalb, weil ich die diesmal nicht organisiert hatte! Trotzdem war die Stimmung in der Mannschaft erstaunlich gut. Lag vielleicht auch daran, dass wir diesmal eine große Fankurve dabei hatten. Überdies kann man mit bereits erspielten Mannschaftspunkten im Rücken schon mal etwas optimistischer in die Zukunft blicken.

Außerdem hatten wir am Freitagabend noch ein nettes kroatisches Restaurant gefunden. Das Essen war preiswert, reichhaltig und mundete vorzüglich. Wie bemerkte Vladimir Chuchelov doch so richtig: „Die Katernberger fressen mehr Fleisch als meine französische Bulldogge!"

Schließlich hatte ich in Berlin noch einen Spezialauftrag zu erledigen, der mich wieder einmal zum KaDeWe führte. Diesmal handelte es sich um ganz bestimmte Schokoladensorte und einen Berliner Kuschelbären.

Was Matthias Thesing betrifft, zauberte er nach einem Fehler seines Gegners eine taktische Meisterleistung auf's Brett!

Aufgabe 26

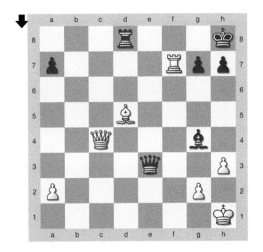

MATTHIAS THESING – TORSTEN SARBOK
Berlin, 13.12.2009 (CD NR. 675)

Matthias Thesing hatte gerade 24.h3 gezogen und nach 24...♗h5 wäre die Stellung ziemlich ausgeglichen. Doch Torsten Sarbok wollte etwas Pfeffer in die Stellung streuen und spielte 24... ♗e2. Doch jetzt würzte allein Weiß, der Tisch war gedeckt für ein schönes Festmahl.

Wenn es einmal läuft, dann läuft's. Bernd Rosen trägt zu zwei Mannschaftspunkten bei, die aus Berlin mitgenommen werden konnten. Den Verlust vom Vorteil hatten wir am Abend noch mit reichlich Grappa heruntergespült.

Aufgabe 27

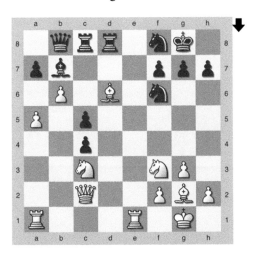

BERND ROSEN - GEORG KACHIBADZE
Berlin, 13.12.2009 (CD NR. 673)

Nach dem letzten weißen Zug **21. ♗f4xd6** war es an Schwarz zu entscheiden, ob mit der Dame oder dem Turm zurückgeschlagen werden soll. Manchmal sind es eben Feinheiten, die den Unterschied machen. Für welchen Zug entscheiden Sie sich?

Ein kleiner Epilog: Bernd Rosen hatte uns für die Rückfahrt etwas optimistisch einen relativ frühen Intercity gebucht. Der fiel dann aber wegen eines technischen Defektes aus. Der Ersatzzug, der uns angeboten wurde, drohte deshalb voll wie Bolle zu werden. Wir bekamen aber von einem netten Bahnbeamten den Tipp, uns vom Hauptbahnhof zum Ostbahnhof zu begeben. Da sollte der Intercity nämlich eingesetzt werden. Gesagt getan! Das Resultat: Nach langem Suchen fanden sich schließlich nicht reservierte Plätze – aber „leider" nur in der 1. Klasse. Doch auch hier kam uns eine nette Zugbegleiterin entgegen. Wir durften tatsächlich ohne Mehrkosten oder Murren sitzen bleiben. Deshalb ein Hoch auf das überaus flexible Bahnpersonal!

In der Rückschau war die Saison 2009 / 2010 ein interessantes Jahr mit anregenden Partien und sicher genauso vielen interessanten Momenten. Ein Blick in die aufbereitete Partiendatenbank dieses Buches lohnt sich.

Infolgedessen bereitete mir auch die Berichterstattung, die immer abwechslungsreicher und detaillierter wurde, großes Vergnügen. Die Bulletins zeigen zudem, dass die Stimmung im Team nach wie vor passte. Es machte Spaß, Teil des Teams zu sein.

Nach einigen mageren Jahren mussten sich jetzt eigentlich nur noch die sportlichen Erfolge einstellen. Allerdings wurde es von Jahr für Jahr schwerer, sich gegen eine immer stärker werdende Konkurrenz zu behaupten. Aufrüsten war angesagt. Die Schachbundesliga war mittlerweile tatsächlich wohl die stärkste Liga der Welt.

IM BREITEN MITTELFELD

2010-2011

In der Saison 2010/11 war eine deutliche Dreiteilung der Liga spürbar. Um den Titel kämpften die OSG Baden-Baden, die sich zum Schluss klar absetzten, sowie Werder Bremen, der SC Eppingen und die SG Solingen.

Danach folgte ein breites Mittelfeld, in dem sich auch die SF Katernberg wiederfanden.

Neu aufgestiegen waren der Delmenhorster SK (Gruppe Nord), der ESV Nickelhütte Aue (Gruppe Ost) und der SV Griesheim (Gruppe Süd). Alle drei Aufsteiger stiegen jedoch wieder ab. Die Entscheidung über den letzten Abstiegsplatz fiel allerdings erst in einem Stichkampf zwischen den SF

Platz	Verein	G	U	V	BrettPunkte	Mannschaftspunkte
1.	OSC Baden-Baden	14	1	0	92,0:28,0	29:1
2.	SV Werder Bremen	12	1	2	79,0:41,0	25:5
3.	SC Eppingen	12	1	2	74,5:45,5	25:5
4.	SG Solingen	11	2	2	72,5:47,5	24:6
5.	Mülheim-Nord	7	4	4	63,0:57,0	18:12
6.	Turm Emsdetten	7	4	4	62,0:58,0	18:12
7.	Hamburger SK	7	2	6	63,5:56,5	16:14
8.	SG Turm Trier	6	3	6	60,5:59,5	15:15
9.	*SF Katernberg*	6	2	7	57,0:63,0	14:16
10.	SV Wattenscheid	5	4	6	56,0:64,0	14:16
11.	SC Remagen	4	3	8	60,0:60,0	11:19
12.	SF Berlin	3	4	8	52,5:67,5	10:20
13.	SV Griesheim	3	4	8	52,5:67,5	10:20
14.	ESV Nickelhütte Aue	3	0	12	45,5:74,5	6:24
15.	FC Bayern München	2	1	12	42,0:78,0	5:25
16.	Delmenhorster SK	0	0	15	27,5:92,5	0:30

Murphy's Gesetz: Alles, was schief gehen kann, geht schief!

nischen Ingenieurs Edward A. Murphy nachgedacht haben? Die Kurzfassung lautet: Alles, was schief gehen kann, geht schief! Murphy's Gesetz trifft allerdings genauso eine Aussage über Fehlerquellen in komplexen Systemen und ist daher fast auf alle Bereiche des menschlichen Lebens anwendbar, so auch im Schach! Wenn Sie jemals eine praktisch schon gewonnene Partie verdorben haben, werden Sie genau wissen, was ich meine!

Berlin und dem SV Griesheim, den die Berliner knapp für sich entscheiden konnten. Da überdies aus der Westgruppe kein Verein aufsteigen wollte, profitierte zunächst der FC Bayern München, der dann jedoch wiederum auf einem Abstiegsplatz landete.

Im Katernberger Team wurde nur wenig verändert. Für GM Stelios Halkias, der sich um seinen beruflichen Start kümmern wollte, und IM Martin Senff, der studienbedingt aussetzte, kam das illustre Schachpärchen GM Robert Fontaine und GM Kateryna Lahno in die Mannschaft. Ferner verließ Christan Seel das Team. Auch wurde der Teamchef nicht mehr aufgestellt.

Positive Ergebnisse erzielten GM Klaus Bischoff, dessen Konstanz hier besonders herauszuheben ist, GM Robert Fontaine, GM Kateryna Lahno sowie Jens Kotainy.

Während alle übrigen Spieler dann mehr oder weniger ausgeglichen spielten, erlebten allerdings GM Vladimir Chuchelov und IM Christian Scholz frustrierende Momente.

Ob Vladimir und Christian während der Saison wohl über das Theorem des amerika-

Name	Elo	G	R	V	Ergebnis
GM Andrei Volokitin	2611	3	1	4	3,5/8
GM Parimarjan Negi	2596	0	4	1	2,0/5
GM Vladimir Chuchelov	2565	0	6	5	3,0/11
GM Klaus Bischoff	2553	5	7	3	8,5/15
IM Nazar Firman	2551	3	1	3	3,5/7
GM Robert Fontaine	2540	2	2	0	3,0/4
GM Kateryna Lahno	2539	1	3	0	2,5/4
GM Igor Glek	2467	2	4	2	4,0/8
IM Ilja Zaragatski	2490	2	7	3	5,5/12
IM Robert Ris	2416	2	4	2	4,0/8
IM Matthias Thesing	2432	1	5	1	3,5/7
GM Sebastian Siebrecht	2421	5	2	6	6,0/13
IM Dr. Christian Scholz	2387	1	1	5	1,5/7
Jens Kotainy	2343	2	3	0	3,5/5
FM Bernd Rosen	2353	1	2	1	2/4
WIM Sarah Hoolt	2245	0	2	0	1/2

Am 1. Brett herrscht ein rauer Wind. Fehler werden gnadenlos bestraft. In seiner Begegnung gegen Andrei Volokitin kommt der Wattenscheider Spitzenspieler GM Sebastian Bogner nach einem Bock böse unter die Räder. Eine kurze, aber würzige Partie.

ANDREI VOLOKITIN – SEBASTIAN BOGNER
Essen, 10.04.2011
B90: Sizilianisch (Najdorf-Variante)
(Ulrich Geilmann) *(CD NR. 488)*

1.e4 c5 2.♘f3 d6 3.d4 cxd4 4.♘xd4 ♘f6 5.♘c3 a6 6.♗e3 e5 7.♘f3 ♕c7 8.a4 ♘bd7

8...♗e6= gilt als etwas verlässlicher.

9.♘d2 ♗e7 10.a5 b5 11.axb6! ♘xb6 12.♗xb6 ♕xb6 13.♗b5+ ♔f8 14.♘c4 14...♕c5= 15.♕d3N ♗b7

Vorbereitet. Die Bezugspartie ist 15.♘d2 ♗b7 16.♗d3 ♗d8 17.0–0 g6 18.♘b3 ♕c6 19.♕e2

> **Da sehe ich eher schwarz.**
>
> **Wir wollen heute eine Kurzpartie spielen.**

♔g7 20.♖a4 ♘h5 21.g3 ♘f6 22.♖fa1 h5 23.♗xa6 ♗xa6 24.♖xa6 ♗b6 25.♕b5 ♖xa6 26.♖xa6 ♕xb5 27.♘xb5 ♖b8 28.♘xd6 ♘g4 29.♔g2 h4 30.h3 ♘f6 31.♔f3 hg3 32.fg3 ♗c7 1-0 Turzo, A – Kersten, U Budapest 1995.

15...axb5?

Das ist eine klare taktische Fehleinschätzung. 15...♗b7 16.♗a4 g6= und Schwarz steht sicher.

16.♖xa8+– bxc4

Jetzt wäre 16...g6+– nötig gewesen.

17.♕h3! 1–0

Sie kennen doch bestimmt Elvis Presley! Ich auch. Dachte ich zumindest! Denn als ich vor dem Wettkampfwochenende gegen Remagen beruflich in Bad Nauheim weilte und über einen Gedenkstein stolperte, der daran erinnert, dass der Superstar dort einst seinen Militärdienst abgeleistet hatte, musste ich durchaus eine Wissenslücke zugestehen.

Die berufliche Verpflichtung hinderte mich leider auch daran, dem Debüt von Kateryna Lagno und Robert Fontaine beizuwohnen. Bedauert habe ich natürlich aber ebenso, nicht der feinsinnigen Schachlektion folgen zu können, die Klaus Bischoff noch am Freitagabend in unserem Essener Spiellokal auf Helene kredenzt hatte.

Als ich dann am Samstag nach einer kleinen Höllenfahrt im strömenden Dauerregen endlich in Solingen eintrudelte, war der Keks schon gegessen. Bernd Rosen und Werner Nautsch hatten mich mehr als würdig vertreten. Remagen stand mit einem Zähler hinten und die noch laufende Partie von Parimarjan Negi war im Prinzip nicht mehr zu verlieren, sondern sogar zu gewinnen.

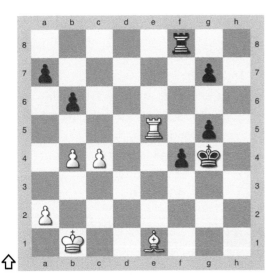

PARIMARJAN NEGI – MIRCEA EMILIAN PARLIGRAS
Solingen, 13.11.2010 (CD NR. 584)

In der Diagrammstellung muss Weiß seinen 40. Zug machen. Er entscheidet sich für **40.c5.**
Damit ist die erste Zeitkontrolle geschafft. Mit 40.♔c2 f3 41.♗f2 ♔f4 42.♖d5 g4 43.♖d4+ ♔f5 44.♔d3+– hätte Weiß allerdings auf Gewinn

gestanden. Die Bauern sind gestoppt und der eigene Freibauer in der c-Linie garantiert den Gewinn.

40...bxc5+= 41.bxc5 ♖f5 42.♖xf5 ♔xf5 43.♔c2

43.c6 ♔e6 44.♗b4 g4 45.♔c2 g3 46.♗c5+= war genauer.

43...♔e5= 44.♔c3 ♔d5! 45.♔b4 g4 46.♔b5 g3! 47.c6 ♔d6! 48.a4 ♔c7 49.♔c5 g5 50.a5 g2 51.♗f2 g4 52.♔d5 a6

Nach 52...g3 53.♗xa7 f3 54.♗b6+ ♔b8 55.a6 g1♕ 56.a7+ ♔a8 57.♗xg1 f2 58.♗xf2 gxf2 59.c7 f1♕ 60.c8♕+ ♔xa7= war's auch Remis.

53.♗b6+ ♔c8 54.♔e4 f3 55.♔f4 f2 56.♗xf2 ♔c7 57.♔g3 ♔xc6 58.♔xg2 ♔b7 59.♔g3 ♔a8 ½–½

...und Remis. Weiß kann zwar die restlichen schwarzen Bauern erobern; ein Gewinn ist jedoch bei bestem Spiel trotzdem nicht möglich, da der Läufer die falsche Farbe hat!

Man behandelte Vladimir Chuchelov in diesem Jahr nicht gut. In seiner Partie gegen GM Alexei Shirov hatte Vladimir mit Weiß nach einem eigentlich unauffälligen Fehlgriff erhebliche Stellungsprobleme.

In hochgradiger Zeitnot ließ sich Shirov dann aber trotz einer klaren Gewinnstellung in eine für alle Seiten überraschende Punkteteilung ein. Revanchierte er sich für das eher schmeichelhafte Vorjahresergebnis? Die Partie wurde übrigens im Kunstmuseum Mülheim gespielt und ausgerechnet an diesem Wochenende war der Teamchef krank!

VLADIMIR CHUCHELOV – ALEXEI SHIROV
Mülheim, 20.03.2011
D45: Damengambit (Anti-Meraner Variante)
(Ulrich Geilmann) *(CD Nr. 504)*

1.♘f3 d5 2.d4 ♘f6 3.c4 c6 4.♘c3 e6 5.e3 ♘bd7 6.♕c2 ♗d6 7.b3 0–0 8.♗e2 b6 9.0–0 ♗b7 10.♗b2 ♖c8 11.♖ad1 c5 12.dxc5 ♘xc5 13.♕b1 ♕e7 14.♘g5 ♘fe4 15.♘gxe4 dxe4 16.♖d2 f5N

Alternativen sind 16...♖fd8!? 17.♖fd1 a6= oder 16...♗b8 17.♖fd1 ♕g5 18.g3 ♕f5 19.♗f1 ♘d3 20.♗g2 ♘e5 21.♘b5 ♘d3 22.♖xd3 exd3 23.♗xb7 ♖cd8 24.♘d4 ♕g6 25.♗g2 ♖d7 26.♗f1 ♖fd8 27.♗xd3 ♕h5 28.♘c6 1-0 Kramnik, V – Caruana, F Moscow 2010.

17.♖fd1 ♗xh2+ 18.♔xh2 ♕h4+ 19.♔g1 f4! 20.♘b5?

Ungenau! 20.♘a4= hätte das Gleichgewicht hingegen sicher gehalten.

20...♘d3?!

20...fxe3 21.fxe3 ♕g3–+ und Weiß reitet auf der Rasierklinge!

21.♗xd3= exd3 22.e4

Nach 22.♕xd3? brennt die Maschine! 22...♗xg2! 23.f3 (23.♔xg2? f3+ 24.♔g1 ♖c5–+) 23...♗xf3–+; 22.exf4! endet hingegen nach 22...♗xg2 23.♔xg2 ♕g4+ 24.♔f1 ♕h3+ 25.♔g1 ♕g4+ 26.♔h1 (26.♔h2? ♖f5 27.♖xd3 ♖h5+ 28.♖h3 ♖xh3#) 26...♕h4+ 27.♔g2 ♕g4+= Remis!

22...f3!∓ 23.♗e5

23.g3? geht gar nicht. 23...♕h3 24.♘xa7 ♕g2#; Auf 23.♕xd3 folgt 23...fxg2 24.f3 ♕h1+ 25.♔f2–+.

23...♗xe4

Interessant ist auch 23...fxg2 24.♗h2 ♖f3 25.♕b2 ♗xe4∓.

24.♗g3 ♕h6 25.♘d4?!

Vladimir versucht verständlicher Weise, einen weiteren Verteidiger ins Geschehen zu führen. Kollege Computer empfiehlt hier hingegen 25.♕c1. Allerdings steht Schwarz nach 25...fxg2 26.♗h2 ♖c5 27.♖xd3 ♕xc1 28.♖xc1 ♗xd3–+ mit einem Klotz mehr da!

25...♖c5 26.gxf3 ♖xf3 27.♖xd3 ♖xd3

Nicht 27...♗xd3 28.♖xd3 ♖h5 29.♔g2=; Richtig ist 27...♕h1+! 28.♔xh1 ♖xg3+ 29.♔h2 ♖g2+ 30.♔h1 ♖h5+ 31.♖h3 ♖xh3#.

28.f3 ♕e3+ 29.♗f2 ♖g5+ 30.♔f1 ♖xd1+ ½–½

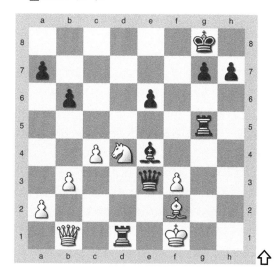

Mit Remisangebot in hochgradiger Zeitnot. Nach 31.♕xd1 ♗d3+ 32.♘e2 ♕xf3–+ stünde Schwarz allerdings auf Gewinn! Oder habe ich irgendetwas übersehen?

Klaus Bischoff hatte einen guten Lauf. Die nachfolgende Partie gegen GM Tiviakov krönte seine erfolgreiche Saison.

KLAUS BISCHOFF – SERGEI TIVIAKOV

Mülheim, 19.03.2011

A28: Englische Eröffnung (Vierspringer-Variante).
(Ulrich Geilmann) *(CD Nr. 511)*

**1.c4 e5 2.♘c3 ♘f6 3.♘f3 ♘c6 4.d3
d5 5.cxd5 ♘xd5 6.e3 ♗e7 7.♗e2
0–0 8.♗d2 ♘b6 9.a3 a5 10.b3 ♗e6**

Knapp zwei Jahre später musste sich Klaus mit 10...♗d6 auseinandersetzten. 11.0–0 ♕e7 12.♗c1 ♗e6 13.♘d2 ♘d5 14.♕c2 ♘xc3 15.♕xc3 ♗d5 16.♗b2 f5 17.♕c2 ♔h8 18.♗f3 ♗xf3 19.♘xf3 ♗f6 20.♘d2 ♖h6 21.♘c4 f4 22.exf4 exf4 23.♘xd6 ♕xd6 24.♕c3 ♗g6 25.♗fe1 Bischoff, K – Nyback, T Germany 2013 ½–½ (31).

11.0–0 f5N

Vermutlich stärker als 11...♕d7 12.♕c2 ♖fd8 13.♖fd1 f6 14.♗e1 ♕e8 15.♘b5 ♕f7 16.♖ab1 ♖ac8 17.d4 e4 18.♕xe4 ♗xb3 19.♖dc1 ♗d5 20.♗c2 f5 21.♘d2 ♕g6 22.♗f3 ♗xf3 23.♘xf3 ♘d5 24.♘c3 ♘xc3 25.♕xc3 ♖b8 26.♕b3+ Stone, R – Thomas, C Detroit East 1985 1–0 (44).

**12.♕c2 ♗f6 13.♖fc1 ♕e7 14.♗e1
♖fd8 15.♘d2 ♘d5 16.♘b5 f4
17.e4 ♘b6 18.♘f3 ♖d7 19.h3**

19.b4 axb4 20.axb4 ♖xa1 21.♖xa1 ♘xb4 22.♗xb4 ♕xb4 23.♘xc7 ♗b3 24.♕c1= war ebenso spielbar.

**19...h5 20.b4= axb4 21.axb4 ♖xa1
22.♖xa1 ♘xb4**

22...g5= hätte der schwarzen Stellung zusätzliche Dynamik verliehen.

23.♕b1 c5?

23...♘c6!= und Schwarz steht stabil.

24.d4!+–

Plötzlich gerät das schwarze Zentrum ins Ungleichgewicht.

24...exd4

Natürlich nicht 24...cxd4? wegen 25.♗xb4+–.

25.e5 d3 26.exf6 ♕xf6 27.♗f1 ♘c2

Oder 27...♘c6 28.♗c3 ♕d8 29.♘a7 c4 30.♘xc6 bxc6 31.♘e5+–.

28.♗c3 ♕e7 29.♗xd3! ♘xa1

Auf 29...♖xd3 folgt 30.♕xc2+– und Weiß hat klar die besseren Aktien.

30.♗h7+ ♔h8 31.♘e5! ♕g5 32.h4

Aber nicht 32.♘xd7 ♗xh3 33.♕e4 ♘xd7+=.

32...♕h6 33.♘xd7 ♘xd7 34.♗e4?!

Schwarz kann ein wenig aufatmen. Nach 34.♗f5!+– hätte Weiß deutlichen Vorteil gehabt.

34...♘b3+= 35.♘c7

Auf 35.♕d1! folgt 35...♘d4 36.♘xd4 cxd4 37.♕xd4±.

35...♘d4 36.♗xd4 cxd4 37.♕b5

Stärker als 37.♕xb7 ♗g8 38.♕c8 ♘f6=.

37...♗g4

Beziehungsweise 37...♘f8!+=.

38.f3!

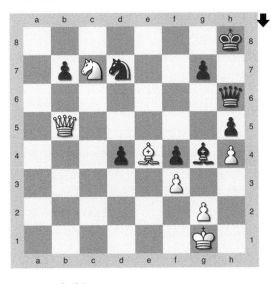

38...♕d6?

Schwarz versucht aktiv zu werden, kann jedoch unter dem bestehenden Zeitdruck nicht alle Konsequenzen durchrechnen. Letztlich war 38...

♘f6+= eine gute Idee.

39.fxg4+– ♘f6

Tiviakov wird mit Schrecken festgestellt haben, dass 39...♕xc7? natürlich nicht ging. Es folgt 40.♕xh5+ ♔g8 41.♗d5+ ♔f8 42.♕f7#

40.♘e8 ♕a3

Schwarz will die Damen auf dem Brett lassen. In der Tat dürfte 40...♕d7 41.♕xd7 ♘xd7 42.gxh5 ♘c5 43.♗g6 d3 44.♔f2+– nicht ausreichen, um die Partie noch zu halten.

41.♘xf6   ♕e3+   42.♔f1!   ♕c1+
43.♔e2   d3+   44.♕xd3   ♕b2+
45.♕c2 1–0

handlung. Nie Mainstream, aber immer brandgefährlich.

Das betreffende Wochenende war übrigens eindeutig osteuropäisch orientiert. Irgendwie hatte dieser Sprachvirus aber diesmal auch Auswirkungen auf den Teamchef.

Jedenfalls könnte man das hier abgedruckte Beweisfoto als deutliches Indiz für seine Russenaffinität werten. Es kann natürlich aber auch sein, dass seine seinerzeitigen Bekleidungsvorlieben den klimatischen Rahmenbedingungen im vorweihnachtlichen Trier geschuldet waren.

Die insgesamt gute Laune im Team war aber sicher auch auf den Umstand zurückzuführen, dass uns an diesem Wochenende mit Corinne Chuchelov, Ingrid Lauterbach, Martin Senff und Willy Rosen eine wirklich illustre Schlachtenbummlerrunde begleitet hat. Perfekte Voraussetzungen für ein interessantes Schachwochenende!

Zurück zu Nazar Firman. Im folgenden Partieausschnitt zeigt er sein taktisches Geschick und seine Nervenstärke.

Nazar Firman gehörte nach wie vor zu den am wenigstens auszurechnenden Spielern des Teams, was eine treffende Vorbereitung auf ihn fast unmöglich machte. Abgesehen von seiner stets an dynamischen Kriterien ausgerichteten Spielweise galt dies insbesondere für seine Eröffnungsbe-

BOGDAN GRABARCZYK – NAZAR FIRMAN
Trier, 11.12.2010 (CD Nr. 565)

Weiß hat zuletzt **24.♖d7** gezogen. Hier muss Nazar weit gerechnet haben! 24.♖xe7 ♗xh2+ 25.♔f1 ♗d6 26.♕a7 ♗xe7 27.♕xe7 ♕f4 28.♘f3 ♖c8 (28...♕c1+ 29.♘e1=) 29.c4 dxc4 30.♕d7 ♖b8 31.bxc4 ♕xc4+=+ mit besseren Endspielchancen für Schwarz.

24...♘c8!–+ 25.♕c6

25.♘f3?! ♘b6 26.♖b7 ♕xb7 27.♘xe5–+.

25...♗xh2+ 26.♔h1 ♗e5 27.c4

27.♘f3 ist wohl etwas besser. 27...♗f6–+.

27...♗c3

27...♗d4! war sogar noch stärker. 28.♕c7 ♘b6 29.♕xb8 ♖xb8–+

28.♘f3∓ dxc4 29.bxc4 ♕b2 30.♕e4 ♗b4 31.♕e2 ♘d6 32.g3

Wiederum verzichtet Weiß auf einen aktiven Zug, wie 32.♘e5–+.

32...♖a8! 33.♔g2 ♖a2! 34.♘g5! ♕xc2

Auf Risiko gespielt, denn wie wir gleich sehen werden, ist 34...♕f6 erforderlich: 35.♘e4 ♘xe4 36.♕xe4 ♗e1 37.♕xe1 ♖xc2∓.

35.♖d8+?

Die Zeit wird knapp gewesen sein. Von daher konnte Weiß 35.♘xe6!?∓ sicherlich nicht vollständig durchrechnen. Ohne die tickende Uhr ist es einfacher: 35...f6 (35...fxe6? 36.♕xe6++–) 36.♖d8+ ♔f7 37.♘g5+ Dieser Zug ist essentiell, damit Weiß am Drücker bleibt! 37...fxg5 38.♖d7+ ♔f6 (38...♔g8? 39.♕e6++–) 39.♕e7+ ♔f5 40.♕f8+ ♔e5 (40...♔e6? 41.♖e7#; 40...♔e4 41.♕f3+ ♔e5 42.♕d5+ ♔f6 43.♖xd6+ ♗xd6 44.♕xd6+=) 41.♕e7+ ♔d4 42.♕e3+ ♔xc4 43.♖c7+ ♔b5 44.♖xc2 ♖xc2 45.♕d3+ ♖c4∓.

35...♔g7–+ 36.♕e5+ ♔h6 37.♕f4 ♕xf2+! 38.♕xf2 ♖xf2+ 39.♔xf2 ♔xg5 40.♔e2 f5 0–1

Robert Fontaine

Robert Fontaine (Jahrgang 1980) wurde 2002 Großmeister und spielte mit guten Erfolgen in mehreren europäischen Schachligen. Als Schachjournalist schrieb er regelmäßig für das Magazin ‚Europe Échecs'. Seit 2009 war er mit Kateryna Lagno verheiratet. Der Franzose kam auf Vermittlung von Sebastian Siebrecht ins Team und überzeugte in seinen Einsätzen durch ein tiefes Spielverständnis. In der nachfolgenden Partie nutzte er strategische Fehlentscheidungen taktisch aus.

NILS GRANDELIUS – ROBERT FONTAINE
Essen, 09.04.2011

A29: Englische Eröffnung (Vierspringer-Variante)
(Ulrich Geilmann) *(CD Nr. 494)*

1.c4 ♘f6 2.g3 e5 3.♗g2 ♘c6 4.♘c3 g6 5.♘f3 ♗g7 6.d4 exd4 7.♘xd4 0–0 8.0–0 ♖e8 9.♘xc6

Alternativen sind 9.e3= oder 9.♘c2=.

9...dxc6= 10.♕b3 ♕e7 11.♗e3N

GM Grandelius versucht offenbar, 11.♗f4 zu verbessern. In den Datenbanken finden sich auch die Abspiele 11...a5 und 11...♘g4 (Siehe CD)

11...a5 12.♖fd1?

12.♘a4= hält das Gleichgewicht.

12...♘g4∓

Der Springerzug punktiert die weiße Stellung.

13.♗f4

Schablonenhaft. Nötig war 13.♗d2∓.

13...g5

Nicht schlecht, aber mit 13...♘xf2 wäre Weiß bereits vor schier unlösbare Probleme gestellt worden. 14.♔xf2 g5 15.♗d2 (15.♗xc7 ♛xc7–+) 15...♗d4+ 16.e3 (16.♔f1 ♛f6+ 17.♗f3 ♛xf3+ 18.exf3 ♗h3#; 16.♔e1 ♗xc3–+) 16...♗xe3+ 17.♗xe3 ♛xe3+ 18.♔f1 ♖e5.

14.♗c1

14.♗d2∓ ist anscheinend der einzige Zug für Weiß.

14...a4

Wieder bietet sich 14...♘xf2!–+ an: 15.♔xf2 ♗xc3 16.♗xg5 (16.bxc3? ♛xe2+ 17.♔g1 a4–+) 16...♛xe2+ 17.♔g1 ♛xb2 18.♛xb2 ♗xb2–+.

15.♛c2 ♛c5! 16.♘e4?

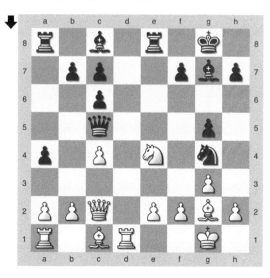

Der letzte Fehler. 16.e4∓ war eventuell noch irgendwie spielbar.

**16...♖xe4!–+   17.♛xe4   ♛xf2+
18.♔h1 ♗f5 19.♛e7 ♗f6 20.♛b4
♗e4! 0–1**

Kateryna Lagno

Kateryna Alexandrowna Lagno wurde 1989 in Lviv geboren und gehörte zum Freundeskreis um Andrei Volokitin und Nazar Firman. Sie erlernte das Schachspiel mit vier Jahren und hatte bereits in Kindertagen erste Erfolge. Den Großmeistertitel erhielt sie 2007 und war seitdem eine der besten Schachspielerinnen der Welt. Zusammen mit ihrem Ehemann Robert Fontaine gehörte sie in ihrer Auftaktsaison zu den verlässlichen Punktesammlern des Teams. Leider konnte sie aufgrund ihrer anderen Verpflichtungen nur selten eingesetzt werden. Gegen den Wattenscheider Frank Holzke gelang ihr ein ingesamt sehenswerter Schwarzsieg, der allerdings kurz vor Schluss nochmals ins Wanken geriet, da Kateryna in komplizierter Stellung nicht die richtige Fortsetzung fand.

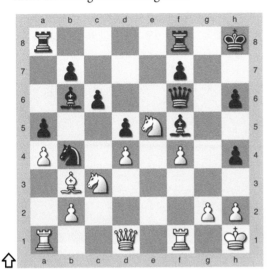

Frank Holzke – Kateryna Lagno
Essen, 10.04.2011 (CD Nr. 485)

20.g4?

Holzke versucht verzweifelt, Initiative zu entwickeln. Vermutlich hat Weiß jedoch nichts besseres, als mit 20.♕d2∓ eine Verteidigungsposition aufzubauen.

20...hxg3! 21.hxg3 ♖g8 22.♕h5?

Hier war 22.♖g1–+ angesagt.

22...♖xg3 23.♘xf7+ ♔h7 24.♘g5+ ♔g7 25.♘e2

Die nächste Verzweiflungstat! Weiß hätte vielleicht noch 25.♖g1 hxg5 26.♖xg3 ♖h8 27.♖xg5+ ♗g6 28.♕xh8+ ♔xh8 29.♖ag1–+ versuchen können. Das Materialverhältnis spricht gleichwohl eine klare Sprache!

25...♖xb3 26.♖g1 ♗g6?

Beinahe hätte Kateryna ihren Vorteil wieder weggeworfen. Nach 26...♔f8 27.♖g2 hxg5 28.fxg5 ♕e6–+ wäre der Gewinn immer noch klar gewesen. Ich erinnere mich dunkel, dass nun eine

gefühlte Ewigkeit verstrich, bevor Frank Holze schließlich zog.

27.♘f3?

Richtige Idee, aber falsche Ausführung! Stattdessen hätte 27.♘e4! die Partie sogar noch gerettet! 27...♕e6 (27...dxe4? 28.f5!+–) 28.♖xg6+! ♕xg6 29.♖g1 ♕xg1+ 30.♔xg1 dxe4 31.♕e5 mit Dauerschach.

27...♔h7 0–1

Wie hat sich Ilja Zaragatzki in der laufenden Saison geschlagen? „Durchwachsen" würde man beim Metzger sagen. In der nachfolgenden Partie spielt unser Sunnyboy allerdings souverän. Ilja wurde in diesem Jahr übrigens von seinen Teamkollegen fast nur noch liebevoll Mr. Europacup genannt, weil er dort von seinen Mitstreitern in einem allerdings nicht ganz ernst gemeinten Contest zum attraktivsten männlichen Schachmodel gewählt worden war.

Ilja Zaragatski – Tomi Nyback
Bremen, 27.02.2011
D02: Damenbauernspiele
(Ulrich Geilmann) (CD Nr. 515)

1.♘f3 d5 2.g3 ♘c6 3.d4 ♗g4 4.♗g2 ♕d7 5.c4 dxc4 6.d5 ♗xf3 7.♗xf3 ♘e5 8.♗g2! e6! 9.♕d4 ♘c6 10.♕xc4 0–0–0 11.♘c3 ♘b4

11...exd5+= 12.♕xd5 ♕xd5 13.♗xd5 ♘d4 war eine durchaus erwägenswerte Alternative.

12.0–0 exd5 13.♕b3! d4 14.a3 ♘c6 15.♘b5! ♘a5

In den Datenbanken findet sich die Alternative 15...♗c5 Nach 16.♗f4 ♗b6 17.♗xc7 ♗xc7

18.♘xa7+ ♚b8 19.♘xc6++– steht Schwarz allerdings bereits bedenklich.

16.♘xa7+ ♚b8 17.♕b5 ♕xb5 18.♘xb5 ♗d6 19.♘xd6 ♖xd6 20.♗f4 ♖d7 21.b4 ♘c4

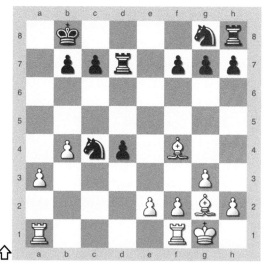

22.♖fc1 ♘d6

22...♘b6± war ebenfalls eine Option.

23.♗e5 ♘f6 24.♗xd4 ♖e8 25.e3 ♘b5 26.♗xf6 gxf6 27.a4 ♘d6 28.♖d1 ♖de7

Den Rest spult Ilja ganz locker ab. Schach kann so einfach sein, wenn der Spieler es beherrtscht. Eigentlich hätte Schwarz hier schon seinen König umlegen können, denn es gibt nicht einen Hauch von Gegenspiel.

29.♖d4 ♖e5 30.♖ad1 f5 31.♖h4 ♖h8 32.♖dd4 h6 33.♖h5 ♖e6 34.♖f4 ♖g8 35.h4 b6 36.♗h3 c5 37.bxc5 bxc5 38.♗xf5 ♖e5 39.♗g4 ♖xh5 40.♗xh5 f5 41.♚f1 ♚c7 42.♚e1 ♚b6 43.♗e2 ♖c8 44.♗d3 1–0

Matthias Thesing ist ein erklärter Fan der Paulsen-Variante der Sizilianischen Verteidigung. Wie wir gleich sehen werden, besteht diese Liebesbeziehung zu Recht.

THIES HEINEMANN – MATTHIAS THESING
Mülheim, 06.02.2011
B42: Sizilianisch (Paulsen-Variante)
(Ulrich Geilmann) *(CD NR. 531)*

1.e4 c5 2.♘f3 e6 3.d4 cxd4 4.♘xd4 a6 5.♗d3 ♘f6 6.0–0 ♕c7 7.c4 ♘c6 8.♘f3 ♘g4 9.g3

An dieser Stelle gibt es weitere Fortsetzungen: 9.h3, 9.♘c3 und 9.♘bd2 (Siehe CD).

9...h5N

Eine interessante Idee.

10.♗f4 e5

Matthias bleibt kreativ. 10...d6+= hätte hier zu einer eher statischen Stellung geführt.

11.♗d2+= ♗c5 12.b3?!

12.♘c3 war deutlich flexibler.

12...♕d6 13.♗c2?

Vermutlich ahnt der Hamburger Heinemann nichts Böses. Günstiger war gleichwohl 13.♕e2=.

13...h4!∓ 14.♘xh4

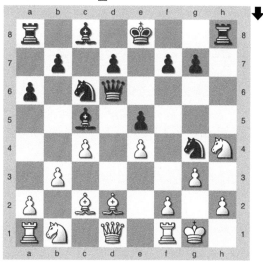

14...♖xh4

Wahrlich nicht von schlechten Eltern! 14...♘xf2 ist auch interessant. Es folgt 15.♖xf2 ♗xf2+16. ♔g2 (16.♔xf2 ♕d4+ 17.♗e3 ♕xa1 18.♕d6 ♕xa2 19.♘a3 ♖xh4 20.gxh4 ♘d4 21.♕xe5+ ♘e6–+) 16...♗d4 17.♘f5 ♕g6 18.♘c3 d6–+.

15.gxh4 ♕g6

15...♘xf2?! schlägt diesmal nicht durch. 16.♖xf2 ♗xf2+ 17.♔xf2 ♕d4+ 18.Îe3 ♕xa1 19.♕d6 ♕xa2 20.♗c5 ♕xc2+ 21.♘d2 ♔d8=.

16.♗g5 d6! 17.♘c3

17.h3 ändert nicht viel. 17...♘h6 18.♘c3 f6–+.

17...f6–+   18.♘d5   fxg5   19.♘c7+ ♔d8 20.♘xa8 ♕f6

20...♘d4–+ 21.♕d3 gxh4–+ sieht auch stark aus!

21.♕d2⧺ ♘d4 22.♗d1

Nach 22.hxg5 ♕f3 23.♕ae1 ♕h3–+ ist die Partie vorbei!

22...♘f3+! 23.♗xf3 ♕xf3 24.♕xg5+ 24...♔e8!

Aber nicht 24...♔d7? 25.♕f5++–.

25.♕h5+

25.♘c7+ reicht ebenfalls nicht. Nach 25...♔d7 26.♕f5+ (26.♕xg7+ ♔c6–+) 26...♕xf5 27.exf5 ♔xc7 28.h3 ♘f6–+ hat Schwarz entscheidenden Vorteil, auch wenn die Partie noch nicht vorbei ist.

25...♔e7 26.♕g5+ ♔f8! 27.♕d2

27.♕d8+ ♔f7 28.♕c7+ ♔g6 29.♕xc8 ♗xf2+ und Schwarz setzt Matt!

27...♕h3 28.♖fe1 ♘xh2 29.♖e3 ♗xe3 30.♕xd6+ ♔g8 31.fxe3 ♕g3+ 32.♔h1 ♘f3

Over and out! **0–1**

Sebastian Siebrecht kannte seine Theorie. Gegen den Wattenscheider Volkmar Dinstuhl lieferte er eine saubere Leistung ab. Der restliche Mannschaftskampf war für unsere Bochumer Freunde übrigens ein Desaster. Katernberg gewann 1:7

VOLKMAR DINSTUHL – SEBASTIAN SIEBRECHT
Essen, 10.04.2011
D49: Damengambit (Meraner Variante).
(Ulrich Geilmann) *(CD NR. 483)*

1.d4 d5 2.c4 c6 3.♘f3 ♘f6 4.♘c3 e6 5.e3 ♘bd7 6.♗d3 dxc4 7.♗xc4 b5 8.♗d3 a6 9.e4 c5 10.e5 cxd4 11.♘xb5 axb5 12.exf6 ♕b6 13.0–0 gxf6 14.♗e4 ♗b7 15.♗xb7 ♕xb7 16.♘xd4   ♖g8   17.♕f3   ♕xf3 18.♘xf3 ♖g4

18...♘b6 hält die Spannung aufrecht. 19.♖d1 ♗c5 20.a3 ♘d5 21.♗d2 ♗b6=.

19.b3 ♘e5N

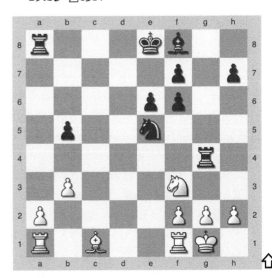

Der erste neue Zug. Bekannt waren 19...♖e4 sowie 19...♗c5 und last but not least auch 19...♘b6 (Siehe CD)

20.♘xe5 fxe5 21.♗b2 ♖e4

Schwarz steht aktiver.

22.♖fb1

22.a4= hätte das Gleichgewicht gehalten.

22...♗c5!∓ 23.♔f1 ♖f4 24.f3 e4!

25.♗e5 ♖f5 26.f4! h5

26...f6!? war sogar noch stärker. Es folgt 27.g4 fxe5 28.gxf5 exf4∓.

27.g3

27.a4∓ wäre hier zumindest einen Versuch wert gewesen.

27...f6 28.♗b2 e5! 29.a4

Jetzt war 29.♖e1∓ vermutlich der einzige Zug, der noch irgendwie funktioniert hätte.

29...exf4−+ 30.gxf4 ♖xf4+ 31.♔e1 ♖f2 32.axb5

Vermutlich musste sich Weiß auf 32.♖c1 ♖xb2 33.♖xc5 ♖xh2 34.♖f5−+ einlassen, um noch irgendeine Chance zu haben.

32...♖xa1 33.♗xa1 ♖xh2 34.♖d1 ♗b4+ 35.♔f1 e3 0−1

Christian Scholz wird die Saison 2010/2011 in keiner guten Erinnerung haben. Er erlebte buchstäblich sein Waterloo. Tatsächlich war neben seinem Kantersieg gegen den Berliner Dirk Poldorf eigentlich nur seine Partie gegen Inna Gaponenko vorzeigbar, die in Aue gespielt wurde.

Unser Gastspiel in Aue war übrigens in mehrfacher Hinsicht interessant. Zwar ist das schöne Städtchen im Erzgebirge eines der Reiseziele, die vom Ruhrgebiet aus nur mit erheblichem Zeitaufwand zu erreichen sind. Andererseits wurden wir dort mit erlesener Gastfreundschaft und einem unvergleichlichen Lokalkolorit empfangen, was für den Anreisestress mehr als entschädigte. Daher war die Stimmung auch während des Wettkamp-

fes gelöst. So fragte beispielsweise einer der Mülheimer Spieler, als wir im Turniersaal ankamen, wo sich denn wohl bitteschön die Raucherzone befände. Darauf sein Teamchef Daniel Friedman trocken: „In Zwickau – auf dem Bahnhof!".

Zur allgemeinen Erheiterung trug auch die überlieferte Nachfrage eines wohl etwas unbedarften Pressevertreters bei, der sich danach erkundigte, wann die Spieler denn wohl Pause machen würden, damit er sie besser interviewen könne. Die launige Antwort: „Nach dem Seitenwechsel!".

Dass wir an diesem Wochenende zudem vier Mannschaftspunkte nach Hause brachten, wird besonders die mitfahrende Fangemeinde (Vater Volokitin, Ingrid Lauterbach und Werner Nautsch) gefreut haben. August der Starke, der alte Sachsenkönig, hätte jedenfalls seine Freude an uns gehabt. Doch genug in Erinnerungen geschwelgt. Let's play chess!

CHRISTIAN SCHOLZ – INNA GAPONENKO
Aue, 10.10.2010 (CD NR. 587)

Die Ukrainerin Inna Gaponenko hat sich mit dem eher selten gespielten Blumenfeld-Gambit die Inititative gesichert. Nach 26...♞d4! wäre es für Christian wohl recht ungemütlich geworden.

Nach 27.♖ed1 ♖fa8 28.a3 ♝xc4 29.♝xc4 bxa3 30.♖xa3 ♖xa3 31.bxa3 ♖xa3 hätte er schwer um das Remis kämpfen müssen.

26...♖d8

Dieser Zug ist zwar auch nicht schlecht, aber nicht so zwingend.

27.♝f1!. ♞d4 28.♖ec1 ♖da8

28...h5 fühlt sich spannender an. 29.f3 ♝a6 30.h3 ♔f6 31.♔f2 ♞c6=.

29.♞b6 ♖b8 30.♝xb5 ♞xb5 31.♞c4 ♞d4 32.♔f1 ♖ba8 33.♞b6! ♖b8 34.♞c4 ♖a6 35.♖d1 ♖ba8 36.a3 ♖8a7 37.♖ac1 ♖b7 38.g3 bxa3 39.bxa3 ♖b3

Nach weiteren zehn Zügen wurde Remis vereinbart. ½–½ (49)

JENS KOTAINY – BENJAMIN TEREICK
Essen, 10.04.2011
C12: Französische Verteidigung
(MacCutcheon-Variante)
(Ulrich Geilmann) *(CD Nr. 482)*

1.e4 e6 2.d4 d5 3.♞c3 ♞f6 4.♝g5 ♝b4 5.e5 h6 6.♝d2 ♝xc3 7.bxc3 ♞e4 8.♕g4 g6 9.♕f4 c5 10.♝d3 ♞xd2 11.♕xd2 ♝d7 12.♞f3 ♝c6 13.h4 ♞d7 14.h5 g5 15.0-0

Oder 15.♞h2 (Siehe CD)

15...♕a5

Tereick verpasst 15...g4 16.♞h2 ♕g5 17.♕xg5 hxg5=.

16.dxc5N

Eine überraschende Fortsetzung, aber tatsächlich erste Enginewahl. Weiß gibt freiwillig seine Zent-

rumsstruktur auf und bietet überdies gleich noch ein temporäres Bauernopfer an, um seinem Spinger mehr Geltung zu verschaffen. Vorbereitung? In den Datenbanken findet sich 16.♖ad1 (Siehe CD)

16...♖c8?!

16...♞xc5= bleibt in der Remisbreite.

17.♞d4± ♞xe5?!

Auf 17...♕xc5 folgt 18.f4± und Weiß entfaltet eine starke Initiative. Nach 17...♞xc5 18.f3± steht Weiß besser.

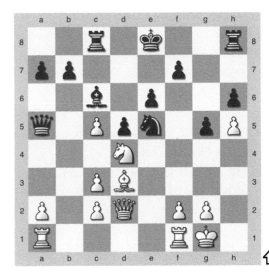

18.f4+– ♞xd3 19.cxd3 ♕xc5

19...g4+– war vielleicht einen Versuch wert.

20.fxg5 hxg5 21.♕xg5 ♕e7

21...♕xc3?! beantwortet Weiß mit 22.♕g7 ♖f8 23.h6+– und Schwarz hat Probleme.

22.♕g7 ♕f8 23.♕e5 ♝d7 24.♖ab1 b6 25.♞f5 ♖c6 26.♕b8+ ♝c8 27.♞d4 ♕c5

Vermutlich in der Erkenntnis gespielt, dass Schwarz nach 27...♖xc3 28.♞xe6+– keine guten Züge mehr hat.

28.♖b5 ♕xc3 29.♞xc6 ♕xc6 30.♕xa7 0–0

30...♛xb5 31.♕xf7+ ♕d8 32.♕f6++– ist hoffnungslos.

31.♕xb6 ♕c2

31...♕xb6+ 32.♖xb6 ♗d7 33.♖fb1+– und Weiß gewinnt.

32.♕e3 f6 33.♖c5 1–0

Bernd Rosen liefert sich mit GM Jan Gustafsson nachfolgend einen grandiosen Kampf!

JAN GUSTAFSSON – BERND ROSEN
Mülheim, 20.03.2011 (CD NR. 482)

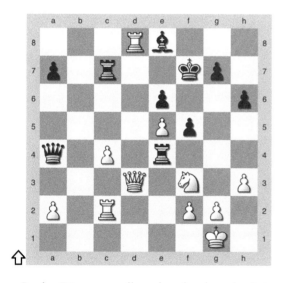

Jan Gustafsson

In der Diagrammstellung hat der deutsche Spitzenspieler einen Mehrbauern, doch beide Seiten sind in horrender Zeitnot.

39.♖d4

Im Blitztempo gespielt. Ein guter Zug, aber 39.c5!+– war gleichwohl stärker.

39...♗c6?!

Ebenso schnell aufs Brett gezaubert. Nach 39...♖xd4 40.♘xd4 ♖d7 41.♖b2 ♕a5 42.♕e3± behält Gustafsson zwar seinen Mehrbauern. Doch eigentlich war dies die beste Fortsetzung für Schwarz. Doch Gustafsson musste bei hängendem Blättchen noch seinen 40.Zug machen.

40.♕b3?!

Im Eifer des Gefechts und im Bestreben, die Zeitkontrolle zu schaffen, verpasst Weiß 40.♖d6+–. Rosen hätte jetzt bei hängendem Blättchen 40...♗b5 finden müssen, damit die Partie vielleicht noch haltbar war. (40...♗e8 41.♖xe6! ♔xe6 42.♕d6+ ♔f7 43.♕xc7++–) Nach 41.♘d2 ♖xe5 42.♖c1 stünde Weiß wegen der unkoordinierten schwarzen Figuren, des starken Freibauern auf c4 und der luftigen schwarzen Königsstellung auf Gewinn.

40...♕a5

Beide Blättchen sind noch oben. Allerdings ist es Bernd durch ein nicht ganz risikoloses Manöver gelungen, sich aus der Umklammerung zu befreien. Jan Gustafsson wird hier hingegen wahrscheinlich schon der einen oder anderen Chance hinterher getrauert haben.

41.♖dd2

41.♖d8! war eventuell einen Versuch wert! Nach

41...♖f4 (41...♗a4? 42.♕a3±) wäre die Stellung allerdings im Gleichgewicht.

41...♕c5 42.♕b8 ♗a4 43.♖c1 ♖xc4

Tadaaa... Material- und Stellungsausgleich! Der Rest der Partie ist nicht mehr sonderlich interessant. Beide Spieler konnten keine Vortschritte machen. Im 61. Zug wurde das Remis beschlossen.

½–½

SIE SIND AM ZUG
Lösungen ab Sreite 254

Aufgabe 28

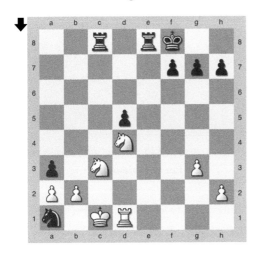

ROBERT RIS – MICHAEL ADAMS
Mühlheim 20.03.2011 (CD NR. 500)

In dieser kuriosen Stellung musste der englische Großmeister der Extraklasse bei knapper Zeit eine Lösung für seinen ♘a1 finden. Wenn Weiß den Gaul nicht verspeisen kann, ist es um ihn natürlich geschehen. Wie musste Schwarz agieren, um den Rappen aus seinem Gefängnis zu befreien. Die Aufgabe ist nicht ganz einfach.

Aufgabe 29

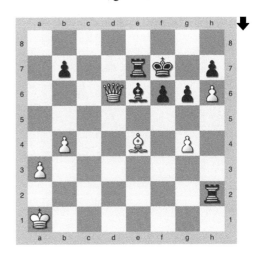

TIMO STRAETER – SARAH HOOLT
Essen 10.4.03.2011 (CD NR. 481)

Der Bruder des bekannten Kabarettisten Torsten Straeter wird sich über die Sprüche seines Bruders sicher mehr amüsiert haben als über die Diagrammstellung. Sarah Hoolt hatte ihm bis dato ganz schön zugesetzt und jetzt die Möglichkeit, sich mit 39... ♖xh6 einen Bauern einzuverleiben. Oder ist der vergiftet?

Aufgabe 30

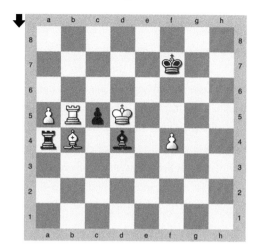

ETIENNE BACROT – ILJA ZARAGATSKI
Mühlheim 20.03.2011 (CD NR. 501)

In der Diagrammstellung hatte es Schwarz nicht leicht, die Stellung zu halten. Es gab viele Möglichkeiten, diese Endspiel in den Sand zu setzen. Wie erhielte er sich die größten Rettungschancen?

Aufgabe 31

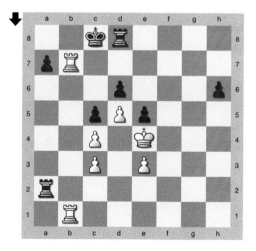

FERENC BERKES – VLADIMIR CHUCHELOV
Mühlheim 19.03.2011 (CD NR. 512)

Vladimir hatte ein scheinbar schlecht stehendes Doppelturmendspiel zu verteidigen. Mit der richtigen Idee sollte es durchaus haltbar sein, aber es gibt viele Stolpersteine.

Aufgabe 32

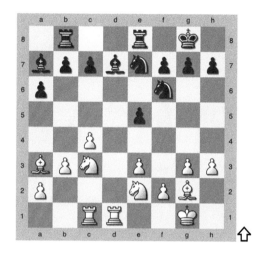

JONATHAN CARLSTEDT – CHRISTIAN SCHOLZ
Mühlheim 19.03.2011 (CD NR. 529)

Jonathan Carlstedt ist ein sehr sympathischer und umgänglicher Mensch, allerdings sollte es sich herumgesprochen haben, dass er ein ausgesprochener Englisch-Experte ist, der auf dem Schachbrett meist weniger höflich agiert, sollte jemand diese Eröffnung gegen ihn spielen. Er hat darüber ein sehr empfehlenswertes Buch geschrieben, dass wohl als eine Art Standardwerk betrachtet werden darf.

Christian Scholz versuchte es in dieser Partie trotzdem und nach seinem scheinbar harmlosen Zuf 15…♗d7 zeigte Carlstedt, dass er diese Eröffnung einfach sehr gut versteht – für den armen Christian viel zu gut.

Wie nutzte er den letzten schwarzen Zug folgerichtig aus und ließ dem Gegner nicht den Hauch einer Chance?

DIE SALLER HEIDI

In diesem Jahr stieß mit der schachbegeister-ten Heidi Saller übrigens ein neues Gesicht zur wachsenden Fangemeinde des Katernberger Teams. Die gebürtige Münchnerin, die bereits seit mehreren Jahren im Ruhrgebiet lebte, hatte Interesse geäußert, einmal Bundesligaluft zu schnuppern und begleitete die Mannschaft fortan u. a. auch bei einigen Auswärtskämpfen.

Sie ließ es sich ferner auch nicht nehmen, Ihre Eindrücke schriftlich niederzulegen und ab und an auf unserer Homepage zu berichten. Die in bayrischer Mundart verfassten Reportagen aus Mülheim und Bremen gehörten zweifelsfrei zu den journalistischen Highlights der Saison, zumal sie es verstand, die Geschehnisse auf und neben den Brettern unterhaltsam zu vermitteln. Hier einige Auszüge:

MEIN ERSTES MAL

Das Schachspiel weckt in mir angenehme Kindheitserinnerungen. G'lernt hab i's vom Vater, wie so Viele, die das erste Mal mit diesem Sport in Berührung kommen. Besonders das kleine hölzerne Schachkästlein mit dem ziselierten Goldverschluss, das ich beim stöbern im Wohnzimmer versteckt fand, hatte meine Aufmerksamkeit geweckt. Und als ich dann das Schatzkästchen aufgemacht habe und die Figuren sah, war i hin und weg. Besonders das Rösslein hatte es mir angetan. Danach hab i mein Vater mit Engelszungen angefleht, er soll mir das Spui a moi zoang. Fortan kam ich vom Schach nicht mehr los.

Umso mehr hat's mich nach längerer Schachabstinenz g'freid, als ich eines Tages vom Katernberger Teamchef eingeladen wurde, einen Einblick in die Bundesliga zu gewinnen. Ich war jedenfalls g'spannt, wie denn wohl die großen Meister so sind. Mein erster Eindruck war: Ziemlich fokussiert san's, die Prinzen. So sehr, dass mi der oane oder andere bei der Begrüßung fast gar ned wahrgenommen hat.

Diesmal hatten es die Sportfreunde Katernberg gegen den SV Mülheim-Nord zu tun. Quasi also a Lokalderby... so als ob die 60iger gegen die Bayern spielen. Wobei i als waschechte Münchenerin immer für die Blauen war. Diesmal hielt ich natürlich für die Grün-Weißen, meine Gastgeber. Und die schickten ein durchaus beachtliches Team ins Rennen:

SV Mülheim-Nord – SF Katernberg

1 Potkin – Negi
2 Tregubov – Chuchelov
3 Landa – Bischoff
4 Berelowitsch – Firman

5 Hausrath – Zaragatski
6 Feygin – Thesing
7 Saltaev –Siebrecht
8 Levin – Scholz

Gespielt wurde am 4.2.2011 ab 16.00 Uhr im Vereinsheim der Mülheimer. Die haben dort eine fast schalldichte Kabine, in der sich die Meister von den neugierigen Blicken von uns Amateuren verstecken konnten.

Die Eröffnungsphase verlief – so sah es zumindest für mich aus – ziemlich ausgeglichen. „Des san' da so Strategen" - hätte mein Vater gesagt. Bei der einen oder anderen Partie entsponnen sich wirklich in-

Von den Mühlheimern setzte es Prügel.

teressante Varianten. Man musste teilweise schon gehörige Übersicht haben, um da nicht durcheinander zu kommen. So hatte ich' mir tatsächlich vorg'stellt. Anregend. Interessant. Spannend.

Dann griff der junge Inder Parimarjan Negi an. „Wie Ferkels Willhelm" - sagt man wohl im Ruhrpott. Sein Gegner opferte darauf hin eine Figur, um Gegenspiel zu bekommen. Ob das allerdings gelingen würde blieb im Nebel. Rauchgeschwader zogen auf… ein falscher Zug und schon san alle Möglichkeiten dahin.

Auch gefiel mir die Partieanlage des Ukrainers Nazar Firman, der seinen Franzosen scheinbar mustergültig behandelte und sich durch ein Qualitätsopfer einen Vorteil zu erspielen hoffte. Letztlich spiel'n aber auch die übrigen Katernberger mit offenem Visier gegen die im Schnitt elostärkeren Mülheimer. Wie auch immer: Die Köpfe in der schalldichten Kabine rauchten jedenfalls merklich.

Während dessen erlaubte ich mir ebenfalls ein kleines Partiechen, wobei mir leider versehendlich König abhanden kam. Ja mei… man kann halt nicht immer gewinnen. Aber das nächste mal spui i mein Gegner unter'n Tisch nei!

Während dessen ereilte den guten Parimarjan dann plötzlich sein Schicksal. Er lief nach einem offenbar etwas problemschwangeren Damenzug in eine sauber erspielte Mattvariante. Fatal… fatal! „Mein Verein" lag mit einem Zähler hinten (0:1) und auch insgesamt schien sich die Waage nach gut drei Spielstunden in die falsche Richtung zu neigen. Zumindest hatten die langen Kerls der Katernberger (Sebastian Siebrecht und Dr. Christian Scholz) strategische Probleme; auch Vladimir Chuchelov hatte sein Päckchen in Form eines fehlenden Zentralbäuerchens zu tragen… Himme Herrgott Sakrament noamoi! So hob i mir des aba ned denkt!

19.35 Uhr sind die Herren Bischoff und Landa der Meinung das Spiel mit einem Remis zu beenden (0,5:1,5). Kurz danach taten es ihnen Ilja Zaragatski und Daniel Hausrath gleich. (1:2). Hmmm, i woas ja ned… I glaub des hätt' i a macha kenna…

Und als dann auch noch Nazar Firman seine Partie verlor (1:3) und ebenfalls die Partie Thesing gegen Feygin unentschieden endete (1,5:3,5), war´s dann wirklich zappenduster.

Letztlich verlor dann aba a no der Siebrecht Wastl und der Abend war g'laufa (1,5:4,5). Echt frustrierend des Ganze. Und das, obwohl namhafte Spieler bereits ihr gesamtes Hab und Gut auf Katernberg gesetzt hatten… Herzlich'n Glückstrumpf, die Alm is weg!

Das Remis von Vladimir Chuchelov war leider nur noch a Flieagenschiss (2:5), zumal dann auch noch später der Dokda Scholz die Waffen streck'n musste (2:6).

SV Mülheim-Nord – SF Katernberg 6:2

1 Potkin – Negi   1 : 0
2 Tregubov – Chuchelov ½ : ½
3 Landa – Bischoff   ½ : ½
4 Berelowitsch – Firman 1 : 0
5 Hausrath – Zaragatski ½ : ½
6 Feygin – Thesing   ½ : ½
7 Saltaev – Siebrecht   1 : 0
8. Levin – Scholz   1 : 0

Tja… wie sagt man doch so schön und richtig: „Beim ersten Mal tut es noch weh…"

Nach dem Kampf ging's dann zum Inder, dem Vernehmen nach, um für den nächsten Tag die notwendige Schärfe ins Spiel zu bekommen. Jedenfalls war der 4. Tabellenplatz damit dahin.

Nach einer relativ erholsamen Hotelnacht im eher spröden Einzelzimmer auf weitgehend durchgelegener Matratze hieß der nächste Gegner meiner Katernberger Sportfreunde am Samstag um 14.00 Uhr dann SF Berlin. Wie ich hörte, gab's da eine Scharte auszuwetzen. Nun, ich war jedenfalls gespannt. Auch deshalb weil man nun nicht mehr im Vereinsheim von Mülheim-Nord sondern in der geräumigen Sparkasse spielte. So konnte ich einerseits die Partien besser verfolgen und andererseits sollte es auch eine Kommentierung geben.

Und so sah das Spielerkarussell aus:

SF Katernberg – SF Berlin

1 Negi – Markos
2 Chuchelov – Kremer
3 Bischoff – Miezis
4 Firman – Lauber
5 Zaragatski – Polzin
6 Thesing– Schneider
7 Siebrech t– Thiede
8 Scholz – Poldauf

Die Berliner stellten stark auf, wie man mir sagte. Offenbar wollten sie's beweisen. Des is aba ned nett, sagt ma bei uns in Fürstenfeldbruck. Insgesamt waren die Elozahlen aber ausgeglichen. Damit standen sich zwei gleichstarke Teams gegenüber. Nach obligaten Eröffnungsreden ging's dann los. Auf geht's Buam:

Wenn man den Kommentatoren glauben durfte, zeigte sich zunächst eine recht solide Eröffnungsbehandlung beider Mannschaften. Der Teamchef der Katernberger – der Geilmann Ulli – schien jedenfalls ganz zufrieden und i wollt da dann aa ned rummaule.

Es blieb also Zeit, um sich a wein'g umzuschauen. Sich also mal quasi in die Meister reinzuversetzen. Dabei fiel mir besonders auf, dass man den meisten Spielern kaum ansah, wie die sich momentan so fühlten. Pokerface nennt man's wohl gemeinhin. Aber gut… wenn man aba genauer hinsah, verrieten sie sich doch. Der oane spuit se mit de Haar, der andere wippte mit'm Fuaß, der Dritte zuckt mit de Aug'n und der Vierte mümmelt ständig Bananen. Dennoch kein Vergleich zu der vibrierenden Anspannung von Gestern. Heute war's freilich vui relaxter.

Doch dann gab's erstmal an kloan Dämpfer. Der Thesing Hias bockte etwas überraschend gegen den Schneider Ilja. (0:1). Heiliger Sankt Haberguck! Soll des scho wieder in die Hos'n geh, oda was?!

Auf den Schreck erst moi an Happen essen, denk i mir und leg mir „Fleischpflanzal" auf mein Teller. Ein Löffel

Glück gehört dazu

Kartoffelsuppe dazu und an guad'n Appetit. Für den, der jetzt sagt… Kartoffelsuppe… wo gab's die denn? Bei Euch nennt man des dann Kartoffelsalat! Geht gar ned und obwohl jeder Gang schlank macht, den hab ich mir dann erspart. Am Sonntag gibt's dann wieder Hausmannskost und da g'frei im i jez scho drauf!

Jedenfalls war der Kampfverlauf vui zähflüssiger als gestern auf d'Nacht. Dabei waren die Katernberger Auguren noch ganz guad'n Mutes.

Kurz vor der ersten Zeitkontrolle gewann Dr. Christian Scholz seine Partie. Damit glich Katernberg aus. (1:1). Danach entstand bei der Partie Firman gegen Lauber ein packendes Blitzschachduell - „leider mit falschem Ausgang". Anstatt sich eine Mehrfigur einzusacken, überschritt der Ukra-

inische Meister die Zeit. Zeitnotkoma (wie heuer der andere ukrainische Champ Andrei Volokitin)! Knapp daneben ist eben auch vorbei! Damit ging Berlin - gleichwohl zu diesem Zeitpunkt etwas unverdient - in Führung (1:2).

Nach besagten den Zeitnotdramen kippte der Kampf dann aber scheinbar wirklich zugunsten des Berliner Schachfreundeskreises:

Parimarjan Negi - klar schlechteres Turmendspiel, kämpft um's Überleben,

Vladimir Chuchelov - höchstens Remis wegen Minusbauern im Springerendspiel,

Klaus Bischoff - Minderqualität aber gehörige Fudelchancen,

Ilja Zaragatski - sehr unangenehmer Raumnachteil und zudem starken Freibauern gegen sich sowie Sebastian Siebrecht – Gewinnstellung mit mehreren Bauern für die Minderfigur.

Der Wastl war damit im Moment der oanz'ge Lichtblick im ganzen Schlamassel.

Kurz danach das schon fast ersehnte Remis bei Klaus Bischoff durch Zugwiederholung. (1,5:2,5). Dabei musste er im Rahmen der Analyse aber zu seinem schieren Entsetzen feststellen, dass er seinen Gegner stattdessen doch glatt in 6 Zügen hätte matt setzen können. Jessas-na! Was für ein vermaledeites Desaster! Willkommen im Land der verpassten Möglichkeiten!

Wenigstens gewann dann erstmal der lange Wastl (2,5:2,5).

Danach rauchten die Köpfe erst recht. Von nun an kämpften die Katernberger Mannsbilder in teilweise fast aussichtslosen Stellungen verbissen um das Unentschieden.

Dann geschah etwas, was ich wohl in den nächsten Tagen bei der „Akte-X-Redaktion" einreichen werde:

Um 20.00 Uhr schaffte Parimarjan tatsächlich sein Remis! (3:3). Fast eine Stunde später folgte ihm Ilja (3,5:3,5). Bei seiner Partie hatten die Experten eigentlich die wenigsten Hoffnungen. Und auch Vladimir packte es schließlich! (4:4). Wow! Ein unglaubliches Glück für die Katernberger!

Wunder gibt's offenbar doch immer wieda!

SF Katernberg – SF Berlin 4:4

1 Negi Markos	½ : ½
2 Chuchelov – Kremer	½ : ½
3 Bischoff – Miezis	½ : ½
4 Firman – Lauber	0 : 1
5 Zaragatski – Polzin	½ : ½
6 Thesing – Schneider	0 : 1
7 Siebrecht – Thiede	1 : 0
8 Scholz – Poldauf	1 : 0

Tja, scheinbar tauge ich tatsächlich als Maskottchen! Aber muss ich deshalb wirklich immer an jedem einzelnen Tisch mithelfen!? Ja mei, des Dammadrucka hat sich allerweil gelohnt – auch wenn die Finger scho ganz blau san. Nee.. nee.

Der Abend klang dann in lustiger Runde beim Asiaten aus, wobei sich Vladimir in gar köstlicher Art und Weise darüber beschwerte, dass seine gestrige Partievorbereitung wohl etwas unter den äußeren Rahmenbedingungen gelitten hatte. So musste er ein Pärchen im Nebenzimmer ertragen, dass mit Schach scheinbar wenig am Hut hatte.

EIN STÜCK WEIT NACH OBEN

2011-2012

Besonderheiten der 32. Spielzeit der deutschen Schachbundesliga waren eine zunächst noch unverbindliche Kleiderordnung sowie die rundherum gelungene zentrale Auftaktrunde in Mülheim.

Gleichwohl beherrschte die OSG Baden-Baden das Feld. Aufsteiger der Saison 2011/2012 waren König Tegel (Gruppe Nord), USV TU Dresden (Gruppe Ost), SV 1930 Hockenheim (Gruppe Süd) und SC Hansa Dortmund (Gruppe West). Als einziger Aufsteiger konnte der SV 1930 Hockenheim den Klassenerhalt sichern. Zusätzlicher Absteiger war der SC Remagen, was durchaus überraschend und sportlich gesehen bedauerlich war. Von Anfang an spielte das nominell hoch eingeschätzte Team mit dem Rücken zur Wand. Der dadurch entstandene Erfolgsdruck wurde immer größer und schon bald gehörte Remagen tatsächlich zum engeren Kreis der Abstiegsaspiranten. Irgendwann wurde der Albtraum dann zur bösen Realität! Die SF Katernberg spielten deutlich über den Erwartungen und profitierten vielleicht ein wenig von der weiterhin anhaltenden Aufrüstung der Liga. Das Ergebnis dieses Prozesses war einerseits, dass selbst Abstiegsaspiranten in der Lage

waren, arrivierten Clubs ein Bein zu stellen. Andererseits war festzustellen, dass die Vereine mehr und mehr taktisch aufstellten, um ihre Chancen gegen vermeindlich schwächere Konkurrenten zu erhöhen und bei eher unklaren Reisepartnerduellen auch ein wenig Geld zu sparen.

Das Katernberger Team wurde gleichwohl noch einmal neu geordnet, wobei FM Bernd Rosen seinen Platz für den sympathischen ukrainischen

Platz	Verein	G	U	V	Brettpunkte	Mannschaftspunkte
1.	OSG Baden-Baden	13	1	1	80,5:39,5	27:3
2.	Werder Bremen	12	1	2	77,0:43,0	25:5
3.	Schachgesellschaft Solingen	11	1	3	71,0:49,0	23:7
4.	Schachclub Eppingen	9	3	3	67,5:52,5	21:9
5.	SV Wattenscheid	8	2	5	64,0:56,0	18:12
6.	SG Trier	8	1	6	67,0:53,0	17:13
7.	*Sportfreunde Katernberg*	*7*	*1*	*7*	*56,0:64,0*	*15:15*
8.	SV 1930 Hockenheim (N)	5	4	6	56,5:63,5	14:16
9.	SV Mülheim-Nord	5	3	7	60,5:59,5	13:17
10.	Schachfreunde Berlin	5	3	7	56,5:63,5	13:17
11.	SK Turm Emsdetten	5	2	8	54,5:65,5	12:18
12.	Hamburger SK	4	2	9	52,5:67,5	10:20
13.	SC Hansa Dortmund (N)	3	4	8	48,0:72,0	10:20
14.	USV TU Dresden (N)	4	0	11	52,0:68,0	8:22
15.	SC Remagen	2	3	10	53,0:67,0	7:23
16.	König Tegel (N)	3	1	11	43,5:76,5	7:23

GM Yury Kryvoruchko frei machte. Ferner wurde der aufstrebende Jugendspieler Patrick Imcke aufgestellt, der jedoch leider nicht zum Einsatz kam.

Einen positiven Score erzielten GM Andrei Volokitin, GM Robert Fontaine, GM Vladimir Chuchelov und der frisch gebackene GM Nazar Firman. GM Yury Kryvoruchko, GM Kateryna Lagno, GM Igor Glek, IM Matthias Thesing, IM Robert Ris und IM Christian Scholz wiesen knapp ausgeglichene Partieleistungen auf. Für alle anderen Spieler verlief die Saison 2011/2012 wohl eher enttäuschend.

Andrei spielte wieder einmal eine außergewöhnlich gute Saison. In der nachfolgenden Partie überspielt er das Solinger Spitzenbrett Markus Ragger. Parallel hatte ich es übrigens mit Viktor „dem Schrecklichen" Kortschnoi zu tun, der sich anlässlich des 80 jährigen Vereinsjubiläums der SF Mülheim einer Simultanveranstaltung stellte.

Name	Elo	G	R	V	Ergebnis
GM Andrei Volokitin	2686	3	1	2	3,5/5
GM Yury Kryvoruchko	2666	1	3	1	2,5/5
GM Parimarjan Negi	2631	1	4	1	3,0/6
GM Robert Fontaine	2552	2	1	1	2,5/4
GM Klaus Bischoff	2547	2	5	6	4,5/13
GM Vladimir Chuchelov	2538	2	4	0	4,0/6
GM Kateryna Lagno	2554	0	2	0	1,0/2
GM Nazar Firman	2517	5	3	3	6,5/11
GM Sebastian Siebrecht	2471	1	7	3	4,5/11
IM Ilja Zaragatski	2474	1	7	3	4,5/11
FM Jens Kotainy	2406	1	7	3	4,5/11
GM Igor Glek	2408	1	5	2	3,5/8
IM Matthias Thesing	2404	2	4	2	4,0/8
IM Robert Ris	2403	2	3	2	3,5/7
IM Christian Scholz	2387	2	3	3	3,5/8
WIM Sarah Hoolt	2286	0	1	2	0,5/3
Patrick Imcke	1838	-	-	-	-/-

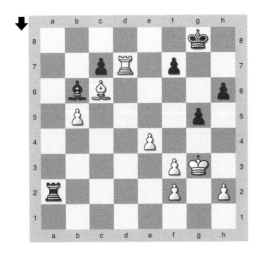

Andrei Volokitin – Markus Ragger

Mülheim, 15.04.2012 (CD Nr. 368)

Weiß hat einen Mehrbauern, aber die Stellung ist wegen der ungleichfarbigen Läufer nicht einfach zu gewinnen. Der österreichische Spitzenspieler Markus Ragger, der die Solinger Farben vertritt, hat allerdings auch keine leichte Aufgabe, um die Partie in den Remishafen zu schippern. Wie soll er sich verteidigen?

35...♗xf2+?! beispielsweise hätte in den weißen Plan gepasst. Hierzu ein mögliches Abspiel: 36.♔g4 ♗b6 37.♗d5 ♖xh2 38.♔f5 ♖h4 39.♗xf7+ ♔f8 40.♗g6 ♖f4+ 41.♔e6 ♖xf3 42.♗f5 ♖b3 43.e5 ♖xb5 44.♔f6 c6 45.e6+–;

35...♖xf2?! tut auch nichts für die Stellung. 36.♗d5 ♖b2 37.♖xf7 ♖xb5 38.♖d7+ ♔f8 39.♔g4 ♖c5 40.♖f7+ ♔e8 41.♖f6+–;

Die beste Möglichkeit besteht wohl in 35...♖b2, um den b-Bauern anzugreifen. Nach 36.♗d5 ♗xf2+ 37.♔g4 ♖xb5 38.♖xc7 ♗g1 39.♗xf7+ ♔f8 40.h3 ♖c5 41.♗d7 ♖c3 steht Schwarz zwar weiter mit dem Rücken zur Wand, hat aber noch reelle Remischancen.

Ragger entschließt sich allerdings zu **35...Ta1?**, und Weiß gelingt es jetzt recht schnell, denn Widerstand zu brechen. Nach **36.♔g4+– ♔g7 37.♔f5 ♖a3 38.e5 ♖a4 39.e6 ♖f4+ 40.♔e5 &f6 41.♗d5 ♖f4 42.♗e4** gibt es keine Rettung mehr (42...♖f6 43.♗f5 ♗c5 44.e7+–). **1–0**

Yuriy Kryvoruchko, der von uns auf ausdrückliche Empfehlung von Andrei Volokitin und Nazar Firman angesprochen worden war, führt sich mit einem Paukenschlag ein. Er besiegt scheinbar mühelos den russischen GM Alexander ‚Sascha' Motylev, der nach seinen Katernberger Jahren inzwischen für Mülheim spielte. Der ukrainische Nationalspieler (Jahrgang 1986) kam ebenfalls aus Lviv. Er erlernte das Schachspiel mit sieben Jahren und wurde seit frühester Jugend von namhaften Trainern ausgebildet. Nach vielen Turniererfolgen wurde er schließlich 2006 zum Großmeister ernannt. Zwei Jahre später beendete zudem erfolgreich ein Ingenieurstudium. Yuriy zeigt während einer laufenden Partie übrigens kaum Regungen. Sein Pokerface bleibt unergründlich. Niemand sollte sich aber durch die äußere Fassade täuschen lassen. Der Gute besitzt eine gute Prise trockenen Humors.

Nebenbei bemerkt hatten sich Andrei und Yuriy im laufenden Spieljahr für den 2013 stattfindenden Worldcup qualifiziert. Andrei knackte dabei en passant auch noch die magische 2700- er Elohürde. Das sind wirklich schon höhere Weihen!

Yuriy Kryvoruchko

YURIY KRYVORUCHKO – ALEXANDER MOTYLEV
Mülheim, 14.10.2011
B14: Caro-Kann (Panow-Angriff)
(Ulrich Geilmann) (CD NR. 480)

1.e4 c6 2.d4 d5 3.exd5 cxd5 4.c4 ♘f6 5.♘c3 e6 6.♘f3 ♗b4 7.cxd5 ♘xd5 8.♗d2 ♘c6 9.♗d3 ♘ce7 10.0–0 ♗d6

Auf 10...♗d7 folgt 11.♘e5 0–0+=

11.♘e5 0–0N

11...♘xc3 (/Siehe CD)

12.♖e1 ♗b8?!

Besser ist 12...♘b4+=. Jetzt übernimmt Yuriy die Initiative.

13.♕h5± ♘f6 14.♕h4 ♘f5 15.♗xf5 exf5 16.♗g5 h6 17.♗xf6 ♕xf6 18.♕xf6 gxf6 19.♘c4

Die schwarze Stellung bietet ein desaströses Bild, zumal man einen Trippelbauern auf Großmeisterniveau selten sieht. Ob in der russischen Schachschule keinen Wert mehr auf ordentlich konstruierte Bauernketten gelegt wird?

**19... ♖d8 20.d5 ♔f8 21. ♖ad1 ♗d7
22.a4 ♖c8 23. ♖d4 ♗c7 24.d6 ♖e8**

Ein wenig für die Galerie gespielt. 24...♗d8± war vermutlich stärker.

25.♔f1

Auf Sicherheit. Günstiger ist 25. ♖ed1 ♗d8 26.b3+–.

25... ♖xe1+ 26.♔xe1 ♗d8

26...♖e8+ 27.♔d2 ♗d8+– hätte den weißen Vorteil noch vergrößert.

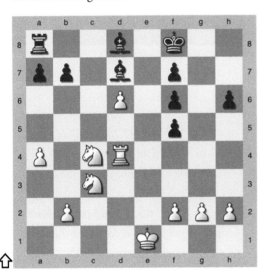

27.♔d2± ♖c8 28.♔d3 ♖c5 29.b3 ♖c8

Vermutlich hätte sich Sascha auf 29...♗e6± einlassen sollen. Gleichwohl spielt sich die weiße Stellung fast wie von selbst, während Schwarz zur Passivität verdammt ist.

**30. ♖h4+– ♔g7 31. ♖f4 ♗e6
32.♘b5 a6 33.♘d4 ♖c5 34.♘e3
♔g6 35.b4! ♖e5 36.♘xe6**

Oder 36.a5+–.

36...fxe6 37. ♖c4 ♗b6?

37...b5 38. ♖c8 ♗b6 39. ♖c6 ♗xe3 40.fxe3

♖d5+ 41.♔c3 bxa4 42. ♖xa6+– bot vermutlich bessere Chancen.

**38.a5 ♗xe3 39.fxe3 ♔f7 40. ♖c7+
♔e8 41.d7+ ♔d8 42.♖xb7 ♖d5+
43.♔c4 ♖e5**

43...f4 44.exf4 ♖h5 45. ♖a7 ♖xh2 46. ♖xa6 ♔xd7 47. ♖a7+ ♔c6 48. ♖g7+– war vielleicht noch einen Versuch wert.

44.b5 axb5+ 45.♔b4 1–0

Parimarjan Negi spielte auch in dieser Saison gegen eine ausgesucht starke Gegnerschaft grundsolide. Gegen den talentierten Hrant Melkumyan, einem Trainingspartner von Levon Aronjan, erspielte er sich zunächst eine gute Mittelspielstellung. Melkumyan traf dann unter Zeitdruck falsche Entscheidungen und musste sich dann mit einem schlechten Endspiel abfinden, dass Parimarjan dann für sich verwertete.

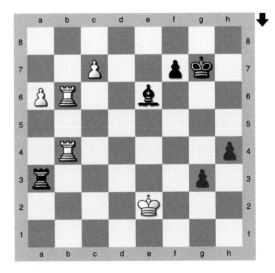

PARIMARJAN NEGI - HRANT MELKUMYAN
Hamburg, 17.03.2012 (CD NR. 392)

Die Stellung ist sehr zweischneidig und Schwarz hat mit 48…♖a2+ die Chance, sich im Spiel ztu halten. Nach beispielsweise 49.♖b2 ♗g4+ 50.♔e3 ♖a3+ 51.♖2b3 ♖a1 hätte Weiß zwar weiterhin Gewinnchancen, doch ein klarer Weg zum Sieg ist nicht zu erkennen.

Melkumyan entschließt sich aber zu **48…g2?!**, und nach **49.♔f2** legt er mit **49…h3?** nach. Nur mit 49…♗h3 wäre noch etwas Hoffnung geblieben, jetzt macht Weiß die Sache indes klar mit **50.♖xe6!**. Schwarz versucht noch **50…♖g3**, muss aber nach **51.♖e1 h2 52.♖bb1** aufgeben.

Bedauerlicherweise kam Kateryna Lagno in der Saison 2011/2012 nur zweimal zum Einsatz. Das lag zum einen an dem Umstand, dass sie vielfältige schachliche Verpflichtungen hatte. Zum anderen betreute die junge Mutter mit großer Leidenschaft ihren Nachwuchs. Doch wenn sie dann doch einmal am Brett saß, spielte sie mit vollem Einsatz!

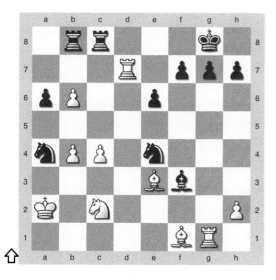

IVAN SARIC - KATERYNA LAGNO
Hockenheim, 20.11.2011 (CD NR. 446)

Ivan Saric hat sich durch starkes Druckspiel eine Gewinnstellung erarbeitet und kann jetzt die Ernte einfahren.

28.b7

Eine gute, aber nicht die stärkste Fortsetzung. 28.♗d4! g6 29.b7 ♘ec3+ 30.♗xc3 ♘xc3+ 31.♔b3 ♖xb7 32.♖xb7 ♗xb7 33.♔xc3 und Weiß verbliebe mit einer Mehrfigur.

28…♘ec3+ 29.♔b3 ♗xb7 30.♗d4 g6 31.♖xb7?

Verstehe einer die Männer! Nach 31.♗xc3 ♘c5+ 32.bxc5 ♗c6+ 33.♔a2 ♗xd7 34.♗e5 ♖a8 (34…♖b7 35.♗g2 ♖xc5 36.♗xb7 ♖xe5+–) 35.♗d6+– hätte Weiß entscheidenden Vorteil, oder? Wie auch immer! Im nachfolgenden Endspiel muss Saric sich jetzt jedenfalls ordentlich strecken.

31…♖xb7= 32.♗xc3 ♘xc3 33.♔xc3 a5! 34.bxa5 ♖a7 35.♗g5 f5 36.♘d4 ♖xa5 37.♘xe6 ♖a1 38.♗d3 ♔f7 39.♘d4 ♖a3+ 40.♘b3! ♖a2 41.h3 ♔f6 42.♖g3 f4 43.♖f3 ♔e5 44.c5 ♖a3 45.♔b4 ♖xb3+ 46.♔xb3 ♖xc5 47.♗c2 ♖c7 48.♔b2 g5 49.♖b3 ♔d4 50.♖d3+ ♔e5 51.♖d8 ♖f7 52.♗b3 ♖f6 53.♖d5+ ♔e4 54.♖xg5 f3 55.♗c4 f2 56.♗f1 ♖g6 57.♖xg6 hxg6 58.♔c3 g5 59.♔d2 nebst Friedenspfeife ½–½

Das Wettkampfwochenende in Hockenheim ist mir aus mehreren Gründen in lebhafter Erinnerung geblieben. Zunächst passierte mir auf der Hinfahrt einen kleiner Unfall, dessen Folgen mir ein örtliches Autohaus aber fix mit Leukoplast flickte.

Zum anderen hatte ich eine kurze persönliche Begegnung mit Exweltmeister Anatoli Karpov, der dort Sponsorentermine wahrnahm. Schließlich fand auf dem Hockenheimring ein Amateurrennen statt, was die Samstagskämpfe zunächst in Frage stellte. Durch meine Intervention konnte die Veranstaltung dann aber doch stattfinden, wobei hocheffiziente Ohrstöpsel verteilt wurden.

Sebastian Siebrecht wurde häufig eingesetzt und schlug sich ganz achtbar. Seine Partien waren stehts umkämpft; so auch seine Begegnung gegen den starken Bremer Großmeister Alexander Areshchenko.

Ulrich Geilmann meets Anatoli Karpov

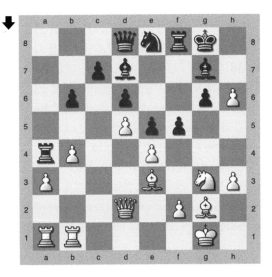

ALEXANDER ARESHCHENKO – SEBASTIAN SIEBRECHT
Emsdetten, 04.02.2012 (CD NR. 421)

Arschenko hat gerade **21.h5-h6** gezogen, was sehr optimistisch ist. Sebastian verpasst hier eine gute Gelegenheit, um in Vorteil zu kommen. 21...♗f6! 22.exf5 gxf5 23.f4 e4 und Schwarz stünde deut-

lich besser. Ein Beispiel: 24...♖a2 ♕a8 25.♖b3 ♔h7 und Schwarz kann auf beiden Flügeln aktiv werden. Sebastian zieht stattdessen **21...f4**, wonach die Stellung nahezu ausgeglichen ist.

> **22.hxg7 ♘xg7 23.♖b3 ♕h4**
> **24.♗xf4 ♖xf4 25.♖c1 ♖a7**
> **26.♖bc3 ♗xh3 27.♖xc7 ♖xa3**
> **28.♕b2 ♖a8 29.♗xh3 ♕xh3**
> **30.♕c3 ♖af8**

Ein nachvollziehbarer Gedanke. Solider war gleichwohl 30...♘h5 31.♖c8+ ♖xc8 32.♕xc8+ ♕xc8 33.♖xc8+ ♔f7 34.♘xh5 gxh5=.

> **31.♖xg7++=**

Ob Sebastian damit gerechnet hat?

> **31...♔h8**

31...♔xg7 32.♘f5++−

> **32.♖c2 ♖f3 33.♕xf3?!**

Nach 33.♖xg6 ♖xc3 34.♖xc3 ♖a8 35.♖c1 ♖g8 36.♖xg8+ ♔xg8 37.♖c6± steht Weiß nach Auffassung aller verfügbaren Silikonsekundanten besser. Jetzt ist die Stellung wieder ziemlich ausgeglichen, und in der Folge kann keine Seite irgendwie in Vorteil kommen.

> **37...♖xf3 34.♖xg6 ♖b3 35.♖c1**

♔h7 36.♖g5 ♔h6 37.♖g8 ♔h7
38.♖g5 ♔h6 39.♖h5+ ♕xh5
40.♘xh5 ♔xh5 41.♖c6 ♖xb4
42.♖xd6 ♖xe4 43.♖xb6 ♔g5
44.♔f1 ♔f5 45.♖d6 ♖d4 46.♔e2
e4 47.♖d8 ♔e5 48.d6 ½-½

Ilja Zaragatski spielte in der Saison 2011/2012
recht anständig. Als Beispiel mag seine Gewinnpartie gegen den Berliner Torsten Sarbok dienen.
Das betreffende Heimspiel fand übrigens in der
Aula des Leibniz-Gymnasiums in Essen-Altenes-
sen, meiner alter Penne, statt.

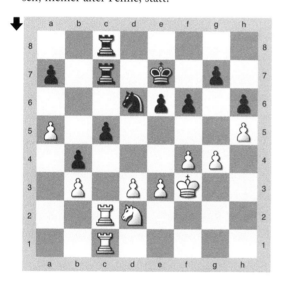

ILJA ZARAGATSKI – TORSTEN SARBOK
Essen, 11.12.2011 (CD Nr. 426)

Ilja steht nach seinem letzten Zug **44.♔f3** besser.
Schwarz sollte hier mit 44...♘b5 einfach abwarten, doch der Drang nach aktivem Spiel ist zu groß.
44…f5?! 45.gxf5 exf5 46.d4
46.♘c4 ist eine sehr gute Alternative.
46...♘b7 47.a6 ♘d8 48.♖xc5
♖xc5 49.dxc5

Aber nicht 49.♖xc5 ♖xc5 50.dxc5 ♘e6=.
49...♘e6 50.c6 ♘d8 51.c7 ♘e6
52.♖c4 ♖xc7 53.♖xb4 ♘c5
54.♖b5 ♖c6 55.♘c4 ♔e6
Auf 55...♖xa6 folgt 56.♖xf5+–.
56.♖b7
Stärker ist 56.♘a5 ♖c7 57.b4 ♘xa6 58.♘b3
und der ♘a6 bleibt erst einmal eingeklemmt!
56...♘xb3? 57.♘e5 ♖c3 58.♖xa7
♘d4+ 59.♔f2 ♘b5 60.♖xg7
♔d5 61.♖d7+ ♔e6 62.♖h7 ♔d5
63.♖xh6 ♔e4 64.♖c6 ♖a3 65.h6
♖a2+ 66.♔g3 ♖a1 67.♖b6 ♘c7
68.h7 ♖h1 69.a7 1-0

Matthias Thesing, dem ich einmal in Berlin als
Mannschaftsarzt einen zu tief ins Ohr gerutschten
Ohrstöpsel aus dem Gehörgang entfernen musste, hatte sich ein Stück weit gefangen und bekam
mehr Einsätze. In der nachfolgenden Parte machte er nach einem taktischen Scharmützcl einen
Gewinnpunkt.

MATTHIAS THESING – ALEXANDER GASTHOFER
Hockenheim, 20.11.2011 (CD Nr. 441)

Alexander Gasthofer hat gerade seinen Springer von a5 nach c6 beordert und greift jetzt die weiße Dame an.

26.♕f4?!

26.♕b5 fxe4 27.♖xc6 ♗c5 28.♖6xc5 ♖xc5 29.♖xc5 bxc5 30.♕xc5∓ war angezeigt. Danach muss Weiß allerdings um's Überleben kämpfen!

26...g5–+ 27.♘xg5+ hxg5?!

Glück gehabt! Nach 27...♗xg5 verliert Weiß! 28.♕a4 ♗xe3 29.fxe3 ♖g8 30.♖xc6 ♖g6–+.

28.♕a4 f4

Zu beachten war 28...♗b4 29.♖xc6 (29.♗xg5 ♗xc3 30.♕h4+ [30.♗xd8 ♗xb2 31.♖d1 ♕g7–+] 30...♔g8 31.♖xc3 ♕d1+ 32.♔h2 ♖d6 33.♗f6 ♔f7 34.♗e5 ♘e7 35.♖xc8 ♘xc8 36.♗xd6 ♕xd6+∓) 29...♖xc6 30.♕xc6 ♕xc6 31.♖xc6 f4 32.♗c1 ♖d1+ 33.♔h2 ♗c5 34.b4 ♗xf2–+.

29.♕e4+= ♔g7 30.♖xc6 ♖xc6
31.♖xc6 ♗f6?

Auf 31...fxe3= folgt 32.♕g6+ ♔f8 33.♕h6+ nebst Dauerschach.

32.♗c1± ♖e8 33.♕c2 ♖e7?

33...♖e1+ 34.♔h2 ♕d1 35.♖c7+ ♔f8 36.♕xd1 ♖xd1 37.h4± war angesagt.

34.b4

Nachvollziehbar. Matthias möchte seine Stellung festigen. Mit 34.♗d2+– hätte Weiß allerdings die volle Kontrolle.

34...♕d4?

Vermutlich der einzige unmittelbare Verlustzug! 34...♖e1+± wäre, wie bereits aufgezeigt, zäher gewesen.

35.♖xf6!+– ♕xf6 36.♗b2 ♖e5
37.♕c7+ 1–0

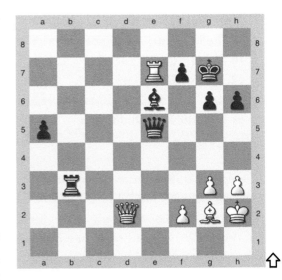

DANIEL HAUSRATH - ROBERT RIS
Mülheim, 14.10.2011 (CD Nr. 473)

„Immer der vorletzte Fehler gewinnt" ist ein zu den bekanntesten Tartakowerismen zählender Ausspruch des polnisch-französischen Schachmeisters Savielly (Xavier) Tartakower (1887–1956).

42.♖e8?

Das ist zu Daniel Hausraths Pech leider schon der letzte Fehler. Nach 42.♖a7 ♖b2 43.♖xa5 ♕f6 44.♕e3 ♖xf2=+ hätte Daniel wieder mitspielen können! Jetzt kann er eigentlich nur noch auf Fummelchancen hoffen.

42...♖b2 43.♖xe6 fxe6 44.♕d7+
♔f8 45.♕d8+ ♔f7 46.♕d7+ ♔g8!
47.♕e8+ ♔g7 48.♕e7+ ♔g8
49.♕e8+

Beziehungsweise 49.f4 ♕f5 50.♕e8+ ♔g7 51.♕e7+ ♕f7 52.♕c5 ♕b7 53.♕g1 a4–+ und neue Bälle, bitte!

49...♔h7 50.♕f7+ ♔g7 51.♕xe6
♖xf2 52.♕b6 ♖b2 53.♕c6

Falls 53.♕xa5? so 53...♕b7–+

53...a4! 54.h4

54.♕xa4? rennt ebenfalls in das offene Klappmesser 54...♕b7−+.

54...h5 55.♔h3 a3 56.♗e4 ♖d2 0–1

Die nachfolgende Partie aus der Begegnung SF Katernberg – Hansa Dortmund ist ein gutes Beispiel für die Spieltugenden, die Christian Scholz auszeichnen. Eine dieser Eigenschaften ist, dass er niemals aufgibt, wenn er auch nur minimale Chancen sieht, das Spiel noch zu halten. Gegen das aufstrebende Talent Matthias Blübaum wird er dafür sogar mit einem Gewinnpunkt belohnt. Es ist übrigens nicht überliefert, wie viele Bananen an diesem Tag vernichtet wurden!

Gespielt wurde übrigens in der Wattenscheider Pestalozzi Realschule, dem üblichen Austragungsort unserer Bochumer Spielgefährten. Hier bietet der SV Wattenscheid in seinen Heimkämpfen schon immer eine eher schnörkellose und bodenständische Turnieratmosphäre. Allerdings wurde eine Vor-Ort-Kommentierung für die Zuschauer geboten;

Es ist immer schwierig, in Schulgebäuden für einen gewissen qualitativen Mindeststandard und ein bundesligataugliches Ambiente zu sorgen. alle nutzbaren Schul- und Nebenräume sind spieltauglich umzugestalten, was zusätzlichen Arbeitsaufwand bedeutet; ohne ein entsprechendes Organisationsteam und vielen Helferhänden ist der Veranstalter oft aufgeschmissen. Schließlich muss dann auch noch die Technik passen, wobei die Liveübertragung in professionellen Händen lag.

Aber ich muss gestehen, dass die urigen Rahmenbedingungen irgendwie gut zu einem zünftigen Ruhrgebietsderby passten, obgleich es ein wenig kalt in der Hütte war. Allerdings trugen wir ja auch keinen Schönheitswettbewerb sondern einen Schachwettkampf aus, und da galt es sich auf das Wesentliche zu konzentrieren: 64 Felder, 32 Spielsteine und 16 Partien mit schier unendlichem Variantendickicht.

MATTHIAS BLUEBAUM – CHRISTIAN SCHOLZ
Wattenscheid, 25.02.2012
E92: Königsindisch (Klassisches System)
(Ulrich Geilmann) *(CD Nr. 401)*

1.d4 ♘f6 2.c4 g6 3.♘c3 ♗g7 4.e4 d6 5.♘f3 0-0 6.♗e2 e5 7.♗e3 ♘a6 8.0-0 h6 9.h3 exd4 10.♘xd4 ♖e8 11.♗f3 ♘c5 12.♕c2 ♘h7 13.b4N

13.Sb3; 13.Tad1 (Siehe CD)

♘a6 14.a3 ♘g5 15.♗e2 c5 16.bxc5 ♘xc5 17.f3 f5

Stockfish empfiehlt hier übrigens, das Abspiel 17...♗xh3 18.gxh3 ♗xd4 19.♗xd4 ♘xh3+ 20.♔g2 ♘f4+ 21.♔f2 ♘ce6 22.♕d2 ♕h4+ 23.♔e3 d5 24.cxd5 ♖ad8= an. Verstehen kann das vermutlich aber nur jemand, der aus Golddraht und Kunststoff besteht.

18.♖ad1 fxe4 19.f4

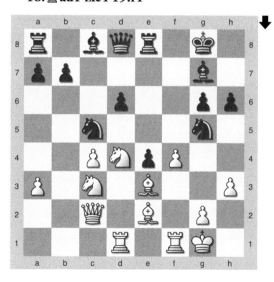

19...♘xh3+ 20.♔h2

Wahrscheinlich die stärkste Erwiderung. Auf 20.gxh3 folgt 20...♕h4 21.♗f2 ♕xh3 22.♘d5∞ mit höchst unklarer Stellung.

20...a6 21.♔g3?

Die Idee ist klar. Weiß möchte ♕h4 verhindern, um den ♘h3 abzugreifen. Nach 21.♘d5+– hätte er jedoch deutlichen Vorteil gehabt, auch wenn Schwarz nicht ganz chancenlos geblieben wäre. Jetzt wird es allerdings gefährlich.

21...♘xf4 22.♗xf4 ♗e5

Unter spieltaktischen Gesichtspunkten total verständlich. Die kühle Rechenmaschine verweist auf 22...♖f8!∓ und sieht Schwarz im Vorteil. Das nachfolgende taktische Geplänkel kann ein normalsterblicher Humanoid aber wohl kaum durchrechnen. 23.♘xe4 g5 24.♔h2 (24.♗c1? ♗e5+∓) 24...gxf4 25.♘f3 ♗f5 26.♗d3 ♘xd3 27.♕xd3 ♕e8 28.♖fe1 ♕g6 29.♔g1 ♖ae8 30.♕d5+ ♔h8 31.♘xd6 ♗h3 32.♘f7+ ♔xf7 33.♕xf7 ♖xe1+ 34.♖xe1 ♖xf7 35.gxh3∓

23.♘d5 ♕g5+ 24.♔h2 ♘d3?

Wieder gut nachvollziehbar, aber ein grober Fehler, der eigentlich die Partie verlieren sollte. Der Silikongroßmeister möchte überzeugender 24...♖f8= spielen, um eine weitere Spielfigur ins Rennen zu schicken.

25.♗xe5 ♕xe5+ 26.g3 ♕xd4 27.♘f6+ ♔h8 28.♘xe8 ♗f5 29.♗xd3

Die Engineempfehlung lautet hier 29.g4 ♕e5+ 30.♔h1 ♖xe8 31.gxf5+–.

29 ...exd3 30.♖fe1?!

30.♖xd3! ♗xd3 31.♖f8+ ♔h7 32.♕d2 ♖xe8 33.♖xe8 ♕xc4 34.♖e7+ ♔g8 35.♕b2 ♕c2+ 36.♕xc2 ♗xc2 37.♖xb7+–

30...dxc2 31.♖xd4 c1=♕ 32.♖xc1 ♖xe8 33.♖xd6

Nachdem sich der Pulverdampf verzogen

hat, ergibt sich eine insgesamt nur noch leicht vorteilhafte Stellung für Weiß, die sich durch den Qualitätsgewinn manifestiert aber durch die strukturell schwierigen Bauerninseln geschmälert wird.

33...♖e2+ 34.♔g1 ♔g7 35.♔f1 ♖e3?

35...♖a2 36.♖Íc3 h5+= war richtig.

36.♖e1 ♗d3+ 37.♔f2 ♖xe1 38.♔xe1 ♗xc4 39.♖d7+ ♔f6 40.♖xb7 ♔g5 41.♔f2 ♗b5 42.♖b6 h5 43.♖d6 ♔f5 44.♖d5+ ♔e4 45.♖g5 ♗e8 46.♔g2

Ein weißer Gewinnplan wäre z. B. 46.♖a5 ♗b5 47.a4 ♗c4 48.♖c5 ♗d5 49.♖c7 ♔f5 50.♔e3 ♔f6 51.♔d4 ♗g2 52.♖c2 ♗h1 53.♖b2 g5 54.♖b6+ und Weiß holt sich den a-Bauern.

46 ...♗f7

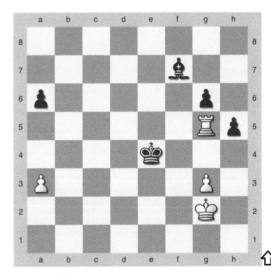

47.♔h3??

Weiß findet den vermutlich einzigen Verlustzug in der Stellung. Nach 47.♖a5 ♗c4± wäre gar nichts passiert.

47...♗e6+ 48.♔g2 ♗f5 49.♔f2 a5 50.a4 ♔d4 0–1

Hätte ich seinerzeit ein Elektrokardiogramm von mir anfertigen lassen, wäre mein Hausarzt sicher entzückt gewesen und hätte mir gleich eine Kur im Kloster verschrieben.

Frauen spielen angstfreier als Männer! Sie legen gerne mal nach, wo andere vielleicht einfach kneifen! In Ihrer Partie gegen Tobias Hirneise beweist eine hoch motivierte Sarah Hoolt, die sich übrigens mittlerweile ihre 3. Frauengroßmeisternorm erspielt hat, meine Arbeitsthese und versorgt uns am Schluss zudem noch mit einem studienhaften Endspiel. Aber sehen Sie selbst!

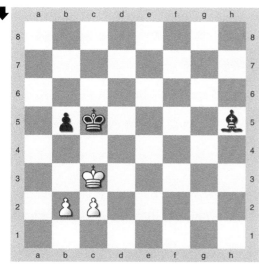

SARAH HOOLT – TOBIAS HIRNEISE
Wattenscheid, 26.02.2012 (CD NR. 393)

Sarah hat klaren Vorteil, doch bedarf es sehr genauen Spiels, um den ganzen Punkt einzufahren. Der folgende Zug erscheint logisch, doch Weiß hat danach einen versteckten Remisweg in petto.

56...b4+?!

Das ist verfrüht! Besser war ein Wartezug mit dem Läufer, z. B. 56...♗g6–+ Warum das so ist

werden Sie gleich sehen! 57.♔b3 ♗f7+ 58.♔c3 ♗c4 59.b3 ♗f7 60.♔d3 ♗g8 61.♔d2 (61.c4 b4 62.♔d2 ♔d4 63.♔c2 ♔e3 64.c5 ♗d5 65.♔b2 ♔d2 66.♔a2 ♔c2 67.♔a1 ♗xb3 68.c6 ♗c4 69.c7 b3 70.c8♕ b2#) 61...♔d4 62.c3+ ♔e4 63.♔c2 ♔e3 64.b4 ♗c4 65.♔c1 ♔d3 66.♔b2 ♔d2 67.♔a3 ♔d3 (67...♔xc3 Patt!) 68.♔b2 ♗d5 69.♔a3 ♔c2 70.c4 bxc4+–.

57.♔d2= ♔d5 58.♔c1 ♔e4 59.c3! b3

Jetzt ist der Unterschied offensichtlich. 59...bxc3 60.bxc3= ist natürlich sofort Remis!

60.♔b1 ♔d3 61.♔a1!

Genau! Weiß lässt sich erst gar nicht aus der Ecke vertreiben! Schwarz kann nicht mehr gewinnen! Es kommt nicht vor, dass eine Partei ein Selbstpatt inszeniert. Für Sarah sicher eine bittere Erfahrung.

61...♗f7 62.♔b1 ♗c4 63.♔a1 ♗b5 64.♔b1 ♗c6 65.♔a1 ♔c2 66.c4 ♔d3 67.c5 ♔d4 68.♔b1 ♔xc5 69.♔a1 ♔d4 70.♔b1 ♔d3 71.♔a1 ♗b5 72.♔b1 ♔d2 73.♔a1 ♔c2 Patt! ½–½

In der Quersumme aller Partien war es eine ausgesprochen gute Saison. Hätte vor der zentralen Auftaktveranstaltung jemand darauf gewettet, dass wir uns von Beginn an in der oberen Tabellenhälfte tummeln würden? Selbst ich war höchst skeptisch, als ich zum ersten Mal die Meldebögen unserer Konkurrenten auf den Tisch bekam. Doch unser Team hat überzeugend gekämpft und ich war riesig stolz auf unsere Mädels und Jungs!

Gab es so etwas ein Geheimrezept? Nein, sicher nicht! Aber es gab wichtige Zutaten. So orakelte das Team im Vorfeld eines jeden Bundesligakamp-

gefangene oder verletzte Raubtiere sind ja bekanntlich besonders gefährlich! Und manchmal reicht ja gerade in dynamischen Stellungen ein kleiner Schritt in die falsche Richtung aus, und der Spieler schwebt unversehens über den Klippen. Wehe, er ist dann nicht schwindelfrei! Doch diesmal schafften wir den Balanceakt und waren daher in der Lage, manch kritische Situation noch zu unseren Gunsten zu drehen.

Ein weiterer wichtiger Baustein des Erfolges war sicherlich auch die gute Stimmung im

**Ein wichtiger Baustein des Erfolges:
Die gute Stimmung im Team!**

fes immer wieder gerne darüber, wen unsere Spielpartner wohl aufstellen würden. Doch Elozahlen punkten nicht! Wir wussten, dass alle Zahlenspiele wertlos waren, wenn es tatsächlich losging. Da ging es um eine gute Vorbereitung, die Tagesform, Team- und Kampfgeist, Emotionen und das Quäntchen Glück, das man halt doch braucht.

Die Karten wurden insoweit stets neu gemischt; alle Vorhersagen waren so falsch wie richtig. Oder, um es in der Schachsportlersprache zu sagen: „Wichtig ist auf dem Brett und eine Partie dauert verdammt lange!" Denn letztlich ging es einfach nur darum, seine Haut im Haifischbecken Schachbundesliga so teuer wie möglich zu verkaufen und

Team und Verein. Dabei verging kaum ein Mannschaftskampf ohne freundliche Rückmeldungen, Aufmunterungen, oder Glückwünschen der nicht eingesetzten Spielerinnen und Spieler.

Mir fällt hier beispielsweise Robby Ris ein, der just an einem Bundesligawochenende seinen 24. Geburtstag in Amsterdam feierte; dem Vernehmen nach übrigens im Rahmen einer mittelschweren Orgie! Trotzdem wollte er das Team grüßen und sich am Nachmittag dann noch die Partien im Internet ansehen. Eingefleischte Schachspieler sind wirklich ein wenig verrückt!

Oder nehmen Klaus Bischoff, der aufgrund einer anderen Verpflichtung nicht spielen konnte,

Stressverarbeitung durch Koffeindröhnung und Fütterung.

es sich aber nicht nehmen ließ, kurz vor Partiebeginn anzurufen und dem Team viel Glück und gute Partien zu wünschen.

Ähnliche Nachrichten erhielt ich regelmäßig auch von Matthias Thesing und Sebastian Siebrecht, die sich sogar anboten, auch kurzfristig einzuspringen, falls jemand ausfallen würde.

Auffällig war zudem, dass auch stets so viele bekannte Gesichter zu den Mannschaftskämpfen auftauchten. Die Schachszene ist halt doch so etwas wie eine große Familie, so dass der Wahlspruch der FIDE („gens una sumus") schon irgendwo einen wahren Kern hat. Falls nötig, waren unsere Vereinsmitglieder auch gerne bereit, den

Spielern gastfreundlich privat unterzubringen; zum Beispiel Bernd Rosen, der oftmals Andrei Volokitin nebst Vater und Schwester bei sich beherbergte, die in der Regel mit dem Auto aus der Ukraine anreisten.

Dabei war mein Job als Teamchef beileibe nicht stressfrei. Zur Linderung meiner Gedankenkapriolen gönnte ich mir dabei oft mehr Koffeindröhnungen, als mir eigentlich gut taten. Bekanntlich sieht mancher Dinge im Rausch gelassener!

Irgendwie kompensiere ich Stress auch durch Nahrungsaufnahme! Also Stressverarbeitung durch Fütterung! Ich bin vermutlich ein gefundenes Fressen für jeden Psychoanalytiker! Doch was will ich eigentlich? Meine Gewichtsklasse kenn ich und woher die Mehrpfunde kommen, weiß ich auch. Wie oft habe ich mich meuchlings und äußerst brutal über Bockwürstchen hergemacht! Auch Kartoffelsalat ließ ich ohne zu Zögern über die Klinge springen! Es mag jetzt für den einen oder anderen Leser hart klingen, aber ich steh nun mal am Ende der Nahrungskette und kann beim besten Willen keine Rücksicht auf Einzelschicksaale von irgendwelchen Knollenpflanzen nehmen! Doch ich möchte zartbesaiteten Bücherwürmern an dieser Stelle eine detaillierte Dokumentation dieser abgeschmackten Blutbäder an naturdarmumschlossenen Fleischpasten und Pflanzenprodukten ersparen. Nur soviel: Zufällig in Schusslinie geratene Lachsbrötchen oder Frikadellen wurden gnadenlos massakriert und gingen dann ebenso den Weg des Vergänglichen!

Als kleinen Ausgleich machte ich vor den Mannschaftskämpfen allerdings auch immer wieder kleine Ausflüge rund um das Teamhotel, um mir die Gegend anzusehen. Mein Zimmer konnte derweil zur gemeinsamen Vorbereitung genutzt werden. Das galt übrigens auch bei Heimkämpfen.

Ich machte das eigentlich immer so, dass ich mich privat im Mannschaftsquartier einmietete, um mir die mehrfachen An- und Abreisen zu ersparen und näher bei der Mannschaft zu sein, falls es doch mal wider erwarten Probleme gab.

Dass die Stimmung im Team passte, kam indes nicht von ungefähr. Unsere gemeinsamen Abende klangen eigentlich immer stimmungsvoll aus. So hatten wir einmal ein brasilianisches Restaurant ausgesucht, das neben gutem Essen auch ein stimmungsvolles Ambiente bot. Erlebnisgastronomie nennt man's wohl! Dabei war besonders Igor von den sehr hübschen Sambatänzerinnen angetan, die einige Showeinlagen gaben. Sag noch mal einer, Schachspieler wären Nerds und Stubenhocker! Vielleicht hätten wir einfach mal einen gemeinsamen Urlaub an der Copacabana machen sollen und wären dann sogar Deutscher Meister geworden.

Um 22.00 Uhr war der Spuk allerdings wieder vorüber. Es hieß, sich an gegen den nächsten Gegner vorzubereiten. Außerdem musste noch ein wenig Schlaf getankt werden. Beim Verlassen des Lokals erzählte mir Andrei dann übrigens, dass ihm während des gesamten Abends andauernd ein schlechterer Zug im Kopf herumgespukt sei, den er gezogen habe. Außerdem hätte er die kurze Rochade machen müssen!

Und ich dachte in meiner Alterssenilität, die brasilianischen Schönheiten, die uns das Essen aufgetischt hatten, wären Ablenkung genug gewesen! Ich hatte mich getäuscht! Schachspieler sind also doch seltsame Wesen!

— INTERMEZZO —
„EINE MÜNCHNERIN IN HAMBURG"

Hamburg! Quasi im Himmel! Ich schwärme ja bekanntlich für den hohen Norden; auch wenn man hier ab und zu auf den Seehund kommt! „…An der Nooordseeküstäää, am plattdeutschen Strand, sind die Fiiiische im Wasser und seltäään an Land…"

Die Hansestadt hat viel zu bieten. Zum Beispiel den HSV, der sich allerdings in der Fußballbundesliga momentan genauso wie der HSK in der Schachbundesliga auf Glatteis befindet.

Wir hatten uns in einem Hotel eingemietet, in dem man „…auch mal problemlos übernachten kann…", wie auch unser Klaus Bischoff bemerkte. Der Aussage schließe ich mich an, denn wir Katernberger benötigen ja keine Luxus-Jause, um Stimmung aufkommen zu lassen, oder?!

Es macht Sinn, vor Ort zu essen, um nicht noch Umwege und Zeitverluste in Kauf nehmen zu müssen. Man hatte uns sogar in einem Extraraum des Restaurants einquartiert. Dort war auf vielen Bildern die Geschichte des Bierbrauens dargestellt.

Man sieht: Völkerverständigung beginnt beim Bier im Hofbräuhaus. Hopfen und Malz – Gott erhalt's! Oans, Zwoa, Gesuffa!

Allerdings wurden wir vorsorglich auf eine halbe Stunde Wartezeit hingewiesen. Als dann alle eingetrudelt waren, stand dann tatsächlich schon mal die Suppe auf dem Tisch; hatte zwar keine bestellt, war aber trotzdem echt lecker!

Wie immer gab's nette Anekdoten und viel zu lachen. So berichtete zum Beispiel unser Igor Glek,

Saller Heidi

dass er gerne irgendwann einmal Deputierter im russischen Parlament werden möchte, was wiederum Klaus Bischoff zu der launigen Bemerkung veranlasste, dass er dann aufpassen müsse, nicht auch noch zum Deportierten zu werden.

Wie auch immer. In der Mensa der Signal-Iduna-Versicherung ging's dann am Samstag erstmal gegen die starken SF Berlin. Ein Prestigeduell. Die 1:7 Niederlage aus dem Jahre 2010 schmerzt immer noch. Das 4:4 des Vorjahres konnte da nur unzureichend ausgleichen.

Teamchef Ulli Geilmann hatte die Devise ausgegeben, dass der aktuelle Tabellenstand um jeden Preis zu halten sei, um das bislang nahezu perfektes Saisonergebnis zu bestätigen. Aber der Ulli hatte auch Sorgen, da er diesmal nur mit Mühe eine schlagkräftige Truppe aufstellen konnte. Das zeichnete sich aber schon in der Winterpause ab.

So hatten Andrei Volokitin, Yurij Kryvruchko, Kateryna Lahno, Robert Fontaine, Vladimir Chuchelov, Sebastian Siebrecht, Sarah Hoolt und Ilja Zaragatski andere Verpflichtungen. Keine wirklich guten Vorzeichen, aber man würde ja sehen:

SF Berlin – SF Katernberg

1. Melkumyan – Negi
2. Kraemer – Bischoff
3. Antoniewski – Firman
4. Lauber – Kotainy
5. Schneider - Glek
6. Polzin – Thesing
7. Thiede – Ris
8. Abel – Dr. Scholz

Katernberger Fans

Wie zu erwarten standen wir im Elovergleich wieder mal hinten. Doch wir hatten andererseits schon oft in dieser Saison gezeigt, dass uns das eher anspornt.

Aus der Eröffnungsphase stach lediglich die sizilianische Abtauschorgie der Partie Polzin – Thesing heraus, die mit merkwürdigen Stellungs- und Materialverhältnissen verblieb. Das musste man weiter beobachten.

Bemerkenswert war auch die Igelstellung von Klaus Bischoff. In Kennerkreisen heißt diese Eröffnung ja übrigens auch Hippopotamus- oder Nilpferd-Variante; nicht, weil sie so genügsam wäre, Schwarze hier aus einer gesicherten Stellung kräftig zubeißt.

Pünktlich um 15 Uhr traf dann auch der Katernberger Fanbus ein und brachte gutgelaunte Gäste mit. Das war wirklich eine gelungene Überraschung!

Danach hatte ich erstmal einen Hunger. Nachdem es aber zunächst nix Besonderes zum Essen

ned gab, wollte ich mich wenigstens auf die Backwaren stürzen. Aber zu meinem Pech fand ich da nur Nusskuchen, den i aba zwengs meiner Allergie ja ned essen deaf. Hätte mich nur umgebracht!

Launiges Zitat des Teamchefs: „...Naja... ein bisschen Schwund ist immer..." Tja, so san's de Preußischen Pott-Prinzen!

Nach der 2. Spielstunde hab ich mich erstmal in Nazar seine Partie vertieft, der seinen Gegner offenbar einschnüren, verpacken und nach Berlin zurück schicka wollt'. Überdies öffnete Parimarjan kurz die Schleusen am Königsflügel und erspielte sich einen Materialvorteil.

Derweil verpasste Igor seinem Gegner Ilja Schneider auf dem Damenflügel zunächst einen Doppelbauern, der eine strukturelle Schwäche dargestellt, die man ja gerne mal so anrempelt. Hielt aber nicht lange und die Stellung sah remislich aus. Der Schneider Ilja hatte übrigens ein nettes T-Shirt an. Erst auf den zweiten Blick sah man, dass es nicht etwa das Konterfeil von Wladimir Iljitsch Lenin trug, sondern ein Stromberg-Profil! Allerliebst!

Also im Moment sah alles doch wirklich gut aus, so dass ich mich fragte, ob das vorher prognostizierte Wunschergebnis des Teamchefs (4:4) nicht ein wenig zu pessimistisch war.

Um 17 Uhr galt es, eine weitere Zwischenbilanz zu ziehen.

Alle Partien liefen noch, aber das Bild hatte sich leicht gewandelt:

Am 1. Brett konnte Parimarjan einen deutlichen Materialvorteil gegen den Aronian-Schüler Melkumyan verbuchen, wenngleich die Stellung nicht einfach war. Klaus stand etwas schlechter, zumal sein Gegner mittlerweile einen zentralen Freibauern hatte. Nazar gewann zwischenzeitlich die Qualität. Vermutlich Gewinnstellung.

o Mein Jens, der kürzlich den 3. Platz bei der Deutschen Einzelmeisterschaft und sich eine weitere IM Norm erspielt hatte, stand wie immer sehr ambitioniert. Die Materialverhältnisse waren allerdings... äh... wild!

o Die Partie von Igor stand aufgrund ungleicher Läufer irgendwo auf Remis. Gleichwohl konnte vielleicht sein Freibauer was ausrichten.

o Matthias hatte inzwischen Material eingebüßt. Seine Remischancen schwanden zusehends.

o Robby Ris stand auf Remis.

o Christian, der übrigens heute im Prinzip ein Heimspiel hatte (er arbeitet als Mathematiker beim Eigentümer des Spiellokals), war etwas zerknautscht. Entschieden war aber bis dato noch nichts.

Was würde die Zeitnotphase bringen? Zunächst lief alles wie prophezeit: Als erster erspielte sich Robert das bereits vorausgesagte Ergebnis. (0,5:0,5). Nach der Partie gratulierte der Teamchef mit einem breiten Grinsen und nicht ganz Ernst gemeint: „...Oh, haven´t I told you? Draw-players will be executet..." Frei übersetzt: „...Fein ge-

macht – du wirst gleich umgebracht..." Irgendwie schien der Ulli heute morbid drauf zu sein. Oder war das eine Vorahnung, dass der Tag heute vielleicht nicht ganz so optimal verlaufen sollte, wie wir uns das gewünscht hatten?

Sei's drum: unserm Thesing Hias gelang etwa zur gleichen Zeit jedenfalls a gloans Wunda, in dem er dem Gegner ein Remis abtrotzte. (1,0:1,0). Gleichzeitig verlor aber unser Dokta die Qualität. Im höheren Sinne glich dies wiederum Nazar mit einem mustergültig herausgespielten Sieg aus. (2,0:1,0). Parallel dazu schien sich Klaus Bischoff von seinem Stellungsschnupfen zu erholen. Wie immer also ein Auf und Ab. Kurz danach kam dann allerdings ein Berliner Uppercut, dem zunächst Christian (2,0:2,0), dann Jens (2,0:3,0) und schließlich auch noch Klaus zum Opfer fielen. (2,0:4,0).

Das war mehr bitter, denn Parimarjan stand zwar immer noch auf Gewinn, aber bei Igor war kein voller Punkt mehr in Sicht.

Danach passierte ewig lange nichts mehr. Erst als um 19.30 Uhr unser kleiner Inder gewann, konnte man wirklich noch mal ein Fünkchen Hoffnung auf ein gutes Ende haben. (3,0:4,0).

Fighting Igor versuchte dann buchstäblich alles, um das Blatt doch noch irgendwie zu wenden. Aber leider passte es dann doch nicht zum Gewinn. Das vom sympathischen Ilja Schneider clever heraus gespielte Remis sicherte Berlin den Sieg. (3,5:4,5). Ich bin zwar tieftraurig, aber trotzdem nochmals Glückwünsche nach Berlin!

Naja. Die Stimmung beim Teamdinner war natürlich etwas gedrückt. Igor analysierte die ganze Zeit, aber nur um zu erkennen, dass es offensichtlich doch keinen Gewinnweg mehr gab. Tja, zumindest konnten wir an diesem Tag trotzdem erst-

Igor Glek benötigt einige Frustbiere beim Teamdinner.

SF Katernberg – Hamburger SK

1. Negi – Wojtaszek
2. Bischoff – Ghaem Maggami
3. Firman – Zherebukh
4. Kotainy – Hansen
5. Glek – Huschenbeth
6. Thesing – Ftacnik
7. Ris – Rogozenco
8. Dr. Scholz - Heinemann

Nach einer kurzen Rede von Christian Zickelbein, eröffnete der souveräne Schiedsrichter Hugo Schulz um 10.00 Uhr den Reigen.

In der Eröffnungsphase lief zunächst nur die Partie am Spitzenbrett etwas merkwürdig. Parimarjan konnte mit Schwarz ein fast schon zu verlockendes Scheinopfer mit Bauerngewinn anbringen. Aber bei genauerem Hinsehen offenbarte sich die strategische Idee des weißen Manövers. Unser Vorzeigeinder war schnell gezwungen, wieder den Rückwärtsgang einzulegen. Allerdings nur, um kurze Zeit später wieder nach vorne zu marschieren. Man fühlte sich unwillkürlich an die Schlacht von Canae erinnert, als der Karthager Hannibal die Römer vernaschte. Bloß war es diesmal ein Inder gegen einen Polen und es war völlig unklar, wer jetzt eigentlich Hannibal war.

mal den 5. Tabellenplatz halten. Insofern hatte das Team den Metaarbeitsauftrag seines Mannschaftsführers ja doch irgendwo erfüllen können.

Am Sonntag stand dann unser freundlicher Gastgeber auf dem Programm. Zum HSK pflegen wir ja wirklich freundschaftliche Beziehungen. Gleichwohl konnten wir noch nie gegen den Hamburger Traditionsclub um den agilen Christian Zickelbein gewinnen. Auch im letzten Jahr gab's einen knappen Verlust. In Hamburg kursierte in diesem Jahr das Abstiegsgespenst. Doch mit dem knappen Sieg gegen unseren Reisepartner am Vortage war dieser Albtraum sicher vom Tisch gewischt. Entsprechend selbstbewusst änderte Mannschaftsführer Reinhard Ahrens die Aufstellung. Der Endspielgott Dr. Karsten Müller setzte aus. Für ihn kam Thies Heinemann ins Spiel. Dabei heißt es doch: never change a winning team!? Wie auch immer: es würde ein harter Fight gegen die klaren Elofavoriten werden.

Später bekam allerdings auch Robby ernste Probleme, die ihm aufgrund einer zunächst etwas schlapp anmutenden Spielführung wohl nicht nur die Qualität kostete. Matthias ließ sich ebenfalls von den Stellungskrankheiten seiner Kompanie anstecken und erlaubte seinem Gegenspieler Lubomir Ftacnik einen gedeckten Springer ohne Gegenwehr nach d3 zu spielen. Zu vergleichen mit einem Tritt in die Weichteile beim Taekwondo. Tat auf jeden Fall weh! Die Begegnung begann also nicht verheißungsvoll, wobei der Jens moi wieda wia d'Feuerwehr unterwegs war. Und auch der Igor stand nicht so schlecht. Sein Gegner hatte einen seiner Bauern keck in sein Lager geführt und den belagerte er jetzt mit seinen Schwerfiguren. Er müsste ihn halt nur gewinnen, dann...

Der Rundgang um 13.00 Uhr ließ mich auch bei Christians Partie mit einem Fragezeichen zurück. Da hatte sich ebenfalls ein Schwerfigurenendspiel entwickelt; nur leider mit einem Bauern weniger für den lieben Dokta. Überdies bekam Nazar ernste Stellungs- und Zeitprobleme. Hingegen schien sich Klaus strukturell zu verbessern.

Als ersten erwischte es dann Nazar nach einer völligen taktischen Fehleinschätzung. Sein ukrainischer Landsmann brachte ihn mit einem brutalen Damenopfer zu Fall. (0:1). Passiert unserem Schachcowboy ja eigentlich nur selten.

Doch danach wurde uns klar, dass das ein böser Nachmittag werden würde. Den nächsten Todesstoß mussten wir dann postwendend beim Hias hinnehmen; aber der Stand ja eh schon die ganze Zeit wie ein Schluck Wasser in der Kurve. (0:2). Manno!

Es folgte eine Punkteteilung bei Parimarjan nach taktischen Verwicklungen. (0,5:2,5). Und selbst mein anderer Hoffnungsträger, der Jens, spielte nur Remis (1,0:3,0). Auch beim Klaus war lediglich ein glückliches Unentschieden drin. (1,5:3,5). Irgendwie gingen uns jetzt so langsam aber sicher die Ressourcen aus!

Okay. Nach der Zeitkontrolle war mal wieder ein Kassensturz angesagt:

o Igor: Turmendspiel mit minimalem Vorteil,

o Robby: steht ziemlich platt und

o Christian: Turmendspiel mit minimalem Nachteil.

Christian Zickelbein

Nun, man musste der Wirklichkeit ins Auge sehen. Wir wurden praktisch ohne Gegenwehr zu Hundesfutter verarbeitet. Auch der Teamchef war enttäuscht: „...Das war gar nix..."

Kurz danach machte dann erwartungsgemäß Rogozenco den Sack beim Robby zu. (1,5:4,5). Die restlichen Partien wurden daher fortan praktisch nur noch für die individuelle Statistik der beteiligten Spieler ausgetragen. Insoweit war das Remis bei Christian (2,0:5,0) und das weitere Unentschieden von Igor (2,5:5,5) wirklich nur noch Makulatur. Ende des bösen Spiels. Glückwünsche an den HSK!

Hoffen wir mal, dass das in der letzten Runde gegen Remagen und Solingen noch was wird! Der Saisonabschluss muss einfach gelingen!

Ach so: bei der direkten Konkurrenz lief es auch ned vui besser, so dass Katernberg trotz der Nullnummern tatsächlich immer noch den 5. Platz hält. Weisungsgemäß – sozusagen. Des is allerdings kaum zu glauben. So an Dusel.

Eure Heidi Saller!

SIE SIND AM ZUG

Lösungen ab Sreite 254

Aufgabe 33

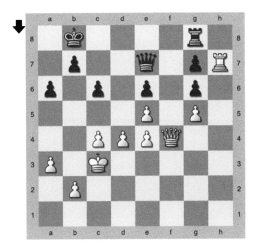

ROBERT FONTAINE – EVGENIY NAJER

Wattenscheid, 26.02.2012 (CD Nr. 399)

Weiß stand deutlich aktiver, und diesen Umstand nutzte Fontaine gekonnt aus.

Aufgabe 34

KLAUS BISCHOFF -- BERND KOHLWEYER

Wattenscheid, 25.02.2012 (CD Nr. 406)

In der Saison 2011/2012 wurde Klaus Bischoff in der Tat entzaubert; oder, um es mit seinen Wortenzu sagen: „...Ich glaube, ich werde langsam zu alt für diesen Scheiß..." In der Partie gegen Bernd Kohlweyer zeigte der Altmeister allerdings sein Können. Klaus und ich gönnten uns nach der Partie übrigens ein gemütliches Weißbier. Er ist ja ein ausgewiesener Kenner der Szene und es ist immer total instruktiv, sich mit ihm über die aktuellen Schachereignisse auszutauschen. Bevor Sie sich auch ein Bier aufmachen, gilt es, diese Aufgabe zu lösen.

Aufgabe 35

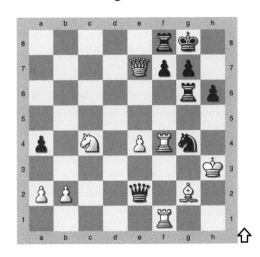

DANIEL FRIDMAN – NAZAR FIRMAN

Mülheim, 14.10.2011 (CD Nr. 477)

Der Bauer auf f7 war nicht ausreichend geschützt und Fridman schlug auch konsequent zu. **30. ♖xf7.** Mampf! Aber war das jetzt die Frucht langer Gedankenarbeit oder doch die Henkersmahlzeit?

Zu Risiken und Nebenwirkungen von vergifteten Bauern fragen Sie einen Schachtrainer oder eine Schach-Engine

Aufgabe 36

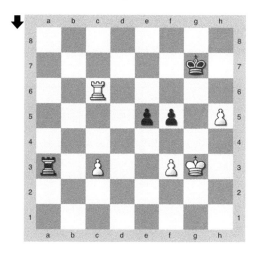

IGOR GLEK – RICHARD RAPPORT

Emsdetten, 04.02.2012, (CD Nr. 418)

Hier eine Aufgabe für Turmendspielexperten. Kann Schwarz die Stellung halten oder ist der weiße Mehrbauer entscheidend? Kommt der Anziehende nach dem besten Zug irgendwie weiter oder ist das wieder eines dieser Beispiele das beweisen soll, dass Turmendspiele eigentlich immer remis sind? Vielleicht ist dies eine gute Aufgabe für den Trainingsabend im Verein, denn Turmendspiele kommen sehr häufig aufs Brett und das Abwägen von passivem Verteidigen und aktivem Handeln kann nicht oft genug trainiert werden. **(Auf der CD befindet sich eine Endspielanalyse!)** Der damals 15 Lenze zählende Richard Rappord hat jedenfalls in den folgenden Jahren fleißig trainiert und belegte im September 2021 den 13. Platz in der Weltrangliste mit einer Elo-Zahl von 2760.

EINE SELTSAME SAISON

2012-2013

Der Titelverteidiger OSG Baden-Baden dominierte auch in Saison 2012/2013 das Feld und
stand bereits zwei Runden vor Schluss als Meister
fest. Neu aufgestiegen aus der 2. Bundesliga waren
der SK Norderstedt (Gruppe Nord), der Schachclub Forchheim (Gruppe Ost), der SV Griesheim
(Gruppe Süd) und der Wiesbadener Schachverein
1885 (Gruppe West). Zunächst landeten Berlin,
Griesheim, Forchheim und Norderstedt auf den
Abstiegsplätzen. Da jedoch einerseits aus der 2.
Bundesliga West kein Aufsteiger für die Bundesliga 2013/14 gemeldet wurde und Wiesbaden seine
Mannschaft nach der Saison zurückzog, konnten
Berlin und Griesheim den Abstieg
vermeiden.

Besondere sportliche Bedeutung
hatte die zentralen Schlussrun-
den im Schloss Schwetzingen, die
durch den SV Hockenheim veran-
staltet wurden und auch ein gesellschaftliches Ereignis waren.

Außerdem wurde die Regelung
zur einheitlichen Spielkleidung
beschlossen. Katernberg reagierte
darauf mit der Einführung eines
Vereinsshirts, das den Fanschal ersetzen sollte. Das klappte aber noch
nicht wirklich gut.

Katernberg spielte in seinem
Erwartungshorizont und konnte
mit dem 11. Platz vordergründig
durchaus zufrieden sein.

Da sich GM Igor Glek seiner
politischen Karriere widmen woll-

te, nahmen wir GM Evgeny Romanov ins Team,
der sich übrigens als ein total sympathischer und
höchst kommunikativer Bursche entpuppte. Ansonsten gab es zunächst keine Veränderungen,
wenn man mal davon absah, dass Jens Kotainy inzwischen der IM-Titel verliehen worden war. Im
Laufe der Saison gab es allerdings den einen oder
anderen unschönen Vorgang. Zum einen konnten
wir Kateryna Lagno nicht mehr einsetzen. Dies lag
möglicherweise an einem Rosenkrieg, den sie sich
mit ihrem Nochehemann Robert Fontaine lieferte. Fontaine wiederum reiste nicht zum Auswärts-
kampf in Baden-Baden an, was nicht nur höchst
ärgerlich war, sondern auch ein saftiges Bußgeld
nach sich zog. Da der französische Großmeister
dazu keine nachvollziehbare Erklärung lieferte,
wurde er in der laufenden Saison nicht mehr be-

Platz	Verein	G	U	V	Brettpunkte	Mannschaftspunkte
1.	OSG Baden-Baden	15	0	0	89,0:31,0	30:0
2.	SV Mülheim Nord	12	1	2	75,0:45,0	25:5
3.	SG Solingen	9	3	3	71,0:49,0	21:9
4.	SC Eppingen	9	2	4	72,5:57,5	20:10
5.	SV Werder Bremen	9	1	5	64,0:56,0	19:11
6.	SK Turm Emsdetten	8	2	5	67,5:52,5	18:12
7.	SG Trier	7	3	5	61,5:58,5	17:13
8.	Hamburger SK	7	2	6	63,5:56,5	16:14
9.	SV 1930 Hockenheim	7	2	6	61,5:58,5	16:14
10.	Wiesbadener SV	7	2	6	58,5:61,5	16:14
11.	*SF Katernberg*	*6*	*3*	*6*	*62,0:58,0*	*15:15*
12.	SV Wattenscheid 1930	5	1	9	58,0:62,0	11:19
13.	SF Berlin 1903	3	1	11	53,0:67,0	7:23
14.	SV Griesheim 1976	2	1	12	41,5:78,5	5:25
15.	SC Forchheim	1	0	14	31,5:88,5	2:28
16.	SK Norderstedt 1975	1	0	14	30,0:90,0	2:28

Name	Elo	G	R	V	Ergebnis
GM Andrei Volokitin	2724	1	4	1	3,0/6
GM Yury Kryvoruchko	2679	2	7	1	5,5/10
GM Parimarjan Negi	2657	1	6	0	4,0/7
GM Evgeny Romanov	2611	5	3	0	6,5/8
GM Nazar Firman	2531	4	5	4	6,5/13
GM Robert Fontaine	2559	0	0	1*	0,0/1
GM Kateryna Lagno	2551	-	-	-	-/-
GM Vladimir Chuchelov	2543	4	1	1	4,5/6
GM Klaus Bischoff	2519	1	4	5	3,0/10
GM Sebastian Siebrecht	2479	5	2	5	6,0/12
IM Ilja Zaragatski	2460	2	3	4	3,5/9
IM Jens Kotainy	*2413*	*4*	*3*	*2*	*5,5/9*
IM Robert Ris	2394	4	4	1	6,0/9
IM Matthias Thesing	2399	1	1	5	1,5/7
IM Christian Scholz	2389	2	4	2	4,0/8
WIM Sarah Hoolt	2308	2	1	1	2,5/4
Patrick Imcke	1909	0	0	1	0,0/1
* kampflos					

rücksichtigt. Aber so kam wenigstens Patrick Imcke, der kurzfristig eingesprungen war, zu seinem ersten Bundesligaeinsatz.

Das Spieljahr war zudem überschattet von unseligen Betrugsvorwürfen.

Zunächst kam es in der Begegnung Eppingen gegen Katernberg in Mühleim am 21.10.2012 zu einem Zwischenfall. Nach einem Protest von Sebastian Siebrecht wurde sein Gegner, GM Falko Bindrich, durch den Schiedsrichter aufgefordert, sein auf die Toilette mitgenommenes Handy zu Prüfungszwecken herauszugeben. Bindrich verweigerte dies trotz massiver Intervention seines Mannschaftsführers Hans Dekan mit dem Hinweis auf seine Privatsphäre. Die Partie musste da-

raufhin für Bindrich als verloren gewertet werden. Er wurde später vom Präsidium des Deutschen Schachbundes für zwei Jahre gesperrt. Die Sperre wurde allerdings nach einem Einspruch vor dem Schiedsgericht des DSB wieder aufgehoben. Es blieb gleichwohl ein fader Beigeschmack.

Hohe Wellen schlugen aber besonders die Anwürfe gegen IM Jens Kotainy, die im weiteren Verlauf schließlich zu seinem Ausschluss aus dem Verein führten. Die öffentlichen Beschuldigungen und Mutmaßungen, die später sogar bundesweite Presseorgane aufgriffen und außerdem in einem anderen Zusammenhang zu staatsanwaltschaftlichen Ermittlungsverfahren führten, nahmen seinerzeit eine Eigendynamik an, die losgelöst von der zweifelsfreien Beweisbarkeit, mindestens ein schräges Bild auf den jungen Mann, sein persönliches Umfeld, unseren Verein, die Schachbundesliga und den Schachsport in Deutschland warfen.

Erste Indizien traten bei der Analyse bestimmter Partien auf. Tatsächlich gab es in einigen Fällen bemerkenswert hohe Übereinstimmungsquoten mit Engineempfehlungen. Überdies fühlten sich manche Zugentscheidungen des jungen IM, der zusätzlich im Abi-Stress steckte, zumindest suspekt an. Hier sei insbesondere auf die Begegnungen Kotainy – Feygin beziehungsweise Kotainy – Fish aus der Datenbank verwiesen. Jens spielte immer dann gut, wenn er von einem Angehörigen begleitet wurde.

Er konnte die Vorwürfe letztlich leider aber auch nicht zweifelsfrei entkräften. Dadurch wuchs zugleich das Misstrauen. So entstand ein Teufelskreis. Andererseits blieb letztlich auch unklar, wie dieser Betrug eigentlich konkret umgesetzt worden sein soll. Dabei stand dann irgendwann die Vermutung im Raum, dass die Zugübermittlung wohl über ein entsprechend präpariertes Mobiltelefon geschehen sein soll. Ein rechtlich verwertbarer Beweis hierzu fehlt allerdings bis heute. Dennoch blieben die Zweifel. Insoweit fällt es auch heute noch schwer, seine positiven Partieresultate vorbehaltlos zu werten.

Bester Katernberger Spieler war zweifelsohne der russische GM Evgeny Romanov, gefolgt von GM Vladimir Chuchelov, IM Robert Ris, WIM Sarah Hoolt, GM Parimarjan Negi und Yuriy Kryvoruchko. GM Andrei Volokitin, GM Nazar Firman, GM Sebastian Siebrecht und IM Christian Schlolz zeigten immerhin noch ausgeglichene Partieresultate. IM Ilja Zaragatski, GM Klaus Bischoff und IM Matthias Thesing werden über ihre Ergebnisse nicht begeistert gewesen sein. Ein bisschen außer Konkurrenz war das Debüt von Patrick Imcke zu sehen.

GM Andrei Volokitin spielte eine ziemlich ambivalente Saison. Selbst seine Gewinnpartie gegen den tschechischen Altmeister Vlastimil Jansa war nicht wirklich ein Glanzpunkt. Andrei tat sich schwer!

Lag es daran, dass sich der junge Mann verliebt hatte? Jedenfalls heißt es, dass derartige Ausnahmesituationen mindestens 200 Elopunkte kosten. Aber schauen Sie selbst.

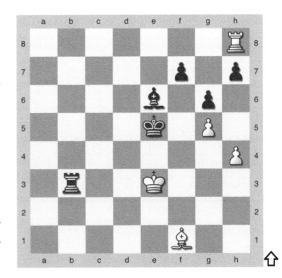

VLASTIMIL JANSA – ANDREI VOLOKITIN
Mülheim, 16.03.2013 (CD NR. 280)
(Siehe Diagramm rechts oben)

Bis jetzt hat sich der immerhin schon 71-jährige ziemlich gut verteidigt, doch kurz nach der Zeitkontrolle unterläuft ihm ein folgenschwerer Fehler, der ihn die Partie kosten wird. Volokitin hat zuletzt mit **41...♖b6-b3+** Schach geboten und der weiße König muss sich entscheiden, auf welches Feld er ausweichen soll.

Jansa entscheidet sich für **42.♔d2?**. Erstaunlicherweise ist nur 42.♔f2 richtig. 42...♔f4 43.♖xh7 ♖b2+ 44.♔g1 ♔f3 45.h5 gxh5 46.♖xh5 ♖b1 47.g6 fxg6 48.♖h6 ♗f5 (48...♗c4 49.♖xg6 ♖xf1+ 50.♔h2= und Schwarz kann eigentlich nicht gewinnen.) 49.♖h2=+.

42...♔d4–+ 43.♖d8+
43.♖xh7? ist ritueller Selbstmord nach 43... ♖b2+ 44.♔c1 ♖a2 45.♗b5 ♖a5 46.♗e8 ♔c3 47.♔d1 ♖e5+–.

43...♔d5 44.♗a6 ♖b2+ 45.♔e1 ♔e5 46.♗e2 ♗e6 47.♖a8 ♔f4 48.♖a3 ♗b3 49.♔f1 ♗d5 50.♔e1 ♗e4 51.♔f2 ♗c6! 52.♖a5 ♖b4?
52...♗d7 53.♔e1 ♔g3–+ ist wesentlich zwingender als der Textzug, der den Sieg eigentlich wieder vergibt.

53.♖c5 ♗e4 54.♖c7 ♗d5 55.♖c5 ♗e6 56.♖c3?
Nach 56.♖b5 ♖xb5 57.♗xb5 ♔g4 58.♗e3 ♔xh4 59.♔f4= kann Schwarz wohl nicht mehr gewinnen.

56...♖b2 57.♔e1 ♖b1+ 58.♔f2 ♖h1 59.♖f3+ ♔e5 60.♖e3+ ♔d4

61. ♖d3+ ♔c5 62. ♖c3+

62.♔g3!? war ein letzter Versuch 62...♖h3+ 63.♔f4 ♖xh4+ 64.♔e5 ♖h2 65.♗f3=+.

62...♔b4 63.♖c7 ♖xh4 64.♔g3 ♖e4!–+

Das pulverisiert endgültig die Stellung.

65.♖b7+ ♔c5 66.♖b5+ ♔d6 67.♗f3 ♖e5 0–1

Eine kleine Episode am Rande: Um an diesem Wochenende überhaupt für Katernberg spielen zu können, mussten Robert, Ilja und Sebastian erst ihre Verpflichtungen erfüllen, die sie für ihre jeweiligen niederländischen Vereine eingegangen waren. Dies ließ sich jedoch durch eine Besonderheit der holländischen Liga, Partien vorziehen zu können, realisieren. Wie es der Zufall wollte, mussten Robby und Ilja auch noch gegeneinander spielen. Sebastians Gegner war unser Mülheimer Freund GM Alexander Berelovich. So wurde unser Clubheim, die Zeche Helene in Essen, am Freitag ab 17.00 Uhr kurzer Hand zu königlich niederländischem Territorium erklärt, um die erforderlichen Partien in einem würdigen Rahmen spielen zu können. Während also im Clubraum das übliche Jugendtraining stattfand, kreuzten im Nebenzimmer vier Schachmeister die Klingen. Beide Partien endeten übrigens in ausgeglichenen Mittelspielstellungen. Während dessen traf sich ein Teil der Mannschaft im benachbarten Restaurant Spindelmann, das sich immer mehr als Homebase des Teams gerierte, zumal die Bedienung dort sogar Russisch sprach.

Ach und noch etwas: In der Sonntagsbegegnung gegen Berlin mussten wir das Team modifizieren. Dies lag daran, dass Sebastian aufgrund einer anderen Verpflichtung kurzfristig in die Schweiz musste. Jetzt war Matthias Thesing aber auch vor Ort und spazierte am Samstag munter durch den Turniersaal. Jeder glaubte nun, dass er nun zum Einsatz kommen sollte. Doch weit gefehlt. Ich hatte gar nicht vor, ihn einzusetzen. Und das hatte einen besonderen Grund: Ich hielt es für naheliegend, dass die Anwesenheit von Matthias

Jetzt geht's los!

einigen Raum für Spekulationen schaffen würde. Offenbar wollten wir ein Teammitglied austauschen. Eine unmittelbare Schlussfolgerung war, dass wir vermutlich Sarah aus dem Team nehmen würden, um die Mannschaft im unteren Teil noch elostärker zu machen. Sebastians Abreise konnten sie meiner Einschätzung nach eigentlich nicht auf dem Schirm haben. Insofern würde sich die Berliner Nachhut wohl primär auf die Reihe Siebrecht, Zaragatski, Ris und Thesing vorbereiten. Tatsächlich sollte aber IM Dr. Christian Scholz ins Team! Das hatte ich im Vorfeld mit allen Beteiligten abgestimmt. Damit wäre der Rückraum also mit der Aufstellungsreihe Zaragatski, Ris, Scholz und Hoolt bestückt. Das würde wiederum die Vorbereitung unserer Gegner unterminieren, während wir uns hingegen ziemlich genau einstellen konnten.

So hoffte ich wenigstens, denn der coupe de grace würde nur dann sauber gelingen, falls jetzt nicht auch noch Berlin einen Joker aus dem Hut zaubern würde. So gänzlich auszuschließen war das nicht, zumal ich mich noch ganz genau daran erinnern konnte, wie die SF Berlin im Rahmen der Auftaktrunde 2011/2012 das starke Bremer Team durch den überraschenden Einsatz von Levon Aronian clever aus dem Sattel gehoben hatten. Für ein derartiges Nachrüsten gab es aber momentan auch aufgrund der Auswertung einiger Nebeninformationen kein konkretes Anzeichen. Wie auch immer.

Der nächste Morgen würde zeigen, ob meine Aufstellungsstrategie richtig durchdacht war. Ich schlief dementsprechend unruhig und begab mich am nächsten Morgen nach den üblichen sonntäglichen Morgenzeremonien und einem schnellen Frühstück fast schon überpünktlich zum Turniersaal. Ich war gespannt. So muss sich wohl ein General fühlen, der seine Armee ins Gefecht führt.

GM Yuriy Kryvoruchko spielte ebenfalls nicht ganz so erfolgreich. Allerdings gehörte schon etwas dazu, ihn umzuhauen. Selbst der so starke GM Etienne Bacrot biss sich die Zähne aus. Allerdings hatte Kryvoruchko etwas Glück, dass Bacrot kurz vor der zeitkontrolle eine sehr vorteilhafte Abwicklung übersah.

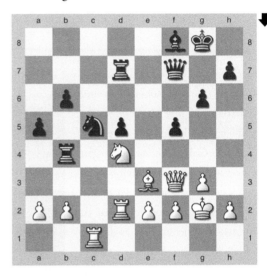

ETIENNE BACROT – YURIY KRYVORUCHKO
Baden-Baden, 09.12.2012, (CD NR. 320)

Schwarz zieht ungenau **38... ♖c4** und hat Glück, dass Weiß die Fortsetzung 39. ♖xc4! dxc4 40.♕c6 ♖d6 41.♕a8 ♕d7 42.♘f3 ♕b7 43.♕xb7 ♘xb7 44.♖xd6 ♘xd6 45.♗xb6 a4 46.♘d4± verpasst, wonach durchaus Gewinnchancen vorhanden sind.

Bacrot verpasst in Zeitnot diese Möglichkeit und nach **39.♖dc2!? ♘e4 40.b3 ♖xc2 41.♖xc2 ♗c5 42.♕f4 ♕e8 43.f3 ♗d6 44.♕h6 ♗f8 45.♕f4 ♗d6 46.♕h6** ist das Remis amtlich.
½–½

Auch in dieser Saison bewies der ehrgeizige GM Nazar Firman, dass er ein Freund brennender Bretter war. Ein gutes Beispiel hierfür war seine Partie, die er während der zentralen Abschlussrunde in Schwetzinger Schloss gegen den niederländischen GM Daniel Stellwagen, der für die SG Solingen antrat, spielte. Eine Partie auf Messers Schneide!

Dass er auch knochentrockenes Schach spielen konnte, zeigte er übrigens im Mannschaftskampf gegen Baden-Baden, als er den russischen Riesen Shirov positionell überspielte. Auch diese Partie lohnt das Nachspielen.

DANIEL STELLWAGEN – NAZAR FIRMAN
Schwetzingen, 07.04.2013
B82: Sizilianisch (Scheveninger System)
(Ulrich Geilmann) *(CD NR. 247)*

1.e4 c5 2.♘f3 e6 3.d4 cxd4 4.♘xd4 ♘c6 5.♘c3 d6 6.♗e3 ♘f6 7.f4 ♗e7 8.♕f3 e5 9.♘xc6 bxc6 10.f5! ♖b8 11.0–0–0 ♕a5 12.♗c4! ♗b7N

10…d5, 10…h5 (Siehe CD)

13.♗b3 d5 14.♕g3

14.exd5 war ebenfalls möglich. Es folgt 14…cxd5 15.♕g3 0–0 16.♕xe5 ♖fe8 17.♕g3 ♖bd8 18.♗h6 ♗f8 (18…♘h5 19.♕g4+–) 19.♗g5+–.

14…0–0

14…d4?! wird durch 15.♗xd4+– widerlegt.

15.♗h6

Natürlich nicht 15.♕xe5?! ♗b4 16.♗d2 ♖be8 17.♕g3 dxe4±.

15…♘h5 16.♕g4 d4 17.♘e2?!

Stärker war 17.♕xh5± Es folgt 17…gxh6 18.♕xh6 ♕d8 (18…dxc3? 19.♖d3+–) 19.h4 ♕d6 20.♕xd6 ♗xd6 21.♘b1+–.

17…♔h8

Respektive 17…♕b6 18.♕xh5 gxh6 19.♕xh6 c5 20.♕xb6 axb6 21.♘g3 b5=+.

18.f6 ♗xf6 19.♗d2?!

Auf den ersten Blick scheint der ♘h5 jetzt den Weg des Vergänglichen zu gehen. Gleichwohl war 19.♖hf1 gxh6 20.♕xh5 ♕d8∞ vermutlich besser.

19…♕a6!–+ 20.♕xh5 c5 21.♗xf7

Nach 21.c4 ♗xe4 22.♕h3 ♗g6 23.♖hf1 ♖b6–+ ist die Koordination der weißen Offiziere empfindlich gestört. Setzen sich dann die schwarzen Zentralbauern in Bewegung, ist es schnell um den weißen König geschehen.

21…♗xe4 22.♘g3 ♕b7

22…c4 war möglich, da 23.♘xe4 nach 23… ♕xa2 scheitert. 24.♗g5 ♖xb2 25.♔d2 ♖xc2+ 26.♔e1 ♗xg5 27.♘xg5 h6 28.♘e4 d3 29.♘d2 ♕b2 30.♕f3 ♕d4–+ und die schwarzen Zentralbauern entscheiden den Tag!

23.b3 ♗xc2! 24.♗c4

24.♔xc2 ♖xf7–+ Die weiße Stellung ist unkoordiniert und der ♖h1 ist nach wie vor Statist.

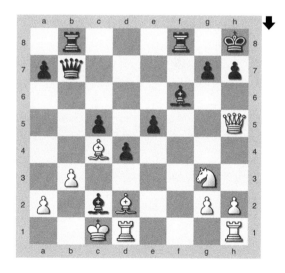

24…♗g6!

Nach 24…♗xd1? 25.♔xd1+– hätte Schwarz allerdings keine ausreichende Kompensation mehr!

25.♕g4 e4!

Weitaus schlechter ist 25...♕xg2? 26.h4±.

26.♗f4?

26.♖hf1–+ wäre zäher gewesen.

26...♕b4! 0–1

Übrigens waren die äußeren Wettkampfbedingungen rund um das Weltkulturerbe Schloss Schwetzingen außergewöhnlich gut. Dazu trugen besonders das exquisite Ambiente und der wirklich gelungenen Rahmen mit Ausstellungen, Lehrgängen und Simultanveranstaltungen bei. Höhepunkt war zweifelsohne der Empfang der Stadt Schwetzingen im schlossnahen Palais Hirsch, an dem ich als einer der Vertreter der Schachbundesliga teilnahm. Eine Soiree mit getragener Musik und entsprechend feierlichen Reden des seinerzeitigen DSB-Präsidenten Herbert Bastian sowie des Exweltmeisters Anatoli Karpov.

Vorher gab's aber noch eine Abnahme der Spielsäle durch den Turnierdirektor der Schachbundesliga Jürgen Kohlstädt, die unser Edelfan Heidi Saller und ich als Beobachter begleiteten. Aus diesem Grund konnten wir im übrigen auch leider nicht am traditionellen Mannschaftsdinner teilnehmen, dass diesmal beim Mexikaner stattfand.

Während sich das Team also Speisen mit Migrationshintergrund schmecken ließ, versuchte ich es zur selben Zeit mit typischer kurpfälzischer Küche und bestellte mir in experimenteller Laune das Lieblingsgericht unseres Altkanzlers Helmut Kohl – Saumagen. Schmeckte unerwartet gut.

An diesem Wochenende feierten übrigens die Solinger Spieler Jan Smeets und Erwin L'Ami ihren 28. Geburtstag. Grund genug den Beiden eine Schwetzinger Süßwarenspezialität zu offerieren. Smeets musste übrigens erst von seinen Teamkollegen an seinen Ehrentag erinnert werden. Er hatte es schlichtweg vergessen!

Und noch eine kleine Anekdote. Im Turniersaal gab es an den drei Tagen immer mal wieder ein kurzes Trompetensignal. Jetzt werden Sie – liebe Leserin / lieber Leser – sicher fragen: Ein Trompetensignal? Im Turniersaal? Ist das nicht verboten? Und Radio Eriwan würde antworten: Im Prinzip ja, aber in diesem speziellen Fall nein! Handelte es sich doch um den verzweifelten Versuch von Sebi seine heuschnupfengeplagte Nase zu reinigen. Nachfolgend ein paar Fotoimpressionen eines rundherum gelungenen Wochenendes vor ganz brauchbarer Zuschauerkulisse.

Weltkulturerbe Schloss Schwetzingen

GM Sebastian Siebrecht ist ein Bonvivant, der sich als Vorspeise zum abendlichen Teamdinner gerne mal ein paar Weinbergschnecken gönnt. In der folgenden Partie vernascht er jedoch zunächst den Hamburger Endspielgott Karsten Müller!

KARSTEN MÜLLER – SEBASTIAN SIEBRECHT
Norderstedt, 10.11.2012
D13: Damengambit (Slawische Verteidigung)
(Ulrich Geilmann) (CD Nr. 339)

**1.d4 d5 2.c4 c6 3.cxd5 cxd5 4.♘c3
♘c6 5.♗f4 ♘f6 6.e3 a6 7.♗d3**
**♗g4 8.♘f3 e6 9.h3 ♗h5 10.g4
♗g6 11.♘e5 ♘xe5 12.♗xe5 ♗xd3
13.♕xd3 ♗d6**

Auf 13...h5 folgt 14.g5 ♘d7 15.♗f4 ♗b4 16.♖c1 g6=.

**14.0-0-0 b5 15.♗xf6 ♕xf6 16.f4
0-0 17.♔b1 ♖fc8 18.♖df1 ♖c4
19.f5 ♕d8 20.h4 ♖ac8 21.g5 ♕a5
22.g6 ♖xc3 23.gxf7+ ♔f8 24.bxc3
♖xc3 25.♕e2 ♗a3 26.♕h2 e5**

Mit seinem nächsten Zug unterliegt Karsten einer fatalen Fehleinschätzung und segnet sofort das Zeitliche.

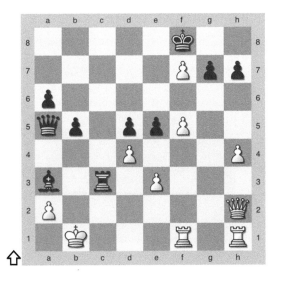

Otto Borik

27.dxe5?

Notwendig war 27.♖d1=+.

> **27...♕b4+–+ 28.♔a1 ♖c4! 29.♖f4 ♕c3+ 30.♔b1 ♕c1+! 31.♖xc1 ♖xc1# 0–1**

Ilja Zaragatski wird mit seiner Leistung in dieser Saison nicht vollständig zufrieden gewesen sein, zumal er an der Schwelle zum Großmeister stand. Seine Partien waren gleichwohl gehaltvoll.

Illuster Kiebitz war übrgens die stets freundlichen Schachjournalistenlegende Otto Borik, dessen Buch „Das Budapester Gambit" ich heute noch zu den Veröffentlichungen zähle, die meine eigene Schachpraxis (die vor der Öffentlichkeit allerdings aus guten Gründen streng geheim gehalten wird) sehr beeinflusst haben. Borik, der in den guten alten Zeiten mit Bochum 31 häufiger Gast in Katernberg war, ist die treibende Kraft hinter dem Schach Magazin 64, einem der führenden deutschen Schach-Magazine.

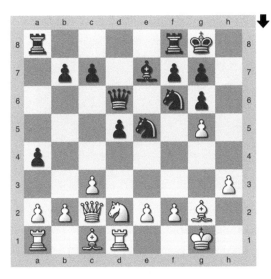

ILJA ZARAGATSKI – JONNY HECTOR
Bremen, 23.02.2013, (CD Nr. 289)

16...♘fd7?!

Lieber 16...♘h5! 17.♘e4 ♕e6 18.♖xd5 c6 (18... ♕xd5? 19.♘f6++–) 19.♖d1∞.

17.♘e4!± ♕e6 18.♖xd5! ♕xd5?

Eigentlich ist es kaum zu glauben, dass Schwarz das nachfolgende Abzugsschach nicht gesehen hat, zumal mit 18...♘b6 19.♖d1 ♕f5+= eine offensichtliche Alternative zur Disposition stand. Jetzt prügelt Ilja natürlich den Springer in die schwarze Stellung!

19.♘f6+! ♘xf6 20.♗xd5 ♘xd5 21.♕e4! ♘c6 22.♕xd5+−

Weiß steht auf Gewinn, setzt in der Folge jedoch einige Male ungenau fort und muss sich nach 50 Zügen mit einem Remis zufrieden geben.

Das Wochenende im Bremen ist mir übrigens auch wegen der etwas chaotischen Begleitumstände gut in Erinnerung geblieben. In allen schrecklichen Details zu schildern, welches Hin und Her mich im Vorfeld von einer Verlegenheit in die nächste stürzte, würde jeden Rahmen sprengen. Nur so viel: Von privaten Schicksalsschlägen über anstehende Abiturprüfungen, eine profane Grippe und letztlich massive Visaprobleme war zunächst so ziemlich alles dabei, was das Herz eines Mannschaftsführers schwer machen kann. Stand Mittwochabend, knapp drei Tage vor dem Anstoß, hatten wir dadurch exakt sieben einsatzfähige Spieler an Bord.

Und so sitz ich am Donnerstagvormittag in meinem grippeverseuchten Büro, als kurz nacheinander zwei höchst undienstliche Telefonate aufschlagen: Zunächst meldete sich Andrei damit, dass er gerade überraschend doch noch ein bislang ausstehendes Visum erhalten habe und er daher (wenn noch erforderlich) am Freitag vor Ort sein könne. Und wie nötig das war!

Dann, kaum fünf Minuten später bimmelt Klaus, der vorher wegen persönlicher Gründe abgesagt hatte, an. Er teilte mit, dass er am Wochenende wohl doch spielen könne. Damit hatte ich einen Spieler zuviel im Team.

Also tiefes Durchatmen und erneute elektronische Nachricht ans Team: alles wieder auf Start! Neue Aufstellung.

Das ganze Chaos hatte natürlich auch jeweils Auswirkungen auf die Hotelbuchung, die ich (auch aufgrund immer wieder geänderter An- und Abreisedaten) mindestens sechsmal korrigieren musste.

Die Rezeption wird sich daher vermutlich auch ihren Teil über diese Ruhrgebietschaoten gedacht haben!

Wie auch immer: am Freitag wollte sich zumindest ein Teil des Teams schon mal in der schönen Hansestadt Bremen zum traditionellen gemeinsamen Abendessen treffen. Geplant war, dass ich zunächst Ilja, der zurzeit an seiner Diplomarbeit bastelt, in Duisburg mit dem Auto aufgabele. Klaus und Christian wollten mit dem Zug anreisen. Andrei, Evgeny und Matthias sollten schließlich jeweils einzeln einfliegen. Am Samstag wollte dann Norbert Kotainy seinen Sohn Jens und Nazar, der ebenfalls bereits am Vortage mit dem Flugzeug in Dortmund ankommen und bei Bernd übernachten sollte, mitbringen.

Soweit der Plan; ich hoffte nur, dass das auch so funktionieren würde, denn es war mal wieder winterliche Kälte und Schnee angesagt! Und bekanntlich geht ja schief, was schief gehen kann.

Freitagvormittag erste Entwarnung: Bernd simst mir Nazar's Ankunft. Die nächsten Positivmeldungen dann von Matthias: Er sei eben angekommen; zwar ohne Gepäck (das wollte die Lufthansa wohl noch kurzfristig nachliefern), aber dafür wäre sein Hotelzimmer immerhin deutlich größer als seine derzeitige Bleibe in Bukarest.

Kurz vor 18.00 Uhr – inzwischen hatte ich Ilja im Kofferraum – die zweite Wasserstandsmeldung von Matthias: Sowohl Andrei als auch Klaus wä-

Albträume eines Mannschaftsführers

ren eingetrudelt; außerdem habe er sein Gepäck wieder. Als wir schließlich ankamen, liefen mir auch die Mülheimer Kollegen über die Füße. Für mehr als einen kleinen Plausch reichte aber die Zeit nicht, denn wir hatten alle Hunger und da das Hotel über ein griechisches Restaurant verfügte, fackelten wir nicht lange. Hinein, bestellt und aufgetischt!

Die Speisegaststätte war keine schlechte Wahl, so dass wir uns zunächst einmal ordentlich satt aßen und auch in ausreichenden Mengen alkoholische Getränke zu uns nahmen. Kurz nach 20.00 Uhr kam dann Christian dazu und wir hatten noch einen vergnüglichen Abend!

Gegen 22.00 Uhr chattete ich dann noch einmal mal via Facebook mit Jens, der mir aber plausibel versicherte, dass er zusammen mit Nazar rechtzeitig vor dem Kampf ankommen würde.

Jetzt fehlte eigentlich nur Evgeny, der sich ja ebenfalls noch für heute Abend angesagt hatte. Allerdings hatte unser Vorzeigerusse keine spezielle Uhrzeit für seine Ankunft aus St. Petersburg angegeben. Angesichts der jüngsten Erfahrungswerte verspürte ich eine leichte Grundnervosität. Ich dachte an Murphys Gesetz. Andererseits hatte Evgeny, der übrigens ebenfalls im Examen steckte, bislang alle seine Termine punktgenau eingehalten. Also noch kein Grund, um sich wirklich Sorgen zu machen. Gleichwohl fragte ich noch einmal bei der Rezeption an. Ich vereinbarte einen kurzen Anruf, sobald ein Herr Romanov ankommen würde. Sollte das nicht bis 24.00 Uhr geschehen (bis dahin war der Empfang besetzt), wollte ich für alle Fälle seinen Zimmerschlüssel an mich nehmen. Um 22.30 Uhr dann aber die befreiende Nachricht. Evgeny war da! Er meldete sich sogar noch bei mir und wir unterhielten uns kurz. Außerdem überreichte ich ihm zwei Tickets für ein Depeche Mode Konzert, die er über mich bestellt hatte. Jetzt konnte ich mich endlich entspannt zurückziehen. Erstaunlicher Weise konnte ich danach sogar gut schlafen. Das Frühstück am Samstagmorgen schmeckte gut wie immer, und das Team hatte perfekte Laune.

Alles soweit im grünen Bereich. Natürlich gab es wie immer auch kleine Mannschaftsführerpflichten: PC-Ladekabel und Ohrstöpsel für Matthias bereitstellen, Wecker für Ilja besorgen, Rezeption über ein verändertes Abreisedatum informieren und ein Taxi zum Spiellokal bestellen. Danach ein paar Telefonate (u. a. mit Norbert Kotainy, der mir um 12.30 Uhr die Ankunft von Jens und Nazar anzeigte) und schließlich ab zum Turniersaal.

Werder Bremen residierte diesmal übrigens in der noblen Platin-Loge des Weserstadions. Ein wirklich würdiger Spielort mit allem Komfort. Sogar für einen frei zugänglichen Internetanschluss war gesorgt worden. Vorbildlich!

Wim Ris

IM Robert Ris, der oft durch seinen Vater Wilhelm (genannt ‚Wim') begleitet wurde, spielte eine starke Saison. Seine besten Leistungen zeigte er vermutlich während der zentralen Abschlussrunden in Schwetzingen, wobei die Partie gegen Tobias Hirneise nichts für schwache Nerven war. Robby spielte an diesem Wochenende übrigens um eine Großmeisternorm und agierte deswegen am Brett zum Teil nervös.

Mit Wim verstand ich mich übrigens auf Anhieb gut. Er ist ein wirklich amüsanter Plauderer. Mir war bei unserem Gespräch sofort klar, woher Robby seine liebenswürdige Art hat. Überdies tat Wim stets sein Bestes, um mich an den Abenden mit der Applizierung einiger Longdrinks müde zu schießen, als er hörte, dass ich immer Probleme damit hatte, in der ersten Hotelnacht einzuschlafen. Doch das half im Regelfall genauso wenig, wie die genussvolle Verköstigung der einen oder anderen Flasche Wein, die ich mir mit Klaus Bischoff gönnte. Dabei kamen wir übrigens zu der übereinstimmenden Erkenntnis, dass Schach ja ein wirklich schönes Spiel ist. Aber eben nur, falls man gewinnt. Ansonsten ist es nämlich eine verdammte Zeitverschwendung! In vino veritas.

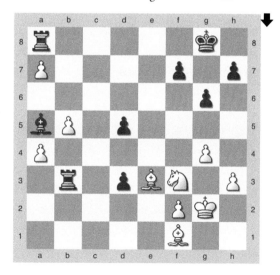

ROERT RIS - TOBIAS HIRNEISE
Schwetzingen, 06.04.2013, (CD NR. 251)

Robert hat die Zeitkontrolle mit **40.♗c5-e3** geschafft, doch die Stellung ist miserabel.

40...d4??

Gibt den möglichen Sieg aus der Hand. 40...d2!–+ und Schwarz kann sich entspannen. 41.♗e2

a) 41.♗xd2 ♗xd2 42.♘xd2 ♖b2–+;

b) 41.♘xd2 ♖xe3 42.fxe3 ♖xa7–+ (42...♗xd2? 43.b6+–);

41...♖xe3! 42.fxe3 ♖xa7–+ Doch jetzt ist plötzlich Weiß am Drücker!

41.♘xd4 ♖c3

41...♖a3 wäre besser. Es folgt 42.♘c6 d2 43.♗e2 (43.♗xd2?! ♗xd2 44.b6 ♖xa4 45.b7 ♖4xa7 46.♘xa7 ♖b8 47.♗a6 ♗f4 48.♘c6 ♖e8=) 43...♖xe3 (43...♖xa4 44.♘xa5 ♖xa7 [44...♖xa5 45.b6+–] 45.♗xa7 ♖xa5 46.b6 ♖b5+–) 44.fxe3 ♗b6 45.a5 ♗xa7 46.♔f3±.

42.♘c6 ♖xc6?

Der ultimative Zusammenbruch. Mit 42...d2 hätte Schwarz noch ein wenig kämpfen können. 43.♗xd2 ♖xc6 44.♗xa5 ♖xa7 45.bxc6 ♖xa5 46.♗b5 ♖a7±.

43.bxc6 d2 44.♗e2 ♔f8

Die Engineempfehlung 44...f5 bringt Schwarz nach 45.♗f3+– nicht weiter.

45.c7! ♔e7

45...♗xc7 läuft nach 46.♗f3 ♗a5 47.♗xa8 d1♕ 48.♗f3 ♕d8 49.a8♖ ♕xa8 50.♗xa8+– ebenfalls ins offene Messer!

46.♗xd2! ♗xd2

Die Henkersmahlzeit. 46...♗xc7 hilft nach 47.♗e3+– auch nicht mehr.

47.♗f3 ♖f8 48.♗b7 1–0

Leider konnte GM Klaus Bischoff auch in der Sasion 2012/2013 keine überragenden Ergebnisse erzielen, was ihn zusehends frustrierte. In seiner Partie gegen den Griesheimer Miroslaw Grabarczyk dominierte er jedoch das Brett! Wir spielten übrigens wieder einmal in Essen und konnten uns der Gastfreundschaft des Regionalverbandes erfreuen.

KLAUS BISCHOFF – MIROSLAW GRABARCZYK
Essen, 03.02.2013
D37: Damengambit (5.Lf4)
(Ulrich Geilmann) *(CD NR. 304)*

1.c4 e6 2.♘c3 d5 3.d4 ♗e7 4.♗f4 ♘f6 5.e3 0–0 6.♖c1 c6 7.h3 ♘bd7 8.♘f3 b6 9.cxd5 cxd5

9...exd5 (Siehe CD)

10.♗d3±

10.♕a4+ (Siehe CD)

10...♗b7 11.0–0 a6 12.a4N

12.♘e2 (Siehe CD)

12...♖b8 13.♘e5 ♘fd7 14.♘xd7

Richtig war 13...♘c6±.

♕xd7 15.a5! b5

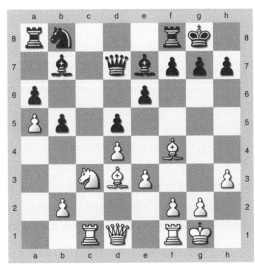

16.♞a4! bxa4 17.♖c7 ♛d8
18.♖xb7 a3 19.bxa3 ♝d6

Nach 19...♝xa3 20.♛a4 ♝d6 21.♝xd6 ♛xd6 22.♖c1+– steht Weiß sogar noch besser.

20.♝xd6 ♛xd6 21.♛b1 ♞c6

21...g6 22.♖c1 ♛xa3 23.♖cc7+– und Schwarz gegen so langsam die sinnvollen Züge aus.

22.♖b6 ♛d7 23.♖c1 ♞xa5
24.♝xh7+ ♚h8 25.♝d3 ♛e7?

25...♖fc8+– war noch irgendwie spielbar.

26.♖c5

Schwarz gibt auf, da der ♞a4 verloren geht. 26...♞c4 wird durch 27.♝xc4 dxc4 28.♖h5+ ♚g8 29.♛h7# widerlegt. **1–0**

IM Christian Scholz ist eine Kämpfernatur mit großem Durchhaltevermögen. Seine Partie gegen den Mülheimer Großmeister Mihail Saltaev, der übrigens ein äußert liebenswürdiger Zeitgenosse ist, mag hier als gutes Beispiel dienen.

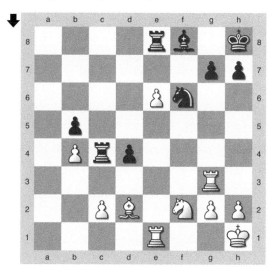

MIHAIL SALTAEV - CHRISTIAN SCHOLZ
Schwetzingen, 05.04.2013, (CD NR. 257)

Weiß hat gerade in Zeitnot mit **32.♖c1-e1** die falsche Entscheidung getroffen. 32.♖a3! hätte hingegen Ausgleich bedeutet. 32...♖xe6 33.♖a8 ♚g8 34.♞d3 ♖e2 35.♝f4 ♖e8 36.♖xe8 ♞xe8 37.g3=

32...♖xc2–+ 33.♖d3

Ein starkes Qualitätsscheinopfer mit Bauerngewinn! Jetzt gibt Christian die Partie nicht mehr aus der Hand.

33...♖xd2! 34.♖xd2 ♝xb4
35.♖dd1 ♝xe1 36.♖xe1 ♞d5

36...b4–+ hätte den Druck sofort erhöht!

37.♞d3 g6

Schwarz hat keine Eile, da er ohnehin einen Mehrbauern hat und zudem der ♟e6 zur Schwäche neigt.

38.♚g1 ♚g7 39.♖e4

39.♞c5∓ war zu überlegen.

39...♞c3–+ 40.♖e1 ♚f6 41.♞c5 ♚e7 42.♞b3 ♖d8 43.♚f2 ♖d6 44.♚f3 b4 45.♖e5 ♖xe6 46.♖xe6+ ♚xe6 47.♞xd4+ ♚d5 48.♞b3 ♞b5 49.♚e3 ♞d6 50.♚d3 ♞e4 51.♞a5? ♞c5+ 52.♚c2 g5 53.♚d2 h5 54.♚e3 b3 55.♚d2 ♚d4 56.♞c6+ ♚e4 57.♚c3

57.♞e7 b2 58.♚c2 ♞d3–+ hilft auch nicht mehr wirklich.

57...g4 58.♞e7 h4 59.♞g6

59.g3 h3 60.♞c6 ♞d3 61.♚xb3 ♞e1 62.♚c3 ♞f3–+ kommt gleichfalls zu spät!

59...h3 60.gxh3 gxh3 61.♚b2 ♚f3 62.♞e5+ ♚g2 63.♞g4 ♞d3+ 64.♚xb3 ♞f2 65.♞e3+ ♚xh2 66.♚c2 ♚g1 67.♞f5 h2 0–1

Sarah Hoolt

WIM Sarah Hoolt beendete die Saison mit einem positiven Ergebnis. Ihre stärkste Leistung zeigte sie gegen den GM Jan Gustafsson. Großes Kino!

JAN GUSTAFSSON – SARAH HOOLT
Baden-Baden, 09.12.2012
A34: Englische Eröffnung
(Symmetrische Variante)
(Ulrich Geilmann) *(CD Nr. 314)*

1.♘f3 ♘f6 2.c4 c5 3.♘c3 b6 4.d4 cxd4 5.♘xd4 ♗b7 6.f3 d6 7.e4 ♘bd7 8.♗e2 ♖c8 9.0–0 a6 10.♗e3 e6 11.a4 ♗e7 12.a5 0–0N

12...bxa5 (Siehe CD)

13.♘b3 ♘c5 14.axb6?!

Nicht der beste Zug. Genauer scheint 14.♘a4 bxa5 15.♘axc5 dxc5 16.♕xd8 ♖fxd8 17.♘xa5±.

14...♕xb6= 15.♖a3

Interessant ist 15.♘d4 Weiß gibt einen Bauern und erhält dafür aktives Spiel auf dem Damen-flügel. 15...♕xb2 16.♘a4 ♘xa4 17.♕xa4 ♕b6 18.♘f5 ♕c7 19.♘xe7+ ♕xe7 20.♖fb1 ♖c7 21.♕a3 ♘d7 22.♖a2 ♘e5 23.♖ab2=.

15...♖fd8 16.♕b1 ♗a8?!

Nicht so recht verständlich. Zu empfehlen ist 16...♕c7 17.♖c1 ♘xb3 18.♖xb3 ♘d7=.

17.♕a2?!

Jan strebt jetzt offenbar eine taktische Lösung an, was ihm auch fast gelingt. Besser war indes 17.♖d1±.

17...♖b8!?

17...♕c7! bekommt interessanterweise bessere Kritiken. Es folgt 18.♘xc5 dxc5 19.♖xa6 ♗d6= und Schwarz gewinnt auf jeden Fall den Bauern zurück, da Sarah nach 20.g3 ♗xg3 zu einem gefährlichen Angriff kommt, wenn Weiß nun mit 21.hxg3? antwortet. 21...♕xg3+ 22.♔h1 ♗xe4! 23.♘xe4 (23.fxe4 ♕xe3–+) 23...♘xe4 24.fxe4 ♕xe3 25.b3 g6–+.

18.♖b1?!

Dass sich ein gestandener Großmeister so in Box-horn jagen lässt! Nach 18.♘xc5 dxc5 19.♗f4 (19.♖xa6 ♕xb2 20.♕xb2 ♖xb2 21.♖d1±) 19...♖b7 20.♖xa6 ♕xb2 21.♕a5 ♖b3 22.♗e5 ♗b7 23.♘d5!+– hätte er auf Gewinn gestanden!

18...♗b7?!

Will den ♟a6 decken. Allerdings wäre wiederum 18...♕c7± vorzuziehen gewesen.

19.♘a5±

19.♘d4!+– hätte den weißen Vorteil wohl lang-fristig konserviert.

19...♕b4 20.♕a1?!

Mit welcher Idee? Deutlich nachhaltiger war 20.♖d1±.

20...♗a8?!

Nicht die allerbeste Wahl. Stattdessen hätte Sarah wohl mit 20...d5= ausgleichen können.

21.♘a2± ♛xa5

Abteilung Attacke!

**22.♖xa5 ♘b3 23.♘c1 ♘xa1
24.♖axa1 d5! 25.cxd5 exd5 26.e5
♘d7**

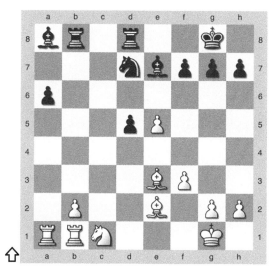

27.♘d3?!

Natürlich führt auch 27.♖xa6?! nach 27...♘xe5= nirgendwo hin, aber vermutlich hätte 27.♗f4± ausgereicht, um Weiß weiterhin vorne zu halten. Stattdessen kann Sarah jetzt erst einmal zufrieden sein.

**27...♗c6!= 28.♖xa6 ♗b5 29.♖a7
♗xd3 30.♗xd3 ♖b3 31.♖d1
♘xe5 32.♖xe7 ♘xd3 33.♗d4
♘f4! 34.♖e3 ♖xe3 35.♗xe3 ♘e6
36.b4 d4 37.♗f2 ♖d5 38.♔f1 ♔f8
39.♖a1 ♘f4?!**

39...♔e7= war präziser. Jetzt läuft Schwarz den Ereignissen wieder ein wenig hinterher.

**40.♗g3± ♘e6 41.♔e2 ♔e7 42.♔d3
g5 43.♔c4 ♖d8 44.b5?!**

Verfrüht. Stärker war 44.♗e1±.

**44...♖c8+!= 45.♔b4 ♖c2 46.b6
♖b2+ 47.♔a5 ♘c5 48.♖d1! d3
49.♗e5 ♘b7+ 50.♔a6 ♘c5+
51.♔a5**

Weiß greift zur Remisschaukel, denn 51.♔a7 ♖a2+ 52.♔b8 ♘d7+ 53.♔c8 ♘xe5 54.b7 ♖c2+ 55.♔b8 ♘d7+ 56.♔a7 ♖a2# geht nach hinten los!

**51...♘b7+ 52.♔a6 ♘c5+ 53.♔a5
♘b7+ ½–½**

Patrick Imcke

Patrick Imcke (* 1997) vervollständigte seine schachliche Ausbildung in Katernberg und war damit so etwas wie ein Eigengewächs. Als sich herausstellte, dass GM Robert Fontaine nicht zum Bundesligawettkampf in Baden-Baden erscheinen würde, fackelte Patrick nach abendlichen Abstimmungstelefonaten dankenswerterweise nicht lange und ließ sich durch seine Eltern in einer erschöpfenden Anreise von seinem Wohnort Leichlingen zum Spielort (immerhin 360 km) bei sehr unsteten Witterungsverhältnissen chauffieren. In seinem Bundesligadebüt bekommt Patrick Imcke mit GM Patrick Schlosser dann gleich einen wahren Bullen vorgesetzt. Er hält sich zunächst sogar gut. Doch seinem erfahrenen Gegner reichen kleine Ungenauigkeiten aus, um die Partie nach Hause zu fahren. In Anbetracht der morgendlichen Odyssee, die Patrick hinter sich hatte, gleichwohl eine mehr akzeptable Leistung.

Patrick Imcke – Philipp Schlosser

Baden-Baden, 09.12.2012

B43: Sizilianisch (Paulsen-Variante)

(Ulrich Geilmann) *(CD Nr. 313)*

Philipp Schlosser

1.e4 c5 2.♞f3 e6 3.♞c3 a6 4.d4 cxd4 5.♞xd4 b5 6.g3 ♝b7 7.♝g2 b4 8.♞a4 ♞f6! 9.♕e2 ♕a5 10.b3 ♞c6 11.♝b2 ♞xd4 12.♝xd4 e5 13.♝b2

13.♞b6 (Siehe CD)

13...♝c6 14.f4N

14.♝e3 (Siehe CD)

14...d6 15.♕e3?!

Jetzt wäre allerdings 15.♕d2! genauer gewesen. Nach 15...♝xa4 16.bxa4 ♕xa4 17.a3 b3 18.cxb3 ♕xb3 19.0–0 ♝e7 20.fxe5 dxe5 21.♝xe5= steht Weiß mindestens ausgeglichen.

15...♞xa4∓ 16.bxa4 ♝e7 17.0–0 0–0 18.h3

Gegen ♞g4 gerichtet.

18...♜ac8! 19.♕b3 ♞d7

Oder 19...♜c6∓, um die Turmverdoppelung auf der c-Linie vorzubereiten.

20.♜ad1 ♞b6

Auf 20...♞c5 folgt 21.♕d5 und Schwarz stünde auch hier besser.

21.fxe5 dxe5 22.♜f5?!

Die Idee ist klar. Gleichwohl war es wohl klüger, die Stellung mit 22.♚h2∓ zu konsolidieren.

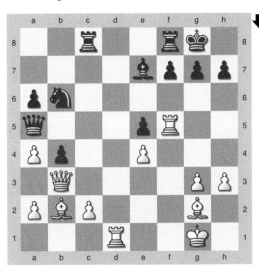

22...♞c4–+ 23.♝c1

Patrick möchte natürlich das Läuferpaar behalten.

23...♕c7 24.♚h1 ♞a5 25.♕b2 f6

Der stets freundliche GM Philipp Schlosser, der zu dieser Zeit während seiner Partien stets einen

„Glückshut" trug, möchte alles unter Kontrolle halten. Manche glauben ja an diesen Schachvoodookram. Aber wie hat es doch Bobby Fischer einstmals so schön formuliert? „Ich glaube nicht an Psychologie, ich glaube an gute Züge." Insoweit wäre 25...♛xc2 26.♕xc2 ♜xc2 27.♖xe5 ♞c6 28.♖ed5 ♜xa2–+ auch nicht so schlecht gewesen.

26. ♖d5 ♔h8

Worauf wartet Schwarz? 26...♕xc2∓ gewinnt wiederum einen Bauern.

27. ♖f1 ♞c4 28.♕b3 ♞b6
29. ♖d2?!

Das klemmt den ♗c1 ab. 29. ♖d3∓ war vielleicht noch einen Versuch wert.

29...a5! 30. ♖fd1 ♕c6 31.♔h2

31.♗b2–+ hätte zwar den Läufer aktiviert, aber nichts an den wesentlichen weißen Problemen geändert.

31...♞xa4 0–1

Prof. Dr. Bruno Klostermann

Zum Saisonende realisierte sich dann, was sich schon seit geraumer Zeit abgezeichnet hatte. Einige unserer treuesten Sponsoren mussten ihre Unterstützung versagen; andere kürzten aufgrund wirtschaftlicher Probleme die Mittel. Zwar konnte mit einem örtlichen Wohnungsunternehmen auch ein neuer Mäzen gefunden werden; dies reichte aber bei Weitem nicht aus, die laufenden Kosten zu decken.

Was war also zu tun? Sollte die Mannschaft zurückgezogen werden? Ich rechnete jedenfalls mit dem Schlimmsten! Aber, mein Onkel Schorsch pflegte immer zu sagen: „Und wenn Du denkst es geht nicht mehr, kommt von irgendwo ein Lichtlein her!" Für sein Leben hatte dieser Sinnspruch eine mehrfache Bedeutung, denn zum war sein Nachname tatsächlich Lichtlein und zum anderen hatte meine Tante ihn und die halbe Nachbarschaft nach einem großen Bombenangriff auf Würzburg im letzten Krieg mit bloßen Händen aus einem verschütteten Luftschutzbunker ausgegraben. Dafür gehört der alten Dame eigentlich posthum noch ein Orden verliehen! Aber ich schweife ab!

Nach mehreren Krisensitzungen im neuen Vorstand, dem jetzt auch (der leider viel zu früh verstorbene) Prof. Dr. Bruno Klostermann angehörte, fand sich dann aber buchstäblich in letzter Sekunde schließlich mit Hilfe einiger Einzelunterstützer aus dem Verein noch doch eine tragfähige Finanzierung über Spenden und zinslosen Darlehen. Es konnte also weitergehen.

SIE SIND AM ZUG

Lösungen ab Sreite 254

Aufgabe 37

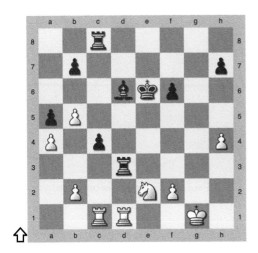

PENTALA HARIKRISHNA – PARIMARJAN NEGI

Mülheim, 21.10.2012, (CD NR. 351)

In einem rein indischen Duell musste sich Negi gegen den in Eppinger Diensten stehenden Harikrishna zu Wehr setzen. Schwarz hat zuletzt 31... ♗e7-d6 gezogen. Auf den ersten Blick ist nicht genau zu sagen, wer hier besser steht. Was soll Weiß jetzt ziehen? Hat er eine gute Abwicklung, die ihn in Vorteil bringt oder muss er kleinere Brötchen backen?

Erwähnenswert ist, dass es Parimarjan Negi in den Folgejahren nicht ganz in die Weltspitze schaffte (Höchstwert 2671, 2013), Pentala Harikrishna hingegen schon. 2016 erreichte er seine höchste Elo-Zahl mit 2770, was Platz 11 in der Weltrangliste bedeutete. Im August 2021 lag er mit Elo 2725 auf dem 24. Platz.

Aufgabe 38

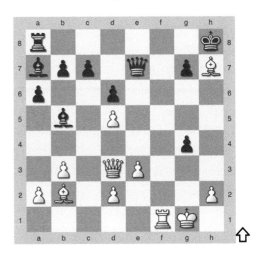

EVGENY ROMANOV – ZAHAR EFIMENKO

Bremen, 24.02.2013, (CD NR. 283)

Evgeny Anatoljevich Romanov (Jahrgang 1988) erspielte sich bereits im November 2007 den Großmeistertitel. Zu seinen Trainern gehörten dabei so klingende Namen wie Ratmir Cholmow, Juri Balaschow und Josif Dorfman. Aufgrund seiner profunden Ausbildung gewann er bereits früh international bedeutsame Jugendturniere. Evgeny war u. a. Jugendweltmeister U10 sowie Jugendeuropameister U12 und U14. Überdies gewann er mehrere Turniere und nahm überdies mit großem Erfolg an den Schachweltpokalen sowie Europameisterschaften teil.

Zwischen Evgeny und mir lief übrigens so etwas wie ein Wettstreit. Wir beide versuchten uns nämlich gegenseitig bei der Menge der Nahrungsmittelaufnahme zu übertrumpfen. Doch er hatte dabei nur wenige Chancen, denn hier war ich der

Evgeny Romanov

Großmeister! Außerdem lernte ich durch ihn meine ersten russischen Sätze: „Пиво и водку, пожалуйста!" (Ein Bier und einen Wodka, bitte!) „спасибо!" (Danke!).

Jetzt zur Aufgabe: Schwarz hatte mit **22...♗d7-b5** eine klare Ansage gemacht. Hatte Evgeny das etwa übersehen, oder hat sein Gegenüber einen Köder geschluckt?

Aufgabe 39

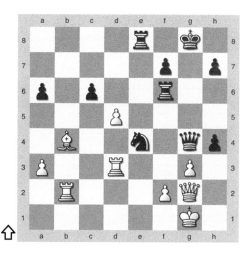

VLADIMIR CHUCHELOV – PETER ACS
Mülheim, 21.10.2012, (CD Nr. 348)

Schach ist und bleibt ein Glücksspiel. In der Partie gegen Peter Acs wurde Vladimir Chuchelov klar überspielt. Doch sein Gegner vergaß, den Sack zuzumachen. Der aktuell wohl beste Schachtrainer der Welt nutzte seine zweite Chance und schlug nach einem fatalen Bock seines Gegners unbarmherzig zurück! Schwarz hatte zuletzt **39...gxh4** gezogen. Danach wird Vladimir seinen 40.Zug mit Freude gemacht haben. Wieso eigentlich?

Aufgabe 40

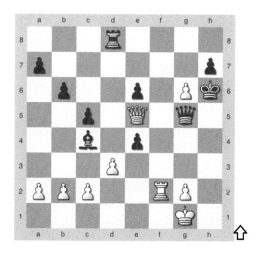

MATTHIAS THESING – TWAN BURG
Bremen, 23.02.2013, (CD Nr. 291)

Schwarz hatte mit seinem letzten Zug **27... ♕e7-g5** Damentausch angeboten. Immerhin hing ja auch der ♗c4. Die Sache ist indes nicht ganz einfach, aber gestählt durch die bisherigen 39 Aufgaben finden Sie die Lösung.

EIN STABILES JAHR
2013-2014

Die Saison 2013/2014 war die 34. Spielzeit der deutschen Schachbundesliga. Meister wurde zum neunten Mal in Folge die OSG Baden-Baden vor dem SV Mülheim-Nord. Aus der 2. Bundesliga waren im Vorjahr König Tegel (Gruppe Nord), der FC Bayern München (Gruppe Ost) und der SC Viernheim (Gruppe Süd) aufgestiegen, während aus der Gruppe West kein Aufsteiger gemeldet wurde. Rein sportlich wären alle drei Aufsteiger zusammen mit dem SV Griesheim abgestiegen, da jedoch der SV Wattenscheid seine Mannschaft nach der Saison überraschend zurückzog, erreichte München als bester Absteiger noch den Klassenerhalt.

Auch in diesem Jahr fand eine zentrale Abschlussrunde statt, die vom SC Eppingen ausgerichtet wurde, der in diesem Jahr ein Vereinsjubiläum feierte. Eine wiederum gelungene Veranstaltung!

Mit einem 9. Platz konnte eigentlich Katernberg ganz zufrieden sein. Das Team musste jedoch umgestellt werden. Außerdem bekamen wir mit Turm Emsdetten einen neuen Reisepartner. Neu war auch die Einführung von Spielervereinbarungen die gegen die Folgen von Betrugsversuchen schützen sollten.

Die entsprechenden Vorwürfe gegen Jens Kotainy gaben auch den Anlass dafür, sich von ihm zu trennen. Bereits vorher hatte GM Robert Fontaine seine Sachen gepackt. In Folge dessen gelang es uns leider auch nicht mehr, GM Katerina Lagno im Team zu halten. Bedauerlicher Weise entschied sich schließlich der frisch gebackene Deutsche Meister GM Klaus Bischoff dazu, in der kommenden Saison auszusetzen, um v. a. seiner Kommentatortätigkeit nachzugehen. Somit mussten vier Plätze im Team neu besetzt werden. Mit GM Alexandr Fier und IM Benjamin Bok konnten wir allerdings zwei äußerst talentierte Spieler für uns gewinnen, die sowohl einen schachlichen als auch menschlichen Gewinn für das Team darstellten.

Platz	Verein	G	U	V	Brettpunkte	Mannschaftspunkte
1.	OSG Baden-Baden	15	0	0	88,5:31,5	30:0
2.	SV Mülheim-Nord	11	2	2	71,5:48,5	24:6
3.	SV 1930 Hockenheim	10	3	2	74,0:46,0	23:7
4.	SC Eppingen	9	3	3	71,0:49,0	21:9
5.	Werder Bremen	10	1	4	68,5:51,5	21:9
6.	SG Solingen	8	2	5	62,0:58,0	18:12
7.	SK Turm Emsdetten	8	1	6	67,0:53,0	17:13
8.	Hamburger SK	7	3	5	65,0:55,0	17:13
9.	*SF Katernberg*	*7*	*2*	*6*	*58,5:61,5*	*16:14*
10.	SV Wattenscheid	7	1	7	59,5:60,5	15:15
11.	SG Trier	6	0	9	55,5:64,5	12:18
12.	SF Berlin	2	3	10	50,5:69,5	7:23
13.	FC Bayern München	3	1	11	42,5:77,5	7:23
14.	SV Griesheim	1	3	11	48,0:72,0	5:25
15.	König Tegel	1	2	12	39,0:81,0	4:26
16.	SC Viernheim	0	3	12	39,0:81,0	3:27

Name	Elo	G	R	V	Ergebnis
GM Andrei Volokitin	2683	2	4	3	4,0/9
GM Yury Krivoruchko	2696	5	4	0	7,0/9
GM Evgeny Romanov	2654	3	6	1	6,0/10
GM Parimarjan Negi	2671	2	6	1	5,0/9
GM Alexandr Fier	2572	2	3	1	3,5/6
GM Vladimir Chuchelov	2553	0	2	0	1,0/2
IM Benjamin Bok	2525	2	3	1	3,5/6
GM Nazar Firman	2526	4	5	4	6,5/13
GM Sebastian Siebrecht	2496	3	7	3	6,5/13
GM Ilja Zaragatski	2510	2	6	5	5,0/13
IM Robert Ris	2416	1	6	2	4,0/9
IM Matthias Thesing	2355	1	3	3	2,5/7
IM Christian Scholz	2379	0	3	5	1,5/8
WGM Sarah Hoolt	2329	2	1	1	2,5/4
FM Bernd Rosen	2341	0	0	2	0,0/2
Ulrich Geilmann	(1848)	-	-	-	-/-
Patrick Imcke	2016	-	-	-	-/-

Die Mannschaft wird überdies durch FM Bernd Rosen verstärkt, der in den letzten Jahren immer mit guten Resultaten geglänzt hat. Im absoluten Notfall, der erfreulicher Weise aber nie eintrat, hätte auch der Teamchef eingesetzt werden können.

Betrachtet man die Einzelergebnisse, so ist auffällig, dass die Mannschaft insgesamt sehr solide spielte, wobei die GM Yury Krivoruchko und Evgeny Romanov herausragende Partien ablieferten.

Dabei werden allerdings IM Matthias Thesing, IM Christian Scholz und FM Bernd Rosen mit ihrer Leistungsbilanz kaum zufrieden gewesen sein. Ulrich Geilmann und Patrick Imcke kamen hingegen nicht zum Einsatz.

Erwähnenswert ist darüber hinaus, dass Ilja Zaragatski durch die FIDE vor Saisonstart zum Großmeister ernannt wurde und sich Sarah Hoolt den Titel einer Frauengroßmeisterin erspielte.

Die nachfolgende Partie wurde während der zentralen Abschlussrunde in Eppingen gespielt. GM Parimarjan Negi produzierte an diesem Tag ein kleines Juwel!

PETER MICHALIK – PARIMARJAN NEGI
Eppingen, 06.04.2014
D94: Grünfeldindisch (Geschlossenes System)
(Ulrich Geilmann) *(CD Nr. 126)*

**1.d4 d5 2.c4 c6 3.♘f3 ♘f6 4.e3 g6
5.♘c3 ♗g7 6.♗e2 0–0 7.0–0 e6
8.♕c2 ♘bd7 9.♖d1 ♖e8 10.b4**
Alternativen sind 10.♗d2 und 10.e4 (Siehe CD)
10...dxc4N
Weitere Optionen bestehen in 10...b6 oder 10...a5 (Siehe CD)
**11.♗xc4 b5 12.♗d3 a5 13.bxa5
♕xa5 14.♗d2 ♕a3 15.e4 ♗a6**
15...e5 war einen Tick besser, da damit das weiße Zentrum fixiert wird.
**16.♗c1 ♕a5! 17.e5! (d5 18.(xd5
cxd5 19.♗d2 b4 20.♗xa6 &xa6
21.h4 &ea8 22.&ab1 ♗f8!=
23.h5?!**
Vielleicht ein wenig übermotiviert. Vorzuziehen ist 23.♕b3=.
23...♕b5!∓
Aber nicht 23...♕xa2?! 24.♕xa2 ♖xa2 25.hxg6 hxg6 26.♗xb4 ♗xb4 27.♖xb4=.
24.hxg6 hxg6 25.♖b2 ♘b6! 26.♘g5

26...♕c4

Die Engine empfiehlt 26...♕e2 27.♖e1 ♕g4 28.♕c7 ♖8a7 29.♕d8 ♖d7 30.♕f6 ♖a8 31.♖b3 ♖xa2 32.♖g3 (32.♖h3? ♗g7 33.♕f4 ♕xf4 34.♗xf4–+) 32...♕f5 33.♕xf5 exf5 34.e6 ♖xd2 35.exd7 ♘xd7∓.

27.♕b1! ♘a4!

Interessant, aber für eine Turnierpartie ungeeignet, ist 27...♖xa2 28.♖xa2 ♖xa2 29.♖c1 ♖xd2 30.♖xc4 dxc4∞.

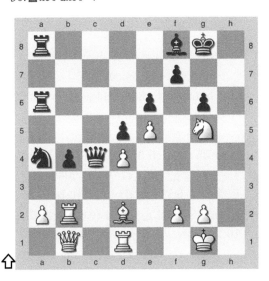

28.♖b3?

Das bringt Schwarz schon auf die Siegerstraße. In der Tat scheint 28.♖c2! ♘c3 29.♗xc3 bxc3 30.♕c1=+ die Stellung noch knapp zu halten.

28...♘c3–+ 29.♗xc3 bxc3 30.♕c1 c2 31.♖e1 ♕xd4 32.♘xf7?!

Wie wir gleich sehen werden, ist das tatsächlich nicht ohne Gift und wir können festhalten, dass 32.♕xc2 ♖xa2 33.♘f3 ♕c5 34.♕xc5 ♗xc5 35.♖f1 ♖xf2 36.♖xf2 ♖a2–+ keinen Spaß macht!

32...♖xa2

Der Springer sollte besser nicht genommen werden. 32...♔xf7? 33.♖b7+ ♗e7 34.♕g5 ♖e8

35.♕f6+ ♔g8 36.♕xg6+ ♔f8 37.♕h6+ (37. ♖b3 ♖a3=) 37...♔g8 38.♕g6+= nebst Remis!

33.♕g5

Und was jetzt?

33...♕xf2+!

Wow! Das muss man erstmal sehen!

34.♔xf2 c1♕+! 35.♔f1 ♕c2! 36.♖f3 ♖a1! 37.♖fe3 ♖xe1+ 38.♖xe1 ♗c5 39.♘h6+ ♔h7

Weiß gibt auf. Nach 40.♕h4 ♕d3+ 41.♖e2 ♖a1+ gibt es keine Rettung mehr! 0–1

Alexandr Fier

Der brasilianische GM Alexandr Hilário Takeda Sakai dos Santos Fier (* 1988) war zweifelsohne eine Verstärkung für das Team. Das Schachspielen lernte er von seinem Vater im Kindergartenalter. Seit er sechs Jahre alt war, nahm er erfolgreich an Schachturnieren teil. Im Alter von 16 Jahren erhielt er den IM-Titel aufgrund seiner herausragenden Ergebnisse bei der Schacholympiade 2004 in Calvià. Großmeister ist er seit Januar 2007. Alexandr (,no') Fier ist übrigens mit der Frauengroßmeisterin Nino Maisuradze liiert und wohnt in Tiflis. Nachfolgend ein Partieauszug gegen den starken ukraninischen GM Zahar Efimenko.

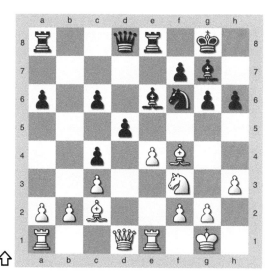

ALEXANDR FIER – ZAHAR EFIMENKO
Hamburg, 22.02.2014, (CD NR. 174)

An dieser Stelle verpasst Alexandr eine gute Chance, den Vorteil zu konservieren. 20.e5! ♞d7 (20...♞h5 21.♗h2 ♗f8 22.♕d2±) 21.♕d2 ♔h7 22.♞d4 ♖c8 23.♖ad1±.

**20.exd5 ♗xd5= 21.♖xe8+ ♕xe8
22.♞d2 ♞h5 23.♗e3 ♕b8 24.♖b1
♞f4 25.♗e4**

Nach 25.♗xf4 ♕xf4=+ gibt Weiß das Läuferpaar auf und kann sich nicht mehr so recht entfalten.

25...♞d3 26.b3

Beziehungsweise 26.♗xd5 cxd5 27.b3=.

26...♗xe4

26...♗xc3? geht gar nicht! 27.bxc4 ♞b2 28.♕f3 ♗xe4 29.♞xe4 ♗g7 30.♞f6++–.

27.♞xe4 ♕e5 28.♞d2 cxb3

Auf 28...♕xc3 folgt 29.♞xc4 ♖d8 30.♞b2 a5 31.♞xd3 ♖xd3 32.♕c1=.

29.♖xb3 ♕e6 30.♞f3 c5 31.c4

31.♕xd3? ist natürlich keine gute Idee! 31...c4–+.

**31...♞b2 32.♕d5 ♕xd5! 33.cxd5
♖d8**

33...c4 34.♖b6 c3 35.d6= sieht spannender aus!

**34.♗xc5 ♖xd5 35.♖b8+ ♔h7
36.♗d4 ♗xd4 37.♞xd4 ♖xd4
38.♖xb2** und ½–½ nach 59 Zügen.

GM Evgeny Romanov spielte wiederum eine recht solide Saison. Gegen den starken Predag Nikolic, der für Solingen antrat, gelang ihm ein bemerkenswerter Schwarzsieg. Hier die Schlussphase.

PREDRAG NIKOLIC – EVGENY ROMANOV
Essen, 15.03.2014, (CD NR. 160)

35.♕a2?

Warum nicht 35.♖b2–+?; 35.♗f1 hilft hingegen nur dem Schwarzen. 35...♖xb4–+.

35...fxe4 36.♗f1

Vielleicht war 36.♘d1–+ erforderlich. Spaß macht das natürlich nicht.

36...♖c1! 37.♛xe6+ ♚h8 38.♘d1 ♛xb4 39.♖d6?

Ein letzter Fehler! Vermutlich auch in der Erkenntnis gespielt, dass der Damentausch mit 39.♛d6 ♛xd6 40.♖xd6–+ kaum ausreichen dürfte, die Stellung noch zu halten.

39...♛c5+ 40.♚h2 ♖xd1! 41.♖xd1 ♛c2+ 0–1

GM Vladimir Chuchelov kam in der Saison 2013/2014 aufgrund seiner vielfältigen Verpflichtungen als gefragter Schachcoach nur zweimal zum Einsatz. Während er sich gegen Daniel Fridman ein Salonremis leistete, wurde die nachfolgende Partie ausgespielt. Fehler in hochgradiger Zeitnot und kleinere Unaufmerksamkeiten, die vielleicht auch auf fehlende Spielpraxis zurückzuführen waren,führt en dabei fast zu einer Katastrophe.

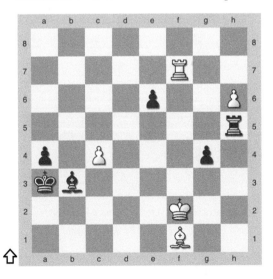

VLADIMIR CHUCHELOV – KAMIL DRAGUN

Mülheim, 23.11.2013, *(CD Nr. 222)*

55.h7?!

Eine eher zweifelhafte Entscheidung. Besser war 55.c5!, z.B. 55...♖xh6 56.c6 e5 57.c7 ♖c6 58.♖e7 ♗c2 59.♗a6 ♗f5 60.♗b7 ♖c2+ 61.♚g3=.

55...♚b2?

Dragun spielt sehr unaufmerksam! Was hätte Vladimir wohl nach 55...♗c2–+ gemacht?

56.♚g3

Auch Weiß scheint müde zu sein. 56.c5! ♗c2 57.c6 ♗xh7 58.c7 ♖c5 59.♗a6 ♗f5 60.c8♛ ♖xc8 61.♗xc8 a3 62.♖b7+ ♚c2 63.♖a7=

56...♗c2!∓

Aber nicht 56...a3?! 57.♖f2+ ♚c3 58.♖h2= ♖xh7 59.♖xh7 a2 60.♖a7=.

57.♖b7+ ♚c3

57...♚a3∓ war der präzisere Zug!

58.c5!= ♗xh7 59.c6?

Weiß bringt sich wiederum unnötig in die Bredoullie. Besser ist 59.♖a7=.

59...♗e4–+ 60.♗g2 ♗xg2?

Wirft den Vorteil zum wiederholten Mal weg! Stärker war 60...♗c2! 61.♖a7 (61.c7 ♖c5–+) 61...♖c5 62.♚xg4 ♚b2+– und der ♙a4 entscheidet den Tag!

61.♚xg2= ♖c5 62.c7! a3 63.♖a7 ♚b2 64.♖b7+! ♚c2 65.♚g3 ♖c4

Mit 65...a2 66.♖a7 ♚b2 67.♖b7+ ♚c2 68.♖a7= kommt Schwarz nicht weiter.

66.♖a7 ♚b3 67.♖b7+ ♚a4 68.♖a7+ ♚b4 69.♖h4! e5 70.♚g3 ♚b3 71.♖b7+ ♚a4 72.♖a7+ ♚b4 73.♖h4 ♚b3 74.♖b7+ ♚c2 75.♖a7 ♚b2 76.♖b7+ ♚c3 77.♖a7 ♚d2

Ein letzter Gewinnversuch!

78.♖xa3 ♖xc7 79.♚xg4 ♖c4+ 80.♚f5 e4 81.♚f4 e3+ 82.♚f3 e2 83.♖a2+ ♚d1 84.♖xe2 ♖c3+ ½–½

Benjamin Bok

Der Niederländer Benjamin Bok (*1995) war ein erfolgreicher Jugendspieler und sammelte schnell Erfolge. 2009 erreichte er den FM-Titel, 2010 folgte der Internationaler Meister. Im Januar 2014 konnte er durch eine gute Platzierung beim Tata Steel Chess Challengers-Turnier den Groß-meistertitel erringen. Kurz davor zeigte er seine wohl beste Leistung in dieser Saison.

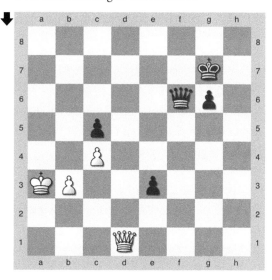

ALEXANDER RUSTEMOV – BENJAMIN BOK
Mülheim, 23.11.2013, (CD Nr. 221)

52...e2! 53.♕d7+
53.♕xe2 geht nicht wegen 53...♕a1+ 54.♕a2 ♕xa2+ 55.♔xa2 g5 56.b4 cxb4 57.c5 ♔f7–+ und Schwarz gewinnt!
53...♔f8 54.♕c8+ ♔f7 55.♕b7+ ♕e7 56.♕f3+ ♔g8 0–1

In der folgenden Partie zeigte GM Sebastian Siebrecht seine Stärken. Er stellte sich akribisch auf seinen Gegner ein und spielte die komplexe Stellung souverän zu Ende!

SEBASTIAN SIEBRECHT – ANDREAS MANDEL
Griesheim, 14.12.2013
E73: Königsindisch (Awerbach-Angriff)
(Ulrich Geilmann) *(CD Nr. 204)*

1.d4 ♞f6 2.c4 g6 3.♞c3 ♝g7 4.e4 d6 5.♝e2 0–0 6.♝e3 e5 7.d5 ♞a6 8.g4 ♞c5 9.♝f3 a5
9...c6= ist eine weitere Idee.
10.h4 ♞fd7
10...c6 ist vermutlich immer noch vorzuziehen.
11.h5 a4 12.♕d2 ♝f6?
Nach wie vor war 12...c6 angesagt.
13.♞h3± ♞b6 14.♝e2! gxh5 15.0-0-0
Stärker als 15.gxh5 ♔h8 16.♞g5 ♝g4! 17.♖g1 (17.♝xg4? ♞xc4–+) 17...♝xe2 18.♕xe2±.
15...♝xg4
Auf 15...hxg4 folgt 16.♞g5 ♝xg5 17.♝xg5 f6 18.♝h6 ♖f7 19.♖dg1 ♔h8 20.♝xg4 ♝xg4 21.♖xg4+–
16.♞g5 ♝xg5

Was auch sonst? Nach 16...h6 17.♘h3+– ♗xe2 18.♕xe2 ♗g7 19.♕xh5 ♕f6 20.♖dg1+– bleibt Weiß am Drücker! 16...♗xe2 17.♕xe2 ♗xg5 18.♕xh5+– sieht auch nicht viel besser aus.

17.♗xg5 f6 18.♗h6 ♖f7

Beziehungsweise 18...♗xe2 19.♕xe2 ♖f7 20.♖dg1+ ♔h8 21.♕xh5 ♕d7+–.

19.♖dg1

Respektive 19.f3 ♗d7± 20.♖dg1+ ♔h8 21.♖xh5+–.

19...♔h8 20.♗xg4 hxg4 21.♖xg4 f5?

21...♕d7+– war vielleicht noch irgendwie spielbar. Doch jetzt findet Sebastian eine fantastische Lösung!

22.♗g7+!! 1–0

Schwarz gibt zu Recht auf; er kann dem Matt nicht mehr entrinnen!

a) 22...♖xg7 23.♖xg7 ♔xg7 24.♕h6+ ♔f7 25.♕xh7+ ♔e8 26.♕g6+ ♔d7 27.♕xf5+ ♔e8 28.♖h8+ ♔e7 29.♖h7+ ♔e8 30.♕f7#

b) 22...♔g8 23.♕h6 ♖e7 24.♕xh7+ ♔f7 25.♕xf5+ ♔e8 26.♖h8#

Für den frisch gebackenen Großmeister Ilja Zaragatski ergab sich eine eher durchschnittliche Saison. Gleichwohl spielte er gegen eine insgesamt starke Gegnerschaft durchaus beachtliche Partien und brachte gegen den Solinger Jörg Wegerle eine taktische Meisterleistung auf das Brett.

Ilja Zaragatski – Jörg Wegerle
Essen, 15.03.2014, A11: Reti-Eröffnung
(Ulrich Geilmann) *(CD Nr. 155)*

1.♘f3 d5 2.g3 ♘f6 3.♗g2 c6 4.c4 ♗g4 5.♘e5 ♗e6 6.cxd5 ♗xd5 7.♘f3 c5 8.♘c3 'c6 9.0–0 e6 10.&e1 ♗e7 11.e4 0–0 12.d4 cxd4 13.♘xd4 e5

Nicht unbedingt die erste Wahl. Als stärker gilt 13...♕b6 14.♘b3 ♖d8 15.♕e2 ♕a6 16.♗e3 ♕xe2 17.♖xe2 ♘bd7 18.♖d1=.

14.♘xc6

Ilja spielt auf das Läuferpaar, wobei aber auch nichts gegen 14.♘f5± sprach.

14...♘xc6+= 15.♘d5 ♘d4 16.f4

Weiß möchte offenbar das Heft in die Hand nehmen, insoweit war Ilja 16.♗e3 zu gemächlich.

16...♗c5

Wegerle gibt den kleinen Nadelstich zurück. 16...♗d6= war natürlich auch möglich.

17.♔h1 a5?!

Gegen den ♙b4 gerichtet. Aber ist das ein Bauernopfer wert? Auf den ersten Blick sieht 17...Íe8+= zumindest günstiger aus.

18.fxe5+– ♘d7 19.♗f4! ♖e8 20.♖c1 b6 21.♕h5 ♘f8

Die Rückeroberung des Bauern würde schwere strukturelle Probleme verursachen. 21...♘xe5 22.♗xe5 g6 23.♘f6+ ♕xf6 24.♗xf6 gxh5+–.

22.♗g5?!

Will die schwarze Dame vertreiben und öffnet zugleich die f-Linie mit Tempo. Eine durchaus passable Idee.

22...♕b8

22...♖xe5 23.♗xd8 ♖xh5 24.♗xb6 ♗xb6 25.♘xb6 Íb8 26.♘a4± war abzuschätzen. Weiß steht danach eindeutig besser.

23.♖f1 ♘g6?!

Im Nachhinein ist man immer schlauer! Insofern fällt es dem entspannt in seinem Lehnstuhl sitzenden Kommentator leicht, 23...♕a7± zu empfehlen. Doch was ist eigentlich so schlimm an dem Springerzug?

24.♖xf7!!+−

Ein genialer taktischer Schlag! Michail Tal hätte es nicht besser machen können!

24...♕xe5

24...♔xf7 endet in einem Fiasko! 25.♕xh7 ♘xe5 (25...♖h8 26.♖f1++−) 26.♖f1+ ♘df3 27.♗xf3 ♘xf3 28.♖xf3+ He6 29.♕f5+ Hd6 30.♘b4! ♕c8 (30...♗xb4 31.♖d3+ ♔c6 32.♕d7+ ♔c5 33.♕d5#; 30...♖e5 31.♖d3++−) 31.♖d3+ ♔c7 32.♗f4+ ♔b7 33.♖d7+ ♕xd7 34.♕xd7#.

25.♖cf1 ♖e6

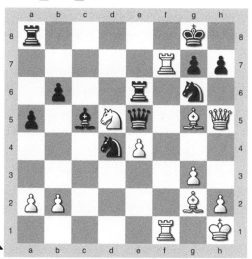

26.♘f6+!

Der nächste Sargnagel! Ilja ist in Opferlaune!

26...♖xf6

26...♔xf7 beantwortet der Zauberer aus St. Petersburg mit 27.♘g4++−.

27.♖1xf6

Wiederum ein Zug wie aus dem Taktiklehrbuch! Doch die emotionsfreie Engine findet mit 27.♖xg7+!! sogar eine noch stärkere Abwicklung! 27...♔xg7 (27...♔f8 28.♖xf6+ ♔g7 29.♖xg6+! hxg6 30.♗h6+ ♔f6 31.♗g7+! ♔xg7 32.♕xe5++) 28.♗xf6+ ♕xf6 29.♖xf6 ♔xf6 30.e5++−.

27...♘e6

27...gxf6 geht natürlich nicht. 28.♕xh7#.

28.♖f5 ♕xb2 29.♖f1

Safety first. Weiß verlässt das Schlachtfeld mit Qualitätsgewinn und muss nichts riskieren.

29...&e8 30.'c1 %xa2 31.%d5 %xd5 32.exd5 (d4 33.&b7 (b5

33...♘e7 34.d6 ♗xd6 35.♖xb6 ♗b4± war noch ein ganz achtbarer Versuch.

34.♗b2 ♘e7 35.♗h3 ♘d6?

Das geht jetzt endgültig schief! Nötig war 35...h6+−, auch wenn die schwarze Stellung danach nicht mehr viel Spaß bereitet.

36.♗e6+ ♔h8 37.♖xe7! 1−0

FM Bernd Rosen kam zweimal zum Einsatz. Sein stärkster Gegner war GM Rustem Dautov, den ich sehr schätze. Ich kenne den stets freundlich aufgelegten Russen schon seit dem legendären Besuch der SF Katernberg in Halle an der Saale 1990 nach der Öffnung der Mauer! Rustem, der auch am Pokertisch eine ganz passable Figur macht, diente damals übrigens noch bei der Armee und spielte in Uniform. Da es in dem betreffenden Mannschaftskampf für uns ‚eigentlich' nur um die goldene Ananas ging, konnte ich dem Treiben mehr oder weniger entspannt zusehen.

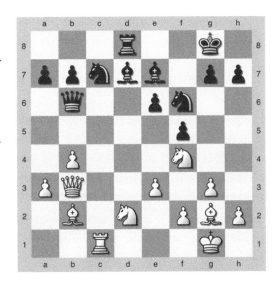

RUSTEM DAUTOV – BERND ROSEN

Emsdetten, 13.10.2013

A90: Holländische Verteidigung (Stonewall)

(Ulrich Geilmann) (*CD Nr. 225*)

1.d4 e6 2.c4 f5 3.g3 ♘f6 4.♗g2 c6 5.♕c2 d5 6.♘h3 ♕b6

6…♗b4+ (Siehe CD)

7.e3 ♘a6N

7…♗b4+; 7…♗e7 (Siehe CD)

8.a3 c5?! 9.dxc5+– ♕xc5 10.♘d2 ♗d7

Bernd möchte irgendwie seinen Entwicklungsrückstand aufholen und wird deshalb 10...dxc4+– verworfen haben.

11.b4 ♕c7 12.♗b2 ♖c8 13.♖c1 dxc4 14.♕xc4 ♕b6 15.♕b3 &xc1+ 16.♗xc1 ♗e7

Schwarz möchte schleunigst seinen König aus der Brettmitte abziehen. Etwas unbequemer für Weiß war allerdings 16...♕b5±.

17.0–0 0–0 18.♗b2 ♘c7 19.♘f4 ♖d8

19...♘cd5 war vielleicht einen Versuch wert!

20.♖c1

20 …♗c8?!

Wiederum besser 20...♘cd5±.

21.♗d4 ♖xd4

Bernd hatte bereits kaum eine Wahl. Auf 21... ♕d6 folgt 22.♘c4 ♕d7 23.♘e5 ♕d6 24.♖xc7 ♕xc7 25.♘xe6 ♕c1+ 26.♗f1 ♖d5 27.♘f4+–.

22.exd4 ♗d7 23.♘c4 ♕b5 24.♘e5 ♗d6 25.♖xc7! ♗xc7 26.♘xe6 1–0

Die Saison endete, wie sie begonnen hatte – mit Geldsorgen. Wir überlegten also lange, ob wir nicht besser aufgeben sollten, um nicht für eine Vereinsinsolvenz zu sorgen. Aber wie so oft, fand sich schließlich eine gute Lösung, die auf privatem Engagement und einem Sparkurs beruhte.

Auch war das allgemeine Interesse an unseren kleinen Eskapaden nach wie vor hoch, das zeigten die entsprechenden Zugriffszahlen der Berichte auf unserer Homepage. Ich hätte zumindest nicht gedacht, dass ein doch eher trivialer Blick auf die Schachwelt, schnoddrige Sprüche und eher schräge Einsichten so veritable Kreise ziehen. Doch wer etwas genauer hinhörte, der spürte bereits eine leise Erschütterung der Macht!

Sie sind am Zug

Lösungen ab Sreite 254

Aufgabe 41

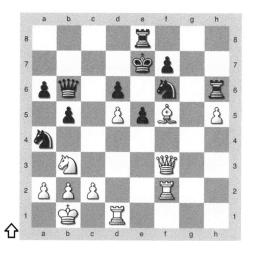

Yuriy Kryvoruchko – Marcin Tazbir

Griesheim, 15.12.2013, (CD Nr. 199)

GM Yuriy Krivoruchko sammelte in dieser Saison eifrig Gewinnpunkte. Allen Partien war gemein, dass er stets sehr geduldig auf die Fehler seiner Gegner wartete und dabei herzerfrischendes Schach spielte. Ein wirklich abgezockter Bursche! Die schwarze Stellung in diesem Beispiel erinnert an das vom berühmten Surrealisten Salvador Dali 1936 gemalte Bild „Weiche Konstruktion mit gekochten Bohnen", denn das Stellungsgerüst scheint äußerst instabil. Das dachte sich Yuriy auch und brachte das Gebilde zum Einsturz.

Während Dalis Bild als eine Vorahnung des Spanischen Bürgerkriegs galt, dürfte der Gewinnzug für Schwarz mehr als eine Vorahnung der drohenden Niederlage gewesen sein.

Aufgabe 42

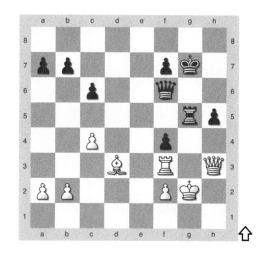

Dennis Wagner – Nazar Firman

Emsdetten, 12.10.2013, (CD Nr. 236)

Die nachfolgende Aufgabe ist ein gutes Beispiel dafür, wie GM Nazar Firman Schach spielt. Irgendwie kommt er einem dabei wie ein Schwertwal vor, der eine Robbe jagt, die auf einer Eisscholle liegt: Umkreisen, Wellen machen, anstupsen und darauf warten, dass das Frühstück ins Meer rutscht.

Sein Frühstück war diesmal der erst 16-jährige Dennis Wagner, der damals immerhin schon den IM-Titel trug und 2015 zum Großmeister ernannt wurde.

Schwarz hatte gerade Schach gegeben und Dennis musste sich für ein Fluchtfeld mit dem König entscheiden. Der Schertwal hatte Hunger, es galt also Vorsicht walten zu lassen.

Aufgabe 43

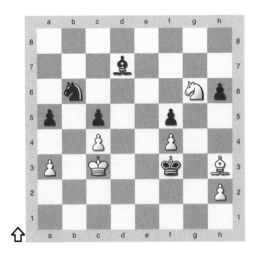

MARKUS SCHAEFER – ROBERT RIS

ESSEN, 15.03.2014, (CD NR. 154)

In der Partie gegen den Solinger IM, der zugleich Präsident des Schachbundesliga e. V. ist, leistete sich „mein" Präsident kleine Unaufmerksamkeiten, die Robby Löwenherz zum Gewinn ausreichten. Die Diagrammstellung nach dem 57. Zug war bereits äußerst prekär für Weiß. Hatte er hier noch die Chance auf ein Unentschieden?

Aufgabe 44

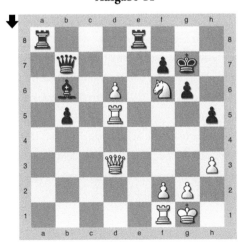

CHRISTIAN SCHOLZ – JONAS LAMPERT

Hamburg, 23.02.2014 (CD NR. 154)

Dr. Christian Scholz spielte in dieser Saison klar unter seinen Möglichkeiten. In der Begegnung gegen den Hamburger SK ließ er es allerdings krachen. Er hatte gerade **32.exd6!!?** gezogen, anstatt mit 32. ♖xd6 eine ausgeglichene Stellung zu verwalten. Durfte Schwarz den Springer gefahrlos nehmen?

Aufgabe 45

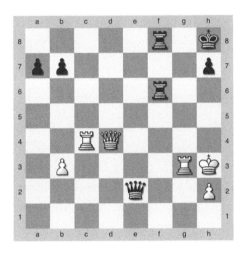

SARAH HOOLT – JOAQUIN DIAZ

GRIESHEIM, 15.12.2013 (CD NR. 193)

Edelreservistin Sarah Holt machte wichtige Punkte. Die Stellung war sehr zweischneidig, doch im Bestreben, dem weißen König das Genick zu brechen, sprengte sich Schwarz quasi selbst in die Luft! Er hatte gerade anstatt 36…♕a2-f2 die Dame nur bis e2 gezogen. Nach dem nächsten Zug von Sarah machte es laut „bumm". Wo schlug denn die Granate ein?

THE LAST FAREWELL?

2014-2015

Vorhang auf zum vorläufig letzten Akt! OSG Baden-Baden gewann auch in der Saison 2014/2015 den Titel. Eine Dominanz, die sich fortsetzen sollte. Aus der 2. Bundesliga waren im Vorjahr der SSC Rostock 07 (Gruppe Nord), der USV TU Dresden (Gruppe Ost), der SK Schwäbisch Hall (Gruppe Süd) und der SC Hansa Dortmund (Gruppe West) aufgestiegen. Der SC Hansa Dortmund, der mit der Spielbank Hohensyburg eine fantastische Spielstätte aufgetan hatte, wurde unser neuer Reisepartner.

Während Dresden, Schwäbisch Hall und Dortmund den Klassenerhalt erreichten, musste Rostock allerdings direkt wieder absteigen.

Unser eigenes Saisonergebnis glich, gelinde gesagt, allerdings einem Desaster. Rein sportlich betrachtet, war der Abstiegsplatz, den wir uns mit den SF Berlin und dem FC Bayern München teilten, wohl verdient.

Als sich jedoch aus der Gruppe West der 2. Liga kein Aufsteiger fand und der SC Eppingen seine Mannschaft überraschend zurückzog, stellte sich für uns dann doch noch überraschend die Frage, ob wir das Abenteuer Schachbundesliga ein weiteres Mal wagen sollten.

Letztlich entschied sich der Vorstand dann aber dafür, nicht mehr in der ersten Liga anzutreten. Wir hätten uns eine weitere Saison vermutlich auch nicht mehr leisten können. Damit erreichten Berlin und München den Klassenerhalt und wir traten den Weg in die 2. Bundesliga-West an.

Leider konnten wir uns dort auch nur relativ kurz halten; aber das ist eine andere Geschichte!

Vor dem Saisonstart verließen uns zunächst GM Parimarjan Negi, den es zum Studium in die USA zog. Ein weiterer herber Verlust war zum anderen der Rückzug von GM Vladimir Chuchelov, der

Platz	Verein	G	U	V	Brettpunkte	Mannschaftspunkte
1.	OSG Baden-Baden	14	1	0	85,5:34,5	29:1
2.	Werder Bremen	11	4	0	75,5:44,5	26:4
3.	SV 1930 Hockenheim	8	5	2	70,0:50,0	21:9
4.	SK Schwäbisch Hall	9	3	3	69,5:50,5	21:9
5.	SG Trier	8	2	5	64,0:56,0	18:12
6.	Schachgesellschaft Solingen	7	3	5	63,5:56,5	17:13
7.	SK Turm Emsdetten	7	3	5	59,5:60,5	17:13
8.	USV TU Dresden	7	2	6	63,5:56,5	16:14
9.	Schachclub Eppingen	7	1	7	58,0:62,0	15:15
10.	Hamburger SK	7	0	8	62,0:58,0	14:16
11.	SC Hansa Dortmund	6	1	8	60,0:60,0	13:17
12.	SV Mülheim-Nord	5	2	8	62,5:57,5	12:18
13.	Schachfreunde Berlin	3	4	8	57,0:63,0	10:20
14.	*Sportfreunde Katernberg*	*3*	*2*	*9*	*47,0:73,0*	*8:22*
15.	FC Bayern München	1	0	14	32,5:87,5	2:28
16.	SSC Rostock 07	0	1	14	30,0:90,0	1:29

Name	Elo	G	R	V	Ergebnis
GM Andrei Volokitin	2642	0	4	2	2,0/6
GM Yury Krivoruchko	2710	2	4	0	4,0/6
GM Evgeny Romanov	2647	1	4	3	3,0/8
GM Benjamin Bok	2591	0	3	1	1,5/4
GM Alexandr Fier	2589	2	1	2	2,5/5
GM Nazar Firman	2458	3	2	6	4/11
GM Ilja Zaragatski	2472	2	3	6	3,5/11
Lawrence Trent	2473	0	3	3	1,5/6
GM Sebastian Siebrecht	2463	2	7	4	5,5/13
IM Robert Ris	2427	4	3	4	5,5/11
IM Christian Scholz	2344	5	3	4	6,5/12
WGM Sarah Hoolt	2332	0	1	7	0,5/8
FM Bernd Rosen	2351	0	1	3	0,5/4
IM Matthias Thesing	2308	1	2	4	2,0/7
FM Timothée Heinz	2330	1	7	0	4,5/8
Ulrich Geilmann	(1848)	-	-	-	-/-
Patrick Imcke	2048	-	-	-	-/-
Jan Dette	1977	-	-	-	-/-

Aufgrund der knappen Finanzmittel konnte GM Andrei Volokitin nur in den wichtigen Kämpfen eingesetzt werden. Er war dabei nach wie vor ambitioniert und spielte in jeder Partie, als ob es um sein Leben ging. Leider nicht immer mit dem gewünschten Ergebnis. Ein gutes Beispiel hierfür ist der Partieauszug gegen GM Richard Rapport, der die Hockenheimer Farben vertrat.

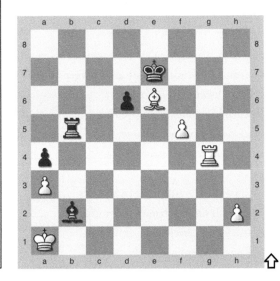

ANDREI VOLOKITIN – RICHARD RAPPORT
Dortmund, 19.10.2014, (CD Nr. 105)

sich nur noch seinen Traineraufgaben widmen wollte.

Dafür kamen der englische IM Lawrence Trend und der französische FM Timothée Heinz ins Team. Beide Spieler passten wunderbar zu uns.

Weiterhin wurde der Jugendspieler Jan Dette aufgestellt, der aber ebenso wenig zum Einsatz kam, wie Patrick Imcke und Mannschaftskapitän Ulrich Geilmann.

Eine rundherum positive Leistungsbilanz konnte eigentlich nur GM Yury Krivoruchko aufweisen.

Mittelprächtige Ergebnisse ergaben sich bei GM Alexandr Fier, IM Robert Ris, IM Christian Scholz und FM Timothée Heinz. Die Punkteausbeute anderer Spieler war zum Teil jedoch indiskutabel. Eine traurige Saison.

46.♔b1

46.♔a2 sieht erstmal spannender aus. Doch nach 46...♗c3 47.♖g2 d5 48.h4 d4 49.h5 d3 50.♗c4 ♖xf5 51.♗xd3 ♖xh5= passiert nicht mehr viel!

46...♗xa3+ 47.♔a2 ♗c1 48.♖c4 ♗d2 49.♖xa4 ♖a5 50.♖xa5 ♗xa5

Eigentlich bereits remislich; aber solange Andrei noch geringe Gewinnchancen sieht, spielt er weiter!

51.♔b3 ♗e1 52.♔c4 ♔f6 53.♔d5 ♔g7

Jetzt provoziert der Ungar ein bißchen. 53...♗b4= war selbstverständlich auch problemlos möglich.

54.♔xd6 ♗h4 55.♔e5 ♗f6+
56.♔f4 ♔h8 57.♔g4 ♗a1 58.♔g5

Das Motiv kennen wir schon. Der schwarze Läufer opfert sich gegen den f-Bauern und Weiß kann den gegnerischen König nicht aus der Ecke vertreiben! ½–½

Auf GM Yuriy Krivoruchko, der aufgrund der insgesamt knappen Mittel leider nur in wenigen Kämpfen eingesetzt werden konnte, war Verlass! Er verlor in dieser Saison keine Partie. Gegen unseren alten Freund GM Erwin L'Ami fuhr er im Rahmen einer souveränen Spielführung einen ganzen Punkt ein.

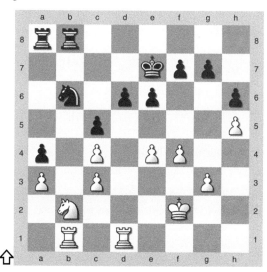

ERWIN L'AMI – YURIY KRIVORUCHKO
Solingen, 31.01.2015, (CD Nr. 63)

30.♔f3

30.♔e3–+ bietet mehr Möglichkeiten.

30...♘d7 31.♘d3 ♖b3 32.e5

Das verliert nachfolgend Material! 32.♖xb3 axb3 33.♖a1–+ war hingegen einen Versuch wert. Jetzt läuft Weiß den Ereignissen hinterher.

32...dxe5 33.♖xb3 axb3 34.♘xe5
♘xe5+ 35.fxe5 ♖xa3 36.♖b1 ♔d7
37.♔e3 ♔c6 38.♔d3 ♖a2 39.♖xb3
♖g2 40.♖a3 ♖xg3+ 41.♔e4 ♖h3
42.♖a7 ♖xc3 0–1

Nach 43.♖xf7 ♖xc4+ 44.♔f3 ♖h4 45.♖xg7
♖xh5 46.♔f4–+ steht Schwarz klar auf Gewinn.

Die nachfolgende Partie meines Freundes GM Evgeny Romanov verdient vermutlich keinen Schönheitspreis. Gleichwohl ist sie wahrscheinlich eine der wichtigsten Partien in der Geschichte der SF Katernberg, denn sie besiegelt einen ‚historischen' Sieg gegen unsere Hamburger Schachfreunde.

ROBIN VAN KAMPEN – EVGENY ROMANOV
Hamburg, 06.12.2014
C76: Spanische Partie
(Moderne Steinitz-Verteidigung)
(Ulrich Geilmann) *(CD Nr. 88)*

**1.e4 e5 2.♘f3 ♘c6 3.♗b5 g6 4.c3
a6 5.♗a4 d6 6.d4 ♗d7 7.0–0 ♗g7
8.h3 b5 9.♗c2 ♘f6**

9...exd4 (Siehe CD)

10.♘bd2

10.♗g5 (Siehe CD)

10...0–0 11.dxe5N

11.♖e1 Siehe CD)

**11...♘xe5 12.♘xe5 dxe5 13.♘b3
♕c8**

13...a5 14.♗e3 ♗c6 15.♘c5 ♕e7+= ist vermutlich etwas präziser.

**14.%f3+= ♘e8 15.♘c5 ♗c6
16.♗g5 ♘d6 17.♗b3**

17.♖fd1± hätte den weißen Vorteil wahrscheinlich recht nachhaltig verfestigt.

17...♚h8

Schwarz möchte offenbar f5 spielen. 17...a5+=
war aber ebenfalls keine schlechte Idee.

18.♗f6 ♕b8 19.♗d5

Der etwas bescheidenere Zug 19.♗c2± bekommt
von den Rechenmaschinen bessere Kritiken, da
das Läuferpaar auf dem Brett bleibt.

**19...♕b6+= 20.b4 ♗xd5 21.exd5
♘c4 22.♘d7 ♘d2 23.♕e2 ♕d6
24.♗xg7+ ♚xg7 25.♘xf8 ♘xf1
26.♘d7**

Das war eine Überraschung. Eigentlich hatte
ich 26.♘xh7 ♚xh7 27.♖d1 (27.♕xf1 ♕xd5
28.♕e2 ♖d8=) 27...♘g3 28.fxg3 ♖e8∞ erwartet.

Doch jetzt vergrub sich Evgeny in der Stellung
und ich konnte mir eigentlich nicht so recht er-
klären, warum er das eigentlich tat. Wie sich aber
später herausstellte, dachte er, wir würden deutlich hinten liegen. Daher suchte er jetzt krampf-
haft nach einer Möglichkeit, noch auf Gewinn zu
spielen.

Tatsächlich stand es aber gerade 3:1 für uns und
wie es aussah, würde Nazar ebenfalls gewinnen.
Insofern stand ich häufiger am 1. Brett, in der
Hoffnung, Evgeny würde mich einfach einmal
wahrnehmen! Irgendwie wollte ich ihm begreif-
lich machen, dass ein Remis reichen würde und er
kein Risiko gehen müsse.

Aber stattdessen würdigte er mich keines Blickes
und verbrauchte Unmengen an Bedenkzeit. Ich
sah schon die Fälle schwimmen, zumal er in un-
regelmäßigen Zeiträumen das Gesicht verzog und
sein Kopf, den er in beiden Händen in Schläfen-
höhe festhielt, in scheinbarer Verzweiflung hin
und her wogte.

Kurz danach sah ich aus dem Augenwinkel heraus,
dass Nazar den Sack zumachte. Ich ging also kurz
zum 3. Brett, um ihm zu gratulieren. Dann streckte Ija die Waffen und genau in diesem Augenblick
stand Evgeny plötzlich auf, kam mir nach und zog
mich weg. „Captain, I'm sorry, I have only a draw,
but I'll try to play for win, if you order this!

Ich sah ihn so ernst wie ich nur konnte an und
sagte: „Evgeny, take that draw as fast as you are
able to."

Er schien verdutzt, weil der gerade im Vorbeige-
hen mitbekommen hatte, dass auch die Partie von
Alexandr auf Verlust stand. Er dachte zudem, dass
auch Nazar verloren habe und begann offenbar an
meinem Verstand zu zweifeln „Really?"

Doch als ich dann „Buddy, just trust me" antwor-
tete, zuckte er mit den Schultern, ging zum Brett
zurück und zog.

**26...♘d2!= 27.♕xe5+ ♕xe5
28.♘xe5 ♖d8 29.c4 bxc4**

Mit Remisangebot, das van Kampen nach Abspra-
che mit seinem Mannschaftsführer, Reinhard Ahrens, schließlich annahm. Ich gebe offen zu, dass
ich danach angefasst war. Ich verzog mich kurz in
eine entfernte Raumecke und verdrückte in der
Tat ein verschämtes Freudentränchen. ½–½

Impressionen aus der Saison 2014 / 2015

Es war eine eher durchwachsene Saison für GM Nazar Firman. Mit 4 aus 11 möglichen Punkten blieb er weit unterhalb seines Erwartungshorizontes. Das mag auch ein wenig an seiner kompromisslosen Spielweise gelegen haben. Insofern waren alle seine Partien spannend. Nazar Firman - David Baramidze

NAZAR FIRMAN – DAVID BARAMIDZE
Dortmund, 19.10.2014
C95: Spanische Partie (Breyer-Variante)
(Ulrich Geilmann) *(CD Nr. 110)*

1.e4 e5 2.♘f3 ♘c6 3.♗b5 a6 4.♗a4 ♘f6 5.0–0 ♗e7 6.♖e1 b5 7.♗b3 d6 8.c3 0–0 9.h3 ♘b8 10.d4 ♘bd7 11.♘bd2 ♗b7 12.♗c2 ♖e8 13.♘f1 ♗f8 14.♘g3 g6 15.a4 c5 16.d5 c4 17.♗g5 h6 18.'e3 ♘c5 19.♕d2 h5 20.♗xc5

20.♗g5+= wird vergleichsweise häufiger gespielt.

20...dxc5 21.♘f1 ♖e7

21...♕d6+= (Siehe CD)

22.♕g5±

22.♕e3 (Siehe CD)

22...♘d7

22...♘h7 23.♕h4 ♗g7 24.♘e3 ♗f6 25.♕g3± sieht auf den ersten Blick nicht schlechter aus.

23.axb5

23.g4 hxg4 24.hxg4 ♖e8± war ebenfalls eine Überlegung wert.

23...axb5 24.♖xa8 ♗xa8 25.♖a1 ♗b7! 26.g4 hxg4 27.hxg4 ♕b6

27...♗g7± sieht genauer aus.

28.♘e3+– ♖e8 29.♔g2 ♗g7 30.♕h4 ♘f8

30...♘f6 und Schwarz steht wahrscheinlich einiger Maßen sicher.

31.g5 ♖b8

Schwarz versucht Felder für seinen König frei zu räumen. Hätte er stattdessen 31...♕d6+– spielen sollen, um einen weiteren Verteidiger an die Front zu bringen?

32.♕h7 ♕c7

Wiederum war 32...♕d6+– einen Versuch wert.

33.♘g4 ♕d6 34.♖a7 ♕b6?

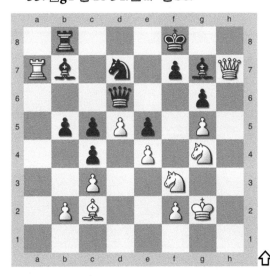

Das geht in die Hose. Die Dame wird am Königsflügel gebraucht! Relativ besser war 34...♘b6 35.♘h6 ♗xh6 36.gxh6 ♕f6+– und der weiße Angriff steckt erst einmal fest.

35.♘h6 ♗xh6 36.♘xe5! 1–0

Weiß gewinnt nach 36...♘xe5 37.♕h8+ ♔e7 38.♕xe5+ ♔d7 39.♕xb8

GM Ilja Zaragatski, seinerzeit einer der Geschäftsführer von Chess 24, wird mit seinen Saisonergebnissen nicht wirklich zufrieden gewesen sein. Seine beste Leistung zeigte er gegen Peter Meister. Die Begegnung gegen dem FC Bayern München war zugleich der vorläufig letzte Mannschaftskampf der SF Katernberg in der Schachbundesliga.

ILJA ZARAGATSKI – PETER MEISTER
Schwäbisch Hall, 12.04.2015
A41: Moderne Verteidigung.
(Ulrich Geilmann) *(CD Nr. 5)*

**1.c4 g6 2.d4 ♗g7 3.(f3 d6 4.(c3 ♗g4
5.g3 ♗xf3 6.exf3 e6 7.d5 e5 1.c4 g6
2.d4 ♗g7 3.(f3 d6 4.(c3 ♗g4 5.g3
♗xf3 6.exf3 e6 7.d5 e5 8.c5N**

8.h4± sieht recht interessant aus. Bekannt war 8.f4
oder 6.♕b3 (Siehe CD)

8...dxc5± 9.♕b3 b6 10.d6?!

Ilja spielt auf die weißen Felderschwächen.
Gleichwohl empfiehlt die Engine hier wiederum
10.h4!+– und sieht Schwarz deutlich im Nachteil.

10...c6?!

Mit 10...♘f6+= kann Schwarz den Laden vermutlich noch zusammenhalten.

11.♗c4+– ♕d7 12.a4

Kein schlechter Zug! Stockfish hält allerdings
12.♗g5 für stärker und gibt folgende Variante an.
12...♘f6 13.♗xf6 ♗xf6 14.♘e4 ♗g7 15.♘g5
0–0 16.♘xf7 ♖xf7 17.♖d1 ♗f6 18.♗e6 ♕b7
19.d7+– Schach kann so einfach sein mit einer Elo
> 3500!

**12...♘f6 13.♗g5 0–0 14.0–0–0 ♕f5
15.h4 ♕xf3 16.h5**

Eine vollkommen nachvollziehbare Idee. Weiß
möchte auf der h-Linie einen Königsangriff insze-
nieren. Der allwissende Silikongroßmeister empfiehlt gleichwohl eher 16.♘d5 ♕xb3 (16...♕xf2?
17.♘e7+ ♔h8 18.♖d2+–) 17.♘e7+ ♔h8
18.♗xb3± Ilja zeigt allerdings, dass es manchmal
klüger ist, einfach mal am Fluß sitzen zu bleiben.

16...♘bd7?

Manchmal ist die Drohung stärker als die Ausführung. Vermutlich hätte sich Schwarz sogar auf 16...
♘xh5± einlassen können.

17.h6+– ♗h8

18.♘d5!

Ein brillanter Zug!

18...cxd5

18...♕xb3? geht natürlich nicht, wegen
19.♘e7#. Der Rest ist Technik!

**19.♕xf3 e4 20.♕f4 dxc4 21.♗xf6
♗xf6 22.♕xe4 ♘e5 23.♔b1 ♖ad8
24.♖d2 ♖fe8 25.f4 ♘g4 26.♕xc4
♘e3 27.♕b5 ♘f5 28.d7 ♖e6
29.♖e2 ♘d4 30.♖xe6 fxe6 31.♕a6
♖xd7 32.♕c8+ ♖d8 33.♕b7 1–0**

Lawrence Trent (* 1986 in London) trägt den
IM Titel seit 2005 und kratzte danach mehrfach
an GM-Normen. Der junge Engländer war ein
wahrer Sonnenschein und menschlich zweifelsohne ein Gewinn für das Team. Spielerisch schien
der studierte Romanist in dieser Saison gleichwohl
an seine Grenzen gestoßen zu sein. Dies mag auch
daran gelegen haben, dass er viele internationale
Verpflichtungen als Kommentator wahrnahm und

Lawrence Trent

ihm insoweit die unmittelbare Spielpraxis fehlte. Gegen den Emsdettener Roeland Pruijssers führte er allerdings eine ganz anständige Klinge.

ROELAND PRUIJSSERS – LAWRENCE TRENT
Dortmund, 14.03.2015
C60: Spanische Partie
(Ulrich Geilmann) *(CD Nr. 30)*

1.e4 e5 2.♘f3 ♘c6 3.♗b5 ♘ge7
Weicht den üblichen Theoriepfaden aus, überlässt Weiß aber gleichzeitig auch das Feld.
    4.♘c3± d6 5.d4 a6 6.♗e2 ♘xd4 7.♘xd4 exd4 8.♕xd4 ♘c6 9.♕d3 ♗e7
9...g6 (Siehe CD)
    10.♘d5
10.♗f4 (Siehe CD)
    10...0–0 11.♗e3 ♗e6N
11...♖e8 Siehe CD)
    12.0–0–0 ♘e5 13.♕d2 ♘g4 14.♗xg4 ♗xg4 15.f3 ♗e6 16.g4

♖e8 17.h4 ♗xd5 18.♕xd5 c6 19.♕d2 d5 20.exd5 ♕xd5 21.♕xd5 cxd5 22.♗b6 ♗d8 23.♗c5
Eine verständliche Idee! Weiß möchte den isolierten ♙d5 abgreifen, was sich im Nachgang aber als nicht ganz so einfach erweist. Die unbestechliche Rechenmaschine möchte stattdessen lieber 23.♗f2 ♖e2 24.♖hf1± spielen. Jetzt ist der betreffende Bauer tatsächlich Würmerfraß!
    23...♖e5+= 24.♗d6 ♖e3 25.♖h3 ♖e6 26.♖xd5
Nicht ganz überzeugend. Manchmal muss man warten, um ans Ziel zu gelangen. Insofern sei 26.♗f4+= empfohlen. Danach sollte der Isolani nicht mehr zu decken sein.
    26...♗xh4!= 27.♗b4 ♗e1 28.♗c5 ♖ae8 29.f4 ♗a5 30.c3 ♖e2
Nach 30...♗c7 31.f5 ♖e4 32.♖d7 Îe5 33.♖xb7 ♖xg4 34.♖a7 ♖g5 35.♖xa6 ♖xf5=+ dreht Schwarz den Spieß vielleicht sogar noch einmal um. Spannend wäre das auf jeden Fall gewesen.
    31.♖hd3 ♗c7 32.♗d6 ♗xd6 33.♖xd6 g6 34.f5?!
34.g5= unterbindet zunächst jedweden Bauernsturm auf dem Königsflügel und bleibt dem entsprechend in der Remisbreite.
    34...gxf5?!
34...g5∓ und der rückständige Îg4 wird zu einer Angriffsmarke.
    35.gxf5 ♖f2 36.f6 ♖e1+ 37.♖d1 ♖xd1+ 38.♔xd1 h5 39.b4 ♖xa2 40.♖d7?!
Ungenau, aber man darf den Faktor ‚Zeit' nicht vergessen. 40.♖d5 war vermutlich ein Stück weit präziser. Allerdings bleibt das Endspiel beispielsweise nach 40...h4 41.♖g5+ ♔h7 42.♖h5+ ♔g6 43.♖xh4 ♔xf6 44.♖h6+ ♔e5 45.♖b6∞ schwierig.

40...h4

Vielleicht etwas zu voreilig. Sprach etwas gegen 40...b5Ê?

41.♖d4?!

Nötig war 41.♖d5+=.

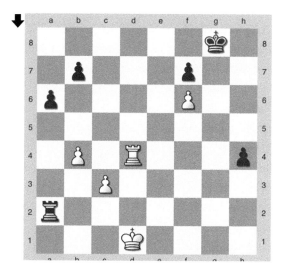

41...♖f2

Lawrence verpasst 41...♖h2!∓ und der h-Bauer wird brandgefährlich.

42.♖xh4 ♖xf6 43.c4 ♖e6 44.♖d4 ♔f8 45.♖d8+ ♔e7 46.♖b8 ♖b6 47.b5! ♖d6+

Etwas stringenter wäre 47...axb5!? 48.c5 ♖g6 49.♖xb7+ ♔e6 50.♖xb5= und Shake-Hands gewesen.

48.♔e2 ♖d7 49.bxa6 bxa6 50.♖a8 ♖d6 51.♔e3 ♖e6+ 52.♔d4 f5 53.c5 f4 54.♖a7+ ♔f6 55.♖a8 ♔e7 56.♖a7+ ♔f6 57.♖a8 ♔e7 58.♖a7+ ½-½

GM Sebastian Siebrecht besitzt zweifelsohne nicht nur eine herausragende Körpergröße sondern auch ein besonders großes Kämpferherz!

Die nachfolgende Partie ist jedoch so etwas wie das ‚Wunder von Hohensyburg'. Aber schauen Sie selbst!

SEBASTIAN SIEBRECHT – ZAHAR EFIMENKO
Dortmund, 15.03.2015
E61: Königsindisch
(Abweichungen der Hauptvariante)
(Ulrich Geilmann) *(CD NR. 22)*

1.d4 ♘f6 2.c4 d6 3.♘c3 ♗f5 4.♘f3 g6 5.h3 ♗g7 6.g4 ♗d7 7.e4 0–0 8.♗e3 ♘a6

8...c5 (Siehe CD)

9.♗e2 c5 10.d5

10.♕d2+= war ebenfalls spielbar.

10...e6

Eine andere interessante Idee ist 10...♘c7 11.♘d2 b5 12.cxb5 ♖b8 13.a4 a6 14.b6 ♖xb6 15.♘c4 ♖b4+=.

11.♘d2N

Sebastian entkorkt den ersten eigenen Zug. Es lässt sich allerdings darüber streiten, ob Weiß vielleicht 11.dxe6 Îxe6 12.♕d2+= hätte versuchen sollen. 12.a3 (Siehe CD)

11...exd5= 12.exd5 ♖b8 13.♕b3

Gegen b7–b5 gerichtet. 13.0–0= war allerdings auch kein schlechter Zug.

13...♘c7

Oder 13...♖e8=.

14.a4 b6

Eigentlich nicht erforderlich. Stattdessen war vielleicht 14...♘fe8= einen Gedanken wert.

15.♖g1

Ein überraschender, aber keineswegs schlechter Zug. Die Rechenmaschine möchte allerdings 15.♗g5+= ziehen und meint, dass Weiß danach etwas besser stünde. Richtig ist, dass dieser ♗ auf e3 keine rechte Aufgabe mehr hatte und jetzt zumindest einen Teil der schwarzen Figuren am Königsflügel bindet.

15...a6=∓ 16.h4

Vielleicht ein wenig übereifrig, aber wer nicht wagt, der nicht gewinnt. Stattdessen hält 16.Íg3K im höheren Sinne das Gleichgewicht. Efimenko antwortet taktisch.

16...b5!∓ 17.g5?!

Sebastian lässt nicht ab von seiner Idee, Unruhe am Königsflügel zu stiften. Was sonst? 17.axb5 axb5 18.cxb5 c4! 19.♕xc4 (19.♗xc4 ♘xg4–+; 19.♗xc4 ♘xb5 20.♘xb5 ♗xb5–+) 19...♗xb5 20.♘xb5 ♖xb5∓.

17...bxc4–+ 18.♕xc4 ♘fe8 19.♕a2 ♖b4 20.0–0–0

Vermutlich mit dem Mut der Verzweiflung.

20...♗xc3!

Damit hebt Schwarz die weiße Verteidigung aus den Angeln und gewinnt einen Bauern.

21.bxc3 ♖xa4 22.♕b3 ♗g7! 23.♘c4?!

Sebastian versucht, sich möglichst aktiv zu verteidigen. Stockfish denkt eher daran, den hängenden ♙d5 mit 23.c4 zu stützen. Nach 23...♖b4 24.♕c3–+ steht Weiß nicht wirklich überzeugend.

23...♘f5 24.♔b2

Weiß macht für alle Fälle die 1. Reihe frei, damit im Bedarfsfalls seine Türme eingreifen können. Auch hier vermag ich nicht der Empfehlung der Engine 24.♘b6 zu folgen, denn nach 24...♖xh4 25.♘xd7 ♕xd7–+ hätte Sebastian einfach zwei Bauern weniger.

24...♗b5 25.♗d3?!

Hier sieht allerdings 25.♖g4–+ stringenter aus.

25...♕b8 26.♔c1 ♖a1+?!

Mit 26...♘xd5–+ hätte Efimenko den Druck auf die weiße Stellung weiter ansteigen lassen.

27.♔d2 ♖xd1+ 28.♖xd1 ♘xd5 29.♗xf5 gxf5 30.♔e1?!

Objektiv war 30.♔c2 ♘xe3+ 31.♘xe3–+ wahrscheinlich besser. Aber machen wir uns nichts vor! Weiß steht danach auch wie ein Schluck Wasser in der Kurve!

30...♗xc4 31.♕xc4 ♘xe3 32.fxe3

Ein Endspiel mit zwei Minusbauern. Da hilft nur noch beten. Doch Sebastian hat noch einen Trumpf! Schwarz muss sich beeilen, um noch die Zeitkontrolle zu schaffen.

32...♖e8 33.♕f4 ♖e5

‚Deckt alles‘, mag Efimenko gedacht haben. Stimmt auch! Der emotionslose Silikongroßmeister empfiehlt gleichwohl den Gegenangriff mit 33...♕b2 und gibt danach das Abspiel 34.♖d3 d5! 35.♖xd5 ♖e4 36.♕f2 ♕c1+ 37.♔e2 f4–+ an.

34.h5 ♖e4?

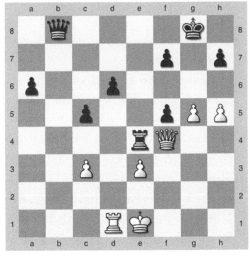

Und plötzlich sieht die weiße Stellung gar nicht mehr so miserabel aus. 34...a5–+ bietet einen recht einfachen Gewinnweg! Versteh einer die großen Meister!

35.♕xd6∓ ♖xe3+ 36.♔f2 ♕xd6 37.♖xd6 ♖xc3 38.♖xa6 ♔f8?!

Auch dieser Zug wird Efimenko nachträglich die Laune verdüstert haben. 38...c4–+ war vielleicht noch ein Gewinnversuch.

39. ♖f6=

und das Remis in seinem Lauf halten weder Ochs noch Esel auf!

39... ♖h3 40. ♖xf5 ♖xh5 41. ♖xc5 ♔g7 42. ♖f5! ♖h3 43. ♔g2 ♖b3 44. ♖c5 ♔g6 45. ♖a5 ♖e3 46. ♖c5 ♖b3 47. ♖a5 h6 48. gxh6 ♔xh6 49. ♔f2 f6 50. ♖c5 ♔g6 51. ♖a5 f5 52. ♖c5 ♔g5 53. ♖c4 f4 54. ♖c8 ♔g4 55. ♖g8+ ♔f5 ½–½

Timothée Heinz

FM Timothée Heinz hatten sich mit der selbstbewussten Bemerkung bei uns beworben, dass er schwer zu besiegen sei.

In der Tat verlor er in dieser Saison gegen eine durchaus namhafte Gegnerschaft keine einzige Partie! Beton-Timo, der zu dieser Zeit an der Universität Strasbourg studierte, strahlte dabei eine fast schon stoische Ruhe aus. Wir schauen uns am besten seine Gewinnpartie gegen Nikolas Pogan an.

NIKOLAS POGAN – TIMOTHÉE HEINZ
Schwäbisch Hall, 11.04.2015
A47: Damenindisch
(Ulrich Geilmann) *(CD Nr. 9)*

1. d4 ♞f6 2. ♞f3 e6 3. ♗g5 c5 4. c3 b6 5. e3 ♗b7 6. ♞bd2 cxd4 7. exd4 d6 8. ♗d3 ♞bd7 9. 0–0 ♗e7 10. ♕e2 0–0 11. a4 a6 12. ♖fe1 h6

12...♖e8 (Siehe CD)

13. ♗h4 ♞h5 14. ♗g3 ♞df6N

14...♞xg3 (Siehe CD)

15. ♞h4. ♕c7 16. ♞g6

Ein durchaus interessantes Opfer. Wer die weitgereichenden Konsequenzen scheut, spielt 16. ♞c4=+.

16...fxg6 17. ♕xe6+ ♖f7! 18. ♗xg6 ♖af8 19. ♕c4 ♕d7 20. ♖e2 b5 21. axb5 axb5 22. ♕b3 ♗d8 23. ♖ae1

23. ♖a7=+ war vorzuziehen.

23... ♗d5∓ 24. ♗xf7+ ♗xf7 25. ♕a3 ♞xg3 26. hxg3 ♗d5 27. b3 ♕c6 28. c4!= bxc4 29. bxc4 ♗f7 30. d5 ♕d7

Strebt zum Königsflügel. 30...♕c7∓ bekommt vom Rechner allerdings bessere Kritik.

31. ♕b4 ♞g4

Stockfish plädiert immer noch für 31...♕c7∓.

32. ♞f3= ♗f6 33. ♖d1

Vielleicht war sogar 33. ♖e6∞ möglich. Allerdings wird beiden Spielern mittlerweile die Zeit knapp, um die dadurch entstehenden Konsequenzen ordentlich durchzurechnen. Jetzt übernimmt Timo die Initiative.

33... ♖c8∓ 34. ♘d4 ♘e5 35. ♖c2

Pogan will den Bauern behalten und verschmäht daher natürlich 35. ♘e6 ♖xc4 36. ♕b3 ♕c8Ë.

35... ♗g6–+ 36. ♖c3 ♕g4 37. f3

37. ♖cc1∓ ist wohl besser.

37... ♕xg3–+ 38. ♘e2 ♕h4 39. ♕xd6 ♖xc4

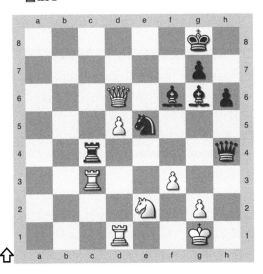

40. ♖xc4

40. ♖e3 sieht vogelwild aus. 40... ♕h5 41. ♕e6+ ♔h7 42. d6 ♗f7 43. ♕h3 ♖h4 44. ♘g3 ♖xh3 45. ♘xh5 ♖xh5 46. d7 ♗d8–+

40... ♕xc4

Deutlich schwächer ist 40... ♘xc4?! 41. ♕f4 ♕xf4 42. ♘xf4 ♗e8 43. ♘e6=+.

41. ♘d4   ♕a4   42. ♕b8+   ♔h7 43. ♖d2

43. ♕b3 ♕xb3 44. ♘xb3–+ spielt Schwarz in die Karten.

43... ♕a1+ 44. ♔h2 ♘c4

Weiß gibt auf! Seine Stellung ist überlastet. **0–1**

SIE SIND AM ZUG

Lösungen ab Sreite 254

Aufgabe 46

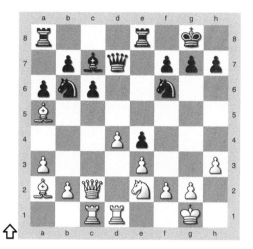

ALEXANDR FIER – THOMAS HENRICHS
ESSEN, 07.11.2014, (CD NR. 71)

GM Alexandr Fier konnte in dieser Saison nicht so recht auftrumpfen. Gegen den Dortmunder Thomas Henrichs gelang ihm allerdings ein früher Fangschuss. Was zog er?

Aufgabe 47

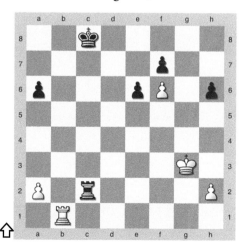

JONAS LAMPERT – DR. CHRISTIAN SCHOLZ
Hamburg, 06.12.2014, (CD NR. 82)

Wie war das noch mit den Turmendspielen? Die sind immer remis? Was würden Sie denn mit Weiß an dieser Stelle ziehen?

Aufgabe 48

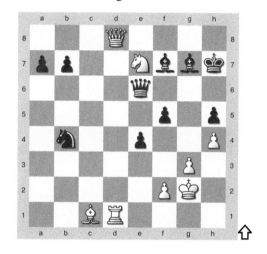

ROBERT RIS – LUBOMIR FTACNIK
Hamburg, 06.12.2014, (CD NR. 83)

Nach eigenem Bekunden ist Roberts beste Saisonleistung die Partie den GM Lubomir Ftacnik. In der Diagrammstellung sieht es nicht unbedingt so aus, als würde Weiß hier schon entscheidend am Drücker sein. Doch der Anziehende hatte einen sehr guten Plan, wie er die schwarze Bastion knacken konnte.

Aufgabe 49

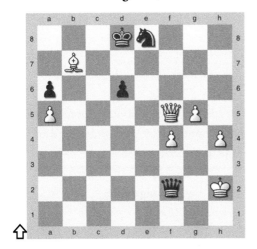

BERND ROSEN – PAUL HOFFMANN

BERLIN, 09.11.2014 (CD NR. 89)

Konnte Weiß das Dauerschach verhindern und die Partie noch gewinnen oder stand der König zu luftig in der Landschaft herum?

Aufgabe 50

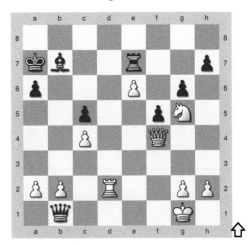

DANIELE VOCATURO – BENJAMIN BOK

BERLIN, 08.11.2014, (CD NR. 103)

Schwarz hatte zuletzt Schach gegeben und musste in sehr schlechter Stellung versuchen, irgendwie Komplikationen zu schaffen. Weiß hatte mit dem ♙e6 natürlich einen großen Trumpf in der Hand. Wie sollte er hier fortsetzen?

EIN KLEINER EPILOG

Eine aufreibende Saison war zu Ende. Hätten wir die Gunst der Stunde nutzen und weitermachen sollen?

Nein! Wir konnten nämlich schlecht laufende Kämpfe nicht noch einmal umdrehen und haben zudem manchen Mannschaftspunkt auf dem Weg liegen lassen! Kurz gesagt: Wir hatten die Seuche!

Abgesehen davon hätten wir uns aber eine weitere Saison in der 1. Liga auch finanziell kaum noch leisten können. Deshalb war der Abstieg in die 2. Liga auch in gewisser Weise folgerichtig.

Doch was kam danach? Es heißt, dass mindestens drei Dinge einen Atomschlag überleben werden: Kakerlaken, Heuschrecken und Chuck Norris! Insofern ist es nicht sonderlich verwunderlich, dass die SF Katernberg auch den Abstieg aus der Schachbundesliga verkraftet haben und sich derzeit neu orientierten.

Und das gilt auch für mich! Ich kann gleichwohl sagen, dass mich die gemeinsame Arbeit in der Schachbundesliga in jeder Hinsicht geprägt hat. Manchmal träume ich sogar noch von dieser Zeit, sehe einen schwebenden Springer über meinem Bett, verarbeite irreale Verluststellungen oder memoriere narkotisiert manchmal sogar noch irgendwelche Eröffnungsvarianten.

Und was gab es nicht alles zu berichten?! Wer war nicht alles mit uns im Boot?!. Grandiose Siege, umkämpfte Matches, dramatische Niederlagen. Sag noch mal einer, Schach wäre langweilig! Dabei kann ich verstehen, dass sich die Dramatik des Spiels oft nur Eingeweihten erschließt, denn eigentlich sitzen die Kontrahenten ja nur so da und verschieben Klötzchen.

Und ich durfte dabei sein und darüber berichten, auch wenn meine Reportagen zum Teil dem Niveau von Frauenzeitschriften entsprachen, in denen über die Weltmeisterschaften im Häkeln berichtet wurde.

Mit vielen Menschen, die mir in den letzten Jahren über den Weg gelaufen sind, verbinde ich schöne Erinnerungen. Fremde wurden zu Freunden. Was also bleibt, ist ein warmes Gefühl. Oftmals auch Dankbarkeit. Schließlich wurde mir die Chance gegeben, in große Fußstapfen zu treten. Und ich durfte mitgestalten!

Denn eigentlich war der Katernberger Höhenflug vor allem den Protagonisten Willi Knebel und Werner Nautsch zu verdanken, die sich jahrzehntelang um die erste Mannschaft und den Verein verdient gemacht und sich um alle Sponsoren bemüht haben. Und ich durfte die Früchte ernten!

Nicht vergessen will ich aber ebenso das Vorstandsteam, bestehend aus Bernd Rosen, Willy Rosen, Professor Dr. Bruno Müller-Clostermann (+), Dr. Volker Gassmann, Dr. Reinhard Kennemann, Stefan Zell und Friedel Dicks sowie die vielen Helfer, ohne die eine solche Aufgabe nicht zu leisten gewesen wäre. Sie waren stets zur Stelle, wenn sie gebraucht wurden. Und dafür will ich mich bedanken! Damit ist alles gesagt.

Over and Out!

Partien des Autors

Der geneigte Leser mag verzeihen, dass sich der Autor erlaubt, in diesem Buch abschließend auch einige seiner eigenen Partien zu dokumentieren, die im Zusammenhang mit dem Abenteuer Bundesliga stehen.

Beginnen möchte ich mit einer Simultanpartie, die ich 2002 in der Orangerie der Messe Essen gegen Andrei Volokitin spielen durfte. Sie ist mir auch deshalb in Erinnerung, weil mich im Laufe der Partie beträchtliche Kopfschmerzen plagten und sich Andrei insgesamt sehr viel Zeit ließ.

ANDREI VOLOKITIN – ULRICH GEILMANN
Simultanpartie, Essen 31.08.2002
C10: Französisch
(Geilmann, Ulrich)

1.e4 e6 2.d4 d5 3.♘c3 dxe4 4.♘xe4 ♗d7 5.♘f3 ♗c6 6.♗d3 ♗xe4 7.♗xe4 c6 8.0–0 ♘f6 9.♗d3 ♗d6 10.c4 ♘bd7 11.♕e2 0–0 12.b3 ♕a5 13.a3

Ich hatte mir zur Vorbereitung ein paar Partien des jungen ukrainischen Großmeisters angesehen.

Hier weicht er von der gängigen Theorie ab. In den Datenbanken findet sich die alternative Fortsetzung 13.♖e1 ♖ad8 14.a3 ♖fe8 15.♗b2 ♕h5 16.♘e5 ♕xe2 17.♗xe2+= Large, P. – Hodgson, J., Loyds Bank Open, London 1989.

Zu prüfen ist auch 13.c5 ♗b8 14.♗b2 ♘d5 15.♕e4 ♘7f6 16.♕h4+=.

13...♕h5 14.h3

14.♖d1 e5 15.♘xe5 ♕xe2 16.♗xe2 ♘xe5 17.dxe5 ♗xe5 18.♖a2 ♘e4=+ Hier begann übrigens meine Migräne. Gott sei Dank hatte ich in weiser Voraussicht eine Schmerztablette dabei.

14...♖fe8 15.♗b2

Fritz empfiehlt die Variante 15.♖a2 e5 16.♘xe5 ♕xe2 17.♖xe2 ♗xe5 18.dxe5 ♘xe5+=.

15...e5= 16.dxe5 ♘xe5 17.♘xe5 ♕xe2 18.♗xe2 ♗xe5 19.♗xe5 ♖xe5 20.♗f3

Es geht um die rückständige Bauerstruktur auf dem schwarzen Damenflügel.

20...♖ae8 21.♖fd1 g6 22.♔f1 ♔g7 23.b4 ♖8e7 24.a4 ♘e4 25.g3 f5 26.a5 a6 27.h4 h5 28.♖d8 ♔f6 29.♖ad1

Fritz schlägt 29.c5 ♖d5 30.♖d1 ♖xd8 31.♖xd8 ♘c3= vor.

29...♘c3

29...c5!? käme in Betracht, wenn das Spiel geöffnet werden soll, z. B. 30.b5 axb5 31.♗xe4 fxe4 32.cxb5 c4 33.♖1d6+ ♔f7=.

30.♖1d6++= ♖5e6 31.♖xe6+ ♔xe6 32.♔e1 ♔e5 33.♔d2 ♘e4+ 34.♔e3

34.♗xe4 ♔xe4 35.♔e2 f4 36.f3+ ♔f5+ 37.♔f2 fxg3+ 38.♔xg3+=

34...♘d6 35.♔d3 ♘f7 36.♖b8

Auf 36.♖d4 sollte 36...♔e6 37.♗g2 ♘e5+ 38.♔c3 kommen.

36...♖d7+= 37.♔c3 ♘d6

Hier kam mein Remisangebot, das Andrei nach kurzem Zögern akzeptierte. ½–½

Wenn sich die Gelegenheit bietet, spiele ich gerne bei Simultanveranstaltungen mit. Wann hat denn ein blutiger Amateur sonst die Gelegenheit, sich gegen einen Großmeister zu messen? Insofern saß ich natürlich auch am Brett, als sich unser Bundesligaspieler Vladimir Chuchelov bereit erklärte, ein Vereinsfest mit seinem Können zu bereichern.

VLADIMIR CHUCHELOV – ULRICH GEILMANN
Simultanpartie, Essen 26.10.2007
Damengambit (Abtauschvariante)
(Ulrich Geilmann)

1.c4 ♘f6 2.♘f3 e6 3.♘c3 d5 4.d4 ♗e7 5.cxd5 exd5 6.♗g5 0–0 7.e3 h6 8.♗h4 ♗e6 9.♕b3 b6 10.♖d1

Vladimir spielt solche Stellungen auch in der Bundesliga gerne. ChessBase liefert allerdings nur zwei Referenzpartien: 10.♘e5 ♘fd7 11.♘xd7 ♕xd7 12.♗xe7 ♕xe7 13.♗e2 c6 14.0–0 ♘d7 15.♗f3 ♘f6= Bauer – Niethammer, Burg Stargard 2002 und 10.♗b5 a6 11.♗d3 ♘bd7 12.0–0 c5 13.♕c2 c4 14.♗e2 b5 15.a3 ♖e8 16.h3 ♕c8= Liebert – Wisniewski, Stetten 1988.

10...♘bd7 11.♗b5 c5 12.0–0

Vielleicht ist 12.♗a6 ein Tick besser. Es fällt Schwarz meines Erachtens nach etwas schwerer, sich zu entlasten: 12...cxd4 13.exd4 ♘e4 14.♗xe7 ♕xe7 15.0–0 ♘xc3 (15...♘df6 16.♖fe1+=) 16.♕xc3 ♕d6 17.♖fe1+=.

12...a6

Kompliziert wird 12...c4 13.♕c2 a6 14.♗c6 ♖a7 15.♘e5 ♘b8 16.e4 ♘xe4 17.♗xe7 ♖xe7 18.♘xe4 ♖c7 19.♗xd5 ♗xd5 20.♘c3 b5=.

13.♗xd7 c4 14.♕c2 ♘xd7

14...♕xd7 15.♘e5 ♕c8 16.b3 b5= ging sicher auch.

15.♗xe7 ♕xe7 16.♘e5 ♖fc8

16...b5 17.f4= war sicher etwas stringenter.

17.f4 f5 18.g4 fxg4 19.♕g2 ♘f6 20.f5 ♗f7 21.e4 dxe4 22.♘xe4

Nach 22.♘xg4 ♔h7 23.♖f4 ♖e8 24.♘xf6+ gxf6 25.♖xe4 ♕d6= kann man die Stellung auch ausgeglichen gestalten. Allerdings könnte jetzt eine falsche Entscheidung ein rasches Ende nach sich ziehen.

22...♗h5

Eine Alternative zum Textzug ist 22...h5 23.♘c3= (23.♘xf7 ♕xe4 [23...♔xf7?! 24.♘xf6 ♕xf6 25.♕d5+ ♔f8 26.♖fe1=; 23...♘xe4?! 24.♘e5 ♘g5 25.♔h1=; 23...♕xf7 24.♘d6 ♕d7 25.♘xc8 ♖xc8 26.♕e2±] 24.♕xe4 ♘xe4∓).

23.♘g3

23.♘xf6+ hilft nach 23...♕xf6 24.♖f4 (24.♘xc4 ♖a7 25.♘e3 g3 26.♖d2 gxh2+ 27.♔xh2 ♖d7=) 24...♖a7= auch nicht wirklich weiter.

23...♗f7 mit Remisangebot Vladimir dachte kurz nach und willigte ein **½–½**

Vladimir gewann den Wettkampf übrigens ohne Verlustpartie mit 18,5–1,5. Nur Werner Nautsch und Markus Kontny trotzten dem freundlichen

Belgier weitere Punkteteilungen ab. Markus hatte dabei sogar Bauer und Qualität mehr. Doch es sollte nicht sein. Als letzter verbleibender Spieler hatte es unser Schlafdoktor Thomas Wessendorf besonders schwer, als sich Vladimir zu guter Letzt noch Stuhl und Uhr bringen ließ! Doch Thomas nahm es mit großem Humor und gab erst nach heroischem Widerstand auf!

Natürlich darf an dieser Stelle meine denkwürdige Partie gegen Viktor Kortschnoi nicht fehlen.

Der Großmeister gab anlässlich der zentralen Auftaktrunde der Bundesliga 2011/2012 in Mülheim eine viel umlagerte Simultanvorstellung.

Kortschnoi kam an diesem Tag etwas früher als erwartet in den Turniersaal. Der alte Mann sah erschöpft aus und so fragte ich ihn nach der Begrüßung, ob ich irgendwas für ihn tun könne. Der schreckliche Viktor sah mich an und sagte nur knapp: „…Einen Kaffee – schwarz!".

Ich renne also los und besorge das gewünschte Getränk beim Catering. Nach ein paar Minuten komme ich zurück und stelle ihm die dampfende Tasse unter die Nase. Er schaut zunächst auf die Tasse und dann vorwurfsvoll auf mich: „…Und wo ist der Zucker?". Den hat er natürlich auch bekommen. Aber, so sind's halt, die Prinzen!

Für die Partie selbst hatte ich eine Variante vorbereitet, die den Meister sichtlich überrascht hat.

Jedenfalls ließ er sich damals an meinem Brett besonders viel Zeit. Dann gab's allerdings noch einen besondern Vorfall …

VIKTOR KORTSCHNOI – ULRICH GEILMANN
Simultanpartie, Mülheim, 15.10.2011
A52: Budapester Gambit (Hauptvariante)]
(Ulrich Geilmann)

1.d4 ♘f6 2.c4 e5 3.dxe5 ♘g4 4.♗f4 ♘c6 5.♘f3 ♗b4+ 6.♘c3 ♗xc3+ 7.bxc3 ♕e7 8.♕d5 ♕a3 9.♖c1 f6 10.exf6 ♘xf6 11.♕d2 d6 12.♘d4
Eine Alternative ist 12.♕e3+ (Siehe CD).

12...0–0 13.♘b5 ♕a5 14.e3 a6
In den Datenbanken findet sich das stabilere 14...♗e6 15.♘d4 ♗f7 (Siehe CD)

15.♘xc7!? ♕xc7 16.♗xd6 ♕f7 17.♗xf8 ♕xf8 18.♗e2 ♗e6 19.0–0 ♕c5
19...♕f7 war womöglich einen Tick genauer: 20.♕c2 ♗xc4 21.♗xc4 ♕xc4 22.♖fd1 ♖c8=.

20.♖fd1 ♖f8?!
Spekuliert auf Gegenspiel in der f-Linie, was sich aber als Fiktion erweist. Sinnvoller wäre 20...♖c8 21.♖b1 ♖c7 22.h3= gewesen.

20...♗xc4? geht hingegen gar nicht. 21.♕d6! ♕xd6 22.♗xc4+ ♘d5 23.♖xd5 ♕f8 24.♖d8+ ♔h8 25.♖xf8+ ♖xf8+–;

20...♖d8 hatte ich allerdings relativ schnell abgehakt, weil ich die d-Linie eh nicht halten kann. Selbst 21.♕b2= wäre gegangen, aber man muss sich ja irgendwie entscheiden.

21.♕d6 ♕f5 22.f3
Auf 22.♗f3 gedachte ich mit 22...♗xc4 23.♗xc6 bxc6 24.♕xc6 ♗d5+= zu antworten.

22...♖d8
Meine Silikonsekundanten schlugen hier 22...♘e8 23.♕a3= vor. Hatte ich überhaupt nicht auf dem Schirm!

23.♕c7+= ♖xd1+
Auch hier meckerte der Blechtrottel und empfahl 23...♖b8 24.♖b1 ♘e8 25.♕b6+=.

24.♖xd1 ♕c2
Die schwungvolle Ausführung des Zuges kommentierte Kortschnoi mit einem durchaus anerkennenden „…Schöön!"

25.♔f1 ♕xc3

Hätte ich besser mit 25...♕b2 26.♕d6 ♔f7 27.g4 klammern sollen?

26.♕xb7 ♗xc4 27.♕c8+

Auf 27.♗xc4+ folgt ♕xc4+ 28.♔g1 ♕c5±.

27...♔f7 28.♕c7+ ♔g6 29.♕f4 ♘e5

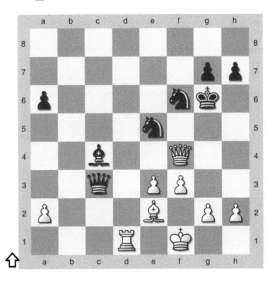

Mit den Worten „...den kann man doch jetzt schlagen!", nahm Kortschnoi plötzlich den ♘e5 in die Hand. Dann sah er jedoch, was er damit angerichtet hätte und ließ die Figur wieder los.

Vielleicht eine Spur zu trocken kommentierte ich wiederum: „...Na ja, der Zug wäre theoretisch zumindest möglich."

Daraufhin wurde der Großmeister kiebig: „... Wenn Sie das so sehen, können Sie ja jetzt verlangen, dass ich aufgebe!"

Ich erwiderte: „...Nein, spielen Sie weiter."

So wollte ich auf keinen Fall gewinnen, auch wenn mit bewusst war, dass ich nicht gerade chancenreich stand.

30.♕d4 ♗xe2+ 31.♔xe2 ♕c7

31...♕c2+ ist nach 32.♖d2 ♕f5 33.♕a4± auch nicht viel besser!

32.h3

32.f4 ♘ed7 33.g4 ♕c6 34.♕d3+ ♔f7±.

32...a5

Bringt erstmal den Bauern in Sicherheit. Wenn Schwarz nichts tut, könnte der schnell verlustig gehen.

Zum Beispiel 32...h6 33.f4 ♘ed7 34.♕d3+ ♔f7 35.♕xa6±.

33.♔f2 h5 34.h4

Nach 34.♕d6 folgt ♕c3±.

34...♕e7 35.♕f4 ♕e6 36.♔g1 ♘c4 37.e4 ♕b6+?!

37...♘e5 war etwas besser.

38.♔h1 ♕b2 39.♕f5+?!

Die Engine hält 39.♕c1 für stärker. So führt 39...♕e2 (39...♕xa2? 40.e5 ♘xe5 [40...♘g8 41.♕g5+ ♔h7 42.e6± Den Bauern in seinem Lauf hält weder Ochs noch Esel auf!] 41.♕g5+±) nach 40.e5 ♘g8 (40...♘xe5? 41.♖e1 ♕xa2 42.♖xe5+−) 41.♖d4 ♘e3 42.♖d2 ♕f1+ 43.♕xf1 ♘xf1 44.♖d5+− zum Verlust des a-Bauern und zum Tod auf leisen Sohlen.

39...♔h6 40.♖d8+− ♕a1+ 41.♔h2 ♕e5+ 42.♔h3

42.♕xe5 gibt noch größeren Vorteil 42...♘xe5 43.♖d6 ♔h7+−.

42...♕xf5+ 43.exf5 ♔h7 44.g4 ♘e3?!

44...hxg4+ lenkt vielleicht noch ab 45.fxg4 a4+−.

45.g5 Danach hatte ich genug. **1–0**

Übrigens hatte ich mir im Vorfeld sein Buch „Meine besten Kämpfe" besorgt, das ich mir nach der Partie eigentlich signieren lassen wollte. Doch aufgrund des Meinungsaustauschs im 30. Zug ließ ich den Wälzer dann doch in meiner Tasche. Im Nachhinein betrachtet ein eher törichtes Verhalten. Ich hätte meinen Stolz überwinden sollen.

Abenteuer Schachbundesliga

LÖSUNGEN

Aufgabe 1

Glek zog **30.♗xf7+!** und nach **30...♔xf7 31.♕xg6+ ♔f8 31.♖d7** gab Schwarz auf, da das Matt unausweichlich wäre.

Igor Vladimirovich Glek – Jens Ove Fries Nielsen, Preetz,

13.11.2004 (CD Nr. 1310)

Aufgabe 2

Der Bauer war hochtoxisch und hätte nicht genommen werden dürfen. Nach **40.♕xa5?** knallte es auf f3. **40...♖xf3 41.gxf3 ♖g8+ 42.♔h1 ♕f4 43.♕b4 ♕g5 44.♗d3+ ♔h8 45.♕d4+ ♖g7 46.♕xg7 ♔xg7–+**

Weiß zog das Spiel noch bis zum 67. Zug in die Länge, bevor er die Waffen streckte.

Sipke Ernst – Sergey Smagin

Wattenscheid, 28.11.2004 (CD Nr. 1284)

Aufgabe 3

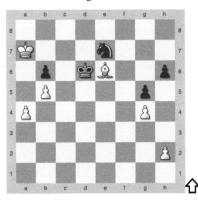

Weiß muss zu dem Vorstoß a4-a5 kommen. Zunächst wird der angegriffe Läufer wegezogen, z.B. 72.♗f7 ♔c7 Schwarz muss den Bauern decken. 73.♔a6 „Du bist am Zug" ruft der weiße Monarch seinem Gegenüber zu. 73...♘c8 74.♗d5 ♘d6 75.a5! Es geht vorwärts. 75...bxa5 (75...♘c8 76.♗e6+–) 76.b6+ ♔b8 77.♔xa5 und Schwarz Kann getrost aufgeben.

Weiß zog in der Diagrammstellung allerdings **72.♔xb6?** Sieht logisch aus, aber Schwarz kann sich verteidigen. **72...♔xe6!** Das soll klappen? **73.a5 ♔d7 74.♔c5 Kc7 75.b6+ ♔b7** Die Stellung war jetzt völlig ausgeglichen, aber die Partie noch längst nicht zu Ende. Hier endet der Tragödie erster Teil...

RALF APPEL – LEONID KRITZ

Wattenscheid, 27.11.2004 (CD Nr. 1291)

Aufgabe 4

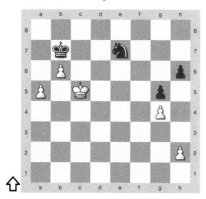

Vorhang auf: Der Tragödie zweiter Teil. Dies ist die Stellung, mit der die letzte Aufgabe aufhörte. „Was sollte Weiß ziehen?" war die Schlussfrage der Aufgabe 4. Weiß sollte entweder 76.♔b5, 76.♔b4, 76.♔c4 oder auch 76.h3 ziehen. In jedem Fall wäre die Stellung ausgeglichen. Doch Ralf Appel scheint Tragödien zu mögen, denn er spielte **76.♔d6??** Mit lautem Gewieher eilte der Gaul daher und wurde zum Held. **76... ♘c6!** Nach den weiteren Zügen **77.♔e6 ♘xa5 78.♔f6 ♘c4 79.♔g6 ♘e5+ 80.♔xh6 ♘f3 81.♔g6 ♔xb6 82.♔f5 ♔c6 83.♔e4 ♘h4** sank der weiße König nieder. Schlussvorhang.

RALF APPEL – LEONID KRITZ

Wattenscheid, 27.11.2004 (CD NR. 1291)

Aufgabe 5

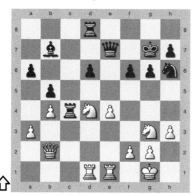

Tatsächlich war der Zug, gegen den sich 33… ♘h6 richtete dennoch möglich: 34.♘gf5+! gxf5 35.gxf5 ♕d7 (35…♗e4 36.f3 ♕a7 37.♕f2 ♔h8 38.♖xe4+–) 36.♘e6+ ♔f7 37.♕e2! Ein wichtiger Zug, der entscheidenden Vorteil festhält. 37…♔g8 38.♘xd8 (Auch 38.♕h5 gewinnt, wenn auch komplizierter. 38…♔f7 39.♖d3 ♖e8 40.♖g3 ♘g5 41.♘xg5 ♖xe1+ ♔h2 ♔f8 43.♘e6+ ♖xe6 44.♕h6+ ♔e7 45.♖g8+–) ♕xd8 39.♕e7 ♕xe7 40.♖xe7 ♗c6 41.♖xd6+–

JAVIER MORENO CAMERO – ALEXANDER BELJAWSKY

Essen, 12.12.2004 (CD NR. 1268)

Aufgabe 6

Der schwarze König hatte keine seiner Figuren um sich und wurde direkt attackiert. **24.♗xh7!** ♔f8 (Nach 34…♔xh7 entscheidet 35.♗f6! sofort) **25.♗f6!** Auch der zweite Läufer bot sich zum Opfer an (25…gxf6 wird matt). 25…g6 26.♕h3 ♔e8 27.♗xg6! Ein richtiger Rambo-Läufer. 27… fxg6 28.♕h8+ ♔f7 29.♖fe1 ♗e6 30.♖e4 ♕b8 31.♕g7+ ♔e8 32.♕xg6+ ♖f7 33.♖h4+–

Naiditsch sah sich die Bescherung nach dem 25. weißen Zug eine Weile an und gab dann auf.

BARTLOMIEJ MACIEJA – ARKADIJ NAIDITSCH

Wattenscheid, 27.11.2004 (CD NR. 1295)

Aufgabe 7

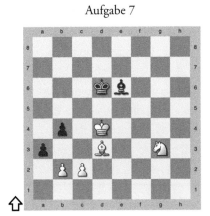

Der große Grieche hatte nichts übersehen. Er spielte **63.bxa3**. Nach **63...bxa3 64.♘e4+ ♚c7 65.♚c3! ♗d7 66.♘c5 ♗e8 67.♗c4 ♚b6 68.♚b4 ♗h5 69.♘a4+ ♚c6 70.♚xa3** war der letzte Störenfried beseitigt und Schwarz gab bald auf.

GEORGIOS SOULEIDIS – OSCAR LEMMERS

Wattenscheid, 02.04.2006 (CD NR. 1084)

Aufgabe 8

Schwarz spielte sehr wohl **27...♛xc1+!**, denn nach **28.♘xc1 ♖xc1+ 29.♚h2** folgte der Ausheber **29...♖h1+!** Nach **30.♚xh1 ♘g3+** nebst ♘xe2 verbliebe Schwarz mit einer Mehrfigur und Weiß gab bald auf.

ARNDT MILTNER – MATTHIAS THESING

Mülheim, 11.03.2006 (CD NR. 1107)

Aufgabe 9

Hand aufs Herz: Hatten Sie den Einfall **35.♗xf6?** Der Kandidat hat null Punkte. Genau das spielte auch Christian Scholz, wurde aber mit **35...♚f7!** aus allen Remisträumen gerissen. Nach **36.♖d8 ♗d6!** gab er zurecht auf.

Aber hatte er noch eine Chance auf ein Unentschieden? Bei korrektem Spiel von Schwarz vermutlich nicht, z. B. 35.♗c7 ♗c5 36.h4 ♗d4 36.♖e6 ♗xb2 37.♖xa6 ♗xa3–+ und die Sache scheint klar zu sein.

MARCO THINIUS – CHRISTIAN SCHOLZ

Berlin, 22.10.2005 (CD NR. 1193)

Aufgabe 10

Sollte die schwarze Dame nach f4 oder g6 ausweichen? Schwarz entschied sich für **34...♛g6**, doch nach **35.♗e2** war die Qualität weg. Nach **35…♖xe4 36.♘xe4 ♕xe4** hätte Weiß mit 37.♘d2 ♕xd5 38.♘c4 ♗c6 39.♘e3 ♕b3 40.♗c4 ♕b7± Vorteil erhalten. Er spielte ruhiger **37.h3** und hatte nur leichtes Übergewicht, gewann die Partie in einem langen Endspiel nach 90 Zügen aber dennoch.

Hätte Schwarz allerdings 34…♕f4 gezogen, wäre die Lage nach 35.♘d2 ♖b4 eher etwas angenehmer für ihn gewesen.

ERWIN L'AMI – RAINER BUHMANN

Essen, 10.12.2005 (CD Nr. 1162)

Aufgabe 11

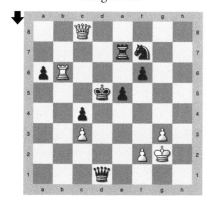

Der Rainbow-Song „Kill The King" bewahrheitete sich nach dem Partiezug **45…♔e4?**, denn nach **46.♕c6+ ♔d3 47.♕d5+ ♔c2 48.♕xc4 ♖d7** (48…e4 49.♕a4+ ♔d2 50.♖b2+ ♔e1 51.♕xa6 ♕f3+ 52.♔g1 ♕d3 53.♕a1+ ♕d1 54.♖b1+–) **49.♕a4+ ♔xc3 50.♕c6+** musste Schwarz aufgeben.

Stattdessen hätte 45…♘d6 Schwarz nicht nur gerettet, sondern klar auf die Siegerstraße gebracht. 46.♕xa6 ♔e6 47.♕xc4+ ♔f5 48.♕h4 ♔g6 49.♖b8 ♕d5+ 50.♔g1 ♘e4–+

SERGEY ERENBURG – OSWALD GSCHNITZER

Heidelberg, 11.12.2005 (CD Nr. 1159)

Aufgabe 12

Firman spielte natürlich **40.♖xf7**. Nach **40… ♔xf7 41.♘g5 ♔g7 42.♘xe6+ ♔g8 43.♘f4+ ♔g7 44.♕e6 ♕d1 45.♕xg6+ ♔h8 46.♘h5 ♕d5 47.♘f6** hatte sein Gegner genug und schubste seinen König um.

NAZAR FIRMAN – FRANK HOLZKE

Solingen, 10.12.2006 (CD Nr. 1035)

Aufgabe 13

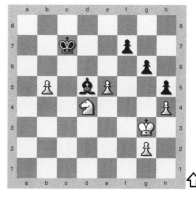

Der richtige Zug zum Sieg war 60.♘e2!. Nach 60…♔b6 61.♘c3 ♗b7 darf Weiß nicht am Material kleben. 62.♔f4! So geht es richtig weiter. 62…♗xg2 63.♔g5 ♗f1 64.♔f6 ♗c4 65.♘e4 ♔xb5 66.♘d6+ ♔c5 67.♘xc4 ♔xc4 68.♔xf7+–

SERGEY ERENBURG – JIRI STOCEK

Mülheim, 24.02.2007 ((CD Nr. 1007)

Aufgabe 14

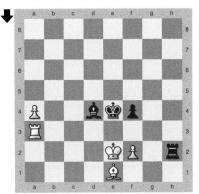

Auch wenn andere Läuferzüge wie 45…♗c5, 45…♗b6 oder 45…♗a7 auch sehr remislich waren, sollte der gespielte Zug **45…♗e3!** doch Applaus von den Tribünen bekommen. Nach **46.a5 f3+ 47.♔d1 ♗xf2 48.♗xf2 ♖xf2 49.a6 ♖f1+ 50.♔d2 f2 51.♔e2 ♖h1 52.♔xf2 ♖h8 53.a7 ♖a8** war das Unentschieden bald amtlich.

ERWIN L'AMI – DANIEL STELLWAGEN

Solingen, 09.12.2006 (CD NR. 1046)

Aufgabe 15

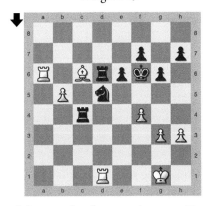

Weiß konnte den letzten schwarzen Zug **40…♖c3?** durch **41.♗xd5!** widerlegen. Die erzwungene Folge ließ dem Nachziehenden keine Chance mehr. **41…♖xa6 42.bxa6 exd5 43.♖a1 ♖c8 44.a7 ♖a8 45.g4 ♔e6 46.♖a6+ ♔d7 47.♔f2 d4 48.♔e2 ♔c8 49.♔d3 ♔b7 50.♖f6 ♔xa7**

(50…♖f8 51.♔xd4 ♔xa7 52.♔d5 ♔b7 53.♔d6 ♖d8+ 54.♔e7 ♖d3 55.♔xf7 ♖xh3 56.f5 gxf5 57.gxf5 ♖f3 58.♔e6+−) **51.♖xf7+ ♔b6 52.♔xd4 ♔c6 53.♔e5 h5 54.♔f6 1–0**

IGOR VLADIMIROVICH GLEK – DRAZEN MUSE

Berlin, 31.03.2007 (CD NR. 973)

Aufgabe 16

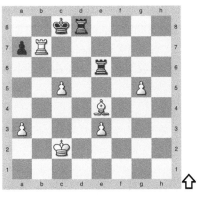

Weiß hatte eine sehr schöne Gewinnidee: **43.♗f5! ♔xb7 44.♗xe6 ♖h8 45.g6 ♖h2+ 46.♔d3 1–0** So spielt ein wahrer Spartaner.

GEORGIOS SOULEIDIS – MAXIM KORMAN

Trier, 06.04.2008 (CD NR. 857)

Aufgabe 17

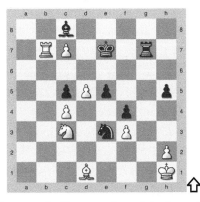

Er platzierte die Tonne nicht auf das beste Feld: **38.♖b8?!** Schwarz gelang es, nach **38…♔d7 39.d6 ♘xd1 40.♘xd1** (40.♘e4!) **40…♖g6** die

Partie ins Gleichgewicht zu bringen und nach 55 Zügen zu remisieren. Weiß konnte aber im 38. Zug besser fortsetzen: 38. ♖b6! ♘xc4 39. ♖c6 ♖g8 40. ♗e2 ♘d6 41. ♘b5 ♘f7 42. ♘a7 ♘d6 43. ♘xc8 ♖xc8 44. ♗f1 ♘d6 45. ♗h3+–

VLASTIMIL BABULA – DR. CHRISTIAN SCHOLZ

Baden-Baden, 19.04.2008 (CD NR. 850)

Aufgabe 18

Weiß konterte mit **22.♕f2!**. Nach **22...0-0 23.♗e3** war die schwarze Stellung unhaltbar geworden. **23...g5 24.c3 ♘b3 25.♗xc5 ♘xc5 26.♕xc5 d4 27.♖g1** und nichts ging mehr. Schwarz gab auf.

DIRK SEBASTIAN – SARAH HOOLT

Hamburg, 20.04.2008 (CD NR. 841)

Aufgabe 19

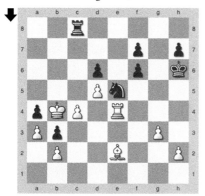

Mit 39...♖b8+ hätte Schwarz noch ein wenig wühlen können. Nach 40.♔xa4 ♘d7 41.♔a5 ♘c5 wäre der weiße Vorteil zwar groß, aber die Partie liefe noch.

Der gespielte Zug **39...f5** verlor indes glatt: **40.♖xe5 ♖b8+ 41.♔a5 dxe5 42.c5 ♔g5 43.c6 ♔f6 44.c7 ♖g8 45.♗a6 e4 46.c8♕ ♖xc8 47.♗xc8 ♔e5 48.♔xa4 e3 49.♗a6 ♔xd5 50.♔xb3 f4 51.♔c3 ♔e4 52.♗b7+ 1–0**

LIVIU-DIETER NISIPEANU – STELLOS HALKIAS

Baden-Baden, 05.04.2008 (CD NR. 871)

Aufgabe 20

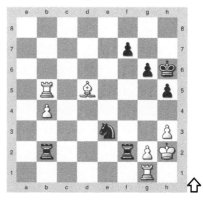

Für MVL war das natürlich nur eine Fingerübung. Auf **48.♗a8** spielte er **48.♘f1+ 49.♔h1 ♖b3 50.♖xf1 ♖xf1+ 51.♔h2 h4** und Weiß gab sich geschlagen.

IGOR GLEK – MAXIME VACHIER LAGRAVE

Mühlheim, 23.11.2007 (CD NR. 911)

Aufgabe 21

Die Party begann mit **30.♘b5+**. Schwarz musste wegen 30...♔c8 31.♘d6+ oder 30... ♔b8 31.♖d8+ nebst ♖xf7+– den Gaul schlagen. **30...cxb5 31.♕c5+ ♔b8 32.♖d8+! ♗xd8 33.♖xf7 ♗xf7 34.♕f8 a5 35.♕xd8 ♔a7 36.♕xa5+ ♔b8 37.♕d8+ ♔a7 38.♕d4+ ♔a6 39.e6 ♗e8 40.e7 1–0**

VLADIMIR CHUCHELOV – PAVEL ELJANOV

Eppingen, 30.11.2008 (CD NR. 799)

Aufgabe 22

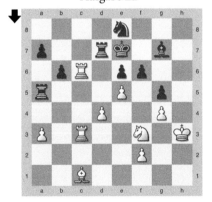

35...♔f7? wurde mit **36.♘xg5!** beantwortet. Nach **36...fxg5 37.♖f3+ ♔g8 38.♖c8 ♖xd4 39.♖xe8 ♔h7 40.♖f7! ♖d1 41.♖ee7** war klar, dass Schwarz für eine verlorene Sache kämpfte. Es folgte noch **41...♖xc1 42.♖xg7+ ♔h8 43.♖xg5 ♖xa3+ 44.♔g2 ♖c6 45.♖eg7 ♖a2**

46.♖g8+ ♔h7 47.♖5g7+ ♔h6 48.♔g3 ♖c3+ 49.f3 1–0 Eine bittere Niederlage für Schwarz.

SIPKE ERNST – ROBERT RIS

Solingen, 05.10.2008 (CD NR. 826)

Aufgabe 23

Georgios machte seine Vorankündigung, wieder mal gegen einen Großmeister zu gewinnen, mit dem schönen Zug **19.♘xe5!** wahr. Nach **19... ♖xe5 20.f4 ♖e6 21.e5+ ♔g8 22.exf6 ♖xf6 23.f5 ♖b6 24.b3 ♗b8 25.♗f4 a5 26.♖e7 ♗xf4 27.♕xf4 ♕d8 28.♕e5 ♕b8 29.♕xb8 ♖xb8 30.♖dxd7 ♘xd7 31.♖d7+–** war der weiße Vorteil deutlich. **1–0** (42)

GEORGIOS SOULEIDIS – PETER ACS

Mülheim, 31.01.2009 (CD NR. 763)

Aufgabe 24

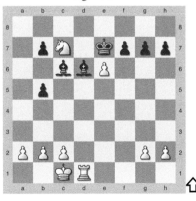

Die Kombination bestand in **23.♖xd6!** ♔xd6 **24.exf7** ♔e7 **25.♘e6!** und Schwarz gab auf. Nach 25…♔xf7 26.♘d8+ ♔f6 27.♘xc6 bxc6 28.♔d2+– gewinnt Weiß das Bauernendspiel.

MATTHIAS THESING – DAVID GROSS

Tegernsee, 01.03.2009 (CD NR. 737

Aufgabe 25

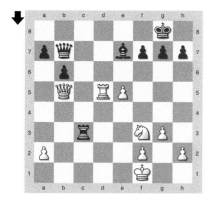

Der Gaul auf f3 war natürlich tabu. Auf 26…♖xf3?? wäre 27.♖d8+ ♗f8 (27…♗xd8 28.♕e8#) ♕b4+– die Folge gewesen. Schwarz zog das solide **26…♗f8** und nach 27.♔g2 h6 war die Stellung ausgeglichen. **½–½** (41)

ROBERT RIS – HENRIK TESKE

Mülheim, 14.11.2009 (CD NR. 699)

Aufgabe 26

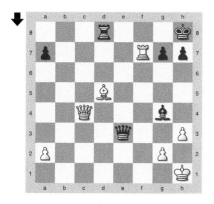

Nach **24…♗e2?** folgte das baumstarke **25.♕c7!**. Sarbok ahnte wohl nichts Böses…

25…♖e8 25…♕b6 reichte allerdings auch nicht mehr 26.♕c3 ♕g6 (26…♖g8 27.♕xg7+ Íxg7 28.♖f8+ ♔g8 29.♖xg8#) 27.♕b4 h5 28.♖f8+ ♖xf8 29.♕xf8+ ♔h7 30.♗g8+ ♔h6 31.♕f4+ ♕g5 32.♕d6+ ♕f6 (32…♕g6 33.♕d2++–) 33.♕d2++–.

26.♖xg7 ♗d3 **27.♖g8+!** und Weiß setzt Matt: 27…♖xg8 28.♕c3+ ♖g7 29.♕c8+ ♖g8 30.♕xg8# **1–0**

MATTHIAS THESING – TORSTEN SARBOK

Berlin, 13.12.2009 (CD NR. 675)

Aufgabe 27

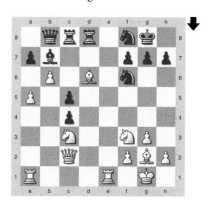

Manchmal sind es die Feinheiten, die eine Partie entscheiden, manchmal ist es allerdins auch schon egal. Schwarz zog **21…♕xd6**, doch nach **22.Sb5!** ♕d3 23.♕xd3 cxd3 24.♘xa7 war der Rest nicht mehr schwer. Es gab viele Wege nach Rom.

24…♖b8 25.♘d2 ♘e6 **26.♗xb7** ♖xb7 **27.♘c6** ♖f8 **28.♘c4** ♘d5 **29.♖ed1** ♖a8 **30.♘d6** ♖d7 **31.b7** ♖xb7 **32.♘xb7** c4 **33.♘e5** ♘c3 **34.♘xc4** ♘xd1 **35.♖xd1** ♖b8 **36.♘cd6 1–0**

Aber auch das Schlagen mit dem Turm hätte Schwarz nicht mehr gerettet, die Stellung war

schlichtweg verloren. 21...♖xd6 22.♘b5 ♖e6
23.♖xe6 ♘xe6 24.bxa7 ♕a8 25.♘d6 ♖f8
26.♘xb7 ♕xb7 27.♘g5 ♕xa7 28.♘xe6 fxe6
29.♕xc4 und der a-Bauer und die zahlreichen
Bauernschwächen garantieren einen problemlosen
Sieg ohne schwarzes Gegenspiel.

BERND ROSEN - GEORG KACHIBADZE

Berlin, 13.12.2009 (CD NR. 673)

Aufgabe 28

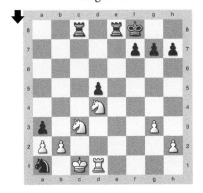

Bei geringem Zeitpolster war die Stellung auch
für Schwarz nicht leicht zu spielen. Er zog **32...
♖e3**, was kein schlechter Zug war. Doch nach
**33.♔b1 axb2 34.♘db5 ♖exc3?! 35.♘xc3
♖xc3 36.♔xb2 ♖c2+ 37.♔xa1 ♖xh2
38.♖xd5 h5?!** (Besser 38...♖h3 39.g4 ♔e7 und
Schwarz hätte das wesentlich bessere Endspiel
gehabt.) **39.a4** war die Stellung ziemlich ausgeglichen. Schwarz unternahm noch bis zum 92.
Zug, Gewinnversuche, ehe er sich mit dem Remis
abfand.

Stärker wäre 32...♖c5! gewesen, da die Türme
auf der b- und c-Linie am stärksten agieren könnten, z. B. 33.♔b1 axb2 34.♔xb2 ♖b8+ 35.♘b3
(35.♘db5 ♘c2!) 35...♘xb3 36.axb3 ♖bc8
37.Nxd5 ♖c2+ 37.♔a3 ♖a8+ 38.♔b4 ♖xh2–+.

ROBERT RIS – MICHAEL ADAMS

Mühlheim 20.03.2011 (CD NR. 500)

Aufgabe 29

39....♖xh6 war absolut möglich und der lecke-
re Bauer ohne Nachwehen zu verspeisen. Danach
wäre es schwierig für Weiß geworden, denn irgendwann würde der schwarze h-Bauer nach vorne marschieren. Zudem ist der weiße König relativ
schutzlos. Sarah spielte leider **39...♖a2+ 40.♔b1
♖xa3 41.g5 fxg5?!** (41...♖e3 war hier besser)
und die Partie endete nach 48 Zügen mit einer
Punkteteilung.

TIMO STRAETER – SARAH HOOLT

Essen 10.4.03.2011 (CD NR. 481)

Aufgabe 30

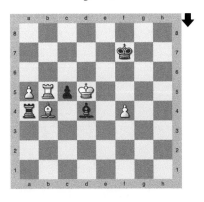

Die größten Rettungschancen hätte Schwarz
nach 61...♗g7 gehabt. Nach 62.♗xc5 ♗c3
63.♗b6 ♗xa5 nebst ♖xf4 entstünde das Endspiel ♖ + ♗ gegen ♖, das in der Ausgangslage

nicht zu fürchten wäre. Auch andere Züge bräch-
ten Weiß überraschenderweise nicht weiter, z.B.
62.♗e1 c4 63.♖b7+ ♔g8 64.f5 c3 65.♖xg7
♔xg7 66.♗xc3 ♔f7.

Leider entschied sich Ilja für **61…cxb4?** und ging
danach chancenlos unter. **62.♔xd4 b3+** (62…
♔e6 63.♔c5 ♔f5 64.♔b6++–) **63.♔c5 ♖xf4
64.♖xb3 ♔e6 65.a6 ♔d7 66.a7 ♖a4 67.♔b6
♔c8 68.♖b5 ♖a1 69.♖c5+ 1–0**

ETIENNE BACROT – ILJA ZARAGATSKI

Mühlheim 20.03.2011 (CD Nr. 501)

Aufgabe 31

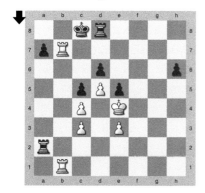

Leider stolperte Chuchelov an dieser Stelle, indem
er **30…♖a6?** zog. Nach **31.♖1b5 h5 32.♔f5
♖b6 33.♖xa7 ♖b8 34.♗e6 h4 35.♖h7 h3
36.♖xh3 ♖a8 37.♖h7 ♖a6 38.♖hb7 ♖e8+
39.♔f7** gab er sich geschlagen.

Dabei war seine Stellung längst nicht hoffnungslos, was der aktive Zug **30…♖g2!** bewiesen hätte.
Nach 31.♖xa7 ♖dg8 geriete der schwarze König
in kein mattnetz und der weiße Monarch hätte
keine Möglichkeit, in die schwarze Stellung ein-
zudringen. Ein Beispiel: 32.♖a8+ ♔c7 33.♖xg8
♖xg8 34.♔f5 h5 35.♖h1 ♖h8 36.♔g5 ♖f8
37.♖xh5 ♖f3=

FERENC BERKES – VLADIMIR CHUCHELOV

Mühlheim 19.03.2011 (CD Nr. 512)

Aufgabe 32

Weiß nutzte 15…♗d7? (Richtig war 15…h5!)
sofort aus, indem er **16.g4!** zog, was g5 drohte.
Nach **16…h6 17.♘e4 ♗c6 18.♘xf6+ gxf6
19.♗xe7 ♗xg2 20.♔xg2 ♖xe7 21.♘g3 ♖ee8
22.♘f5** hatte Weiß einen Riesengaul, Schwarz
hingegen einen wirkungslosen Läufer. Er versuchte noch **22…h5 23.gxh5 e4 24.♖d7 ♖e5
25.♘h6+ ♔g7 26.♘xf7 ♖xh5 27.♘g5+ ♔h6
28.♘xe4 ♖g8+**, gab aber nach **29.♔h2 ♖g6
30.♘g3 ♖a5 31.♖g1 ♗b8 32.b4 ♖ag5 33.f4**
die völlig hoffnungslose Partie auf. **1-0**

JONATHAN CARLSTEDT – CHRISTIAN SCHOLZ

Mühlheim 19.03.2011 (CD Nr. 529)

Aufgabe 33

Weiß spielte überraschend **32.♕f6!** Es folgte **32...♕d7**. Schwarz hatte kaum eine Wahl. 32... gxf6 33. ♖xe7 fxg5 34. ♖xe6 g4 35.♔d3+– reicht jedenfalls nicht. **33.♕xg6±** ♖**f8?!** Najer versuchte die Initiative an sich zu reißen und gab daher weiteres Material. **34.♕xg7+–** ♖**f3+ 35.♔c2** ♖**f2+ 36.♔c3** ♖**f3+ 37.♔c2** ♖**f2+** Die Zugwiederholung hatte die beiderseitige Zeitnot gelindert. **38.♔b3** ♖**xb2+ 39.♔c3!** Aber nicht 39.♔xb2 ♕xd4+ nebst Dauerschach! **39...♕xg7 40.** ♖**xg7** ♖**e2 41.♔d3** ♖**a2 42.d5 1–0**

ROBERT FONTAINE – EVGENIY NAJER

Wattenscheid, 26.02.2012 (CD NR. 399)

Aufgabe 34

Es ist zwanglos davon auszugehen, dass Schwarz nichts Böses ahnte. **25.♗xd5+!** Wow! Das geht? **25...cxd5 26.♘b5!** ♕**b8 27.♘xa7** ♕**xa7 28.♕c7!** ♕**xc7** Viel schlechter ist 28... ♕xa4 29. ♖a1 ♕b5 30. ♖a7+–. **29.** ♖**xc7** ♖**d8 30.♘d3** Weiß hat starke Kompensation, da sowohl der ♗a8 als auch der ♘d7 nicht so richtig mitspielen. **30...♗e7 31.** ♖**bc1 ♔f7 32.** ♖**a7!** ♗**d6** Auf 32...♔e6 folgt 33. ♖cc7 ♗d6 34. ♖xd7 ♖xd7 35.♖xa8+–. **33.f4 ♗e6 34.♘e5! ♘xe5 35.fxe5 ♗b4 36.** ♖**cc7** ♖**f8 37.♔f2 1–0**

KLAUS BISCHOFF – BERND KOHLWEYER

Wattenscheid, 25.02.2012 (CD NR. 406)

Aufgabe 35

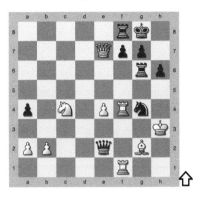

30. ♖**xf7?** war auf jeden Fall die Henkersmahlzeit, denn mit **30...♘f6!!** legte Schwarz dem Anziehenden den Strick um den Hals. **31.♕xf8+ ♔h7 32.** ♖**xg7+** ♖**xg7 33.♕xg7+** Weiß hat keine Wahl. **33...♔xg7–+ 0–1 (42)**

DANIEL FRIDMAN – NAZAR FIRMAN

Mülheim, 14.10.2011 (CD NR. 477)

Aufgabe 36

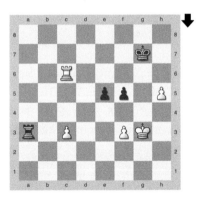

46...♔h7? Nachdem der junge Rapport viele Verteidigungsprobleme gemeistert hatte, scheiterte er jetzt doch noch. **47.♔h4!** Der weiße König drang entscheidend vor. Die Verteidigungsressourcen waren ausgeschöpft. **47...e4** 47... ♖a7 48.♔g5 ♖f7 49. ♖c8 e4 50.♔f4 exf3 51.♔xf3 ♔h6 52.♔f4 ♔xh5 53. ♖c6 ♖g7 54.♔xf5+–. **48.fxe4 fxe4 49.♔g4** ♖**a5 50.♔f4** ♖**xh5**

51.♔xe4 ♔g7 52.♖e6! 52.c4? 52...♔f7= **52... ♔f7 53.♖e5** Mit der sogenannten senkrechten Sperre. Der schwarze König war um eine vitale Linie zu weit vom c- Bauern entfernt. **53...♖h8 54.♔d4 ♖d8+ 55.♔c5 ♖c8+ 56.♔b4 ♔f6 57.♖e3 ♖b8+ 58.♔c5 ♖c8+ 59.♔d5 ♔f5 60.c4! ♖d8+ 61.♔c6 ♖c8+ 62.♔b5 ♖b8+ 63.♔a5 ♖c8 64.♔b4 ♖b8+ 65.♔c3 ♖c8 66.♖e1 ♔f6 67.♔b4 ♖b8+ 68.♔a5 ♖c8 69.♖c1 ♔e6 70.♔b6! ♔d7 71.♖d1+! 1–0** Richtig war 46...♖a4 und der weiße König kommt nicht auf die vierte Reihe. 47.c4 ♖a3!

RICHARD RAPPORT

Emsdetten, 04.02.2012, (CD NR. 418)

Aufgabe 37

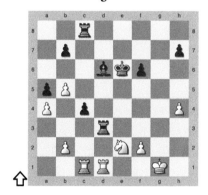

Auch wenn es ein wenig danach aussieht, ging **32.♖xd3?** cxd3 33.♘c3 (33.♖xc8 geht sofort unter. 33...dxe2 34.♖c1 ♗b4–+) 33...♗e5 34.♔f1 ♖c4–+ nicht. Deswegen zog er korrekt **32.♘d4+** und nach **32...♔f7 33.♘f5 ♖d8 34.♖e1 ♗b4 35.♖e4 ♔g6 36.♘e3** war die Stellung völlig ausgeglichen un die beiden Kontrahenten einigten sich nach 50 Zügen auf ein Unentschieden.

PENTALA HARIKRISHNA – PARIMARJAN NEGI

Mülheim, 21.10.2012, (CD NR. 351)

Aufgabe 38

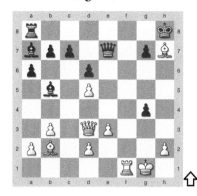

Es war ein Köder und was für einer! **23.♕g6! ♖f8** Schwächer ist 23...♗xf1? 24.♕h6! und Schwarz wird mattgesetzt! **24.♖xf8+** Hier hätte Evgeny tatsächlich wieder 24.♕h6!! spielen können. Das Gewinnmotiv greift auch nach 24... ♖xf1+ 25.♔g2 ♖f6 26.♕h5 ♗f1+ 27.♔h1 g5 28.♕g6!+–. **24...♕xf8 25.♕f5 ♕xf5 26.♗xf5 ♗e2 27.♗c8 ♔h7 28.♗xb7 a5 29.♗c3 ♗b6 30.♔f2 ♗f3 31.b4 a4 32.a3 g5 33.♗c6 ♗d1 34.♗e8 ♔h6 35.♔g3 ♗a7 36.♗f6 ♗b6** Auch 36...♗b8 ändert nach 37.♗d8+– nichts an der misslichen Lage des Schwarzen.

37.♗d8 ♗f3 38.♗xa4 ♗xd5 39.♗d7 1–0

EVGENY ROMANOV – ZAHAR EFIMENKO

Bremen, 24.02.2013, (CD NR. 283)

Aufgabe 39

Vladimir hatte seinen 40. Zug mit großer Freude gemacht, weil **40.f3** Schwarz letztlich einen Klotz kostete! **40…h3 41.fxg4 hxg2 42.d6!** Und dieser Bauer mit Siebenmeilenstiefeln ist der Grund dafür. Er ist nicht aufzuhalten. **42…♘xd6 43.♗xd6 ♖g6 44.♖d4 ♖g5 45.♔xg2 ♔g7 46.♗f4 ♖a5 47.a4 h5 48.g5 ♖e6 49.♔f3 f6 50.♖b7+ ♔g6 51.gxf6 ♔xf6 52.♖dd7 ♖xa4 53.♖f7+ ♔g6 54.♖g7+ ♔f5 55.♖g5+ ♔f6 56.♖xh5** und Acs hat genug! **1–0**

VLADIMIR CHUCHELOV – PETER ACS

Mülheim, 21.10.2012, (CD NR. 348)

Aufgabe 40

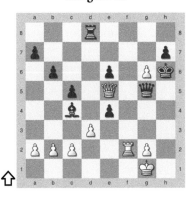

Matthias ließ sich leider auf den Damentausch ein und vergab so die durchaus mögliche Punkteteilung. **28.♕xg5+ ♔xg5 29.g7 ♖g8 30.dxc4**

♖xg7 und Weiß gab bereits auf **0–1**. Es könnte z. B. **31.♔f1 ♖g6 32.♖d2 ♖f6+ 33.♔e2 ♔f4 34.♖d7 h5 35.♖h7 ♖g6–+** folgen.

Der rettende Zug war **30.♕c7!** und nach **30…hxg6 31.g3! ♕c1+ 32.♖f1 ♕e3+ 33.♔g2 ♖d5 34.♕e7 ♖f5 35.♖h1+ ♖h5 36.♖xh5+ gxh5 37.♕f6+** ergäbe sich ein Dauerschach.

MATTHIAS THESING – TWAN BURG

Bremen, 23.02.2013, (CD NR. 291)

Aufgabe 41

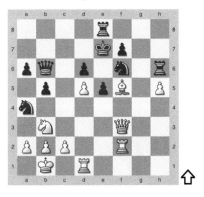

Die Lösung ist nicht surreal, sondern sehr konkret, denn nach **27.♗g6** fiel alles zusammen **27… gxf6 28.♕xf6+ ♔d7 29.♕g7+ 1–0**

YURIY KRYVORUCHKO – MARCIN TAZBIR

Griesheim, 15.12.2013, (CD NR. 199)

Aufgabe 42

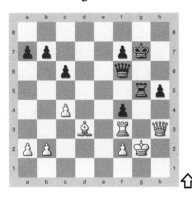

36.♔f1? Im entscheidenden Augenblick wurde Dennis Wagner dann doch unvorsichtig. Vielleicht hätte man ihm sagen sollen, dass man Nazar mindestens zweimal totschlagen musste. Besser war 36.♔h2 ♖g4 37.♕f1 ♖h4+ 38.♖h3 f3+= Aber wie auch immer – Nazar lässt jetzt jedenfalls nicht mehr locker!

36...♕xb2–+ 37.♗f5 ♕a1+ 38.♔e2 ♕xa2+ 39.♔f1 ♕a1+ 40.♔e2 ♕e5+ Was soll man dazu noch sagen? Am Schluss verspeiste der Orca dann doch die Robbe! **0–1**

DENNIS WAGNER – NAZAR FIRMAN

EMSDETTEN, 12.10.2013, (CD NR. 236)

Aufgabe 43

Weiß spielte **58.♗f1?** und gab nach **58...♗e8!–+ 59.♘e5+ ♔xf4 60.♘d3+ ♔e3 61.♘xc5 ♘a4+! 62.♘xa4 ♗xa4 63.c5 f4** auf, denn der weiße Läufer muss sich in naher Zukunft für den schwarzen f-Bauern opfern.

Eine Chance auf ein Unentschieden bestand in 58.♘e5+ ♔xf4 59.♘d3+ ♔e3 60.♘xc5♗c8 61.♘b3 f4 62.♗xc8 ♘xc8 63.♘xa5 f3 64.c5 und auf 64...f2 würde 65.♘c4+ Ke2 66.♘d2 funktionieren. Ein Versuch wäre 63...h5 Dieses Endspiel eignet sich sehr gut als das Endspieltraining.

MARKUS SCHAEFER – ROBERT RIS

ESSEN, 15.03.2014, (CD NR. 154)

Aufgabe 44

Schwarz durfte den Springer nicht nehmen und hätte mit 32...♖e6 keine Probleme gehabt. Aber er nahm ihn! **32...♔xf6?** Doch Christian verpasste die große Chance und zog **33.d7?** Es ging weiter mit 33...♖e6= 34.♕c3+ ♔e7 35.♕b4+ ♔f6 36.♕b2+ ♔e7 37.♕b4+ ♔f6 38.♕b2+ ♔e7 39.♕b4+ ½–½ Viel stärker war 33.♕c3+! ♔e6 34.♖dd1 ♖a4 35.d7 ♖d8 36.♖fe1+ ♖e4 37.♕b3+ ♔f6 38.♕f3+ ♔g7 39.♕xe4+–

CHRISTIAN SCHOLZ – JONAS LAMPERT

Hamburg, 23.02.2014 (CD NR. 154)

Aufgabe 44

37.♕xf6+! Aufgabe! Nach 37...♖xf6 spendet Sarah mit 38.♖c8+ den Todeskuss!

SARAH HOOLT – JOAQUIN DIAZ

GRIESHEIM, 15.12.2013 (CD NR. 193)

Aufgabe 46

21.d5!+– Das brachte das schwarze Karten-haus zum Einsturz. **21...♕d6** Was sonst? 21...♘bxd5 (21...♘fxd5 ändert nichts) 22.♗xc7 ♕xc7 23.♗xd5 ♘xd5 24.♖xd5+–. **22.♘g3** und Schwarz gab bereits (zurecht) auf, da Weiß nach 22...c5 23♕xc5 ♕xc5 24.♖xc5 ♗d8+– deutlich überlegen stünde. **1–0**

ALEXANDR FIER – THOMAS HENRICHS

ESSEN, 07.11.2014, (CD NR. 71)

Aufgabe 47

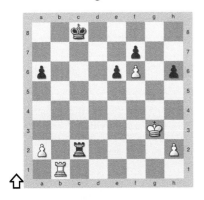

Lampert zog **38.♖b4?** Richtig war 38.♖b6!= und Weiss wäre wieder im Spiel gewesen, da 38...♖xa2? an 39.♖xe6 fxe6 40.f7+– scheiterte.

38...♖c5 Es sprach nichts gegen 38...♖xa2 39.♖g4 ♖a3+ 40.♔g2 ♖d3 41.♖g7 ♖d7–+.

39.♖b6 39.♖a4–+ war vermutlich besser, da der

Turm wesentlich aktiver asl in der Partie bliebe.
39...♖a5 40.♖b2 ♖f5 41.♖b6 a5 42.h4 ♔c7–+ Viel stärker als 42...♖xf6 43.♖b5 a4 44.♖a5–+.

43.♖b3 ♔d6 Bloß nicht 43...♖xf6 Nach 44.♖b5–+ hätte Weiß noch Gegenspiel.

44.♖a3 ♔c6 45.♔g4 ♔b5 46.♖b3+ ♔c4 47.♖a3 h5+ 48.♔g3 ♔b4 49.♖b3+ ♔a4 50.♖f3 ♖xf3+ 51.♔xf3 ♔a3 52.♔f4 ♔xa2 53.♔g5 a4 54.♔xh5 a3 55.♔h6 ♔b3 56.♔g7 a2 57.♔xf7 a1♕ 58.♔xe6 ♕e1+ 59.♔d7 ♕f2 60.♔e7 ♕xh4 0–1

JONAS LAMPERT – DR. CHRISTIAN SCHOLZ

Hamburg, 06.12.2014, (CD NR. 82)

Aufgabe 48

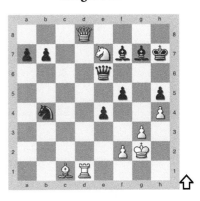

Der Plan war, erstmal die schwarze Dame zu vertrteiben **31.♖d6 ♕c4** Im Falle von 31...♕e5 hatte Weiß die Absicht, einfach 32.♗f4 ♕b5 33.♕d7 zu spielen und nach dem Damen-tausch wäre der schwarze Widerstand gebrochen. **32.♕d7!** In Zeitnot war Robert sehr froh, den schnellsten Weg zum Sieg gefunden zu haben. **32...♘d3 33.♕xf5+ ♔h8 34.♖d8+ ♗f8 35.♖xf8+ ♔g7 36.♗h6+ 1–0**

ROBERT RIS – LUBOMIR FTACNIK

Hamburg, 06.12.2014, (CD NR. 83)

Aufgabe 49

Aufgabe 50

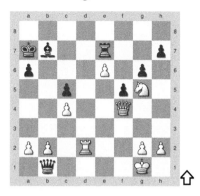

Die Chance das Dauerschach zu verhindern bestand tatsächlich. Nach 47.♗g2!? käme der weiße König bei genauem Spiel wohl aus der Zwickmühle. Allerdings drängte sich die konkrete Zugfolge unter Turnierbedingungen nicht wirklich auf. Nachfolgend ein mögliches Abspiel: 47...♛xh4+ 48.♔g1 ♛e1+ 49.♗f1 ♛g3+ 50.♔h1 ♛e1 51.♔g2 ♛d2+ 52.♔f3 ♛d1+ 53.♗e2 ♛h1+ 54.♔e3 ♛g1+ 55.♔d2 ♛d4+ 56.♗d3 ♛f2+ 57.♔c3 ♛e1+ 58.♔b3 ♛d1+ 59.♗c2 ♛f3+ 60.♔b2 ♛b7+ 61.♔a2 ♛b4 und jetzt hätte Weiß beispielsweise die Zeit für 62.g6. Doch wie sollte es weitergehen? Eine Option wäre 62...♛c4+ 63.♗b3 ♛e2+ 64.♔a3 und nach 64...♛e1 stünde Weiß unstreitig gut. Aber reicht das? Ein sich zwanglos aufdrängender Gewinnweg ist jedenfalls nicht zuerkennen. Vielleicht ist das ein interessanter Stoff für das Vereinstraining.

Weiß spielte jedenfalls **48.♔h3** und nach 48...**♛e3+!=** 48.♔g2 ♛e2+ 49.♔g3 ♛e1+ 50.♔g4 ♛g1+ gab es ein Dauerschach. **½–½**

BERND ROSEN – PAUL HOFFMANN

BERLIN, 09.11.2014 (CD NR. 89)

Weiß spielte **32.♛f1**, was nicht schlecht war, allerdings war 32.♔f2! eindeutig stärker! Auf 32...♛xa2 folgte beispielweise 33.♛d6 ♛a5 34.♖e2 ♛c7 35.♛xc7 ♖xc7 36.e7+–.

In der Partie ging es mit **32...♛xf1** weiter. **33.♔xf1 ♗c6 34.♖e2 h6 35.♘f7 ♗e4 36.♖d2?!** Vermutlich wäre es klug gewesen, hier den König ins Spiel zu bringen. 36.♔f2 ♖xe6 37.♘xh6 ♖e7±.

36...♖xe6+= 37.♘xh6 ♗b1 38.b3 ♔b6 39.♘f7 ♔a5 40.a3

40.♖d1 war vielleicht der letzte Gewinnversuch. 40...♗c2 (40...♗xa2?! 41.♖a1+=) 41.♘g5 ♖c6 (41...♗xd1? 42.♘xe6 ♔b4 43.♔e1 ♗c2 44.♘c7+–) 42.♖c1 ♗d3+ 43.♔e1+=.

40...♗b6!= 41.b4+ cxb4 42.c5! bxa3 43.cxb6 ♔xb6 44.♘e5 a2 45.♖xa2! ♗xa2 46.♘xg6 ½–½

DANIELE VOCATURO – BENJAMIN BOK

BERLIN, 08.11.2014, (CD NR. 103)

DER AUTOR

Ulrich Geilmann (*Aljechin – Leben und Sterben eines Schachgenies, Aljechins Ring – Operation Botwinnik, Mir Malik Sultan Khan – Leben und Wirken, Das Portrait des Meisters – Ein Psychogramm, Petersburger Gambit, Petersburger Rochade, Boris Spasski – Der Leningrad Cowboy*) wurde 1963 in Essen geboren und wohnt am Niederrhein. Er ist diplomierter Raumplaner und im öffentlichen Dienst tätig. Geilmann ist Hobbyschachspieler, Vizepräsident des Schachbundesliga e. V. und Mitglied der Emanuel Lasker Gesellschaft. Er war zwischen 2007 und 2016 Teamchef der Schachbundesligamannschaft von Katernberg und berichtet in einem launigen Erzählstil gelegentlich im Internet über seine Erlebnisse auf Schachturnieren und abseits der Bretter.

Derzeit arbeiter Ulrich Geilmann am dritten Band seiner Petersburg-Schachkrimi-Reihe.

Ein besonderen Dank gilt dem Lektorat, bestehend aus Torsten Stau, der sich wieder einmal hervorragend durch die Texte gekämpft hat, Martin Hahn, der sich vor allem um die Notation gekümmert hat (keine dankbare Aufgabe) und IM Bernd Schneider, der mit Rat und Tat zusätzlich eine große Hilfe war.

„Boris Spasski - Der Leningrad Cowboy" ist mehr als nur eine Biografie über den 10. Schachweltmeister. Sein Weg zum Schacholymp wird ebenso nachgezeichnet, wie seine historische Niederlage 1972 gegen Bobby Fischer im Match des Jahrhunderts. Über 50 kommentierte Partien, aufgeteilt in 16 Kapitel, begleiten das Schachleben des genialen Russen von seinen Anfängen in den 40er Jahren in Leningrad bis zu seinem letzten Match gegen Viktor Kortschnoi 2009 in Elista.

Fast 60 Illustrationen und Karikaturen des Protagonisten ersetzen in diesem Buch die sonst üblichen Mainstream-Fotos und stehen symbolisch für den ausgewiesenen Humor Spasskis. Auch Weggefährten auf der langen Schachreise kommen zu Wort: Die Internationalen Meister Bernd Schneider und Herbert Bastian, der Fidemeister Dirk Paulsen und der bekannte Schachorganisator Hans-Walter Schmitt geben ebenso launische wie charmante Anekdoten aus ihren Begegnungen mit Spasski preis. Zahlreiche Interviews und Statements des Weltmeisters sowie 64 Schachaufgaben aus seinem langen Schachleben runden das Gesamtbild ab. Eine beigefügte CD mit 2300 zum großen Teil kommentierten Partien bietet der Leserschaft zudem die Möglichkeit,sich mit dem schachlichen Vermächtnis des Weltmeisters auseinanderzusetzen.

348 Seiten, gebunden, Maya & Paul-Verlag, 29,80 €

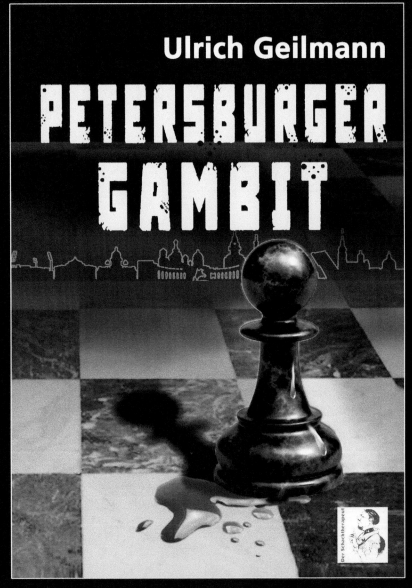

Ulrich Geilmann

PETERSBURGER GAMBIT

Das Leben von Boris Valentinow gerät aus den Fugen, als seine Frau in St. Petersburg bei einem Überfall des 'Schakmatnaya Kommanda' erschossen wird. Da die Miliz mit ihren Ermittlungen nicht schnell genug weiterkommt, macht sich der ehemalige Speznas selbst auf die Suche nach den Tätern.
Eine Kriminalerzählung im Schachmilieu - auch für Nichtschachspieler!

168 Seiten, 14,80 €

Ulrich Geilmann

PETERSBURGER ROCHADE

Der Schachspieler Boris Valentinow sitzt im Gefängnis. Er hat die Mörder seiner Frau getötet. Doch im Zuge ihrer Ermittlungen bei der Jagd nach der Gruppe der Meister benötigt die Miliz seine Hilfe. Die Ereignisse überschlagen sich. Schließlich führt die Spur nach Berlin. Dort wartet Lasker, der eigentliche Drahtzieher. Nach dem Petersburger Gambit ein weiterer spannender Schach-Krimi von Ulrich Geilmann.

177 Seiten 14,80 €

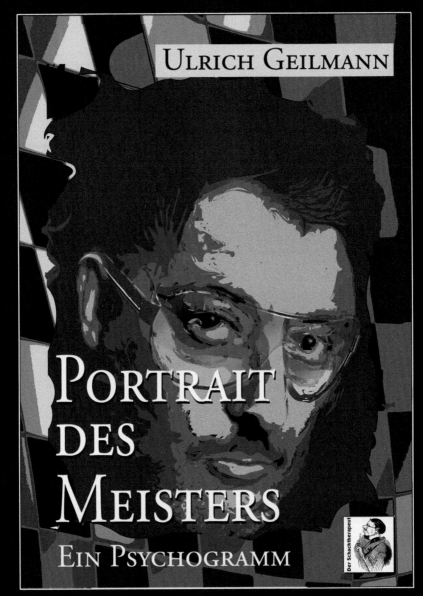

Laurent Dubois, ein herausragendes Schachgenie ist der Prototyp eines Menschen, der mit einem besonderen Talent gesegnet ist. Doch Schritt für Schritt verliert er die Bodenhaftung und driftet immer mehr in einen intellektuellen Extremzustand. Schließlich gewinnt eine offenbar bereits unterschwellig angelegte Paranoia die Oberhand. Er wird schließlich Opfer eigener Verschwörungstheorien. Oder vielleicht doch nicht?

143 Seiten 12,80 €